中国高等教育学会高等教育科学研究规划课题研究成果

首批黑龙江省级新文科研究与改革实践项目研究成果

黑龙江省哲学社会科学重点（培育）实验室（嫩江流域区域创新与产业融合发展实验室）研究成果

黑龙江省教育科学研究基地（新文科数智化创新教育科学研究基地）研究成果

# 数智时代高校新文科创新创业教育与实践

苗雨君　樊红云　杨蕙璇　著

中国财经出版传媒集团
中国财政经济出版社
·北京·

**图书在版编目（CIP）数据**
数智时代高校新文科创新创业教育与实践 / 苗雨君，樊红云，杨蕙璇著. -- 北京 ： 中国财政经济出版社，2025. 4. -- ISBN 978-7-5223-3839-2
Ⅰ. G647.38
中国国家版本馆CIP数据核字第2025FP7469号

责任编辑：田明晖　　责任校对：胡永立
封面设计：陈宇琰　　责任印制：史大鹏

**数智时代高校新文科创新创业教育与实践**
**SHUZHI SHIDAI GAOXIAO XINWENKE CHUANGXIN CHUANGYE JIAOYU YU SHIJIAN**

中国财政经济出版社 出版
**URL**：http：//www.cfeph.cn
E－mail：cfeph@cfeph.cn

社址：北京市海淀区阜成路甲28号　邮政编码：100142
营销中心电话：010－88191522　编辑部门电话：010－88190670
天猫网店：中国财政经济出版社旗舰店
网址：https：//zgczjjcbs.tmall.com
涿州汇美亿浓印刷有限公司印刷　各地新华书店经销
成品尺寸：170mm×240mm　16开　22.5印张　405 000字
2025年4月第1版　2025年4月河北第1次印刷
定价：128.00元
ISBN 978－7－5223－3839－2
（图书出现印装问题，本社负责调换，电话：010－88190548）
本社质量投诉电话：010－88190744
**打击盗版举报热线：010－88191661　QQ：2242791300**

# 前　言

党的二十大报告指出："实施科教兴国战略，强化现代化建设人才支撑。"推进中国式现代化，就需要深入实施人才强国战略，培养造就大批德才兼备的高素质人才。教育部公布的《面向21世纪教育振兴行动计划》中指出："瞄准国家创新体系的目标，培养造就一批高水平的具有创新能力的人才"；《新文科建设宣言》中指出："新文科建设既要固本正源，又要精于求变，要立足两个大局，不断从中华优秀传统文化中汲取力量，主动适应并借力现代信息技术手段，实现文科教育高质量高水平发展。"随着人工智能、物联网、数字孪生、5G、区块链、元宇宙、大数据等新一代信息技术的发展和应用，新的业态不断涌现，高校新文科创新创业教育开始向"数字化+智能化"融合方向发展。探索数智时代新文科创新创业教育与实践体系，做到科教融合和产教融合共发展、"四新"建设与创新创业教育相结合，建设有特色的教育生态圈、产业生态圈、服务生态圈。

高校新文科创新创业的目的不是教学生如何创办企业，也不是接受教育的学生都要去进行创业，主要是通过这一教育方式，培养新文科学生创新创业的思维与能力，进而全面提升人才素质，更好地帮助新文科学生融入社会生活。在数智化背景下，高校新文科创新创业教育将会实现飞跃式发展，在"思创融合、专创融合、科创融合、产创融合、赛创融合"五创融合模式下，数智化创新创业教育的课程设置、创业项目、实践探索、产教融合、课程思政、数字孪生、人工智能等相应的研究不断发展，数智化创新创业教育是我国建设创新型国家的战略需要，通过创新创业教育培育高质量的人才可以更好地助力我国经济建设。

本书为：中国高等教育学会高等教育科学研究规划课题《数智时代高校新文科创新创业教育与实践体系建构研究》（项目编号：22CX0410）研究成果；首批黑龙江省级新文科研究与改革实践项目《新经济背景下地方高校新文科创新创业教育与实践》（项目编号：2021HLJXWY065）研究成果；黑龙江省高等教育学会2023年度高等教育科学研究规划一般课题《数字化背景下高校新文科创新创业教育与实践体系建构研究》（项目编号：23GJYBF103）相关成果；黑龙江省高等教育学会2023年度高等教育科学研究规划一般课题《“三阶梯式”“专创融合”高校创新创业教育模式构建研究》（项目编号：23GJYBC060）相关成果。本书也是黑龙江省教育科学研究基地（新文科数智化创新教育科学研究基地）（基地编号：24GD011）相关成果；黑龙江省哲学社会科学重点（培育）实验室（嫩江流域区域创新与产业融合发展实验室）研究成果，获得齐齐哈尔大学“十四五”时期哲学社会科学学科体系创新工程培育学科项目资助。本书编写分工如下：苗雨君（齐齐哈尔大学）设计、总纂和统稿，编写了前言、目录、第1章和第7章及参考文献，樊红云（齐齐哈尔大学）编写了第2章、第4章、第5章和第8章，杨蕙璇（齐齐哈尔大学）编写了第3章、第6章、结论及附录。本书内容或有欠妥之处，敬请各位读者不吝指正。最后感谢在此书编撰、修改过程中提出建议的所有老师和学生，特别感谢项目组成员孙毓希、郑继兴、齐秀辉、陈学千、李亚民、史宝玉、周妍博等老师给予的帮助与鼓励，编者参阅了大量的参考资料，引用了不少书籍和网上资料及相关课题的学者的研究成果，在此向原作者表示感谢。

作者

2024年12月

# 目 录

# 第1章

# 绪 论

## 1.1 选题背景与研究意义

党的二十大报告首次作出教育、科技、人才“三位一体”战略部署，支撑引领中国式现代化。科技创新催生新产业、新模式和新动能，发展新质生产力，新质生产力就是以大数据、互联网、云计算、区块链及人工智能技术为代表的生产力，核心引擎是科技创新，创新的关键在人才。发展新质生产力离不开数字经济的支撑，需要大量的应用型、创新型、复合型高级专门人才。数字经济时代以数字、知识、信息、技术和智能为基础，出现了创新创业为动力的时代特征，随着全球化进程加速、社会急剧变迁，新质生产力的赋能，推进中国式现代化，中国更需要创造思维、创新意识、推崇创业精神，打造创业能力。因此，研究数智时代高校新文科创新创业教育与实践，具有理论意义和现实意义。

### 1.1.1 选题背景

党的二十大报告指出：“深入实施科教兴国战略、人才强国战略、创新驱动发展战略，开辟发展新领域新赛道，不断塑造发展新动能新优势。”要以科技创新推动产业创新，实施教育强国和科技强国战略，中国式现代化建设，高等教育高质量发展，形成和发展新质生产力，新质生产力的核心动力在于科技创新，新科技赋能产业发展，开辟新领域、新赛道，新发展格局，发展新动能、新优势，以颠覆性技术和前沿技术催生新产业、新模式、新动能，发展新质生产力。[1]马克思认为："生产力，即生产能力及其要素的发展"。历史唯物主义认为："物质生产力是全部社会生活的物质前提，同生产力发展一定阶段相适应的生产关系的总和构成社会经济基础"。2023 年中央经济工作会议指出："以科技创新引领现代化产业体系建设。大数据技术、人工智能技术、云计算技术、5G 技术、区块链技术、元宇宙等发展和应用，新的业态不断涌现。"随着物联网、数字孪生、人工智能等新一代信息技术的应用，高等教育走向高质量发展，要求高校创新创业教育向"数字化 + 智能化"融合方向发展，数智时代高校新文科创新创业教育与实践旨在探索数智时代高校创新创业教育的新趋势、新特征和新发展，形成新质生产力。

**1. 数智时代创新创业教育是高校新文科高质量发展的驱动力**

"新工科、新医科、新农科、新文科"即"四新"建设，是高等教育人才培养的"中国方案"。"四新"建设催生新经济、新业态、新模式、新产业，"新文科"是文科教育的创新发展，是"四新"建设重要组成部分，目标是提升中国文化"软实力"，新文科建设是用中国理论、中国范式、中国标准、中国自信讲好中国故事，数智时代以大数据和人工智能等为代表，以数字化信息作为关键生产要素，引发高等学校的专业知识、能力和素质的获取方式、传授方式、教学关系、学习方式、教学考核和教学评价的深刻变革，应运而生的数智经济，智能 + 教育，以现代化信息技术、AIGC 或人工智能赋能教育作为载体，以 AI 智能为手段，以智能化算法 + 算力 + 数据为工具，提升硬实力，提升创新主体企业生产运营效率，从而不断优化经济结构。教育部 2020 年 11 月全面启动了"新文科"建设工作，"新文科"涵盖了社会科学和人文科学，内容十分广泛，以社会主义核心价值观为思想指引，以学科交叉融合为重要手段，构建具有原创性的新理论和新思想。高校新文科高质量发展的驱动，需要大数据、人工智能、云计算、5G 技术的知识和技能，创新创业教育影响高等教育的形态，培养"知中国、爱中国、堪当民族复兴大任"新时代文科人才。数智时代背景下，高等教育迫切需要以数据密集、跨学科、强合作和问题驱动，教育教学全面提质创新，物联网以及区块链、元宇宙等新技术正在不断重塑经济社会。[2]

数智时代高校新文科创新创业教育借力媒体资源，进行教学模式数智化赋能，推动新文科教育在手段、方法以及学生考核标准等方面不断迭代创新。一是打造线上线下教学资源、混合式教学、虚拟仿真实训、科研实践等多种教学资源和教学手段，设置多种类型的创新创业教育课程，促进学生自主学习；二是运用大数据、人工智能技术抓取学生和老师的参与度、抬头率、出勤率、满意率以及课程建设的相关数据，场景教学状态数据，挖掘学生和老师在课堂的学与教的热度、满意度和上课状态数据，对学生学习行为、老师教学行为和教学环境创设情况进行深度分析；三是运用人工智能、大数据、现代教育技术对教学过程进行全过程监测、学情分析、教情分析和教学质量评估，达到进一步强化创新创业学习和教学的效果。此外，创新创业教育平台通过加入大数据分析、智能辅助学习功能后，把创新创业教育作为高校新文科高质量发展的驱动力，根据学生学习进度和学习情况，通过5G技术、区块链、元宇宙、大数据、物联网、量子计算、数据孪生、云计算、人工智能，利用人工智能系统、AI芯片、智慧实验室和智慧教育，构建以学生发展为中心，推进教育强国战略实施，形成连接、开放、共享、个性化、智能化的教育新格局。

**2. 数智时代创新创业教育是应用型本科高校新文科发展的关键环节**

数字经济正在改变着世界发展和人们生产生活方式的格局。“创新”成为数字经济时代的焦点问题，把创新作为世界各国及其发展的核心战略，影响人们的生产和生活。国务院办公厅印发了《关于深化高等学校创新创业教育改革的实施意见》《关于建设大众创业万众创新示范基地的实施意见》《关于进一步支持大学生创新创业的指导意见》等文件，提出了多项任务和多条高校创新创业教育改革具体改革措施，推动创新创业教育在高校的蓬勃发展。[3]数字经济发展变化，大数据、人工智能、物联网等现代技术快速发展推动教育网络化、数字化、智能化和移动化。《关于建设大众创业万众创新示范基地的实施意见》中提出：“深化创业创新教育改革，建立创业理论研究平台，完善相关课程设置；构建大学生创业支持体系、创业创新教育和实训体系。”[4]深化创新创业教育改革示范校、共享型高校创新创业孵化平台、高校创新创业示范基地建设是应用型本科高校新文科发展的关键环节。《关于进一步支持大学生创新创业的指导意见》指出：“大学生是大众创业万众创新的生力军，支持大学生创新创业具有重要意义。”[5]构建大学生创业支持体系，支持大学生创新创业，探索数智时代创新创业教育，深化创业创新教育改革，体现了国家对这个新兴教育领域的重视，这些指导意见和实施意见的出台，体现了创新创业政策的不断更新和完善。数智时代，高校开展新文科创新创业教育活动，是高校对数字经济时代发展所做出的有力回应，也是促进高校创新创业教育快速发展的必要举措。

《中华人民共和国国民经济和社会发展第十四个五年规划和2035年远景目标纲要》提出："要统筹推进传统基础设施和新型基础设施建设，打造数字经济新优势，推进产业数字化转型，加快数字社会建设步伐，提高数字政府建设水平，营造良好数字生态，建设数字中国。"[6]纲要引领数字中国建设，加快数字社会建设步伐，打造数字经济新优势，推进产业数字化转型，营造良好数字生态，建设数字中国。数智时代所带来的"智能＋"教学模式变革，对高等学校来说，新经济、新技术、新基建、新模式，要培养紧缺人才（聚焦国家重大战略需求，服务区域经济社会发展）、前沿性人才，建设未来技术学院，培养未来技术原创和领军后备人才。要强化育人为本，突出四新建设，从组织模式、培养机制、内容方法、理论实践方面，强化交叉融合再出新，引领高等教育提质创新。教育部发布《新文科建设宣言》，对新文科建设做出了全面部署，强调新时代、新使命、新要求，加强传统文科与现代元素创新融合、人文社科与自然科学跨界融合、通识教育与专业教育双元融合，专业素养（育才）、人文素养（育魂）、创新创造活力（育新），突破传统文科的教育思维模式，以"继承与创新""交叉与融合""协同与共享"为主要路径选择，全力抓好高校教育教学"新基建"，托起高等教育的高质量。[7]

党的二十大报告提出："加快实施创新驱动发展战略。"习近平总书记指出："大力推进改革创新，不断塑造发展新动能新优势，充分激发全社会创造活力。"实施创新驱动发展战略，塑造发展新动能新优势。高校开展创新创业教育需要加快新文科建设，创新创业教育成为加快数字化发展的推动力，掌握交叉学科专业知识更高要求，人才供给侧结构性改革势在必行。新文科建设要抓好"中国政法实务大讲堂""中国经济大讲堂""中国艺术大讲堂""中国新闻传播大讲堂""四大关键突破"，培养"四新"建设要求的应用型、复合型、创新型人才。在数智化浪潮下，高校新文科创新创业教育与实践，结合"互联网＋""智能＋"教育，提升师生数字素养，充分运用数字资源、技术，推动课堂教学、教学管理、学习环境等改革，构建"以学生为中心"的数字化、智能化、场景化学习环境；采用数字化、智能化手段开展学情分析、教学痛点分析、教学环境创设、教学内容创新、课程评价、教师评价等评价改革，开展场景化教学，培养适应新时代新要求的新文科人才。

新文科建设要遵循"守正创新、价值引领、分类推进"三个基本原则，融入现代信息技术赋能新文科创新创业教育。要把握"专业优化调整、课程提质增效、模式改革创新”三大重要抓手，实现新文科专业改造优化升级。数智时代，新文科新时代属性的实现，影响高等教育全局，不可避免的影响创新创业教育与实践，创新创业教育改革成为新文科新时代属性实现的重要途径。[8]

**3. 数智时代创新创业课程体系是高校新文科创新创业教育的重要支撑保障工作**

联合国教科文组织发表的《21世纪的高等教育：展望与行动世界宣言》和《高等教育改革和发展的优先行动框架》两个文件中强调，“必须把培养大学生的创业技能和创业精神作为高等教育的基本目标。”近年来，在国家发布的各项政策文本中，可以找到很多鼓励和支持创新创业教育发展的新要求和新举措。因此，在数智时代，创新创业课程体系是高校新文科创新创业教育取得良好成效的根基之一。[9]教育部公布的《关于大力推进高等学校创新创业教育和大学生自主创业工作的意见》中指出：“创新创业教育是适应经济社会和国家发展战略需要而产生的一种教学理念与模式，要加强创新创业教育课程体系建设”。[10]创业教育从广义上来说是指“培养具有开创性的个人”，高校新文科创新创业培养大学生的数智化素养，培养创新意识、创造能力和创业精神。高校要立足于本校的具体实际，除了保留自身的特殊性，要坚持“以我为主，为我所用，共享共用”的原则，依靠各高校，着力发展创新创业教育事业，设计有新文科特色的创新创业教育体系。

在“大众创业、万众创新”的号召下，新文科建设交叉融合领域人才需求增加，学科交叉融合为高校新文科建设提供了重要着力点，高校新文科创新创业教育要借鉴国内外高校课程体系建设的有益经验，不断改革创新发展，推动新文科专业之间深度融通、文科与理工农医交叉融合，增强大学生的综合素质，形成健康的创业心理和健全的人格。数智时代高校新文科创新创业教育与实践，要开展新文科建设，推进新时代“思创融合、专创融合、科创融合、产创融合、赛创融合”的“五创”融合的创新创业教育人才培养模式，通过有效实施“五创”融合教育模式，培育学生养成良好创业习惯，提升创新意识、创新素质、创业能力和创业技能。数智时代高校开展的新文科创新创业教育与实践既要包括创新思维、创业实务和技能的培训，并实现真正的创业创新，也要包括创造力、创业理念和创新精神的养成。

**4. 数智时代创新创业教育的现实挑战与世界经济变革的需要**

创新创业教育在人工智能时代凸显重要价值，但仍然面对诸多挑战，主要体现在人工智能对创新创业人才培养提出更高要求与人工智能作为技术手段赋能教育教学两个方面。

一方面，创新创业教育的目标、内容与人工智能时代对人才的要求还有诸多不相适应的地方。从教育目标来看，传统的创新创业教育关注专业能力与创业能力的融合，人才培养目标一般以创业思维、创业能力为原型进行拓展，“三全育人、五育并举、五个融合、三力提升”，培养能够引领未来的人。[11]人工智能带来的不确定性变化，对传统的创新创业教育提出挑战，适应人工智能蓬勃发展，数智时代对未来学生的创新创业素养提出更高要求。从课程内容看，经典的创新创业理论偏重创新理论、资源基础理论和不确定性理论等。[12]人工智能技术变革引发的创新创业浪潮挑战了传统的创新创业理论，高校需要在课程体系与教学内容上做出调整。

另一方面，人工智能赋能教育教学，引发了教育空间、教学方式与教学资源的全面革新，对传统创新创业教育实践发起挑战。人工智能发展带来的智慧教育理念、智能教学技术正在驱动教育变革，如虚拟现实场景互联、人机协同教学等人工智能技术赋能创新创业教育教学，人工智能技术作为工具在课堂与实践环节使用，使得教育空间从传统的单一物理环境向多元学习环境转变，教学方式从单方面讲授到全方位体验转变，教学资源由专用资源向大资源方向转变，这些转变必然对创新创业教育变革产生一定的外部压力。[13]因此，人工智能时代创新创业教育的变革是教育目标、课程体系、实践场域、教育资源的全面系统升级。新文科创新创业教育的理念符合人工智能时代的人才需求，其重要价值意蕴体现在创新创业人才培养这一核心目标上，高校新文科创新创业教育应与时代发展同向同行，需充分考量新一轮科技革命与产业技术升级、人才素质的需求变化与教育教学的要求变化，以更好地推进创新创业教育变革创新。

在现代化的今天，“人才是第一生产力”，高校担负着重要使命，高校要结合学校办学特色和优势培养拔尖创新人才，推动全球的经济、政治、文化和科技不断发展进步。

党的二十大报告指出：“加快建设教育强国、科技强国、人才强国，坚持为党育人、为国育才，全面提高人才自主培养质量，着力造就拔尖创新人才，聚天下英才而用之。”实施创新驱动发展战略，高校培养具有创新意识的人才尤为关键。高校要走好特色办学优势增长路径，实现内涵式跨越式发展。因此，需要创新和建立起高校的创新创业教育新模式和新体系，培养出经济社会发展所需要的高素质人才。

新文科创新创业教育是一个系统工程，创新意识培养尤为重要。在数智时代，新文科建设背景下，世界经济变革需要的创新创业教育是当代大学生教育学科的新领域。当今社会，知识产权、知识创新以及对于人才、知识的吸引和运用是核心竞争力。通过多种路径，培养学生的创业品格和高尚人格，通过创新创业教育，激励学生的创业动机，催生学生的创业实践等。因此，数智时代高校新文科创新创业教育不仅充分体现出素质教育的内涵，设计卓越人才创新能力培养整体改革思路，融体制、搭平台、聚名师、建高地，同时还具有思想政治教育的独特性，有效提高新文科建设力，培养出具有创新意识的人才，提升专业人才培养力与供给力。

党的二十大报告指出："推动创新链、产业链、资金链、人才链深度融合。"高校是培养人才的摇篮，因此，高校积极开展创新创业教育与实践，实现拔尖创新、卓越应用、复合应用和高素质应用等不同层次人才的差异化培养，大力培养创新创业人才，通过数字化、网络化、智能化和移动化手段，将人才培养、学科建设、科技创新与产业发展有机融合，创新探索"教育链、产业链、创新链、人才链"四链融合发展，打造"思创融合、专创融合、科创融合、产创融合、赛创融合"五创融合特色模式，主动融入学校高质量人才培养体系。

构建"三位一体""四结合""一贯穿"应用型人才培养模式，高质量提升应用型人才培养，使创新创业教育更加系统化、体系化和理论化。从理论角度看，构建一个系统、合理的新文科创新创业课程、实践体系是创业教育实施的主要途径，从现实角度看，应研究解决中国面临的实际问题，促进我国数智时代新文科创新创业教育与实践高质量发展。

### 1.1.2 研究意义

**1. 理论意义**

习近平总书记指出：创新是一个民族进步的灵魂，创新是一个国家兴旺发达的不竭动力，也是中华民族最为深沉的民族禀赋。"创新驱动发展""建设创新型国家""大众创业万众创新"和"促进以创业带动就业"具有战略指导意义。创业教育又称"企业家精神教育"，是教育发展史上一种新的理念。因此，高校新文科创新创业教育与实践具有理论意义和实践价值。国外创新创业教育发展历史和实践应用历程提供了借鉴经验，国内创新创业教育与实践产生了巨大的社会效益和经济效益。数智时代高校新文科创新创业教育与实践，已经形成了较完整的教育教学研究体系。"非新无以为进，非新无以图强。”中国改革开放40多年的生动实践告诉我们，创新能力是一个国家实力的基石，唯有创新才能引领发展。党的二十大报告指出：“教育、科技、人才是全面建设社会主义现代化国家的基础性、战略性支撑。必须坚持科技是第一生产力、人才是第一资源、创新是第一动力。”创新是时代发展的通道，为时代的发展提供了不竭的动力。推动教学创新，培养一流人才。教育面向未来，创新没有止境。创新始终是推动整个人类社会向前发展的重要力量。新业态催生新的人才需求，“双创”背景下高校全面推进创新创业教育，是适应新常态下经济社会发展和建设的重要举措。

数智时代的不确定性、复杂性等特征，引发教育教学改革的新要求，对高校新文科创新创业人才培养提出了更高的要求。数智时代，紧扣数字化、智能化的时代发展新需求，抓拔尖人才培养改革，眼望星空，脚踏实地，家国情怀，坚定志趣。

探索数智时代高校人才培养方式，高校新文科创新创业教育，要积极对接数字化、智能化、移动化、场景化新要求，培养师生数字化素养，以数字化构建教育教学新形态，重点突出政校企相结合，创设教学环境，产教融合协同育人的新模式。[14]

数智时代，高校新文科建设，推动创新创业教育发展，抓数字化，深入实施教育数字化战略行动。高校构建以“育人+育才”为中心，数智化赋能教育教学培养应用型人才，加快培养新时代新文科人才，构建教师教学能力提升体系，提升国家文化软实力。

高校将创新创业教育作为人才能力精准提升的重要载体，高校新文科创新创业教育构建“课程教学—项目研究—竞赛实训—创业孵化—成果转化与产业化”的“课项赛孵转”一体化创新创业教育体系，改变重理论轻实践、重思辨轻技术的痛点问题，新文科建设借鉴知识共创和知识建构理论，改变传统文科学科封闭现状，培养文科拔尖人才，重构文化社会话语权，增强文科软实力，重建高校创新创业教育文化感染力。

探索数智时代高校新文科创新创业教育教学模式的改革，达成“五度”要求，即人才培养目标的达成度、社会需求的适应度、师资和条件的保障度、质量保障运行的有效度、学生和用人单位的满意度，新文科创新创业教育大有可为。关注前沿性人才需求，抓教育教学新基建（专业调整、课程建设、教材建设、实验教学、学习组织、体系建设等），形成创新创业教育教学和社会服务模式。高校通过新文科创新创业教育体系和实践体系建构，实施系列“101计划”，从课程改革小切口到人才培养大问题再到高等教育改革强突破，丰富传统文科知识传导体系，推动学科专业融合。在创新创业项目实施过程中，紧密结合新业态、新经济、新技术、新基建、新模式等带来的人才需求，帮助大学生转变就业观念，提升就业能力。数智时代高校新文科创新创业教育教学模式的改革催生文科新价值、新视域、新观点、新路径、新范式。数智时代高校新文科创新创业教育是高校创新型人才培养的实际需要，也是适应我国经济社会的发展需要。因此，高校新文科建设推动人才培养范式从“以教为中心”向“以学为中心”转变，对“发展新质生产力”“中国式现代化建设”“高等教育高质量发展”等都具有重大现实意义。

据教育部发布，2018—2024 年全国普通高校毕业生 6859 万人，自 2011 年以来，全国毕业生人数逐年增长。2024 年高校毕业生人数约为 1187 万人，其中，研究生招生 117.65 万人，普通本科招生 444.60 万人，高职（专科）招生 552.58 万人。从数据分析来看，近 5 年累计有 4851 万毕业生，年均 970.2 万毕业生。近 15 年高校毕业生人数统计，由表 1.1 的数据分析可知，高校毕业生的就业创业工作面临严峻的形势。

**表 1.1　　近 15 年高校毕业生人数统计表**

| 序号 | 年份 | 毕业生人数（万人） | 备注 |
|---|---|---|---|
| 1 | 2010 | 575.4 | 较前一年增加 44.3 万人 |
| 2 | 2011 | 608.2 | 较前一年增加 32.8 万人 |
| 3 | 2012 | 624.7 | 较前一年增加 16.5 万人 |
| 4 | 2013 | 699 | 较前一年增加 74.3 万人 |
| 5 | 2014 | 727 | 较前一年增加 28 万人 |
| 6 | 2015 | 749 | 较前一年增加 22 万人 |
| 7 | 2016 | 765 | 较前一年增加 16 万人 |
| 8 | 2017 | 795 | 较前一年增加 30 万人 |
| 9 | 2018 | 821 | 较前一年增加 26 万人 |
| 10 | 2019 | 834 | 较前一年增加 13 万人 |
| 11 | 2020 | 874 | 较前一年增加 40 万人 |
| 12 | 2021 | 909 | 较前一年增加 35 万人 |
| 13 | 2022 | 1076 | 较前一年增加 167 万人 |
| 14 | 2023 | 1158 | 较前一年增加 82 万人 |
| 15 | 2024 | 1187 | 较前一年增加 29 万人 |

《教育部关于大力推进高等学校创新创业教育和大学生自主创业工作的意见》中指出："在高等学校开展创新创业教育，积极鼓励高校学生自主创业，是教育系统深入学习实践科学发展观，服务于创新型国家建设的重大战略举措；是深化高等教育教学改革，培养学生创新精神和实践能力的重要途径；是落实以创业带动就业，促进高校毕业生充分就业的重要措施。"[15] 高校落实以创业带动就业，提高大学生就业率，落实好人才强国战略，为实现中华民族伟大复兴中国梦做贡献。

发展和形成新质生产力，科技创新是关键。中国高等教育学会创新创业教育分会理事长、上海财经大学常务副校长徐飞强调指出："随着信息技术的发展和知识社会的来临，传统的以技术发展为导向、科研人员为主体、实验室为载体的创新 1.0 模式，正在向以用户为中心、以社会实践为舞台、以共同创新和开放创新为特点的用户参与的创新 2.0 模式转变。"[16] 高校新文科创新创业教育与实践，培养大学生正确的人生观、价值观和成才观，走正道、会做事、造福社会。

世界高等教育大会，提出高等教育六大变革方向：如技术赋能高校的教学与研究等，要把握高等教育六大变革方向，明晰高等教育新使命新任务：创新，高校新文科开展创新创业教育与实践，不断推进高等教育高质量创新发展。我国高校自 1999 年扩招（2001 年毕业生 115 万人、2002 年毕业生 145 万人、2003 年毕业生 212 万人、2004 年毕业生 250 万人、2005 年毕业生 338 万人），高等教育发展进入新阶段，大学毕业生的就业问题日益凸显。高校扩招在一定程度上影响了高校与社会的关系、高等教育改革、办学效益等。高校需不断打造良好的环境，构建"全覆盖、分层次、有体系"的新文科创新创业教育与实践体系。

本书基于社会对新文科创新人才培养的需求和高校新文科创新创业教育的现实发展状况，以新文科创新创业教育与实践为研究切入点，并结合数智时代特征、相关创新理论和新文科建设的指导，分析数智时代中国高校新文科创新创业教育的发展情况，发现痛点问题，提出有效解决方案。通过本书的深入研究与探索，希望对丰富我国高校新文科创新创业教育与实践的理论基础、拓宽研究视野、完善数智时代新文科创新创业教育与实践体系等方面起些许助益。

创新创业教育是中国高等教育特色的教育理念。[17] 国家为了发挥创业带动就业作用、解决大学生的就业问题引入创业教育，并基于我国现实国情，高校要将创新创业与新文科建设有机结合，革新教育理念，创造性地提出

"数智化创新创业教育"的概念。在国家政策驱动下，部分高校进行了创新创业教育的有益探索。

随着数智时代高校新文科创新创业教育的深入实施，越来越多的高校将创新创业教育作为高等教育的重要理念在全校范围内进行推广。经过多年的改革与发展，无论是从学理层面的新文科创新创业教育理论研究，还是实践层面，数智时代高校新文科创新创业教育已经脱离了"促进学生创业"的单一目标，其目标指向新文科创新创业教育，结合四新建设、数智化应用和"智能+"教育，培养学生的创新精神与创业意识，敢闯会创。数智时代，高校新文科专业将创新创业能力、新质生产力发展作为学生持续一生的素养，并鼓励学生进一步开展更为广泛的创新创业实践行动。[18]数智时代带来的社会发展与经济变革提醒我们，创新精神、创业意识与创新创业能力会变得越来越有价值。从这个层面讲，新文科创新创业教育的理念与数智时代对人才的要求是高度契合的，创新创业教育能够培养学生完成创造性工作的能力，为个体在不确定环境中开展创造性活动提供多重可能性及实现路径。因此，创新创业教育不仅能够发挥"创业带动就业"的积极作用，解决结构性就业转换问题，更是面向未来，培养学生完成创造性工作的一种教育理念。数智时代高校新文科创新创业教育与实践，从社会发展层面看，创新创业教育为人工智能时代的产业升级与职业结构转换提供人才支撑。从个体发展层面，创新创业教育切实培养个人完成创造性活动需要的创新精神、创业意识与创新创业能力。

**2. 实际意义**

党的二十大报告指出："青年强，则国家强。当代中国青年生逢其时，施展才干的舞台无比广阔，实现梦想的前景无比光明。"要面向全社会，分阶段分层次的进行创新思维培养和创业能力锻炼的教育，为青年学生的成长提供广阔舞台和发展空间。因此，高校要抓住青年大学生的个性特征，开展卓越人才培养计划，注重创新人才培养，开办创新人才培养实验班（如卓越人才培养班、复合人才培养班、产业人才培养班和国际合作培养班等），注重交叉融合，构建新文科教育卓越模式，实现创新创业教育泛在化、个性化和精准化。

中国特色社会主义进入新时代，加快发展新质生产力，我国经济社会高质量发展必须加快从"要素驱动发展"向"创新驱动发展"转变，向"数智赋能发展"转变。高校新文科创新创业教育研究具有理论与实践价值，随着我国经济由"高速增长"阶段向"高质量发展"阶段转变，数智时代大数据、人工智能技术的运用与实践，高校新文科创新创业教育的实践价值体现在以下几个方面：

（1）培养适应新经济发展、担当民族复兴大任的新文科专业应用型人才。创新创业教育的根本目的在于实践，做到理论和实践、指导和服务平衡发展，创新创业教育最大的价值在于育人，立德树人培养适应新经济发展、担当民族复兴大任的新文科专业应用型人才。高校新文科创新创业教育以习近平总书记的教书育人观为理论依据，以国家创新发展战略，以创新创业思想和国家的创新创业政策为指导依据，以解决高校新文科建设问题为实践依据，研究数智时代高校新文科与创新创业教育融合教学体系、教学模式、教学环境和教学方法及教学评价系统等，成为高校新文科专业创新创业教育理论与实践示范中心。

（2）深入推进新文科专业结构和布局调整优化工作。新文科专业优化调整、改造升级需要科学、合理、可行、绿色、创新的路径，需要明确指向和具体要求，超前布局面向研究前沿和未来发展的战略性新兴专业、跨单位跨院系跨学科交叉融合专业。转型升级与技术革命和产业变革脱节、与“四新”改革创新不相适应、人才培养同质化、内涵建设水平不高等存量专业。发展交叉融合学科专业，设置辅修学士学位、双学士学位、联合学士学位项目和微专业。“五育”与“五创融合”育人，培养新文科教育高素质人才，“五育”“五创融合”育人是对高校新文科专业优化调整、改造升级的明确指向和具体要求；“科创融合”把优质的高校科研资源转化为育人资源和优势教学资源，科研带动教学，以高水平的科学研究支撑高质量的人才培养，科创结合协同发展；“产创融合”汇聚社会资源、拓展育人空间，不断打造政产学研用融合的培养创新创业人才大平台，产创结合协同发展，建成新型产学融合协同教育体系，不断打造产业人才培养新高地，不断推动协同创新向纵深方向发展；“专创融合”形成“线上线下一体化”的实践创新教学体系；“思创融合”中的“思”指的是思政教育，落实立德树人根本任务，“创”指的是创新创业教育，融合的意思是将这两种教育深度结合在一起，贯穿人才培养的全过程；“赛创融合”将挑战杯竞赛、“互联网 +”大赛和学科专业竞赛与创新创业教育紧密结合，通过创新创业教育实践育人。

（3）新文科创新创业教育课程教学体系建设。数智时代高校新文科创新创业教育课程教学体系建设，专创融合、科教融汇、产教融合和赛创融合建设，劳动教育与创新创业教育、思创融合与“四新”建设与创新创业教育相结合，建设有中国特色的教育生态圈、产业生态圈、服务生态圈、绿色生态圈、红色文化生态圈等，重点培养新经济发展需要的多种创新能力，贯穿于创新创业基础教育、模拟仿真实训、社会实践活动、项目孵化、“互联网+”创新创业大赛、创业实战、可持续发展等环节中，探索数智时代高校新文科创新创业能力发展路径。

高校要针对新文科专业人才培养体系与社会岗位需求适应性较差、人才需求满足度不足，新经济背景下人才培养体系亟需不断突破传统文科的思维模式和思考方式等诸多问题。探索新文科创新创业人才培养过程及项目成果管理一体化发展路径。做好新文科创新创业教育，要坚持“强基础、搭平台、重引导”的原则，不断开展数智化创新创业教育，在强化学习上下功夫，更新现代创新创业教育观念，不断拓展新领域、新载体、新形式和新方向，实现学校与社会、学习与工作的无缝对接，提高新文科专业人才培养质量和水平。

### 1.1.3 应用前景

“教学改革没有终点，教学创新永无止境。”创新创业教育本质上是一种实用教育，是实现大学教育的理想信念、道德情操、高尚境界，实现人生价值的必然选择。数智时代高校新文科创新创业教育与实践具有广阔的应用前景。

**1. 中国特色的新文科人才培养体系建设新要求**

教育部出台《普通本科学校创业教育教学基本要求（试行）》，制定《“创业基础”教学大纲》，保障双创教育的质量，推进创新创业教育规范化和可持续性，培育中国特色的高校新文科人才。

（1）促进和推动新文科专业优化升级。习近平总书记指出：“进入21世纪以来，全球科技创新进入空前密集活跃的时期，新一轮科技革命和产业变革正在重构全球创新版图、重塑全球经济结构。”新一轮科技革命和产业变革引发新文科建设与深度改革，促进和推动新文科专业优化升级，需要大数据、人工智能、区块链、元宇宙、量子计算、数字孪生等现代信息技术融合发展。高校要围绕文科人才培养体系建设新要求，积极推动不断发展数智时代高校文科类新兴学科专业方向，不断推动传统文科专业改造升级和优化拓展，使之从专业分割不断转向多学科交叉与深度融合，实现高校文科与理工农医的深度交叉融合，不断打造新文科“金专”，不断优化高校文科专业结构和专业课程体系，紧扣国家软实力、硬实力、元实力、生态力和健康力建设以及文化繁荣发展新需求和新理念，形成新质生产力，推动中国式现代化建设，促进高等教育教学高质量发展。

（2）夯实和优化高校新文科课程体系。高校要抓住新文科课程体系建设这一最关键要素和关键环节，建设新文科理论课程、实践实训教学课程和创新创业课程，不断夯实和优化课程体系。要将中国特色社会主义建设的最新理论成果和实践经验融入课程教学，体现课程“高阶性”，将智能化场景设计，不断转化为优质教学资源。高校新文科建设要持续不断推动创新创业课程改革，不断进行教育教学内容更新和教学方法革新，达到课程“高阶性”要求。高校新文科创新创业教育，要鼓励开设跨学科、跨专业、新兴交叉，不断打造新文科创新创业“金师”“金课”和“金教材”。创新创业课程改革的关键在教师，教育教学改革，改到痛处是教师。高校新文科培养学生的创新意识、创新能力、跨领域知识融通能力和实践能力，教师是关键。因此，教师要争做“四有好老师”，争当“四个引路人”，坚守“四个相统一”，锻造中国“金师”，培养一流人才。

（3）推动和构建新文科培养模式创新。推动和构建高校新文科人才培养模式创新，高校要聚焦创新型文科人才培养和教育模式创新，开展“数智化课程建设 + 数智化平台建设”，增加 Python、Excel 管理应用、VBSE 跨专业模拟、ERP 沙盘模拟、业财一体化、网络电子商城、数字营销模拟、无人商店、跨境电商、简创云商业模式设计等数字化课程，取得创新创业教育成效。高校新文科培养模式创新，以培养未来社会科学家、教育家、经济学家、管理学家、艺术家、音乐家等为教育教学目标和培养要求，创新高校新文科专业人才培养模式，不断完善全链条育人机制，高校新文科专业开展经济、管理、法学、新闻、艺术、外语、文学、哲学和历史学等系列大讲堂，不断促进学界业界优势互补，推动和构建高校新文科培养模式。

**2. 以创新创业教育数智化推进中国式现代化**

数智时代推进中国创新创业教育现代化，要聚焦国家新一轮对外开放战略和“一带一路”畅议，加强高校与实务部门、国内与国外“双协同”发展，培养具有创新能力人才尤其是复合型高素质创业人才。数智时代中国创新创业教育现代化，提升国家的综合竞争力。创新创业教育就是综合改革的“新物种”，在新主体、新目标、新内容和新场景等方面，不断适应新要求、新挑战和新机遇，以数智化创新创业教育与实践推进中国式现代化。党的二十大报告指出：“加快建设教育强国、科技强国、人才强国。”实现中国式现代化必须率先实现中国式教育现代化。教育现代化离不开教育智能化发展，中国式现代化要坚持教育优先发展、科技自立自强、人才引领驱动。[19]高校新文科建设要积极构建融合型创新创业人才培养新范式，中国式现代化要求努力创建中国创新创业教育自主知识新体系。中国式现代化呼唤创新创业教育现代化，大力推进创新创业教育数智化平台共创新模式，打造数智时代高校新文科创新创业能力，真正发挥中国式现代化进程中的创新策源地功能。

党的二十大报告指出："中国式现代化是人口规模巨大的现代化，是物质文明和精神文明相协调的现代化，要促进物的全面丰富和人的全面发展。"[20]中国特色的高校新文科人才培养体系作为中国式教育现代化的有机组成，要夯实和优化高校新文科课程体系，加快实现创新创业教育现代化。

第一，创新创业教育现代化提供坚实的物质基础。中国创新创业教育应该率先实现现代化，加快创新型国家建设。当前解决好 14 多亿人口的美好生活向往问题，需要创新创业教育现代化，始终是我们国家的基本国情。数智时代创新创业教育是推动大学生全面发展的核心素养，创新创业教育现代化，需要全新的教育新技术的探索。高校"四新"建设承担着中国式现代化的"科技"和"人才"需求的新使命。第二，创新创业教育现代化有助于培养创新创业应用型人才。数智时代培养创新创业应用型人才，创新创业教育现代化自主探索将发挥着更加重要的基础性和引领性作用，有助于实现更加全面发展的人的现代化。创新驱动实质上是人才驱动，发挥人的主观能动作用。因此，在创新创业实践中发现人才，发挥人力资源是第一资源的作用，是中国式现代化的应有之义。第三，创新创业教育现代化有助于提升学生创新创业意识。创业实践有助于提升学生的创业实战能力，《诗经》载"济济多士，文王以宁"，《汉书》曰"汉之得人，于兹为盛"，讲的都是我国古代因重视人才而国势强盛的成功经验。通过创新创业教育获取了创业技能，通过创业实践锻炼创业能力，更有可能在未来开办企业。众所周知，强国必先强教，强教必先强师。教师为创新创业教育提供智力支撑，以创新创业教育现代化推进中国式现代化。

## 1.2 国内外研究现状

国内外研究现状就是为课题研究提供一个背景和起点，通过国内外研究现状文献综述，反映出高校新文科创新创业教育与实践有关研究状况，探讨新文科创新创业教育的新动态、新水平、新原理、新技术、新趋势等，帮助了解数智时代高校新文科创新创业教育与实践方面概貌、问题所在和前瞻性展望。

### 1.2.1 国外研究现状

**1. 国外创新创业教育研究**

国外学者对创新创业教育的研究，已经有较长时间的发展历史，西方发达国家如美国、英国等，取得了很多研究成果，已经形成了较为完整的研究体系。

（1）关于创业教育课程目标的研究。杰拉尔德·希尔斯（Gerald E. Hills）对创业教育课程目标的重要性进行了排序。首先，是对企业创立与管理过程的认知与了解，其次，是对将创业作为职业选择的了解。韦斯帕和加特纳（Vesper & Gartner）（1999）创业课程目标包括个人发展和企业发展两大类，个人发展目标是培养学生的创业精神和创业心理品质；企业发展目标是介绍创立和管理企业所需的技能。[21]美国创业学教育和研究的领袖人物，杰弗里·蒂蒙斯（Jeffry A. Timmons）认为创业教育课程的目标应是“为未来几代人设定创业遗传代码，帮助学生发展创业式的思维方式、进取心、灵活性、创造力、冒险的愿望、抽象思维能力以及视市场变化为商机的能力”。[22]美国巴布森学院的本科生创业教育确立了合作能力、表达能力、领导能力和问题解决能力“四位一体”的课程目标，其创业教育既有专业性的商业课程，也有陶冶素质的文理课程，还有注重综合实践的活动课程和个性化的选修课程。创业教育课程体系研究，巴布森学院的创业教育课程体系呈现出鲜明的特色：以广域式课程体系培养创业思维，以丰富多样的科学、人文及艺术知识涵泳创业精神，以开放的合作平台广泛开展协同创业实践，以多样化的国内外合作凝聚创业教育合力，以精深的创业教育研究深化创业教育实践。[23]

（2）关于创业教育课程设置的研究。国外学者对创业教育课程设置研究，在具体的课程类型设置方面，杰弗里·蒂蒙斯（Jeffry A. Timmons）将创业课程划分为理论课程和实践课程。[24]创业精神和意识的培养纳入创业教育课程设置，麦克穆兰和朗格（McMullan & Long）（1990）认为在课程设置中应结合跨学科的基础和专业课程，将创业精神和意识的培养渗透到课程领域。[25]创业课程涵盖多门学科及创业实践活动研究，所罗门（Solomon）

（2002）提出创业课程应涵盖法律、金融、管理、营销、社会学等多门学科，采用必修课、选修课以及丰富的创业实践活动等形式。[26]露丝坦特（Ronstadt）的研究发现创业课程内容经过不断发展已经不仅限于商业计划书撰写等内容，而是加入了人格、技术或行业的经验，认为创业是人、企业和环境互动的结果。[27]

（3）关于创业教育课程教学方法的研究。创业教育课程教学方法研究，乔治·华盛顿大学通过邮件对美国大学1999—2000学年的创业教育进行调查分析，创业教育课程教学方法，二年制大学采用案例分析、商业计划书的撰写、讨论；四年制的大学采用商业计划书的撰写、案例分析、客座教授讲授；国际性大学采用商业计划书的撰写、案例分析、商业人士演讲和客座教授讲授。Oosterbeek等使用倍差法，对实验组和对照组的学生进行对比。学校创业教育中采用最多的教学方法依次是：提出商业计划书、案例分析、演讲、讨论、讲座、项目研究、可行性研究等。通过课程教学方法研究学生的创业绩效，Charney通过对被试者与创业者的社会经济特征进行配对，对“柏杰创业教育项目”进行评价，以此研究学生的创业绩效。[28]

（4）关于创业教育课程师资队伍建设的研究。创业教育课程师资队伍建设的研究，唐纳德提出应该建立二元化的师资队伍，既有博士层次的理论教师，又要有具备创业实践经验的教师。研究发现，美国自创业教育发展初期就非常注重教师队伍的建设，也有许多学者针对创业课程师资的选聘和培训等方面开展了相关研究。美国高校创业教育师资队伍具有师资来源多样化、师资培训专业化、资金保障多元化、激励措施制度化、信息共享网络化特点。重视创业教育课程师资队伍建设，美国在师资队伍建设方面，形成了一套完善的体制机制，采取一系列的创业教育课程师资队伍建设的措施，诸如严格的教师准入机制、专业的培训体系、教学科研和社会服务平衡的发展路径，以及科学人性化的教师评价制度。创业教育课程师资队伍建设方面，英国高校的创新创业师资分为创新型和创业型两类，高校出台诸多的奖励政策激励教师的创新和创业行为。与英国相比较而言，美国高校创业教育师资队伍建设，主要是从职前培养、入职选拔以及职后发展等方面进行的。[29]国外重视创业教育课程师资队伍建设，认为创业教育课程的有效实施必须依靠专业的师资队伍。

（5）关于创业政策影响与创业过程评价的研究。创业政策影响与创业过程评价，Lundstrom和Stevenson认为政府应当使用各种政策工具，促进创业政策的论述，满足创业活动对动机、机会和技术3个方面的要求，对评估创业政策的可行性也提出更高要求。关于创业政策影响的研究，美国政府制定了金融、税收等方面的优惠政策以支持创新创业活动的进行，为高校推进创新创业教育提供便利的制度环境。Sarasvathy 指出大多成功创业者的创业行为由手段逻辑来引导，通过研究，明确了目标导向逻辑和手段导向逻辑两个概念。研究影响创业行为活动的因素，Gartner 通过各个变量之间相互影响来研究影响创业活动的因素，认为对创业行为有影响的主要因素包括个体本身的特质、组织、过程和环境等。Wilken 等人将创业理论与创业者个人的性格特征结合，研究创业者与非创业者在成就需要、自主需要、决策、欲望等方面的差异，探讨影响创业行为选择的因素。创业过程创业教育评价的模型与方法，多数学者利用 DEA 模型和 Malmquist 指数法，构建创业政策效率的评价模型；有学者用 GEM 模型和 MOS 模型建立“三维一体”创业政策评估体系。Gustafsson - PesonenLiisa 通过创业学习方法、课程结构和创业过程，对教师创业思维和行动的影响，以此来评价创业教育对教师思维和态度的改变程度。[30]

**2. 国外新文科创新创业教育研究**

查阅中国知网、Web of Science 检索平台，新文科创新创业教育研究文献不多，论述也较少。[31]20 世纪 80 年代末，联合国教科文组织在面向 21 世纪国际教育发展趋势研讨会上，提出“创业教育”（Enterprise Education）。[32] 2017 年，美国希拉姆学院率先提出“新文科”，指的是对传统文科进行学科重组、文理交叉，把新技术融入哲学、文学、语言等诸如此类的课程中，为学生提供综合性的跨学科学习。[33]国外研究认为“新文科”是为学生提供综合性的跨学科学习，是对传统文科进行学科重组、文理交叉。美国，英国和德国等国家，在这一领域发展上已经取得了一系列的成果。在检索外文的相关数据库时，发现国外的一些学者对此做了一些研究。

（1）关于文科创新创业教育模式研究。在开展创业教育的经验上，国外的一些国家和高校特别强调对学生实践能力的培养，已经形成了比较有特色的发展模式。把新技术融入哲学、文学、语言等学科重组、文理交叉类的课程，在创业教育开展上的需求模式研究，Bdrtrand 认为，针对不同专业的学生，应该因人而异、因材施教，创业教育的模式应该考虑到学生个体的需求。[34]融合模式，Jean - Pierrebechard 和 DenisGregoire 提出了要将创业教学与实际相融合，通过多种形式的校外活动开展，使学生获取更为直接的学习体验。[35]分类模式，斯惴特等对创业教育模式进行简单的分类，探讨出辐射模式和磁石模式两种形式，针对两种模式之间的不同，后续研究者对此进行深入研究，目前，国内外的文科创业教育也是大体以全校模式为主的。[36]经验模式，雷伊提出引导学生创业，将经验转化为知识，要把生活中的经验运用到教学中去。[37]能力模式，帖尼等指出，机会识别的能力对于创业教育来说是最基本的需求之一，强化这种能力的使用对文科专业是十分重要的。[38]结合模式，国外学者从以往的研究中总结出创业与教育理论之间存在相应的联系，把二者相结合可以得到有关创业教育的理念。[39]

（2）关于创新创业教育模式分类研究。关于创业教育模式分类的研究，国外学者的研究有以下几个方面：第一类，商学院管理模式，以美国百森商学院与哈佛大学为例，该校设立了一系列的企业管理类的创业教育课程，并将企业管理的相关理论与实践相结合，并以此为基础，以企业孵化为平台，让大学生在企业中得到实践经验，并以案例库与研究会、出版刊物等方式强化学生的科研实力，代表性的研究者有 Christian Luthje，Nikolaus Franke[40]和 Phillip H. Phan[41]等。第二类，高校全校性模式下偏向理工科为主的创业模式，侧重于学生的创新和实践能力。通过对学生进行课程教学，并在学校开展相关的教学实践，使学生在学习过程中掌握应用的科学研究与技术，相关研究以 Jean - pierre，Bechard，DenisGregoire[42]和 JamesW. Garland 等为代表性的研究者。[43]第三类，将创业思维和精神培养作为核心，教学中突出实际管理经验为主的教学内容，并面向全校开展的创业教育模式，以 Timothy M. Stearns，Solomon，G. T. Duffy & Tarabishy 等人为代表。[44]

（3）关于文科创新创业教育意义的研究。Bennett 认为文科创业要想成功不仅仅取决于他们的智商、学历和家庭背景，更重要的是他们是否具备了高水平的教育经历。[45]这种高水平的教育经历不仅可以让他们拥有更多的知识，而且也能让他们获得更好的经济回报。创业教育的意义就是成为创业家，Gibb 调查认为，只有经历足够的创业培训才能在创业教育中挖掘自身的潜能，充足的创业培训是创业的首要条件之一，创业教育的意义就是让更多人经过培训后有勇气去尝试成为创业家。[46]Hegraty 和 Jones 认为创业教育对人的启发和引导是具有长远影响的，通过接受创业教育获得的回报在职业生涯中能够体现得更明显，提升自身的创业能力。[47]Kuratko 认为创业教育旨在提高文科学生的创业能力，提高他们对市场情况的把握能力，通过学习文科创业知识，学生们能够更好地把握市场变化趋势和市场发展方向，从而提升自身的创业能力。[48]Klaus 认为创业教育可以让学生了解不同创业模式的特点和优缺点，从而更好地把握机会，可以让学生更深入地了解不同创业模式背后的原理和逻辑，从而为未来的创业实践提供更多经验。[49]Richard. Dorf

认为高科技成果转化的促进是文科创业教育最需要的，可以为文科学生提供更多的学习机会和实践机会。[50]从已有的研究中我们发现，国外已经有许多学者认识到加强文科创业教育的必要性，国外的研究学者盖特伍德（J. Gatewood）和凯莉谢弗（KellyG. Shaver）通过大量的研究后指出，在大学里，进行企业的创业教学不能只限于商学院，因为目前的经济和社会正在不断地发展，所以这个世界上对企业的创造力和生命力要求越来越高，单纯地依赖于商学院的大学生来从事企业管理工作，对于满足时代发展的需求来说是很落后的。[51]在商学院以外的大学生也有着非常强烈的创业积极性，这就要求高校要将各个大学、各个学院、各个学科的大学生的特征相融合，突破原来的学院间的壁垒，建立起一个更全面并结合时代特征的全校范围创业教育体系。

### 1.2.2 国内研究现状

相对于欧美发达国家的创业教育而言，我国新文科创新创业教育在这一领域也已经取得了十分丰硕的研究成果。在检索中国知网的相关数据库时，发现国内的一些学者对此做了内容丰富的研究。

**1. 国内创新创业教育的研究现状分析**

我国对创新创业教育的研究不断深化，对创新创业教育的研究主要有以下 6 个方面：

(1) 对创业教育与素质教育和创新教育的研究。李家华、卢旭东（2010）提出高校创业教育是以创新能力为核心的综合素质提升和职业精神培育的高等教育。[52]于国龙，崔忠伟，董政亮（2022）探索适合开展大学生创新创业素质教育的教学模式，将提升学生的创新创业技能作为根本目标，通过将以目标为导向的 OBE（Outcome - based Education）教学理念引入大学生创新创业素质教育，提高大学生创新创业素质教育的质量，使学生具备更强的创新创业素质和能力。[53]周森，孙晓枫，籍亚玲（2022）研究新工科教育背景下实现“继承与创新、交叉与融合、协同与共享”的融合型素质教育培养模式，提高艺术修养与协作精神。构建素质教育与创新创业融合实践教学体系，通过对优秀传统文化和工艺的融合，实现美学训练、设计思维训练、大学生动手实践、跨专业协同创新，探索美育实践、设计实践、创新创业实践融会贯通是实现素质教育的新内容和新模式。[54]强调创业教育在推进素质教育中的战略性作用具有重要意义。杨文金，王洁（2023）认为素质教育与大学生创业教育在价值主张、能力培养目标以及方法手段上具有高度耦合性。[55]

(2) 创新创业教育目标和教学内容研究。高校实施创业教育的方法和途径，从创业意识、创业能力、创业知识结构、创业心理品质4个方面研究。刘景宏、史广政（2007）认为创业教育的目的是提高青年学子的创业素质，培养具有开拓性和创业精神的人才。[56]潘勇涛（2013）认为大学生创业教育目标是通过教育、培养和锻炼，使大学生获得创业所需综合素质。[57]时全丽（2012）认为创新创业教育的基本内容，是对高校创新创业教育目标准确定位，提高创新创业的成功率，培养大学生的创业品质。[58]王夏冀，栾培新（2021）从理念、目标、内容对创新创业教育进行重新定位，是创造教育、创新教育、创业教育三者的有机统一。[59]从STS视角上看，创新创业教育是一种具有创造创新创业特质的教育实践活动，需要以创新创业人才培养为根本。

(3) 对高校创新创业教育课程设置的研究。国内学者对高校创新创业教育课程设置的研究，对课程体系形态研究。朱晓文（2010）总结创业教育课程的设置：学科课程、实践课程、环境课程和创业模拟实践。[60]陈彦丽（2009）创业教育课程体系：创业学科课程、创业活动课程、创业实践课程、创业环境课程4种基本形态。[61]朱恬恬，舒霞玉（2021）高校从创新创业教育课程认知、“专创融合”课程建设、专职兼职教师队伍建设、优质资源共享以及课程平台完善等方面健全我国高校创新创业教育课程建设。[62]创业教育课程设置，要体现创业教育的主旨和目的，课程内容上包括生产操作实践课程、经营管理实践课程和社会交往实践课程，课程性质上包括模拟试验型、社会实践型课程。

(4) 对高校创新创业教育途径的研究。林森、杨魁（2009）提出创业教育的3个方面：一是以科学发展观为指导思想，在科学发展观中发挥思想政治教育育人功能；二是学校搭建创新创业教育平台，真实现产、学、研一体化；三是课堂教育与创业实践相结合，构建创业所需具备的知识结构，进行创业基本知识、素养和技能的教育教学，提升大学生的创业素质和能力。[63]对创业教育途径的研究，提出帮助大学生树立正确的“三观”，在学校搭建创新创业平台。吴远征，倪杰，沈皆希（2024）借助创新生态系统的理论模型，构建适应“四新”建设需要的应用型本科高校创新创业教育生态系统，引入我国传统哲学智慧“道法术器势”的理论框架及其辩证关系，探索应用型本科高校创新创业教育生态系统的实践路径：坚持立德树人的教育根本任务之“道”，强化多维融合的生态体系之“法”，推动教学模式改革之“术”，实现实践平台一体化融合之“器”，营造推动创新创业教育顺势而为、乘势而上的生态系统之“势”。[64]

（5）对高校创新创业教育与实践的研究。关于高校创新创业教育与实践的研究，于常武，刘伟东，李苓（2024）从哲学角度分析高校培养学生创新思维的必要性，构建创新创业教育体系、模式和机制需要遵循辩证性和实践性，建设产教融合基地，推进教师能力提升工程，构建校企合作人才培养模式，把大学生实践创新能力的培养质量提升到新高度。[65]宫晶晶，张倩，韩洪文等（2023）利用OBE教育理念构建创新创业教育体系，以人才需求为导向，积极构建“三联三融、五位一体”的创新创业教育体系，达到“创新型、应用型、复合型、技能型”人才的培养目的，促进高校创新创业教育体系的健康发展。[66]黄兰华，王向东，王艺霖（2023）通过分析“思创融合”的内涵与意义，并结合某大学创新创业教育实践，从构建思创融合“大课堂”、搭建资源共享“大平台”、培育专兼结合“大师资”、建好支撑保障“大生态”、数智化技术“大数据”5个方面，探究高校新文科创新创业教育改革的有效路径。[67]陈庆堂，程德华，林建胡等（2023）在分析应用型本科双创教育现状问题的基础上，结合新时代“五育并举”“立德树人”的总要求，提出了走出思想意识误区，构建多元融合格局，健全融合育人机制，构建融合育人平台，建设融合课程体系，培养融合型导师团队，创新融合培养体系，推动融合育人实践等8个建设路径，通过体系创新、模式创新和载体创新，构建“专、产、体、思、劳、美、创、科”多元融合的创新创业教育体系，有效促进大学生更好地就业创业，满足产业发展对高素质应用型人才的需求。[68]

（6）对创新创业教育课程思政教学的研究。关于创新创业教育课程思政教学的研究，王英，方雪梅，李伟等（2023）紧跟教育部对课程思政教育的基本要求，融入理想信念与红色文化精神教育、法治精神与道德品质教育、社会责任感与家国情怀教育、艰苦奋斗与团队精神教育。[69]朱苗，王文靖，刘欣瑶（2024）新文科为“思创融合”建设提供了新理念、新思路和新路径，体现了立德树人的教学理念。基于新文科建设背景，从教育体系、课程体系、实践平台和互动模式4个方面展开思创融合的体系构建，针对性提出“思创融合”的教育体系构建及实现路径，助力创新创业的发展。[70]钱婷，綦萌（2023）认为创新创业课程中的思政教学目标可以具化为培养社会主义核心价值观内核下的创新精神、引导面向国家高质量发展的就业创业观和深化适应于国家治理现代化的商业伦理教育三大目标；在课堂教学实践中，通过结合商业落地讲解国家战略与政策体系、以身边榜样做引导形成案例教学重点以及组合式教学方式引导理论与实践融合三种方式，实现创业课程融合思政元素，促进创新创业教育更好地实现思政教学目标。[71]常海龙，陈超，王丹阳等（2023）认为大学生创新创业课程思政教学模式应用推广应立足创新创业基本认知、思维开发和实践能力培养，从分析、设计、开发、实施、评估5个方面入手，构建基于ADDIE模型大学生创新创业“课程思政”教学模式，提出应用推广的具体路径，借助统计学分析方法科学量化评估大学生创新创业课程思政教学的实施效果。[72]

**2. 国内新文科创新创业教育研究**

教育部等相关部门“六卓越一拔尖”计划2.0，全面推进新工科、新文科、新医科、新农科建设。新文科建设突破传统文科的思维范式和研究视域，立足中国特色社会主义进入新时代的节点，促进多学科交叉与深度融合。徐飞（2022）教授认为，“新文科教育要培养堪当民族复兴大任的新时代文科人才，培育新时代社会科学家，构建哲学社会科学的中国学派。”新文科回应新需求，从知识单向传输到知识共创，促进文科融合化、时代性、中国化、国际化。[73]新文科作为“四新”建设内容之一，根植于社会主义现代化建设的伟大实践，发展要立足国情和新时代改革开放实践，加强对实践经验的系统总结，讲好中国创新创业故事，构建新文科新发展理论，引领人文社科新发展，坚持不懈地挖掘新材料、新要素，服务人的现代化新目标，发现新问题、提出新观点、解决实践新动能，形成学科导向和需求导向互动互通，打造中国特色新文科教育的理论体系、学科体系和教学体系。

（1）文科创新创业教育模式研究。目前，从已有的调查文献可知对于创业教育的研究有很多，但从学科专业角度来看，文科专业的创业教育效果较理工科专业还需在较大差距。卢威，邱法宗（2012）认为文科学生面对创业时存在认知差异，创业意向相对较低。[74]考虑创业能力培养的模式，朱咸影（2013）认为，文科专业学生创业意识淡薄，对理论知识过分重视，对培养动手能力轻视甚至漠视。[75]文君（2015）指出高校在对文科专业学生进行创业教学时，创业教学资源主要集中在理工科专业，同时，高校的创业基金也基本上倾向于理工学科的大学生。[76]肖泽（2016）指出，在大学中理科学生的创业人数要比文科学生多得多，文科学生的创业项目往往是以创新为主，由于科学技术在其中应用少，文科学生的创业成功率较低。[77]关于创业教育效果模式，杨敏生，宋时蒙等（2017）比较了文理科专业学生的创业教育效果，发现文科类学生创业教育在进行规划管理上的能力需要进一步加强。[78]对于高校文科创业教育模式存在问题的研究，赵东霞，王成（2014）认为高校可以对文科生创业能力的优劣势进行全面分析，以改善文科类大学生就业率持续走低的现状。[79]在培养创业型人才研究方面，林刚（2017）则认为高校文科专业在培养创业型人才方面缺乏针对性的创业教育服务平台，学生普遍缺乏创业信心等问题。[80]赵睿，鲍家定等（2018）从挖掘文科创业教育意义的角度去分析文科创业教育模式问题，并探讨相应解决方案。[81]于露，陈海华（2019）认为创业教育是文科专业教学和思政教育工作中面临的新方向，要充分结合互联网和新科技发展形势特点，帮助文科学生找到更好的生存和发展机会。[82]关于新文科创业模式研究，众说纷纭，观点莫衷一是。我国学者对文科专业创业教育模式提出了对策和建议，对创业教育模式进行了改进。对于文科创业教育滞后的现状，郑益兵（2017）认为应该从加强文科师资力量的角度加以改变。[83]刘星（2018）则认为要加大对文科创业平台的建设力度、从改革文科专业的人才培养方案去建设高校文科专业创业教育模式。[84]王凤栖（2018）认为对于高校文科类专业来说创新能力和实践能力的提升十分重要，高校可以着重将竞赛和教学进行融合提升文科专业学生的实践能力。[85]罗黎（2021）认为解决文科创业教育人才培养模式问题，要从明确人才的培养目标入手，建立双师型教师考核制度，加强产教深度融合。[86]

（2）新文科背景下高校文科创业教育的研究。在数字经济时代的发展下，传统的教育教学形式已经不能适用于学生的发展需求，基于创新与开放的多学科交叉融合成为新文科背景下新时代发展教育教学的主要特点。周珍，方云飞等（2021）指出在新文科的发展趋势下，为了更好地推动创业教育的开展，要对大学生的创业教育进行精确提高策略的探索。[87]吴德群，吴国阳（2021）发现与新工科建设相比，新文科更注重理论性，实践性不高。[88]林琳（2021）提出在新文科的建设中，最重要的一项就是把创业教学作为一个重要内容，加强对交叉学科的整合与应用技能的训练。[89]张静，陈淑芳（2021）认为“新文科建设”提倡的综合性的跨学科学习可以对文科教育的创新发展提供帮助。[90]江涛涛，王文华（2021）指出，在新文科建设的大环境下，高校要建立一个“双循环”的创新创业教学系统，充分发掘老师的实际研究才能，利用实习和实践的方法，促进学生的创业技能的提高。[91]段艳，黎春梅，刘晓平（2024）提出，新文科建设在创新创业教育方面，还存在不适应新文科发展的短板，在创业实践中，产教结合度低、创新主体单一、创新领域狭窄；在评价体系上，评价要素的设置学科过于单一，在评价方式上可量化指标不足；新文科的发展，要求以服务社会为导向，对学科要素进行重新整合；在创业教育方面，迫切需要重构适应新文科发展要求的评价体系；为突出学科融合度，构建跨学科的创新创业教育评价体系，设置专业融合度指标、学科跨度指标和产业融合度指标，通过跨学科评价体系的构建，使创业实践切实服务地方产业，实现学科体系要素的重构，推动新文科建设的发展。[92]

（3）数智化赋能高校“双创”人才培养研究。关于数智化赋能创新创业教育，张铭睿，吴安康（2023）在数智化挑战下，应加快数智技术赋能“双创”教育，改革“双创”人才培养新路径，探讨数智产教融合的“双创”人才的培养路径。[93]王鹏（2023）提出数智化赋能高校“双创”人才培养，元宇宙重构创新创业教育的时空场域、形塑创新创业教育的现实样态。[94]人工智能赋能高校“双创”人才培养。李望秀，李华新（2024）认为数字技术赋能创新创业教育体系，应从基础环境、教育主体、协调保障三个层面构建良好的创新创业教育生态；设置普及式——引导式——实践式的阶梯形课程体系，循序渐进地培养学生的创新创业能力；通过智适应的教育策略与活动、虚拟化的创业实践环境、智能化的创业项目推荐与孵化实现创新创业教育环节的全覆盖和模式创新，利用教育数据完善评价机制，推动创新创业教育的持续改进和发展。[95]蔡晓雯，陈洋卓，徐玲林（2024）阐述了元宇宙与思政元素融合的大学生创新创业教育方法，包括元宇宙视域下角色代入式大学生创新创业教育方法、思政元素融入元宇宙的大学生创新创业教育方法、大学生创新创业思政教育体系与元宇宙的深度融合3个方面。[96]顾力强（2024）认为数字经济的迅猛发展引领了行业变革，激发了大学生创新创业热情，使其成为高校教育改革中的关键议题。为此，应依托数字经济背景，深入研究大学生创新创业教育的路径。[97]

综上所述，对新文科创新创业教育研究以及创业教育模式的研究，大多数都是在最近10年中才开始的，仍然存在着很大的发展潜力。针对新文科创新创业教育模式的研究相对较少，针对新文科创新创业教育问题的研究稍多，但在研究设计和解决方案上还不够深入。数智时代新文科建设理念的提出，让不少学者开始关注新文科专业的未来发展。因此，本书将以新文科建设为背景，以拔尖创新人才需求为导向，针对人文社科专业学生特点，探讨创新创业教育生态系统的转型，着重从学科融合和跨学科学习的角度找准新文科专业的定位，帮助新文科学生达到知识扩展和创业思维的培养，并以此为基础完善数智时代新文科创新创业教育模式。

### 1.2.3 国内外研究述评

通过对国内外现有研究成果进行梳理发现，相关学者对于创新创业教育模式的研究已经取得了一系列成果，但现有的研究中主要是从整体的角度去研究创业教育模式，对个别学科专业还没有明确的区分，最近几年虽然也涉及许多理工专业创业教育模式的研究，但对数智时代新文科专业创业教育模式的研究还比较缺乏。[98]根据对文献的搜索，近几年，不管是在研究成果的数量，还是在质量上，还处在一个初步的探索阶段，还需要从理论和实际层面展开更深入的研究。[99]

从国内外的研究中可以看出，国外在很早以前就有学者关注到文科的创业发展形势，一部分学者在对高校文科开展创业教育的意义上展开了研究，但是大部分的研究中对具体的文科专业创业教育模式的研究还未涉及，根据文献研究发现国外许多学者都提出要把创业教育普及到各个专业中，不应该仅限于商学模式和理工模式上。要打破原有学科壁垒，以适应新文科建设需要。随着新文科建设的提出，加强新文科建设成为焦点。如屈峰、林雨荷、李晨阳（2021）提出建构新文科创新创业教育与实践体系，快速迭代更新课程和实践体系。[100]人工智能技术赋能高校“双创”人才培养，通过问题导向，提高探索未知的主动性激发知识迭代效应。吴国阳（2022）提出任务驱动式教学在创新创业教育与“新文科”专业人才培养深度融合中具有较强的优势，应对高校创新创业教育课堂教学提出的挑战，与新文科“专创融合”，创设好教学情景，任务驱动式教学，最终实现“新文科”专业人才培养目标。[101]新文科建设重点内容是开展创新创业教育，任务驱动式教学，制定好教学目标和教学计划，设计好教学任务，细致的任务反馈等环节。王智腾、郝文婷（2023）提出“一核四系五融合”模式，为新文科建设提供先行经验。[102]借鉴“一核四系五融合”教育模式，以专业融合为抓手，重构创新创业教学新体系。杨立英（2023）认为新文科建设与创新创业教育在价值内核和育人目标上具有内在的一致性。[103]创新创业教育改革是高校深化教育改革的重点，是高校进行课程体系改革的重要组成部分。本书在把握现有高校创新创业教育的现状和困境的基础上，以新文科为背景，探讨高校创新创业教育改革的方向和着力点。如周丹、武亮、肖汉杰、鲍舒燕（2023）提出，在新文科视域下，创新创业教育改革的方向要突出新文科在“文化育人”上的功能、推进科技创新与文科建设的融合、连通实践教学与专业教育，创新创业教育改革要以社会发展需求为导向，构建“校内模拟实训”模式、以建立实践教学体系为目标，构建专业课程体系，以孵化竞赛成果为前景，以竞赛育人模式、多元指导为方向，理论基础与实践探索相结合，打造“过程型实践创新育人机制”。[104]运用“新”（新经济、新技术、新模式）、“融”（嵌入式、交融感、沉浸式）、“通”（跨学科、跨领域、跨专业）、“特”（有特色、很特别、创新点）的新文科思维方式，培养具有创新精神的高素质人才。

顾绍通（2024）认为新质生产力强调科技创新的引领作用，而创新型人才是发展新质生产力的关键资源。高校作为创新型人才培养的重要基地，是发展新质生产力的重要力量。新文科是主动适应国家创新型发展战略和现代社会教育技术变革，有效提升文科生创新能力，培养创新型人才的重大举措。从创新支持体系、师资队伍、创新实践机会、激励考核机制、产学研协同、人工智能素养等方面考察文科生创新能力现状，在此基础上提出构建科学完善的创新教育支持体系，建立多元激励考核评价机制，打造优秀师资队伍，改善产学研协同创新创业环境，增加创新实践机会，推进国际合作，提升文科生人工智能素养等改革措施，从而在“新质生产力+新文科”教育背景下提升文科生的创新创业能力。[105]

王洪才（2024）认为培养大批高素质的创新创业人才是新质生产力发展赋予当代高校的重要使命，而理清创新创业人才的人格结构特征是人才培养成功的关键所在。经过田野调查与哲学思辨，发现创新创业人才普遍具有创造性人格品质，具有7个非常突出的特质，即“主体性强、批判意识强、决断性强、合作精神强、反思性强、逻辑思维强、实践性强”。这7个特质之间具有一种层层递进且循环往复的螺旋式上升关系，并且呈现出一种螺旋式的动态结构模型，凸显了创新创业人才主体精神非常强和实践精神特别强的优秀品质。这些发现不仅揭示了创新创业人才培养的重点和逻辑顺序，而且为创新创业人才培养提供了理论指引。[106]

当前，国际形势的不确定性日益显著，国内投资环境和企业经营环境面临新的挑战，进而导致高校毕业生就业形势不明朗。石广丽（2023）提出，提升高校学生创新创业能力同“新文科”建设在内容及目标上具有高度耦合性，各高校应积极完善理论课程体系，丰富教学实践活动，高质量实践平台建设，不断提升高校学生的创新创业能力；基于此，研究将“新文科”建设与创新创业教育相结合，剖析就业难的解决对策。[107]新文科创新创业教育与实践，创新新文科产学合作协同优化，为其创造美好未来提供有力的素养支撑。新文科建设，以创新能力为中心，重塑教育理念。再造综合配套，运用互联网、云计算、大数据、量子计算、人工智能、数字孪生、AI大模型等现代信息技术手段，通过跨专业、跨学科、跨界甚至跨域整合突破界限壁垒，改变学生不想创新、没有创意、不敢创业的现状，通过“育人目标、教学内容、教师队伍、教学资源、考核评价”融合，协同培育新时代新文科人才。

本书通过对国内外高校新文科创新创业教育典型模式进行分析，探究其模式中有关新文科专业的创业教育形式，以期对完善数智时代高校新文科创业教育与实践提供实际价值。《新文科建设宣言》明确指出：“应对新变化、解决复杂问题亟需跨学科专业的知识整合，推动融合发展是新文科建设的必然选择。”新文科专业创新创业教育课程建设，首先，要推进创新创业教育融入专业人才培养体系之中，新文科创新创业教育课程设计应着眼于意识养成、知识内化、素养形成层次递进目标，以通识课程、专业课程、跨学科继续教育课程为载体，全面提升学生的创新思维、市场研判、产权保护能力。其次，新文科创新创业教育，要跨学科交叉互渗、跨领域融会贯通、跨专业复合多能，培育创新意识、创新能力和创新人格。

## 1.3 研究内容与研究方法

介绍本书的主要思路、研究内容与研究方法，分解数智时代高校新文科创业教育与实践课题研究目标，抓准课题研究的切入点、明确课题研究的重点难点。

### 1.3.1 本书研究思路

通过对现有文献的梳理，本书将数智时代高校新文科创新创业教育课程、实践体系的现状作为研究对象，介绍其发展概况，从课程目标、课程要求、课程内容、课程思政、课程实施和课程评价方面进行研究，并采用案例研究的形式，选取国内外高校新文科创新创业教育课程体系较有代表性的院校，进行高校新文科创新创业教育深入的描述和分析，了解和把握高校新文科创新创业教育课程、实践体系构建和实施的成功经验，最后为完善数智时代高校新文科创新创业教育与实践体系提出对策。研究关键路线图，如图1.1所示。

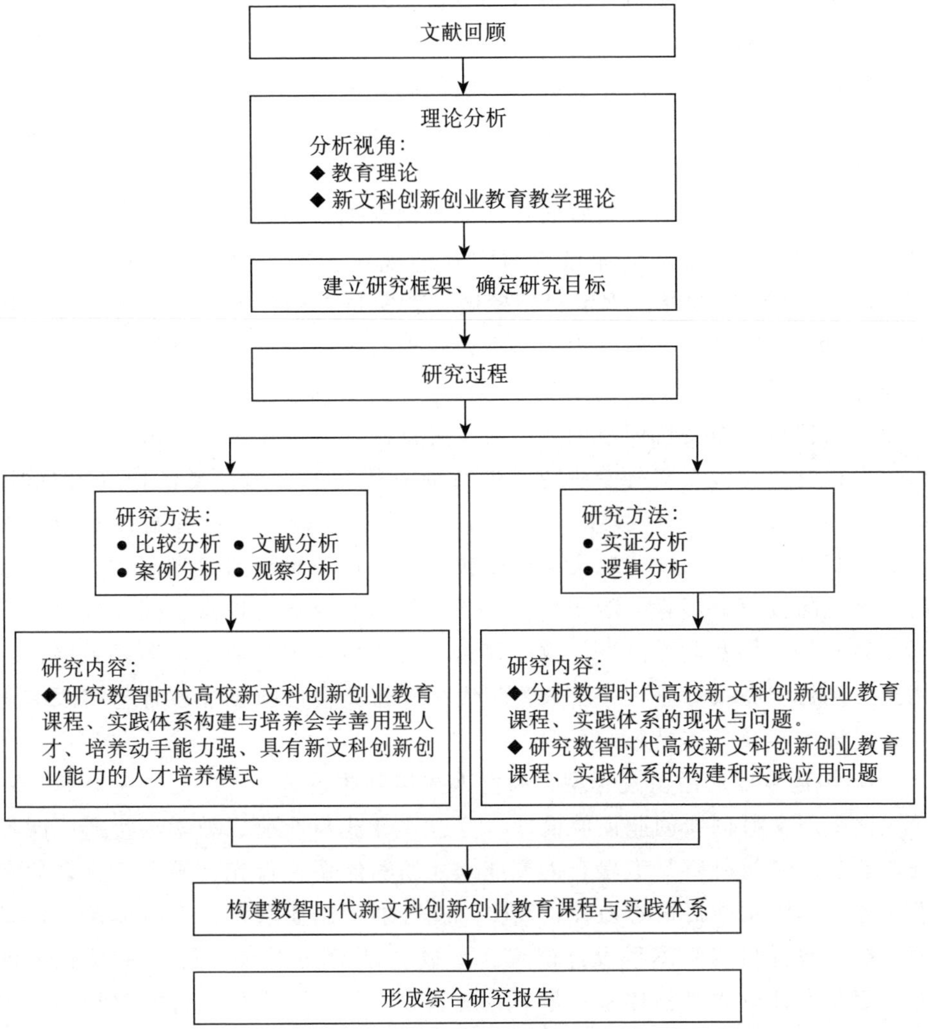


**图1.1 研究关键路线**

### 1.3.2 新文科创新创业教育与实践研究的内容

本书以习近平新时代中国特色社会主义思想为指导，以习近平总书记系列重要讲话为理论依据，以国家创新发展战略、创新创业教育思想、创新创业政策等，作为推动高校创新创业教育与实践及课程体系改革政策依据，以解决数智时代高校新文科建设问题为实践依据，分析国内外创新创业教育与实践的现状，采用文献调研和调查问卷进行现状调研，界定数智时代新文科创新创业教育相关概念及相关理论基础，调查高校新文科创新创业教育的现状，剖析高校新文科创新创业教育与实践存在的问题及成因，研究数智时代新文科与创新创业教育融合教学体系、实训课程、教学模式等，构建数智时代新文科专业创新创业教育与实践新模式。

课题研究主要内容：数智时代新文科创新创业教育相关概念及相关理论基础，高校新文科创新创业教育与实践的现状、存在的问题及成因，结合“智能+”教育和教育新质生产力发展，新文科创新创业教育与实践体系构建，新专业、新模式、新课程、新理论建设与创新创业教育相结合，重点培养新经济发展需要的多种创新能力，贯穿于创新创业教育的各个环节中，探索数智时代高校新文科创新创业能力发展路径，[108]如图1.2所示。

数智时代高校新文科专业转变创新创业教育的思路，要依托以大数据、人工智能、云计算、5G技术、区块链、元宇宙、量子计算等新技术为代表的数智时代。面对中国式现代化建设和高等教育教学高质量发展，面对数智时代呈现的教育新形势、新变局，更新创新创业教育的理念，探索教育新路径。高校新文科专业积极更新教育理念，新质生产力赋能，培养创新型、应用型、复合型高级专业人才。数智时代高校新文科创新创业教育与实践课题研究详细内容及具体措施如下：

**1. 构建专业应用型复合型创新型人才培养体系**

注重新文科创新创业顶层设计，打造“专业与产业、教学与生产、课程与职业、教学与科研”五融合的专业人才培养体系，首先，研究五融合的专业人才培养体系项目核心内容；其次，进行创新创业教育与实践体系设计研究，结合教育与实践体系设计研究，形成“政府+平台+行业+科研+创业”五位一体的教学新体系；最后，通过数字化、网络化、智能化和移动化设计具有地方特色的产教研深度融合应用型人才培养“1+X+1”（社会公共服务能力+不同专业应用能力+创新创业能力）模式。

为贯彻落实中共中央办公厅、国务院办公厅《关于深化新时代学校思想政治理论课改革创新的若干意见》，探索新时代高校教师发展新范式。抓思政，把思想政治教育贯穿新文科人才培养体系。首先，推进专业应用型复合型创新型人才培养，按照《普通高等学校课程思政建设指导纲要》的要求，全面落实“大思政课”建设，推动思政课程与课程思政“双轮驱动”深度

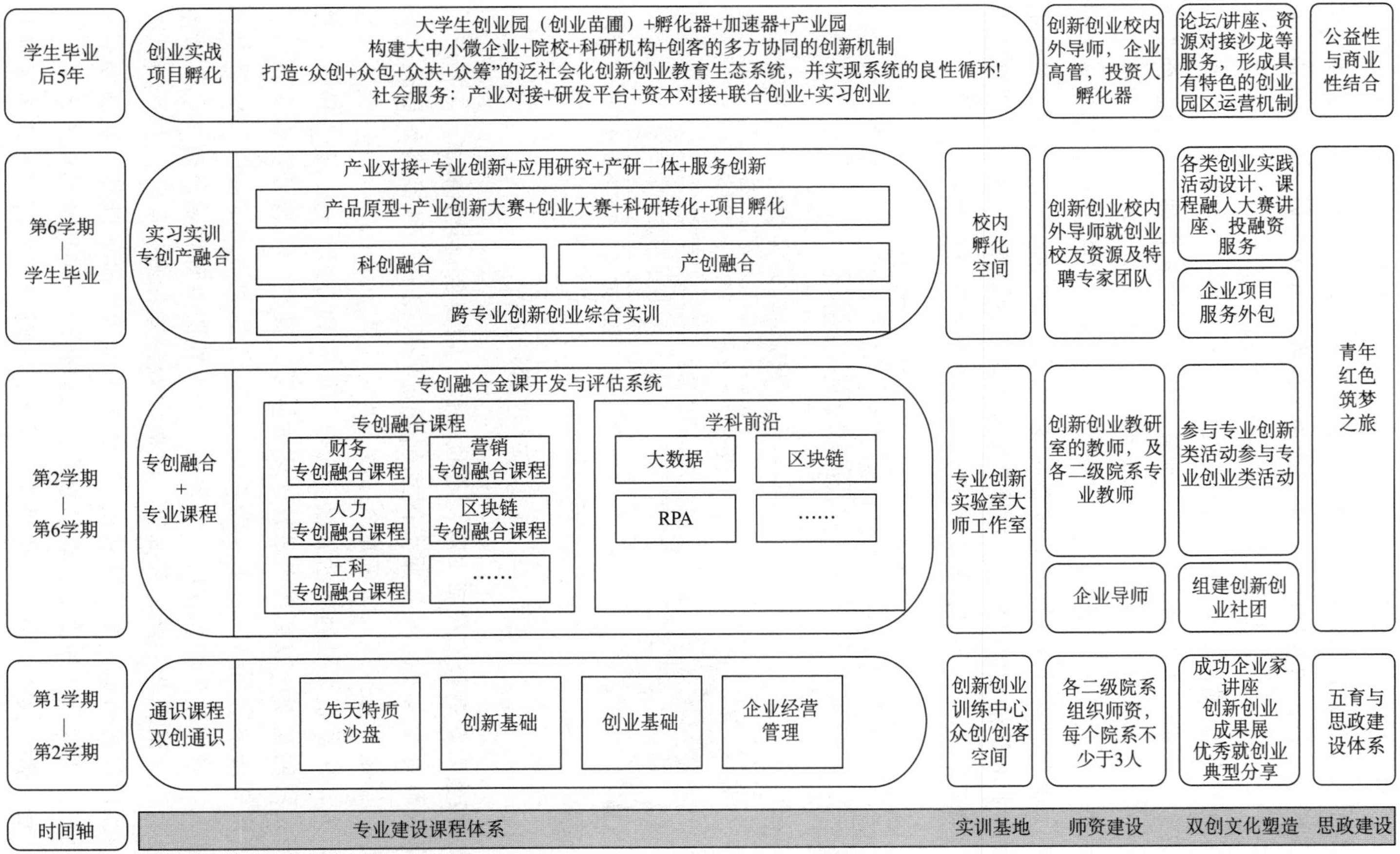


图 1.2 创新创业能力发展路径

协同，同向同行，协同效应，打造“金课”，发挥创新创业教育教学课程的育人作用；其次，新文科创新创业教育教学课程建设，按照国家一流本科课程建设要求，打造课程思政与创新创业特色课程《敢闯会创（创新创业—社会实践）》，打造新文科创新创业教育与实践基地，打造“金专”；最后，以教育家精神为引领，坚持守正创新，久久为功，打造“黄大年式”教师团队，打造“金师”和特色“三师”师资队伍（通识教育师资：创新创业讲师，讲解创新创业基础课程；专业创新师资：创新创业引导师，基于问题导向，结合导向教学法，激发学生创意解决问题；校外兼职师资：创新创业导师，对大学生创业项目进行咨询辅导对接孵化投资），如图 1.3 所示。构建有组织的教师教学能力提升体系，培养造就高素质、创新型的高校教师队伍，开展以课程思政为引导元素，提升“双创”教育与实践教学胜任力。[109]

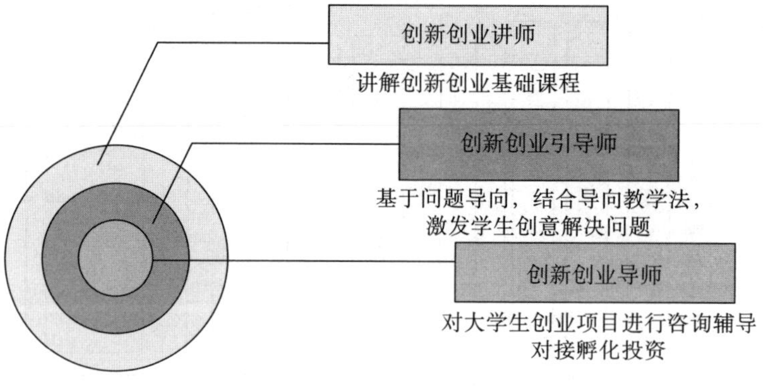


**图 1.3 特色“三师”师资建设**

**2. 探索数智时代高校新文科“五位一体”创新创业教育模式**

新文科专业人才培养要服务国家创新发展战略和区域经济发展人才需求，创新创业教育贯穿人才培养全过程，如图 1.4 所示。

首先，探索新文科创新创业教育的教学模式和方式，形成全方位、立体式的新文科创新创业教育与实践教学评价体系；其次，高校开展新文科的经济、管理、法学、新闻、艺术、外语、文学、哲学和历史学等跨专业普及创新创业人才培养，运用互联网、大数据、人工智能等现代信息技术，打造人文与社科融合课程群、微课程群等，采取“双线双循环 3 + 1”的教学模式，培育一流课程与高水平教学成果奖。[110]高校新文科专业不断拓展创新创业教育课程思政建设方法和途径，教学模式采取以传递—接受教学模式为主，以自学—辅导教学模式、引导—发现教学模式、示范—模仿教学模式等多种教

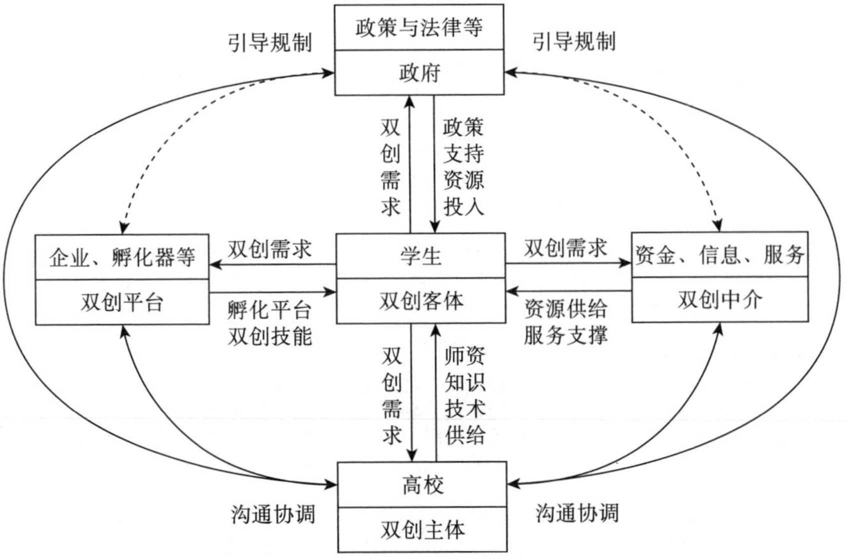


**图1.4 高校新文科“五位一体”创新创业教育模式模型图**

学模式为辅及“三个课堂”教学模式，深入开展“青年红色筑梦之旅”活动，开展“红色文化”育人活动，打造实践育人新模式。

**3. 构建“面向全体、结合文科专业、梯次递进”的创新创业教育体系**

运用创新创业教育渐进培养规律模型，开展标准化教育认知创新创业、模仿创新创业，通过个性化辅导进行创新创业实践、创业项目孵化等方式，“梯次递进”，精准定位终端用户画像，精准整合供应链资源，打造多层次个性化人才，[111]如图1.5所示。

新文科建设是一项系统的文科教育改革工程，要求高校新文科的经济、管理、法学、新闻、艺术、外语、文学、哲学和历史学等学科专业教育、通识教育与创新创业教育相结合，协同建设新时代文科人才培育体系。首先，数智时代要把握数字化、智能化、网络化契机，研究新文科创新创业教育渐进培养规律；其次，新文科学科优势、高水平科研优势和产学研资源转化为创新创业教育优势和育人资源优势，优化构建新文科的学科思政体系、专业思政体系和课程思政体系；最后，建立基于数据分析的供需服务对接机制，优化新文科创新创业教育与实践环境，要面向新文科加强思想政治工作体系建设。

**4. 基于OBE理念的高校新文科创新创业教育与实践体系设计**

结合学校办学优势和办学特色，创设“五结合”的符合高校特色的教育

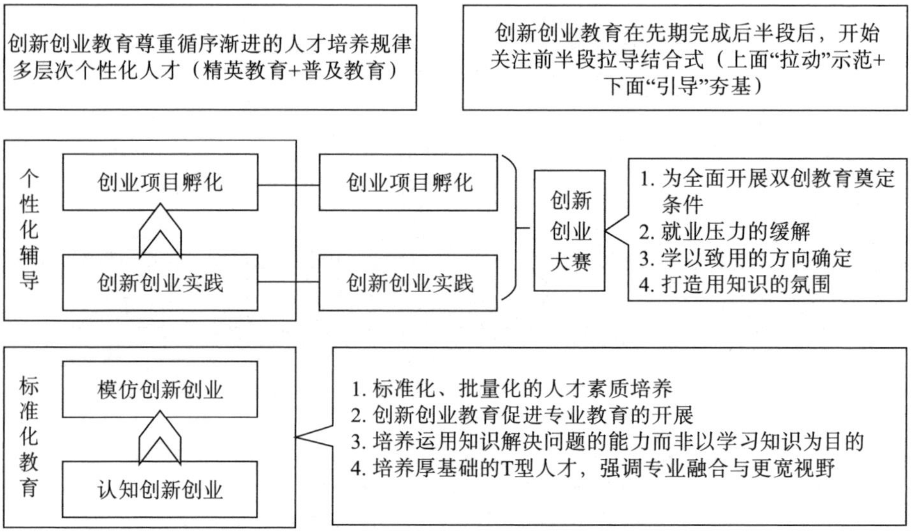


**图 1.5　创新创业教育渐进培养规律模型**

与实践体系。“新文科”建设是当代高等教育文科类专业发展最重要的目标导向，关键在于实现不同专业之间的科学融合，以跨专业的教学培养学生的创新思维、创新意识。

第一，“三位一体”“四创五结合”，构建特色鲜明、优势突出、成效显著的新文科专业与跨专业创新创业教育课程与实践体系，[112]如图 1.6 所示。

新文科专业打造创新创业综合训练平台，建立完善的文科数智化实验平台管理系统，开展科学研究平台、项目式工作坊、创业项目孵化、校企协同开发课程实验实践平台、创业大赛平台、综合性的文科实验实训中心，开展“四创五结合”新文科专业与跨专业创新创业教育，技术赋能高校的教学与研究，实现教育泛在化、个性化和精准化。

第二，三阶梯式“专创融合”创新创业教育课程体系。研究“普惠性、递进式、全过程”新文科创新创业能力培养递进模式，通过通识课教学激发创新创业意识，基础课和专题课培养创新创业思维，实践课提升创新创业技能，打造新文科“通识教育—专题教育—提升教育”“三阶梯式”“专创融合”创新创业教育课程体系，[113]如图 1.7 所示。

**5. “科教融汇”和产教融合、劳动教育融入新文科创新创业教育，形成协同育人效应**

《礼记·学记》中提出的理想“大学之道”，即有“知类通达，强立而不反，谓之大成”一说，将“通达”视为培养能够“化民易俗”之人才的

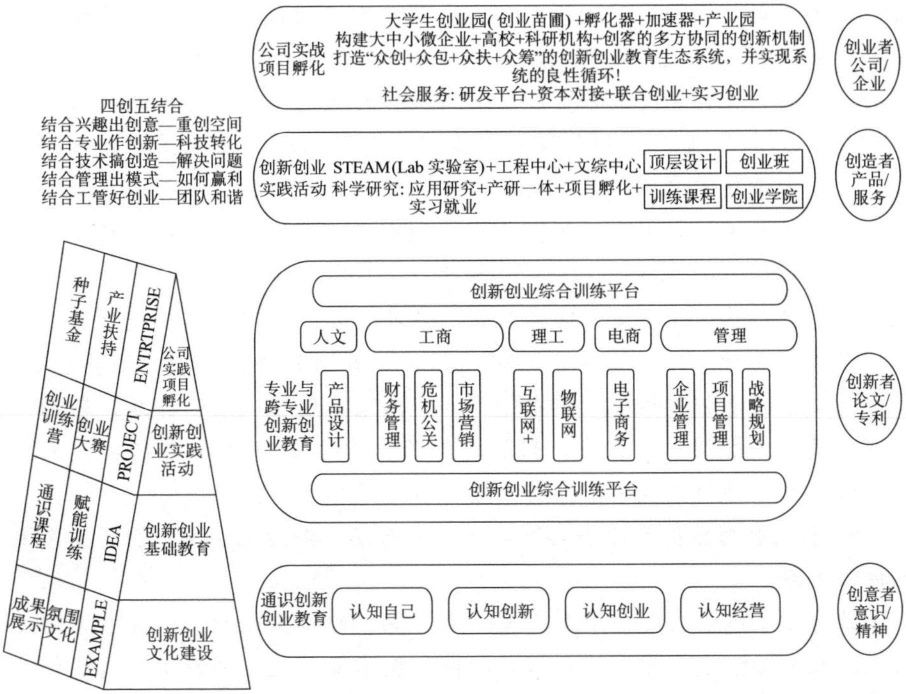


**图 1.6　“四创五结合”新文科专业与跨专业创新创业教育与实践体系**

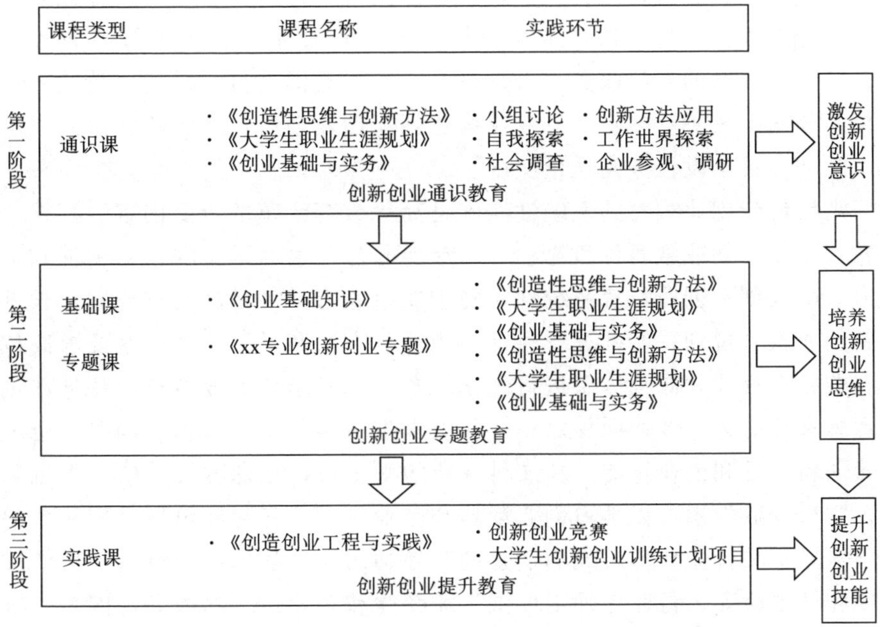


**图 1.7　三阶梯式“专创融合”创新创业教育课程体系图**

最高标准，置于研经治学的能力之上。面对本科教育内涵建设与创新发展提出新挑战，高校新文科创新创业教育与实践，打造文科特色载体，协同育人效应。首先，整合优势教育资源平台，强化育人为本，突出四新建设，以产业学院建设为基础，深化“四新”建设，培养紧缺人才，建设未来技术学院，培养未来技术原创和领军后备人才；其次，新文科专业打造校企联合培养创新创业人才的大平台，产教合作协同育人，汇聚社会资源、拓展育人空间，科教融合与产创融合，探索“智能+”场景、智能助教、智能助学、智能助管教育教学，探索交叉融合的新型产业学院，开展环大学创新创业生态圈建设，与政府、行业和企业实现多元主体的跨界整合、协同创新；最后，高校新文科创新创业教育，建立创新创业基地双轮驱动运营体系，把劳动教育融入新文科创新创业教育，打造协同育人环境，融入劳动精神、工匠精神、教育家精神与企业家精神的多融合目标体系。[114]

**6. 形成有特色的政治生态圈、教育生态圈、产业生态圈、服务生态圈和绿色生态圈**

整合创新创业资源，重点在政治生态圈、教育生态圈、产业生态圈、服务生态圈和绿色生态圈。[115]汇聚学科圈、要素圈、校友圈资源，构建创新创业教育生态圈，一是风清气正的政治生态圈；二是打造教育生态圈，包括特色课程的研发、运营，师资队伍的管理、培养，科研项目的产生等创新创业人才培养方面；三是打造产业生态圈，形成产业生态；四是打造服务生态圈，提供各方面的良好服务；五是打造绿色生态圈，打造绿色可持续发展新格局，如图 1. 8 所示。新文科专业构建创新创业创造生态要建立协同联动机制，推动项目建设任务高质量实施。

高校创新创业教育的系统性实施是高等教育改革的重要内容，其核心专业教育与创新创业教育深度融合，“专创融合”培养学生的创新精神和创业能力。高校创新创业教育系统性实施主要措施有：一是高校需要制定长期的创新创业教育规划，明确教育目标、内容、方法和评估体系。这要求高校对现有的教育资源和课程体系进行优化配置。二是结合专业教育，将创新创业的理念和技能融入专业课程之中，使得学生在学习专业知识的同时，也能够培养创新思维和创业技能。新文科专业的学生可以在课程设计中加入创新项目，文科专业学生可以学习创业策划和企业管理。三是建设导师团队，建立由学术导师和行业导师组成的创新创业导师团队。学术导师负责学生的理论指导和学术研究，行业导师则提供实践经验和企业运营的指导。四是专题讲座和研讨会，定期举办创新创业相关的专题讲座、研讨会和工作坊，邀请企

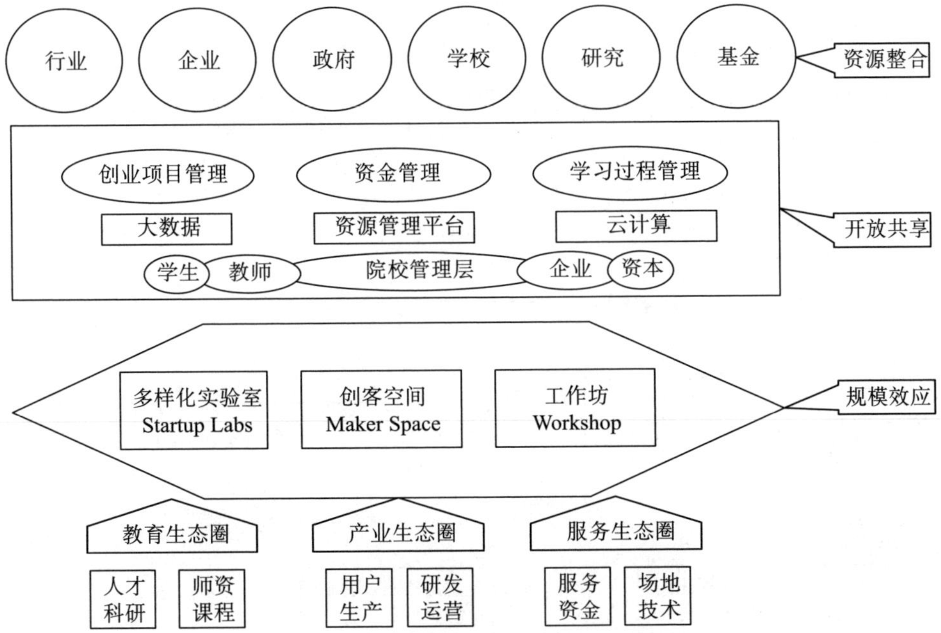


**图 1.8　新文科创新创业生态体系图**

业家、行业专家和成功创业者分享经验，为学生提供实践指导和启发。五是创新创业技能竞赛，组织或参与各种层次的创新创业竞赛，鼓励学生将创意转化为实际项目，通过竞赛来检验和提升他们的创新和创业能力。六是实践平台建设，建立校内外实践平台，如创新创业实验室、创业孵化基地等，为学生提供实验、实践和创业的空间和资源。七是评估与反馈，建立科学的评估体系，对创新创业教育的效果进行定期评估，并根据反馈调整教育内容和方式。

**7. 新文科创新创业教育存在的问题鱼骨图模型**

搭建高质量的创新创业教育实践平台，研究数智时代新文科创新创业教育存在的问题及原因，进行新文科创新创业教育实践平台分级决策树分析。运用管理学质量管理分析工具鱼骨图模型，通过文献研究、专家访谈、学术研讨、实地调研、模型构建、参与体验等途径，建立创新创业教育质量文化体系，运用质量管理分析工具鱼骨图模型，深入分析高校新文科创新创业教育存在的问题，并查找其主要原因，制定改进方案，[116]如图 1.9 所示。

运用运筹学树图理论、决策树形图分析方法，进行新文科创新创业教育实践平台分级决策树分析。高校新文科所呈现出来的新特征，对其实现精细

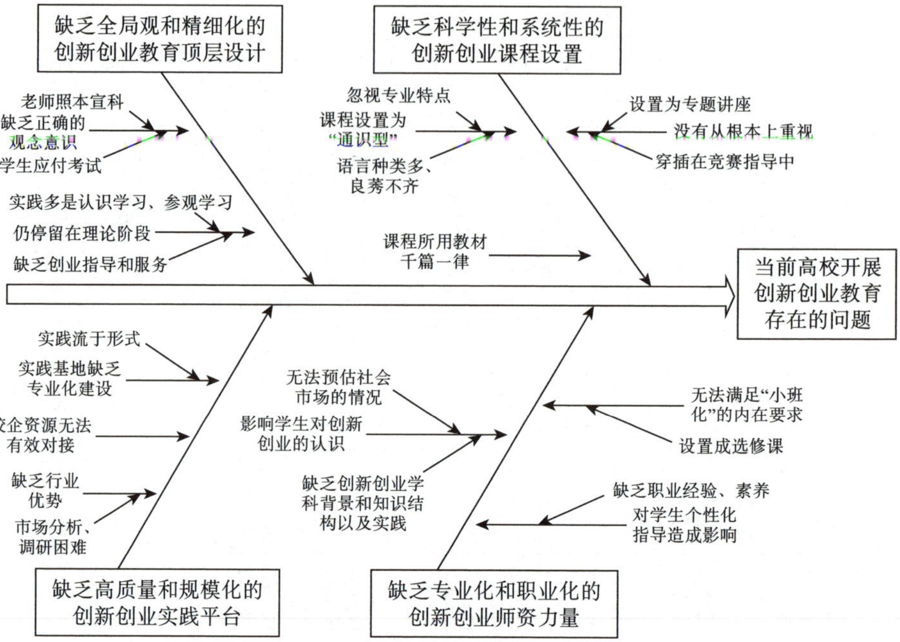


**图 1.9 高校新文科创新创业教育存在的问题鱼骨图模型**

的分类分级管理。[117]运用数字技术、智能技术、元宇宙技术、信息技术等进行实际的工作岗位实操性实践。按照创新创业教育实践平台将其划分为不同的类型，即战略型实践平台、核心型实践平台、区域性实践平台及一般性实践平台4类，[118]如图1.10所示。

**8. “新文科”创新创业教育与“新工科、新医科、新农科”的融合发展**

首先，新文科专业建设，充分利用智能信息技术，推动创新创业教育从传统的教学时空、教学模式转变为虚实一体、线上线下相互融合发展的立体化、全覆盖、超时空、可视化的教育新形态。其次，建设好三个平台：专业教育平台主要通过开展创业调研、企业走访、创业成功人士访谈等活动；专业创新创业辅导平台进行跨学科专业选修，实现理论和实践的无缝衔接；微创业培育平台的实践教育通过微创业项目驱动，创业训练营、创业大讲堂、1+1导师指导等教育活动；最后，新文科专业创新创业教育应用增强现实、虚拟现实等技术，依托原有数字化教学平台，建设模拟实践、模拟检验等功能区，切实推进创业项目的落地。

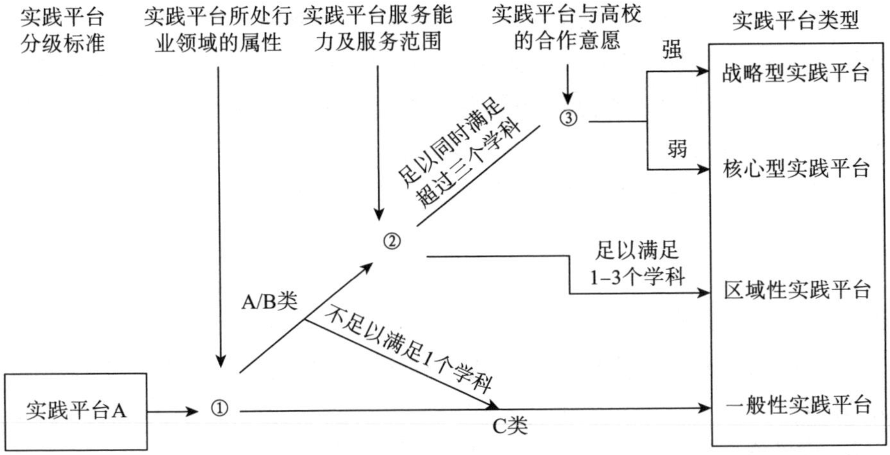


**图1.10 新文科创新创业教育实践平台分级决策树**

注：A类行业领域是指以人工智能、大数据、"互联网+"、工业互联网、"5G"、云计算、物联网、区块链、无人开发、元宇宙、芯片等关键共性技术、前沿引领技术、现代工程技术、颠覆性技术为支撑的新兴行业领域。B类行业领域是指关注产品服务、技术、业务流程、商业模式、客户运营和/或决策机制等方面创新的传统行业领域。C类行业领域是指除A类、B类外的行业领域。

### 1.3.3 本书研究方法

本书主要采用文献资料法、访谈法、案例分析法、逻辑分析法、比较研究法，辅之以问卷调查法、归纳分析法、定性分析法、观察法等方法进行研究。

**1. 文献资料法**

文献资料法是通过查阅文献资料了解、证明所要研究对象的方法。数智时代新文科创新创业教育与实践研究课题，采用文献资料法搜集资料，为了清晰的了解数智时代新文科创新创业教育与实践、创新创业教育课程体系和创新创业教育课程改革的研究状况，掌握数智时代新文科创新创业教育与实践的研究成果，搜集现有的数智时代新文科创新创业教育与实践研究论文，从中了解现有的研究程度、研究的理论等，在文献资料研究中掌握新文科创新创业理论，为后续的研究奠定基础，拓展新的研究思路。[119]本书运用文献资料法，主要依据国务院、教育部、中国知网、高校校园网等相关政府部门、高校的官方网站。数智时代新文科创新创业教育与实践研究性文献是以"数智时代""新文科建设""创新创业教育""创新创业教育内容体系"

"拔尖创新人才""创新创业教育实践体系""微创业""国创计划项目""创新型人才""创新创业课程建设""数字素养""数智化""青年红色筑梦之旅"等为关键词，通过中国教育在线、教育部官网、中国知网、万方、维普、百度百科及 Web of Science 等学术网站和数据库平台查询现有的相关文献资料。通过创新创业教育方面图书及期刊、网络资料收集到有关新文科建设、数智时代创新创业教育与实践方面的学术期刊论文、著作、研究报告、项目研究成果、数据库等，进行概括、分析和总结。采用文献资料法，主要了解数智时代高校新文科创新创业教育课程建设的研究进展，分析数智时代高校新文科创新创业教育课程建设的国内外研究动态，为本书研究奠定理论基础。

**2. 访谈法**

访谈法是通过与被访谈者直接交流的方式以获取相关素材的一种方法，属于质性研究的方法。[120]进行个体访谈和群体访谈，直接与访谈对象进行沟通，面对面访谈，通过电话、邮件等访谈，通过线上软件访谈等。根据访谈的数智时代新文科创新创业内容和主题，分别汇总和整理访谈资料，从中提取研究需要的内容。本书使用访谈法：选择国内高等学校、教师和学生，重点选择国家级、省级深化创新创业教育改革示范高校，国家级创新创业学院、创新创业教育实践基地高校，选择高校创新创业学院教师、从事创新创业教育教学、指导"国创计划"、互联网+大赛、学科专业竞赛的教师，文科类专业学生及部分理工农医类专业学生，实地访谈并发放问卷，了解相关的被访谈人员对新文科创新创业课程体系的了解程度，了解他们的看法，在与他们的访谈中找到存在的困境，为研究提供依据。结合本书研究的特点，将受访对象主要选择为地方高校创新创业教育负责人（分管校领导、创新创业中心负责人及创业学院领导及教师等）、高校内的教育学领域专家学者、指导教师、辅导员等。针对有关项目内容，对长期从事高学校新文科创新创业教育与实践体系研究的专家学者、专业教师和学生进行集体或个别访谈。

**3. 案例分析法**

案例研究法主要以单个的个体或者更大的系统或组织为研究对象，详细描述和分析现有的有关事例，以期在案例中找到当前创新创业教育课程体系改革当中存在的问题，促进研究的不断完善。[121]本书采用案例研究法，搜集大学生创新创业教育课程选用的教学典型案例，深化创新创业教育改革示范高校案例，国家级创新创业学院案例、国家级创新创业教育实践基地案例等，对他们在新文科创新创业教育与实践上的典型经验做法，以及国外高校创新创业教育与实践模式，选择教育部所属高校、双一流高校、地方普通高等学校，教学研究型高校、应用型本科高校、民办高等学校、综合性大学、专业类大学等作为典型案例，通过调研分析大学的课程改革现状，以大学新文科创新创业教育与实践案例为实际切入点，找到大学创新创业教育课程改革存在的问题，针对问题提出对策，为高校新文科创新创业教育与实践提供参考。

在比较研究中将用到个案研究法，本书选择了新文科创新创业教育课程开设较早，且教育实践较有代表性和特色的高校作为案例。通过对典型案例的调查，了解和把握新文科创新创业教育课程体系的特点和经验，从而为高校新文科创新创业教育构建新模式，提出有针对性和实践价值的建议。通过对观摩课活动实际情景如实、准确的记录，来分析高校新文科创新创业教育与实践体系中学生创新创业学习实践过程及教学效果间的相互关系。

**4. 逻辑分析法**

逻辑分析法是以抽象的、理论上前后一贯的形式，对策划客体的发展进行的概括研究。逻辑分析认为，事物的发展是曲折的，表现出抽象的、理论上前后一贯的形式；运用逻辑分析法，通过对创新创业教育概念、判断、推理等思维形式完成高校新文科创新创业教育与实践策划，它的本质常常被纷繁的现象所掩盖。逻辑分析法通过分类、比较、归纳、演绎、综合分析等方法，来揭示新文科创新创业教育与实践的本质，对数智时代新文科创新创业教育与实践体系课题进行深入研究。[122]

**5. 比较研究法**

比较研究法就是对物与物之间和人与人之间的相似性或相异程度的研究与判断的方法。比较分析法主要有绝对数比较和相对数比较，是对两个或两个以上有联系的事物进行考察，寻找其异同，探求普遍规律与特殊规律的方法。本书主要运用比较研究法，从创新创业教育国际比较的视角，分析评价创新创业教育情况，总结提炼国内外创新创业教育与实践的先进经验。[123]新文科创新创业教育与实践的相关概念界定，建立比较研究分析框架，并且选取浙江大学等国内高校和斯坦福大学、麻省理工学院等国外高校作为案例，比较分析国内外高校创新创业教育与实践的共性、差异和未来发展方向，在总结数智时代新文科创新创业教育与实践成效和弱项短板，以及在借鉴国外高校新文科创新创业教育与实践研究先进经验的基础上，提出完善数智时代新文科创新创业教育与实践研究的对策建议。在论述国内外高校创新创业教育课程体系建设的经验时，运用了比较研究的方法，通过分析和比较我国高校新文科创新创业教育与实践体系的发展概况，发现典型经验做法，并提取出可借鉴之处。通过对国内外不同类型高校文科创新创业教育模式的分析比较，系统分析目前国内外不同类型高校文科创新创业教育已经取得的先进成果，以此来完善我国高校文科创新创业教育模式，促进新文科专业学生创新创业能力的提高。

**6. 问卷调查法**

问卷调查法也称问卷法，是调查者根据课题研究的实际需要，运用设计的调查问卷向被选取的调查对象了解情况或征询意见，整理汇总调查结果的调查方法。基于本书研究的需求对我国高校新文科专业的创新创业教育模式进行问卷调研，问卷的内容根据基础概念中创新创业教育模式组成的关键因素进行设计，以高校新文科学生和创新创业教育任课教师为主要研究对象设计调查问卷，针对高校文科创新创业教育调查问卷情况，设计高校文科创新创业教育结构化访谈问卷，进行实地调查并对回收的数据进行整理和分析，为数智时代高校文科创新创业教育与实践研究课题提供相应的数据来源。[124]

**7. 归纳分析法**

归类分析法主要是研究对有关信息进行分类的研究方法。首先，在整理文献的基础上，研究分析了新文科、创新、创业、创新能力、创新文化、创业技能、创新创业教育、创新创业教育体系及新文科创新创业教育与实践；其次，通过分析国内外高校创新创业教育与实践的现状，采用问卷调查的方式，了解数智时代高校新文科创新创业教育与实践的发展状况，并提出存在的问题及成因；再次，分析归纳国内外高校在创新创业教育与实践的典型经验，为持续完善我国高校新文科创新创业教育与实践提供参考和借鉴；最后，提出数智时代高校新文科创新创业教育与实践方面的改革策略，推进高校创新创业教育高质量发展。

**8. 定性分析法**

定性分析法亦称非数量分析法，定性分析法是一种主要依据非数值信息，通过对现象、事件、问题的性质、特点以及其相互关系进行分析，以揭示事物的本质、规律和演变趋势的研究方法。在调查研究的基础上，依靠经验判断，推断发展趋势的分析方法。定性分析法一般包括归纳法、比较分析法、因果分析法以及矛盾分析法。定性分析法是一种主观判断方法。数智时代高校新文科创新创业教育与实践研究课题采用定性分析，对新文科创新创业教育与实践现状进行分析。

# 1.4 本书创新之处

本书在对选取的个案高校创新创业教育与实践的描述中，在相关理论的基础上，提取了数智时代高校新文科创新创业教育与实践中创新创业教育课程要素中的课程目标、课程结构、课程内容、课程实施和课程评价等方面，系统、全面地构建高校新文科创新创业教育与实践研究的分析框架和典型案例。

## 1.4.1 高校新文科创新创业教育与实践研究的实用性

**1. 理论创新**

一是对数智时代高校新文科创新创业教育与实践体系给出一个明确、清晰的框架结构，并提出数智时代新文科创新创业教育与实践体系构建的途径和方法。二是确立差异化的办学定位，数智时代高校新文科创新创业教育与实践体系构建和专业复合型人才培养的战略定位。三是提出基于应用能力的新文科创新创业教育与实践体系改革思路和总体框架，建立一套完整的高校新文科创新创业课程体系。

**2. 实践创新**

一是优化数智化新文科创新创业课程体系和实践课程设置体系，突出培养学生的应用能力和创新创业能力。二是构建一体化的数智时代高校创新创业实践教学体系。三是创新教育理念和方法，运用了多样化的新文科创新创业课程教学手段和方法。

**3. 研究方法的多样性**

数智时代高校新文科创新创业教育与实践研究课题采用调查分析与规范分析、定性分析与定量分析相结合的研究方法，对数智时代高校新文科创新创业教育与实践研究课题进行规范分析、实证分析，并辅之以问卷调查法、座谈法、统计分析法、计量分析及系统分析法等，充分利用各种定性分析与定量分析方法的优势，对数智时代高校新文科创新创业教育与实践体系构建的研究与实践进行全面和系统地探讨。

**4. 研究成果的实用性**

本书拟为高校新文科创新创业教育与实践体系构建的研究与实践提供借鉴，数智时代高校新文科创新创业教育与实践研究成果的实用性，新文科创新创业教育与实践改革方案在考虑科学性和创新性的同时，更加突出数智时代新文科创新创业教育与实践研究成果的可行性、操作性和实用性。

### 1.4.2 高校新文科创新创业课程体系的科学合理性

本书研究重点为数智时代高校新文科创新创业教育模式、教育与实践体系和教育教学的改进方式，优化人才培养方案。

第一，从新文科建设的角度的出发，分别对国内外高校新文科创业教育模式进行了比较分析，对国内外高校新文科创业教育模式中的创业理念、创业课程设置、创业实践形式、创业组织实施方面进行了具体分析，并从高校创新创业教育先进经验进行总结，借鉴其中适合数智时代高校新文科专业创业教育课程与实践的经验，丰富我国新文科专业创业教育的研究，为后来的研究者提供思路借鉴。

第二，从创新创业教育模式的学科特点来说，当前，国内外学者对于创新创业教育模式的研究中大部分是针对理工科专业的创业教育模式进行研究，文科与理科专业在结构和形式上有所不同，文科专业自身的限制导致新文科创业教育的基础相对薄弱，因此，新文科创业教育模式亟需改进，高校需要尽快建立一个系统、科学、成熟的新文科创业教育模式。本书深入分析数智时代高校新文科专业创业教育的现状和存在的问题，从高校和社会及文化层面分析问题的根源，突破以往只针对理工科创业模式研究的思维，具有一定的创新。

第三，本书站在新文科建设的角度，结合了马克思主义理论、建构主义理论、共生理论、体验学习理论、布鲁姆掌握学习理论、教育本质理论、人力资本理论，对新文科建设和文科创业教育人才培养之间的关系进行系统化解读，并根据新文科建设理念和文科专业的特点，从目标建设、课程建设、师资建设、实践建设、支持体系建设的角度完善数智时代高校新文科创新创业教育模式，研究内容具有一定的新颖性。

### 1.4.3　数智时代高校新文科创新创业课程与实践创新之处

数智时代高校新文科创新创业教育与实践课题研究创新之处体现在以下几个方面：

**1. 课题研究内容创新**

一是以“三个融合”“四新结合”为创新点，打造新文科创新创业生态体系，强力撬动教育构建专业与创新创业融合课程，提炼专业对应在实践中应用专业知识，构建新文科创新创业教育与实践体系；二是利用数字新技术的研究和应用方式，系统分析新文科跨专业的创新，以产权化、产业化、市场化为路径和手段，利用数字新技术和人工智能技术，实现数智时代新文科创新创业人才培养过程及项目成果管理一体化，最大化实现新文科专业的社会价值和经济价值，开发特色课程思政融入创新创业教育“金”课程，推进新文科跨专业分类培养和特色化培养模式改革。

**2. 理论与实践创新**

首先，在思想上，坚持马克思主义，不断更新教学思想，创新教育教学模式，提升与时俱进的能力。其次，在思路上，坚持先进教育思想引领，教学相长，在创新教育中要重视培养“T”型人才。再者，在方式上，建设“双师型”教师团队，采用“任课教师＋业界导师”的模式，提升实操能力。最后，在方法上，坚持教评结合，推动产教融合持续发展。

**3. 研究成果内容创新**

（1）探索新文科人才培养新路径，构建OBE教育理念下“五创”融合（思创融合、专创融合、产创融合、科创融合、赛创融合）人才培养模式。开展创新教学、创新实训、创新思维、创新人格、创业情怀教育，问题导向的OBE教育理念下评价体系，明晰“一个理念（创新育人）、两个转变（知识传授转变能力培养，教师主导转变学生主体）、三个阶段（基础知识、实践训练、应用能力提升）、四大体系（评价对象、评价内容、评价时间、评价方式）、五种能力（发现问题、思考问题、分析问题、讨论问题和解决问题）”的新文科创新型人才培养路径。[125]如图1.11所示，建立创新创业课程学生评价、教师评价、学校评价、社会评价、企业评价、过程评价以及结果评价体系。

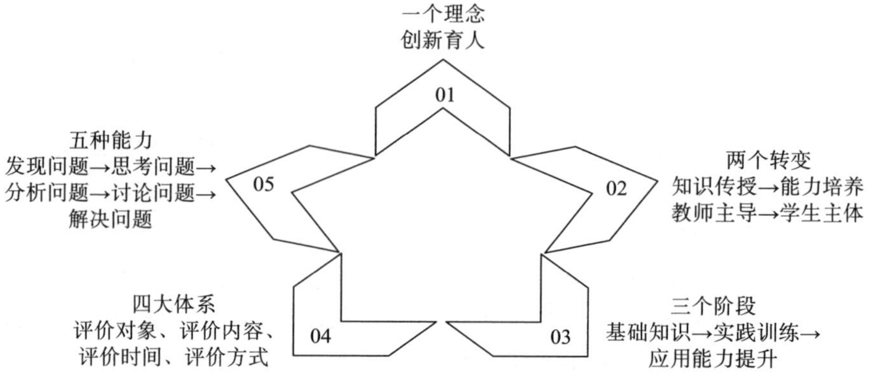


**图 1.11 OBE 教育理念下新文科创新创业人才培养路径图**

(2) 基于知识共创的"链式迭代"重构"一核心 + 五体系 + 六平台"的新文科创新创业教育与实践体系。[126]重点打造开放立体交融式"六平台"实践体系。

(3) 探索"教、学、训、赛、创"一体化教学模式。[127]以 OBE 理念成果导向和问题导向,以学生为中心,进行数智化创新创业教育与实践教学理念和课堂设计,"教、学、训、赛、创"一体化。"教"以创新创业对应的岗位知识、能力和素质"三位一体"要求设计教育教学活动;"学"通过线上 + 线下混合式学习方式,网络课程平台和视频、微课等教学资源开展网上交流、自主学习、翻转课堂学习交流等活动;"训"开展创业技能训练;"赛"以赛促教、以赛促学,赛训融合推动教学改革;"创"以创促业,通过"国创计划"创新创业计划训练项目训练、中国国际互联网 + 大学生创新大赛、"学创杯""用友杯"和"网中网杯"等学科专业竞赛等,赛创融合,对接真实创业场景,以岗位胜任能力为目标,运用角色扮演与团队协作,科创融汇、产教融合协同育人,职业生涯规划设计与实践,提前对接就业岗位,如图 1.12 所示。

(4) 深入挖掘"三联三融"与"五位一体"之间的深度融合关系。挖掘"三联三融"与"五位一体"之间的深度融合关系,宫晶晶,张倩,韩洪文,宫浩,朱鑫(2023)提出逐步完善学生的知识结构,构建"三联三融、五位一体"创新创业教育体系,强化学生的创新能力。在高校新文科创新创业教育与实践课题研究中,"三联三融"中的"三联"是指联合(校内资源有序联合)、联结(校地校企深度联结)和联动(第一第二课堂有效联动),"三融"是指融合(专创融合)、融汇(双创融汇)和融通(学科交叉

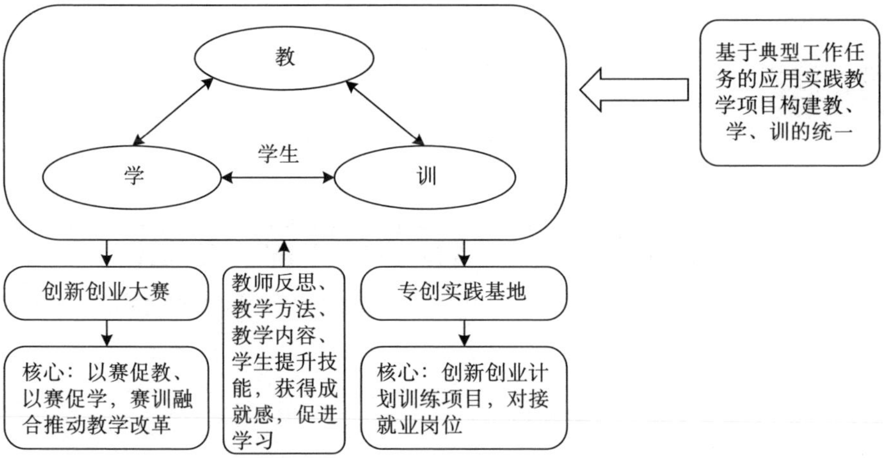


**图 1.12 "教、学、训、赛、创""五结合"一体化教学模式图**

渗透融通)；"五位一体"中的"五位"(即体制机制、创新创业课程、创新创业师资、创新创业竞赛与相关活动、创新创业实践平台)的五个体系，"一体"是指培养大学生的创新创业能力，也就是应用型高校创新创业教育人才培养的预期目标，高校创新创业教育改革与发展过程中，高校新文科创新创业教育深入挖掘"三联三融"与"五位一体"之间的深度融合关系，并采取有效措施来推动该体系不断完善，构建符合高等教育发展需求的以培养创新创业人才为目标的新型人才培养模式，培养经济社会所需要的复合型人才。[128]

(5) 构建完善的链条式、助推式、互动型的课程体系。数智时代高校新文科创新创业教育的双创课程设计涵盖创新创业过程中需要掌握的生产、管理、金融、营销、会计、税收、设计、法律、外语、文化、教育学等多个学科领域，倡导自主性学习、问题式学习，构建完善的链条式、助推式、互动型的课程体系，培养新文科学生的创新创业能力。

数智时代高校新文科创新创业教育与实践研究课题，立足于课程论和创新创业教育相关理论，以典型高校创新创业教育案例分析的形式，总结出高校新文科创新创业教育与实践启示。

# 第2章 概念界定和相关理论基础

## 2.1 概念界定

概念界定是开展课题理论研究工作的基础和前提性工作，数智时代高校新文科创新创业教育与实践研究课题，通过对“新文科”“数智时代”“创新创业”“创业意愿”“创业能力”“创业素养”“创新创业教育”“创新型人才培养”“拔尖创新人才”“课程体系”“国创计划”“数智化”“微创业”“新文科数智化创新创业教育模式”等几个相关概念界定，明确核心概念的内核与边界。

### 2.1.1 新文科

2020年11月3日在山东大学（威海）召开的新文科建设工作会议，对新文科建设做出全面部署，指明了新文科发展方向，会上发布《新文科建设宣言》，是新文科发展的纲领性文件。

**1. “新文科”概念**

“新文科”概念的提出，一是基于国情的要求，中国特色社会主义进入新时代，新文科的中国化、时代性和国际化，新文科必须回应中国当下及未来需要面对的新问题和新挑战；基于构建人类命运共同体的新主张，如何提炼中国经验，展示中国智慧、宣传中国价值也是新文科的使命和担当。二是新技术的推动，大数据、人工智能、物联网、区块链和元宇宙等现代信息技术的不断演变给社会科学领域带来了巨大的机遇与挑战。在此背景下，“新文科”特别强调新技术的运用。三是新需求的产生，随着新技术的突飞猛进，人工智能广泛应用，社会需求发生了巨大的变化。很多传统的劳动让位于大数据、人工智能，传统人才已不能很好地适应社会发展的需要。[129]

**2. “新文科”新在哪里**

数智时代新文科应有新定位，新文科更应面向未来，守正创新。[130]“新文科”的新体现在以下几个方面：

（1）“新”在“论域拓展”。中国的学科门类除了文学、历史学、哲学，经济学、管理学、法学，教育学、艺术学等 13 个外，增加了第 14 个，即交叉学科门类。“四新”建设中“新文科”包含 8 个学科门类：经济、管理、法学、教育、艺术、文学、哲学和历史学，其中文、史、哲是基础文科，经、管、法、教、艺是应用文科，外延和范围大大拓展。[131]《新文科建设宣言》指出：“新文科建设必须分类推进”，新文科建设分类推进原因在于文科门类众多、特色各异。

（2）“新”在“价值重塑”。自然科学注重工具理性，文科则注重价值理性。新文科价值重塑，找回人类的“价值空间”和“意义世界”，因此，需要“价值重塑”，重塑人和自然的关系，需要破除唯科学主义和理性主义，还需要重拾良心、匡扶正义。[132]《新文科建设宣言》指出：“培养担当民族复兴大任的新时代文科人才，实现文史哲促人修身铸魂、经管法助力治国理政、教育学培元育才、艺术学美人化人。”

（3）“新”在“话语主导”。“新文科”要讲好原理、道理、学理、哲理、法理和事理，世界正在经历的“百年未有之大变局”，中国特色社会主义进入新时代，中国创造了举世瞩目的经济奇迹，形成了“中国方案”，创造具有中国特色、世界意义的新方法和新范式。“新文科”建设要深刻反思本土情境对于学术研究的价值，以问题为导向，捕捉数智时代变革中涌现的新问题和新挑战。“新文科”构建具有原创性的新理论和新思想，总结中国改革开放 40 多年日新月异的管理变革，这是“新文科”的一个重大使命。[133]

（4）“新”在“交叉融合”。“新文科”交叉融合主要体现在：传统文科自身交叉融合、文科与工科交叉融合、文科与理科交叉融合、文科与医学交叉融合、文科与农科交叉融合等。在方法论上，要运用算法、信息技术和人工智能技术，彰显新文科的科学性。出现计算经济学、人工智能法学、计算金融学、计算传播学、计算社会学、计算语言学、数字伦理等新兴交叉学科。[134]

（5）“新”在“研究范式”。“新文科”研究范式将不断丰富，根据图灵奖得主 Jim Gray 的观点，科学研究经历了三次范式革命，“新文科”新在“研究范式”，“数据密集型科学发现（Data - Intensive Scientific Discovery）”正是第四次范式革命。[135]

### 2.1.2 新文科与创新创业

“新文科”与创新创业有什么关系？“新文科”涉及包括经济、管理、法学、教育、艺术、文学、哲学和历史学在内的 8 大门类，从更深层次和更高维度看，“新文科”内含创新的特质，也需创业的品质，“新文科”创新创业也因此应运而生。

**1. 新文科之创新**

托马斯·彼得斯说：“要么创新，要么死亡，今天比历史上任何时候都更需要创新。”熊彼特（1912）把创新引入经济领域，创新是一种生产函数关系；德鲁克把创新引进管理领域，创新理论迅速发展。创新（Innovation）源于拉丁语，包括更新创造新的东西、改变的含义。周三多认为创新是一种思想以及这种思想指导下的实践。科学技术突飞猛进，新理念、新思潮、新范式不断迭代嬗变的时代背景下，创新已成为时代最强音和主旋律。“新文科”要形成新理论、新标准、新专业和新课程。“新文科”之创新，要义就是创新（文科），否则，就不要遑论什么“新文科”。[136]

“新文科”孕育于新时代，伟大的新时代，“新文科”当顺势而为，乘势而上，大展宏图，周三多认为创新是管理基本职能，是创造与革新的合称，是一种原则以及这种原则指导下的具体活动。“创”就蕴含创伤、创造之意，还有“闯”之义，从“闯”字的构造来看，偏旁的刀既是造成创伤的器物，又是创造的工具，将“闯”和“新”结合在一起的创新，是推动发展生生不息的内驱力量。“闯”意味着即便受伤、遭受挫折挫败乃至九死一生，也要勇往直前，义无反顾。新文科在中国高质量区域发展上贡献良多。数智时代高校新文科创新创业教育与实践研究，要让“新文科”成为发展基点，拓展“新文科”新空间，创造“新文科”新机遇，打造“新文科”新引擎。

**2. 新文科之创业**

《新文科建设宣言》指出：“以培养未来社会科学家为目标，建设一批文科基础学科拔尖人才培养高地。”新文科教育要与时俱进，践行并弘扬社会主义核心价值观，不断从中华优秀传统文化中汲取力量，创造光耀时代光耀世界的中华文化。新文科建设需要新时代文科人才，需要有强烈的创业精神支撑，堪当民族复兴大任。创业之“业”既可是企业、职业，更是事业、志业、伟业。“创业”是创建一家新的公司或是开辟一项事业。新文科之创业，构建创新创业新理论，培育新时代社会科学家。

**3. 微创业**

在我国经济快速发展与高等教育普及的背景下，高校人才专业实践和创新能力的培养竞争愈发激烈。高校新文科基于人才培养中专业知识是专业能力获得的根本，政府和企业是能力获取的重要资源，创新思维是人才创新能力的核心的观点，构建微创业项目驱动的新文科人才专业实践与创新能力培养的改革方案，鼓励师资主动转型，整合政府、企业及校内科研实践资源，从实践生产和社会发展需求中提炼细微领域创新实践项目，融入专业课程核心知识点的教学中，重构学生专业能力评价方式，可以帮助学生获得专业知识、强化专业实践，训练创新思维。微创业项目式教学改革有助于满足学生专业实践能力提升需求，培养适合企业和社会发展的创新型应用型人才。[137]

### 2.1.3　创新精神与创业意愿

创新创业是建立在创新基础上的创业，拥有创业意愿的人在展示创业行为时就会积极、主动，创新创业受多种因素的影响，受到人们现有认知、能力、行为习惯等影响。

**1. 创新精神**

众所周知，创新发展战略在综合国力竞争中的作用更加突出，创新型人才在综合国力竞争中处于关键地位，培育富有创新精神的拔尖人才，事关中国式现代化和中华民族伟大复兴。新时代大学生是时代新人、是“精神富有”的现代人、是创新型强国建设的生力军，要认真研究新时代大学生创新精神培育问题，高校需要培育新时代新文科学生什么样的创新精神，新时代大学生是否具有这样的创新精神？为什么具备或还没有完全具备这样的创新精神？如何培育新时代大学生创新精神？为了回答这样的问题，需要探究新时代大学生创新精神的主要内涵，分析新时代大学生创新精神的现状，发现部分新时代大学生创新精神存在的不足及其培育方面的原因，针对原因，结合时代发展的需要和大学生发展的实际，探究新时代大学生创新精神培育的有效路径。新时代大学生创新精神培育有其鲜明的时代逻辑。培育时代新人要求培育具有现代性的时代新人、自由全面发展的时代新人、具有创新精神的时代新人。新时代是实现“精神富有”现代化的时代，创新精神是现代人“精神富有”的重要标识，是大学生“精神富有”的重要维度。新时代是建设创新型强国的时代，创新精神成为创新型强国的重要精神力量，具有创新精神的大学生是建设创新型强国的生力军。新时代大学生创新精神培育有其科学的理论逻辑。马克思恩格斯关于创新的重要论述，包括人的类特性理论、人的本质理论、人的自由全面发展理论和自然辩证法理论等。中国共产党人关于创新精神的时代阐述，包括基于“实事求是、解放思想、与时俱进、求真务实、守正创新”的创新精神等。中华优秀传统文化中关于创新的思想，包括基于“万物恒生”“自强不息”“中庸中道”“革故鼎新”的创新思想。这些都是新时代大学生创新精神培育的理论基础和思想资源。要培育的新时代大学生创新精神，全面准确把握大学生创新精神的现状，培育新时代大学生创新精神必须立足于调查研究这一坚实基础，新时代大学生创新精神培育的主要问题包括：部分大学生主体精神不强、求真精神不足、缺乏批判精神以及改革精神不足等，从培育方面探究原因，发现主要是因为大学生价值取向存在偏差、传统教育理念还未完全革新、创新教育协同育人生态尚未形成以及大学创新文化建设滞后等等。新时代大学生创新精神新培育是一个系统工程。以满足人民美好生活需要为价值引领，以实现中国式现代化为价值引领，以构建人类命运共同体为价值引领。推动大学生创新精神培育的“三创”融合，形成大学生创新精神培育的“三全育人”生态圈，构建大学生创新精神培育的全员育人共同体，形成大学生创新精神培育的全方位育人合力，链接大学生创新精神培育的全过程育人环节，实现大学生创新精神培育的系统性重塑。重塑大学生创新精神培育的教育创新系统，革新大学生创新精神培育的教学创新体系，完善大学生创新精神培育的评价创新体系，营造大学生创新精神培育的育人校园文化，主要包括建设支撑创新精神培育的校园物质文化、制定保障创新精神培育的校园制度文化和构建引领创新精神培育的校园精神文化。[138]

大学生创新精神是大学生在实践中展现出来的破旧立新的主体意识和思维活动。分析新时代大学生创新精神培育的特点，即以教育改革为驱动、以全面创新为导向、以守正创新为原则、以培育创新型人才为任务，对新时代大学生创新精神培育的基本规定进行探索。在培育内容上，主要包括求实精神、质疑精神、冒险精神、拼搏精神和主体精神；在培育方法上，主要包括理论教育法、实践教育法、典型教育法和激励教育法；在培育载体上，主要包括课程载体、校园文化载体和大众传播载体；通过调查研究可知，当前大学生创新精神培育体系基本成形，大学生创新精神整体达到了中等发展水平。然而，在取得了一定成效的同时，也存在部分培育内容未能充分落实、部分培育方法和载体的运用欠缺科学性和针对性的问题。这些问题决定了新时代大学生创新精神培育仍然存在完善和优化的空间。高校要针对存在的问题，探索新时代新文科学生创新精神培育的优化策略。在培育内容上，通过补全培育内容、更新传授形式，使大学生充分认识和把握创新精神。在培育方法上，通过理论结合实际、产教融合实训、树立教师典型、加强奖惩激励，提高新文科学生的创新精神和创新实践能力。在培育载体上，通过推进思政课程开发、加强制度文化建设、发挥网络载体优势，提高大学生创新精神培育的实效性。[139]

**2. 创业意愿**

美国学者 Birley 最早提出“创业意愿”概念，认为这种心理愿望会随着创业条件成熟，最终演变为创业者的实践行动。Boyd 认为这是因为创业意愿能够引导创业者将创业想法转换为商业目标，创业意愿越强，创业者为实现目标而采取行动的心理就会越强烈。Kolvereid 认为创业意愿本质上是一个人的自我承诺，是创业信念的外在表现。一个人一旦产生了建立新企业的念头，即使当时没有实施于行为，这种潜意识也会根植于脑海。一旦外在条件成熟，就会如同春笋一般破土而出。这是因为人在行动过程中的态度受到意愿影响，拥有创业意愿的人在展示创业行为时会更加积极、主动，这样会大大提升创业的成功率。[140]创新创业教育对大学生创业意愿和创业能力具有正向显著影响，高校开展普惠式创新创业教育应提供有效指导和决策支持。[141]

### 2.1.4　创业能力与创新能力

高校新文科创新创业教育培养创新型人才，创业能力成为高质量人才培养的核心内容。将创业教育改革融入新文科建设，新文科创业能力培养是中国高等教育质量提升的必由之路。

**1. 创业能力**

关于创业能力概念，众说纷纭，观点莫衷一是。创业能力是指在创造新业务、组织新项目时所需的特定技能和能力。要分析创业能力的重要性及其影响因素，探究创业能力获取的途径和方式。创业能力可以通过学习、培训和实践不断发展和提高，其培养和发展受个体特征、学习机会和外部环境等多种因素的影响。创业者可以通过参与创业教育和培训课程、积累创业经验以及不断改进自己的创业能力来提高其创业成功的机会。创业教育和培训课程提供了系统化的学习机会，能够帮助创业者掌握创业所需的知识和技能。这些课程通常涵盖创业的各个方面，如商业计划书编写、市场营销、生产管理、财务管理、团队建设、战略规划、创业管理等。[142]通过参与这些课程，创业者可以获得宝贵的指导和建议，学习成功的案例和实践经验，从而在创业过程中做出更加明智的决策。同时也告诉创业者可以通过参与创业教育和培训课程来积累创业经验，并借此与其他创业者和专业人士进行交流与合作，不断提升自己的创业能力。

**2. 创新能力的构成要素**

创新能力有多种定义方式，是一个抽象的概念。结合专家学者的众多研究，创新能力包括创新意识、创新思维和创新技能三个部分；[143]创新能力是对新思想、新技术、新产品的研究与发明。[144]这些定义从主观意识、知识和技能等多个维度解释了创新能力的内涵，与创新专家阿玛贝尔提出的三因素模型相一致。[145]参照阿玛贝尔的模型，大学生创新能力的构成要素如图 2. 1 所示。创业能力是一种综合性能力，涉及战略规划、创新思维、决策能力、领导能力、市场洞察力、商业意识、资源管理和风险管理等方面的知识和技能。

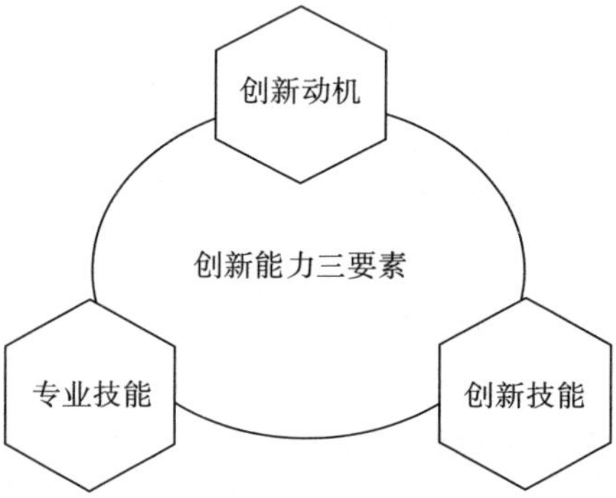


**图 2. 1 创新能力的构成要素**

如图 2. 1 所示，创新能力的第一个构成要素是创新动机，创新动机是形成和推动创新行为的内驱力。第二个构成要素是专业技能，是指专业领域的相关知识、技能和天赋。第三个构成要素是创新技能，是指与创新相关的工具性、方法性知识和技能。例如，大学生在创业时要识别创业风险、制定商业计划，这就需要具备创新创业技能。创新能力的形成是三要素相互作用的结果，创新动机激发“敢闯”的斗志，专业技能和创新技能积淀了“会创”的信心。高校新文科创新创业教育要培养“六种”创意能力，即理论创造、产品创造、科技创造、管理创造、制度创造和文化创造创意能力。

**3. 创新能力与学习能力**

（1）创新能力。苹果公司前首席执行官乔布斯说：“创新能力，可以说是创业者、创业企业应该首要具备的能力。虽然没有人能够真正定义出创业家的特殊个性，但是不可否认的是，创业家的成功就在于离开了自己的舒适区，勇于做第一个吃螃蟹的人。”

（2）学习能力。简单地说就是学习力。美国《财富》杂志指出：“未来最成功的公司将是那些基于学习型组织的公司。”只要培养出良好的学习能力，随时都有可能脱颖而出。创业者要创业成功，需利用大学的黄金时间学习一些真正的知识，拓宽知识面，才能使自己在未来的创业活动中更具有竞争力。[146]学以致用，在创新创业实践、实际生活和生产中进行实践与应用。

**4. 创新创业能力的培养方式和途径**

创业实践活动是培养和提高大学生创业能力的关键环节，与企业紧密结合，校企协作协同育人，与实践创业紧密结合，产教融汇。培养创业能力，具体做法包括：一是“科创融合”，教师和学生要参加科研项目研究，了解科研前沿和最新科研成果，通过师生科研课题的立项研究，提高师生科研创新能力。二是“专创融合”，利用校内资源，将专业学习与创业实践紧密结合，模拟仿真实验，进行创业实践体验，成立公司等实体，在创业实践中体验创业全过程，培养和提高企业经营管理能力。三是“赛创融合”，积极组织学生参加中国国际大学生创新大赛、“学创杯”等各种创业竞赛和学科专业竞赛，“以赛促学”“以赛促创”，通过竞赛锻炼创业能力。四是“产创融合”，将创业项目成果在学校或政府的创业孵化基地进行孵化，申请发明专利，创业成果科技转化，使创业成果产业化，提高创业实践能力。创新创业能力的培养，需要营造良好的创新创业环境，加强“硬环境”和“软环境”建设，开拓创新创业实践基地，建设创新创业实践平台，引进试验设备并提供专项创业资金的支持，架构创业能力培养的支撑和保障。[147]

针对新文科建设的新特征、新理念和新要求，探讨在人工智能领域中培养创新创业能力的体系，并深入分析新文科、人工智能和创新创业三者之间的紧密联系。提供一个新文科与人工智能技术背景下学生创新创业能力培养进阶图，以解决当前的创新创业教育需求，学科交叉理实交融“教、学、做”合一、形成“以赛促学、以赛促育”机制、建设创新创业实践平台和现代产业学院、完善评价体系与奖励机制等具体建设路径。

### 2.1.5 创新型人才与创新创业素养

**1. 创新型人才培养**

创新型人才培养是21世纪高等教育的重要任务。创新型人才培养的价值指向性是培养符合新时代国家社会需要以及个体成长要求的创新型人才。但高校新文科创新型人才培养存在一些问题，根源在于传统的教育理念与教育模式，限制着新文科人才培养过程中知识与实践的有效联结。高校新文科要科学把握大学生的创新认知，满足其创新意愿，建立有效的创新激励机制，促进大学生创新型人才成长。[148]

创新型人才应具备跨学科的知识背景，具备良好的创新意识和创新能力，能够在实践中提出并解决问题。改革高校人才培养模式是适应时代发展需求、推动国家创新型人才培养的关键举措。通过调整新文科教育理念、加强实践教育、改革评价体系以及提供创新创业支持，使高校新文科创新创业教育能够更好地培养出适应社会需要、具备创新能力的人才，为国家的发展注入强大动力。[149]

在教育、科技、人才一体化发展的国家战略背景下，“创新”成为推动发展的关键因素，专创融合则是高校培养创新型人才的重要举措。从高校专业教育与创新创业教育融合的必要性和可行性着手，着力强调从政府、高校、学生三个主体层面，从强化政策保障、营造双创文化、优化师资队伍、重构课程体系、完善培养成效评价、激发潜能等方面，探索“专创融合”的有效路径，培养新文科创新型人才。[150]

**2. 创新创业素养**

数智时代，创新创业教育逐渐向“素养性”转变，数智化创新创业教育是培养新时代新文科创业意识，以及强化创业活动的内在动力。在实施科教兴国、人才强国战略的时代背景下，更加呼唤具备创新创业素养和能力的人才。培养具有创新创业意识和素养的人才是高校改革和发展的需要，更是高校主动适应时代发展要求而面临的紧迫任务。探讨当前高校提升学生创新创业素养的重要意义以及面临的困境难题，提出高校学生创新创业素养培育的路径策略，提升学生创新创业能力和素养，强化高校创新创业素养培育工作的实效。

新时代创新素养成为21世纪人才的核心素养之一，高校是培养创新型人才的主战场。从创新与创业的关系来看，创业指向了创新的应用属性，而创新统领了创业的方向性，要更好地推进大学生创新创业教育，必须要在深入理解创新本质的基础上、在科学把握创新教育与创业教育“双生关系”“双主体关系”的基础上，培育学生养成良好的创新创业习惯，通过养成教育培育创新创业素养，以新文科创新创业教育统领大学生创新型人才培育，积极推动新文科学生创新创业实践，培养新文科创新型人才。[151]

### 2.1.6　创新创业教育

创新创业教育包括创新和创业教育，创新创业教育与创业的本质含义是相通的，数智时代创新创业教育是在创新和创业教育基础上的进一步扩展。

**1. 创业教育**

创业教育是一种教育活动。关于创业教育，国内外学者给出不同的研究结论，认为创业教育创办公司企业，希尔（HillG. E）认为：“创业教育体现在创办公司企业”。[152]唐纳德·库拉特科（Donald F. Kuratko）认为：“创业教育课程主要是培养学生的创业式思维方式、机会辨别力、创造力以及对商业机遇的敏感力”。[153]创新与创业关系密不可分，要在创新和创业教育基础上进一步拓展。创业教育是适应社会发展趋势，杨晓慧等（2015）认为，创业教育是围绕创新而展开的教育活动，培养更具创造素质的人才，以适应千变万化的社会趋势。[154]唐国华等（2018）认为创业教育是对大学生生存能力的培育与提升。[155]数智时代倡导的“创新创业教育”数智化改革，融入更多的数智化创新元素，创业教育包含了创新，实现创新创业的共同发展。[156]

**2. 创新创业教育**

创新创业教育是高校教育必须践行的有价值的活动，是人才培养的一种重要方式。[157]张冰、白华（2014）认为创新创业教育的内涵本质是培养学生的创新精神和创业意识。[158]创新创业教育是一种新型的教育理念，是一种面向全体学生，挖掘学生的创造性潜力，贯穿人才培养全过程、全方位的教育活动。

在创新成为经济社会发展和科技发展第一动力的时代背景下，高校须响应时代需求，承担起创新创业教育的时代使命。新时代，高校须明晰创新创业教育作为教育理念和实用教育的双层含义，并在此基础上抓住深化创新创业教育的三个着力点，即转变教学观念，以创新性思维打破传统教学理念；

革新教学模式，以体系化管理提高教学质量；搭建实训平台，以实质性参与提高教学实效。[159]

创新创业教育培养学生的创新思维，通过提供实践经验和实际项目的机会，让学生面对真实的问题并寻找创新的解决方案；专创结合使所学知识得到实际应用，一举两得，强调其对激发学生学习热情、提升就业竞争力、培养实践经验和创新能力的重要作用。[160]

进入数字化时代，加快地方高校创新创业教育课程体系数字化建设成为时代所趋。当前，地方高校创新创业教育课程体系存在四方面问题：课程理念上数字化思维缺位，课程方法上数字化建设不够，课程内容上数字化技术融入不足，课程资源上数字化资源分散。对此，地方高校要坚持以育人为主线、以融入为手段、以结构为导向、以创新为动力，善用数字化思维转变课程理念、赋能数字化建设革新课程方法、运用数字化技术充实课程内容、通过数字化转型丰富课程资源，更好地促进创新创业教育课程体系适应数字化教育建设。[161]

**3. 创新创业教育内容体系**

新文科创新创业教育与实践，要建立创新创业教育内容体系，高校采用“三创”体系比较普遍。“三创”是一项融创新精神、创业实践、创造价值于一体的综合性、探索性活动，关键在于激发人的创造力和主观能动性，并强调开创精神与破土行动。近年来，“三创”作为一种融合式发展的教育理念，其发展趋势从时代所需转变为政策驱动，从要素割裂转变为集约整合。我国高校“三创”体系治理路径可从以下四个方面展开：加强思想与精神引领，明晰发展理念；整合发展资源与力量，理顺发展要素；明晰发展内容与方式，优化发展态势；健全管理体制与运行机制，增强发展通畅性，不断深化高校“三创”供给侧改革，促进高校“三创”供给向增量提质转变。[162]

### 2.1.7 创新创业教育模式

模式是主体的普遍行为，是一种处理特定问题的方法，在现实生活中，模式的应用要与现实相联系，以理论来指导实践，并在实践中，随着现实的改变，适时地进行调整。创新创业教育教学模式是在一定的创新创业教育教学思想或教育教学理论指导下，为实现预定的创新创业教育教学目标而设计或发展起来的教育教学流程及其方式方法体系。因此，探索创新创业教育教学模式至关重要。

数智时代针对“创新创业教育模式”的研究比较困难的原因就是关于创新创业教育模式内涵的理解还处于一个相对模糊的状态，在学界还没有对它进行清晰的界定，对“创新创业教育模式”的概念解释也是多样化的。数智时代创新创业教育模式如图 2.2 所示。

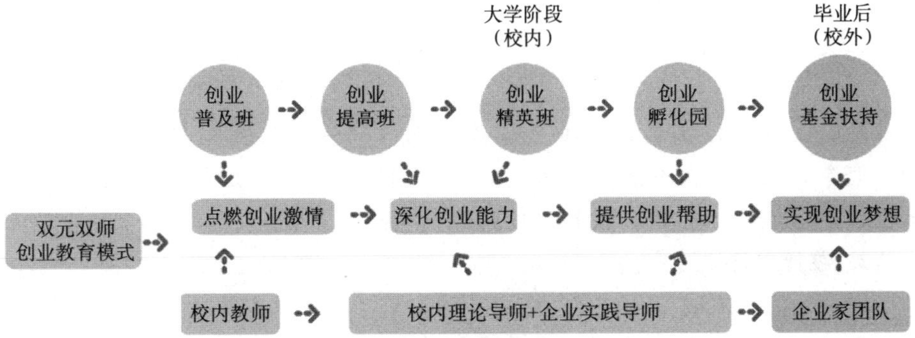


**图 2.2　创新创业教育模式图**

本书从实践的观点出发，提出创新创业教育模式是一种由在数智时代实践进行过程中不断探索和总结出来的理论，基于这种理论形式可以作为一种指导方针在数智化创新创业教育中应用。[163] 因此，对于创新创业教育模式来说首要注意的就是对创业教育实践中的经验进行总结归纳，通过实践总结的形式能够科学地指导后续的教学活动，最大限度地将“创业教学”中涉及的环节和要素进行整合。数智时代创新创业教育模式作为一个比较复杂的概念，整体涉及数智化、理念目标、课程教学、师资实践、创业支持、数字孪生、人工智能等众多组成要素，基于创新创业教育模式概念的分析，在提倡“以人为本”的数智时代，深入探讨新文科建设的创新创业教育具有十分重要的理论意义和现实价值。[164]

### 2.1.8　数智时代数智创业

数智时代数智创业是创业者利用并协同数智技术，智能甄别创业机会，精准匹配创业资源，实现最优创业解决方案的过程。提高数智素养要求大学生们广泛吸纳各领域的知识，拥有数字批判思维和道德判断力，了解基本的算法原理，具有逻辑思维能力及用数智技术解决实际问题的能力。

**1. 数智创业**

数智时代依托于数智技术，即数字技术和智能技术，既包括了云计算、大数据、互联网、物联网、区块链、5G通信等数字技术，也包括以智能机器人、图像和语言识别、自然语言处理、机器学习、神经网络为代表的智能技术，数智技术与创业力量高度耦合。[165]数智时代背景下，人工智能、机器学习、大数据、物联网和区块链等技术革命打破了传统行业的界限，智能制造、移动医疗、共享经济、生物经济等新兴产业涌现，这些新兴行业的快速发展，为大学生创新创业提供了更加多元化的选择。[166]数智技术已经具备拟人化、智能化的能力，创新创业与数智技术相融合催生新型创业模式，帮助创业者快速地构建出自己的业务模型，同时高效地进行信息交换和资源整合，完善自己的产品和服务，大大降低了创业者的试错成本，并且能使创业者更快地适应市场需求，找到最佳的商业模式。

**2. 数智素养**

随着AIGC领域ChatGPT、Midjourney等工具的快速普及，人工智能等数智技术已经和人们的生活紧密地关联在一起，这也对人类的生存提出了更高的要求。人们学会运用人工智能等数智技术来解决各方面的问题，这也就是所谓具备“数智素养”。“数智素养”是指身处数智时代的人们合理、有效地使用人工智能、大数据、云计算等数智技术来达成学习、工作和生活等多方面的目标。数智时代让大学生更加便利地获得数据与信息，而大学生群体在创新创业的过程中也需要符合道德伦理地运用这些数据与信息。在创业过程中会遇到道德与利益的纷争问题，只有提升自身道德修养与社会责任心才能使创业更好地持续下去。创业过程中会遇到各种各样的难题与挫折，只有拥有强大的心理素质才能有效进行应对。[167]

**3. 技术创业和数字创业**

在数智技术的支撑下，数智时代将出现越来越多的信息人、虚拟人和数字人，这也就允许全球的参与者创建化身，在数智时代进行创业活动。在数智创业中，创业主体从数字分身独立进行机会识别与抓取，降低了创新创业过程中机会抓取的难度，让创业者充分发挥想象力，发挥创业者的主观能动性，技术创业和数字创业是以人为主体的创业活动，智能算法成为数智创业活动的核心资源。[168]艾伦·格林斯潘在《繁荣与衰退》中指出：“创造与破坏是同一项工作不可或缺的共同组成部分：把社会资源投入生产力更高的社会活动，必然会导致旧工作岗位被摧毁，旧企业被关闭，但同时也会创造新的工作岗位，创造新的企业。”技术创业和数字创业推动互联网时代向全数智时代演化。[169]德鲁克指出：“在动荡的时代，最大的威胁不是动荡本身，而是延续过去的逻辑。”在数智时代需要数智化想象力与技术创新力。

### 2.1.9　新文科创新创业教育模式

**1. “共生式合作学习”教学模式**

常规合作学习模式难以保证深度学习的发生。基于“生成课堂”理念，聚焦生成式集体研讨、合作式学习环境和多样式教学支架 3 个维度，构建“共生式合作学习”教学模式，并在企业内部控制与风险管理课程中进行研究，通过对比实验班（采用共生式合作学习）和对照班（传统混合式教学）的教学效果，运用知识建构行为分析、教学效果测评等方法进行评估，实验班的知识建构水平和教学效果均显著优于对照班，“共生式合作学习”教学模式能够激发学生主动学习动机，提升学生的知识建构水平，对提升职业教育学生的深度学习能力具有积极的作用，为教学改革提供实践依据。[170]

**2. “二核五系六融合”的新文科创新创业教育体系**

以美国百森商学院、哈佛大学和斯坦福大学为代表的创业教育模式；[171]采用必修课、选修课和创业实践活动等教育模式；[172]借鉴国外大学的“发明型、改进型、商业型”三种创新创业教育模式；[173]国内高校聚焦专业，提出“二核五系六融合”的新文科创新创业教育体系等。[174]数智时代，以全体文科学生为对象，新文科创新创业教育与实践，立足新文科、创新创业教育、数智化内涵特征，以“做强第二课堂—激活关键要素（教师）—融入第一课堂—实现协同育人”为行动思路，构建“二核五系六融合”新文科创新创业教育体系。“二核”就是新的培养理念和培养目标，为党育人、为国育才；“五系”是第二课堂的启蒙教育体系、科研项目实训体系、学科竞赛实训体系、创业实践教育体系、课程思政教育体系；“六融合”是融入第一课堂专业教育的“育人目标、课程思政教育、教学内容、教学资源、教师队伍、考核评价”等。[175]

**3. 建立创新创业教育管理服务体系**

新文科创新创业教育管理服务体系，是全面协调创新创业教育政策制度、管理服务、经费管理、团队建设、研究发展、评估激励、环境创设等环节要素，整个教育体系有机体的“指挥大脑”。新文科创新创业教育体系的构建，需要有专门的领导团队，高效协调具体工作。建立创新创业教育管理服务体系，设立创新创业学院，具体执行体系的规划设计、过程的管理监控、制度的制定执行、经费的筹集和使用等内容。构建新文科创新创业教育体系是一项非常复杂的教育教学改革工作。涉及新文科多学科、多领域，要通过“政产学研用”深度融合，打通校地企合作渠道，建立新文科创新创业实践实训基地实现资源拓展，育人目标体系要在人才培养目标上达成行动共识，是教育体系有机体的“思想灵魂”。[176]按照布鲁姆教育目标分类法，从认知、情感、动作技能三方面构建目标，主动对接国家和社会发展战略需要，正确定位创新创业教育的价值追求，养成追求卓越的创新意识，形成超越自我的创业精神。

**4. 构建第二课堂创新创业实践体系**

实施新文科创新创业教育模式，构建第二课堂创新创业实践体系是有效保证。一是探索“递进式”实践训练教学模式，按照“专业+”的思维模式，通过“普及班”+“提升班”，将创新创业的知识和政策、方法和技能、参与途径、成长路径、成长榜样等内容融入，规划适合自己的创业就业之路。二是开设创新创业启蒙学园，围绕项目、竞赛、创业三个模块，展示学生创新创业成长路径、成长样板、成长陪伴导师，传达“人人可以找到自己的创新创业成长路径”的理念，激发兴趣。三是组建创业实践培育班，创新讲授、交流、讨论、调研、模拟、案例等多种教学形式，营造沉浸式创新创业环境。[177]

**5. 建立创新创业教育融合工作机制**

坚持遵循新文科建设基本规律与基本要求，建立创新创业教育融合工作机制。新文科创新创业教育融合是难点，以教师为关键点，建立“1+3+1”融合机制：[178]一是建立“内容+平台+资源”融合机制，结合数智化发展热点、学科交叉融合、学科竞赛获奖案例、“国创计划”项目等形成“内容”供给库，依托政府、学校和企业“资源”，建立“政产学研用”协同育人创新“平台”，新文科法律专业可建立法律咨询援助平台，外语专业可建立多语种服务实践平台，教育专业可搭建支教实践平台，搭建专属的平台矩阵，有效整合“资源”，科学有效地配置“资源”，在服务社会的同时，提升学生实践能力和家国情怀；不断丰富专门的“内容”供给，整合专项“资源”包，创新创业项目研究、各类实践教育提供基本支持。二是完善考核评价融合机制，抓好保障要素。通过年度绩效考核办法和聘期考核办法指挥棒，建立创新创业教育融合工作激励机制，激发教师投入的积极性，激发教师的内生动力。

**6. 新文科创新创业教育评价体系**

根据新文科创新创业教育培养目标体系，构建创新创业能力评价指标体系。新文科创新创业教育围绕应用型复合型文科人才培养目标，融合专业教育构筑具有新文科特色的教育模式。[179] 以人的融合带动理念、内容、平台、资源等要素的融合，推动新文科教育教学改革创新。钟启泉（2008）运用科学严谨的方式对搜集到的资料进行整理、分析与归纳，对双创课程应当用什么样的教学方案、如何实施以及对实施的整个过程进行合理的评判。[180]

数智时代创新创业教育模式、体系的构建：一是开展面向全体、分类施教、结合专业、强化实践的创新创业教育。二是从创新创业基础课程、专业课程、交叉学科课程、专门课程群、线上课程、实践课程、教材编写等方面做出具体规定。三是建立“培养培训—政策激励—专家引进”全链条创新创业工作师资队伍建设机制。四是提倡开展启发式、讨论式、参与式创新创业教学方法，运用大数据、人工智能技术，改革考核创新创业内容和方式。五是明确保障机制，对创新创业教学管理制度、创新创业教学平台建设、创新创业教学资源配置、校地企合作、一站式服务等方面做出规定，有效保障工作顺利运行。

### 2. 1. 10　创新创业教育课程体系

从课程教学目标、课程结构、教学内容、师资队伍和考核评价等方面，构建完整、实用、高效的创新创业教育课程体系。

**1. 创新创业教育课程**

“课程”一词内涵丰富，众说纷纭。广义的课程是一切教学科目的综合；狭义的课程是指在教学中的具体的第一门学科。“课程”一词最早形成于唐宋年间，唐代孔颖达为《诗经》做注：指的是“秩序”。《现代汉语词典》第 7 版中，把课程看作是科目及其进程。在西方，“课程”起源自“currere”，意思是“跑”的拉丁语单词。史宾赛运用了“curriculum”，意思是系统地组织教学内容。

创新创业教育是一种以人为本的教学活动，需要依托有效的课程载体。《高等学校课程思政建设指导纲要》指出：“创新创业教育课程，要注重让学生‘敢闯会创’，在亲身参与中增强创新精神、创造意识和创业能力。”新文科创新创业教育课程建设要走创新之路，创新创业教育课程主要由普及课程、专业课程、实践活动课程三个层次构成，分别面向全体学生，面向有较强创新、创业意愿和潜质的学生，面向有创业项目、创业实践的学生开设。[181]

新文科创新创业教育课程设计应着眼于意识养成、知识内化、素养形成、层次递进目标，以通识课程、专业课程、跨学科继续教育课程为载体，全面提升学生的创新思维、市场研判、产权保护能力。创新创业教育课程是有效推进创新创业教育的重要手段，创新创业教育课程应当多开设综合课程。[182]

**2. 创新创业教育课程体系**

创新创业教育课程体系，学者们给出了各种不同的解释。胡弼成（2008）认为，课程体系是指在一定的教学理念指导之下，在对学生进行培养的过程之中，将与课程相关的各个部分进行联结。[183]赫冀成（1994）认为，课程体系是在学校的教学中将各种课程进行整合，可以将课程体系看作为是课程结构，教师按照教学计划对学生进行指导，课程体系是实现创新创业教育的关键。[184]钟启泉（1998）认为，课程体系是以一种严格要求的教育理念为指引，将与课程产生联系的各个要素进行整合，进而达成教师的教学目的和学生的学习目的。[185]泰勒（Ralph W. Tyler）课程体系主要由课程目标、学习的内容、课程实施、教学结果评价四个重要的要素组成。[186]创新创业教育课程体系包括课程教学目标、课程教学内容、课程资源、评价体系等内容，如图 2.3 所示。

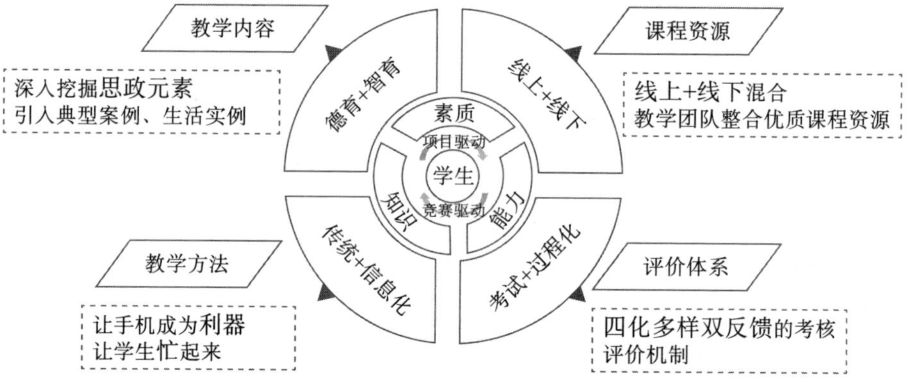


**图 2.3 创新创业教育课程体系图**

本书探讨的新文科创新创业教育课程体系包括课程教学目标、教学内容、教学实施、考核评价等内容体系。

（1）课程教学目标。是指在教育教学过程中想要完成的特定目标，将学生培养成为希望达成具体水平的创新型人才。[187]课程教学目标应当明确与人才培养方案的衔接。[188]课程教学体系目标是以培养新文科创新创业人才为目的。

（2）教学内容。课程教学内容指向的是课程教什么的问题，适合学生的身心发展需要。

（3）教学实施。课程的教学实施是课程各方之间的相互配合和组织的过程。教师根据课堂效果和学生学习状况，享受良好的课程体验。

（4）考核评价。泰勒提出："课程评价是能够显示课程的计划组织在多大程度上实际完成了课程目标的过程。"高校新文科创新创业教育课程评价体系，要结合数智时代和新文科建设要求，对新文科双创课程应当是什么样的，适合新文科的教学方案、如何实施以及对实施的整个过程进行合理的评价。

现阶段，高校创新创业教育体系优化面临着创新创业教育的实践基础不牢、环境支持条件配套滞后、持续优化机制仍需健全等现实挑战。应进一步升华高校创新创业教育理念，引领高校创新创业教育行稳致远；持续拓展高校创新创业教育资源，形成不断更新与持续优化的创新创业教育资源供给来源。[189]

### 2.1.11　新文科创新创业教育与实践

数智时代智能化、网络化、数字化、场景化发展带来的新技术，需要整个新文科创新创业课程体系的创新设计。[190]新文科创新创业教育对学生创业意愿和能力的培养具有积极作用，是新文科建设的一种内在要求。[191]

**1. 新文科创新创业教育课程体系构建**

推动人格培育体系与知识培育体系一体化，并同美育、劳育、课程思政深度融合。以"知识、能力、素质"三位一体、协调发展为主线，完善通识教育课程体系，以综合运用能力和创新创业能力培养为核心，丰富专业教育课程内涵，以多元化教学、多样化训练、多渠道实践为手段，AI 技术应用"场景化"，强化学生创新精神、创业意识和个性化发展的系列创新创业教育课程，[192]如图 2.4 所示。

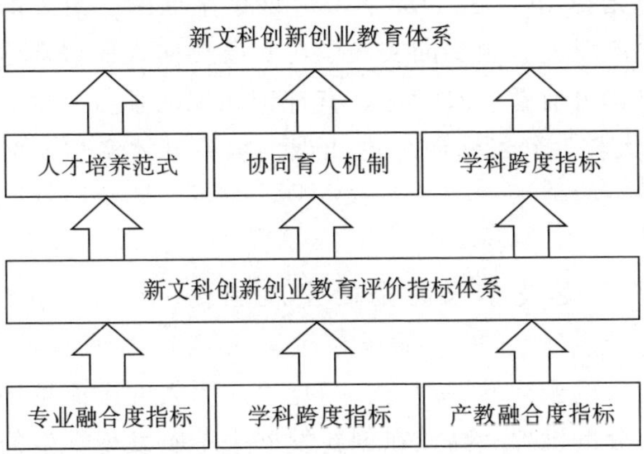


**图 2.4　新文科创新创业教育体系架构图**

**2. 构建新文科创新创业教育实践平台**

新文科建设推动创新创业教育加速变革。作为创新创业教育的战略支撑点，创新创业教育实践平台已成为助力多方协同合作、推进多学科融合创新、培养学生实践应用能力和就业能力的关键。针对当前创新创业教育实践平台建设存在难以满足学生创新创业实践需要、校政企融合不足以及资源保障匮乏等问题。高校应积极与政企开展合作，建设“前孵化 + 专业孵化”、数字化的创新创业教育实践平台，并完善新文科创新创业教育实践平台建设及运营的资源保障机制，以推动创新创业教育发展、提升学生就业质量。[193]

**3. 探索三个课堂相结合创新创业教育教学方式**

“第一课堂”的创新教育；“第二课堂”的创新教育重点创新创业硬件和软件环境建设；“第三课堂”的校企合作共建实验室、创新创业训练中心、创意中心、AI 智能场景化实验室等实践平台和实训基地。三个课堂相结合的主要途径：一是充分利用校园媒体资源和网络资源，宣传典型的创新创业人物及事件，校园文化中大力营造创新创业氛围；二是产学研相结合，协同育人；三是建立创新创业孵化基地。制定激励政策，给予学生创新创业团队场地、资金、政策和环境的支持和帮助，体验艰辛和快乐，建立创新创业孵化基地，AI 智能场景化，孵化和孕育创业之路。[194]

## 2.2 理论基础

习近平总书记指出：“我们的学习应该是全面的、系统的、富有探索精神的。既要向书本学习，也要向实践学习；既要向人民群众学习，向专家学者学习，也要向国外有益经验学习。有理论知识的学习，也有实践知识的学习。”指导青年大学生刻苦钻研理论知识，掌握真才实学，努力成为国家的栋梁之材。

### 2.2.1 马克思关于人的全面发展理论

马克思关于人的全面发展理论，马克思认为人的全面发展必须使人的天赋和个性得到充分的发挥。高校在创新发展中不断发现学生的个性和优势所在，努力挖掘学生的个人潜力。根据马克思关于人的全面发展理论，学校要不断完善各种数智化创新创业实训设备，安排学生到企业实习，其目的就是通过社会实践，来检验自己所学的理论知识，促使其成为一个全面发展的人。

当前世界正经历百年未有之大变局，我国已进入新发展阶段，应厚植“创新土壤”，提高创新发展能力适应高质量发展的要求。“敢闯会创”的“双创”型人才日益成为我国高校人才培养的核心要义。不断加强“双创”人才培养供给侧改革，将创新创业的灵魂植入我国高等教育人才培养体系，构筑创新高地。如何推动大学生“双创”人才培养工作高效运行一直是学者们探究的焦点，我国“双创”人才培养工作已取得了一定成效，但由于起步相对较晚，仍存在一些困境阻碍着培养效果的充分显现。通过相关文献的阅读、分析、整理，在探究马克思主义人学理论与大学生“双创”人才培养的内在关联的基础上，从马克思主义人学的基本内涵出发对现存问题进行高度概括：大学生“双创”人才培养的环境建设有待优化、主体性功能有待强化、驱动力有待增强、价值引导有待加强、人性化程度有待提升。聚焦这些问题，精准提出相应的对策以完善“双创”人才培养，主要包括明晰培养定位，充分发挥主体性；凸显人文关怀，树立正确价值观；完善激励机制，激发主观能动性；搭建育人平台，营造“双创”氛围；重视人才培养衔接，促进自由全面发展。[195]

### 2.2.2　泰勒关于目标模式的课程设计理论

泰勒认为，课程目标的设置要考虑学科专家、学习者以及社会 3 个方面的因素。关于目标模式的课程设计提出了教育目标、教育经验、有效组织、目标实现四个问题。[196]关于目标模式的课程设计，以课程目标为中心，课程结构、课程内容、课程实施以及课程评价，都围绕此目标进行设计、修订和完善。

泰勒对目标模式的课程设计理论提出了以下要求：第一，培养思维技能；第二，获取信息；第三，形成社会态度；第四，培养兴趣。要遵循连续性、顺序性和整合性的原则，确定如何有效的组织。依据不同的课程内容，将其进行最高层次至中间层次再至最低层次的分层。构建完整的评价体系，确定评价目标，评价情境、设计评价手段以及利用评价结果这四个阶段。[197]目标模式的课程设计理论运用到高校新文科创新创业教育课程体系，首先，需要明确课程目标，确定课程结构和课程内容，再根据课程内容性质，将其进行分层分类，确定最顶层、中层以及最底层，从而建立科学而完善的数智时代高校新文科创新创业教育与实践体系。[198]

### 2.2.3 建构主义理论

建构主义学派认为需要对过去传统的课程设计进行颠覆与创新。建构主义理论（Constructivism）是对教育学一场全新的革命，论述了认知以及个体如何认识的问题，关注对象转移到“人”的身上，注重学习者的主体作用，其所带来的影响是异常深远的。[199]

建构主义理论内容为：第一，知识的获取过程是需要学习者本身具有一定的主动学习的动力，主动的进行建构，不应该是被动的等着教师加以教授的过程；第二，建构主义强调学生之前建立的知识与体验；第三，学习是以已有知识为基础的学习者的主观能动性的活动，以老师为核心的学习活动转向了学习者，乐于学习的情绪也会被调动起来。

建构主义对学习者所面临的环境：一是学习者是乐于主动的；二是学习提倡协作；三是有多方供给的资料来源；四是提供真实的，基于真实情景的学习体验；五是学生进行自我调控。在这种环境下，学生的学习积极性就会提高，有利于学生的凝结批判思考的能力，从而更好的形成科研与创新能力。

建构主义理论对本书的启示为：探讨数智时代高校新文科创新创业教育课程体系，为不同专业的大学生创新创业提供学习环境与指导，在教师的指导之下“守得云开见月明”，主动地建构创新创业和专业教育的知识；通过学生的主动学习，对创新创业有初步的了解并能产生兴趣，提升课程侧重实训实践，打造创新创业的实际环境和体验的支持，持续提高学生的创新创业能力和品质。

### 2.2.4 布鲁姆掌握学习理论

布鲁姆（Benjamin Bloom）等人提出了掌握学习理论，该理论认为按照既定的教育目标和形成性的评价手段，落实培养方案和具体的学习任务，最终达到培养学生能力的目的。布鲁姆掌握学习理论针对教育目标、学习方式、形成性评价三大问题作出回答。教育目标又分为认知目标、情感目标和动作技能目标。[200]

布鲁姆掌握学习理论，强调针对学生进行个别化教育。具体包括 3 个方面的内容：一是教育目标如何进行分类？二是什么样的教学策略能帮助学生掌握教学目标？三是具体采取什么样的教学模式促进学生的掌握学习？布鲁姆掌握学习理论是构成 OBE 教育理念的理论基础。布鲁姆掌握学习理论对创新创业教育模式构建具有指导意义。

### 2.2.5 人力资本理论

美国经济学家舒尔茨和贝克尔创立了人力资本理论。人力资本理论认为，人力资本表现为蕴含于劳动者身上的各种生产知识、劳动与管理技能以及健康素质的存量总和。物质资本是指集中在物资产品上的资本，包括机械、厂房、设备、土地、原材料、货币资金等。[201] 舒尔茨认为人力资本是一种隐含在人体内的知识、技能、经验和专业化熟练程度的综合能力。[202] 创新创业教育体现了这一理论在实践中的应用。创新创业教育要求学生接受学校的理论知识，也要求学生在企业实践，使学生综合能力得到了提升。从人力资本理论的角度看，理论知识传授和实践培训都是学生进入工作领域和生产线的投资，高校新文科创新创业教育可以从投入与产出的角度思考未来的发展方向，如何以最小的投入？如何使投入更加科学，获得最大的效益？如何对人力资本进行最有效的改善和利用？是应该特别关注的几个方面。

### 2.2.6 创新心理学理论

创新心理学理论是研究人们在创新过程中心理活动规律的学科。它关注个体和团队在创新过程中的思维方式、情感状态、动机、认知偏差、创造力等因素，以及这些因素如何影响创新行为和创新成果。创新创业理论教育的实效性，需要将心理教育与创新创业教育有机结合起来。创新创业教育中的心理学方法包括：重视需要心理、运用从众心理、关注心理定势、充分利用心理环境等，促进创新创业理论教育的更好开展。[203] 创新心理学中的一些关键理论和概念：

（1）创造力理论：创造力是指个体产生新颖且有价值的想法、解决方案或作品的能力。创造力理论探讨如何激发和提高个体的创造力，包括心理氛围、思维模式、知识结构、动机和情感等因素。

（2）认知失调理论：认知失调是指个体在面临不一致的认知或情境时所

体验到的心理不适。创新心理学中，认知失调被视为推动个体超越现有认知框架，产生新想法和解决方案的动力。

（3）心智模式理论：心智模式是指个体在认知、理解和解释世界时所内化的心理模式。创新心理学关注如何打破固有的心智模式，促进个体从新的角度看待问题，从而产生创新思路。

（4）情感理论：情感在创新过程中扮演着重要角色。情感理论探讨积极情感（如乐观、自信）对创新行为的促进作用，以及消极情感（如焦虑、恐惧）对创新行为的阻碍作用。

（5）动机理论：动机是推动个体从事创新活动的内在动力。动机理论分析不同类型的动机（如成就动机、自我实现动机）对创新行为的影响。

（6）群体动力理论：创新往往需要团队合作。群体动力理论研究团队成员之间的互动、沟通模式、角色分配等因素如何影响团队创新能力和绩效。

（7）情境理论：情境是指创新活动发生的具体环境和社会背景。情境理论关注环境因素（如组织文化、领导风格、社会网络）对创新行为的影响。

创新心理学理论对于理解创新过程、培养创新能力和提高创新效率具有重要意义。企业和组织可以运用这些理论来营造有利于创新的心理氛围，激发员工的创新潜力，从而推动技术进步和企业发展。同时，教育工作者也可以根据创新心理学的原理，设计教学方法和课程，培养具有创新精神的学生。高校要开设专门的创新创业教育实践培训课程，学生在模拟情境下练习，从中学习，并通过不断的实践积累新文科创新创业实践经验。

### 2.2.7 协同创新理论

协同创新理论是一种强调创新主体之间相互作用、相互协作的创新模式。它主张创新活动不是孤立的，强调创新主体之间的互动关系，通过创新主体之间的紧密合作，共享资源、知识和信息，实现优势互补，提高创新效率和成功率。协同创新理论认为，创新主体之间的协同作用可以产生 1+1>2 的效应，即通过合作，各方的创新能力得到增强，创新成果的价值得到提升。协同创新理论在我国得到了广泛的应用和发展。例如，在粤港澳大湾区建设中，协同发展是核心理念之一。通过加强香港、澳门与广东的交流合作，共享资源，实现区域发展的优势互补和共同繁荣。此外，在京津冀协同发展、长三角一体化等国家战略中，协同创新也是关键推动力。协同创新理论对于我国科技创新和产业发展具有重要意义，推动经济高质量发展。要实现协同创新，需要建立有效的合作机制，包括政策支持、资源共享、知识产权保护等方面的制度安排，同时，还需要培养具有创新精神和协作能力的创新人才。[204]

协同推进新文科人才培养工作的深入开展，综合考虑高校新文科创新创业教学情况、教师队伍建设、校企合作、毕业生就业状况等要素，来实现各方面资源的科学配置和有序运行。高校如果没有构建有效的人才培养机制，将不利于新文科人才培养目标的最终实现。本书以协同理论为理论依据，高校新文科人才的培养运用协同的方法和范式来指导新文科人才的培养，进而不断提升高校新文科人才培养的质量和科学化水平。高校创新创业人才的培养是一个开放的、复杂的系统工程，根据协同理论，高校新文科创新创业人才培养，需要统筹高校内部相关教育资源，加强相互联动，协调高校内部之间、高校与政府、行业协会、企业单位之间的关系，形成协同效应。

### 2.2.8 体验学习理论

Kolb在他的《Experiential Learning：Experience as the source of learning》一书中，根据杜威和皮亚杰等人的教育理念，首次提出了“体验学习”这一理念，并对其进行了详细的论述。[205]体验学习理论强调情境的重要性，每一种有效的学习情境都是建立在学习者直接或间接的经验基础上的。在获得经验后，学习者应自我反思，对其进行系统化的总结，并基于特定的知识情境，对在体验过程中得到的反思结果展开理论和系统的总结，获得经验后，学习者应自我反思，进而形成一个抽象的概念，最终，在一个新的学习情境中，对所获得的知识和经验进行验证。[206]

创业本身就是一个体验式的过程。本书将体验型学习的概念引入到新文科的创新创业课程教学中，体验学习创设情境，对在创业体验过程中得到的反思结果，使得体验不断内化成创业者自身的能力，因此，高校在新文科专业开展数智化创新创业教育时务必要注重创业体验。[207]因此，高校在新文科专业开展创新创业教育时对于创业体验的教学一定要非常重视，可以通过设置不同类型的体验式教学内容和方法培养学生创新思维和创业能力，帮助新文科学生在不同的创新创业环境中增添一定的优势。[208]

### 2.2.9 共生理论

“共生”一词源于生态领域，最早的研究认为它是指生物中各种共生体在特定的生存环境中，通过彼此之间的一种相互作用逐渐演变而成的一种可以互惠互利的共生存在关系。[209]其内涵自德贝里提出后，很多研究者对其应用的范围进行研究，发现除了生物学之外的一些其他领域也可以应用到这一理论。在生态学上，“共生”的本质是指各种生物群落之间的相互依赖和共同发展。但是，经过许多研究者多次研究之后发现，在其他学科领域，例如，经济、教育、文化方面也存在这种共生现象，用共生关系去解决一些系统性的问题对社会发展很有益处。因此，从理论的概念到应用的范围、广度都很适合将其运用到本书中。

从共生的本质我们可以看出，共生理论的应用是基于协同共存而建立的，多位主体之间要相互配合，互相合作。以共生理论为指导，高校新文科创新创业教育模式中除接受教育的学生和传授知识的教师之外，政府、社会、企业之间的协同共存也可以更好地帮助高校新文科专业开展创新创业教育与实践。保障高校新文科创新创业教育的开展是在变相增加各个利益主体者之间的联系，根据共生理论来稳固合作者之间的关系非常重要。[210]将共生理论应用到高校新文科创新创业教育模式的研究是可行的。本书选择共生理论为理论基础，针对当前高校新文科创新创业教育现状，对政府、社会、企业等展开相关分析与调查研究之后，研究完善数智时代高校新文科创新创业教育模式的解决策略。

### 2.2.10 当代建构主义的课程观

建构主义学习理论强调学习者对知识建构的主动性，当代建构主义课程观包括知识观、学生观、学习观和教学观 4 个方面。[211]一是知识观，建构主义主张，要在特定的环境中重新构建知识，并在特定的问题上重新创造知识，通过改组、重组甚至创造已有的知识，才能更好地解决问题。二是学生观，建构主义认为学生在生活中已经储备了大量的经验，教师在教学时，应当尊重每位学生的经验，在学生目前储备的经验的基础上，循序渐进地引导学生基于自身的直接或间接经验来理解即将学到的知识。三是学习观，建构主义认为学生主动地进行知识的学习，并积极地进行知识的建构。此外，建构主义强调教师应在教学中融入更多的现实生活中的真实情境，学生们组成学习共同体，在学习共同体中分享学习资源和互相交流合作。四是教学观，当代建构主义的课程观，教师应在舒适愉悦的环境中展开教学，启发学生对问题进行深入思考，使学生身临其境。建构主义非常重视师生间与同学间的社会性作用，经常采用情景教学、合作学习与交互教学等方式。

本书以建构主义学习理论为理论基础，在数智时代高校新文科创新创业教育中进行理论应用。应用型创新人才的培养离不开创新创业课程，与传统的教学模式不同，创新创业教育强调教学的实践性、情境性，创新创业课程的实施效果与培养人才的质量息息相关。以往的以知识为中心的“填鸭式教学”与“灌输教学”不符合创新创业教学的需要，当下创新创业课程常以案例教学、小组合作学习、交互学习与项目式教学等方式方法进行课堂教学。本书基于建构主义心理学课程观的基本思想，以多个维度作为切入点，为建设数智时代高校新文科创新创业课程体系提出相应的对策。[212]

### 2.2.11　社会支持理论

社会支持理论（Social Support Theory）是一种解释人际关系和社会网络如何通过提供情感、信息和实际帮助，缓解个体压力、提升心理和生理健康的理论。该理论没有一个明确的单一创始人，而是在 20 世纪 70 年代至 80 年代由多位学者逐渐形成和发展的。特别是约翰·卡萨尔（John Cassel）和西德尼·科布（Sidney Cobb）在理论的发展过程中发挥了重要作用。科布在 1976 年发表的一篇具有里程碑意义的论文中，系统地阐述了社会支持的定义和构成，为后续研究提供了坚实的理论基础。该理论认为，社会支持通过各种形式（如情感支持、信息支持、工具支持等）可以缓解个体在面对压力时的负面影响，进而提升个体的整体健康水平和生活质量，如图 2.5 所示。

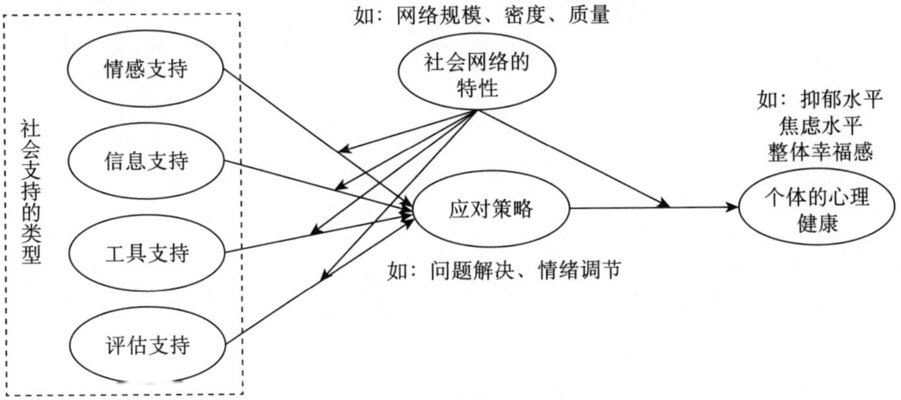


图 2.5　社会支持理论模型图

根据社会支持理论的观点，高校新文科数智化创新创业教育与实践过程中，不仅要丰富壮大学校自身的社会支持网络，使其能够通过社会支持网络构建完善，更是要帮助和培养学生建立起自身的社会支持网络，促进大学生开展创新训练的信息获取、情绪排解和物资支持等，提升数智时代高校新文科创新创业教育教学质量与效益。

### 2.2.12 加德纳的多元智能理论

美国心理学家加德纳对人与创新的发展关系进行了关注和研究。[213]加德纳多元智能理论认为，每个人至少都具有语言智能、音乐智能、逻辑数学智能、空间智能、身体运动智能、人际关系智能与自我认识智能。结合加德纳的多元智能理论，本书在研究高校新文科创新创业教育与实践必不可少的要进行多元智能理论的探究，多元智能理论应用数智化创新创业，根据加德纳的多元智能理论，创新创业教育与实践的过程，多元智能探究是必不可少的途径，开发人的多元智能意味着能够有效促进人的创新能力发展。因此，数智时代高校新文科创新创业教育与实践的多元化问题和多元智能理论应用。[214]

通过分析国内外学者对国外创新创业教育的研究，发现相关研究主要从某一地区或单一国家的角度展开，缺少多个国家、地区的对比研究。本书对多个典型国家创新创业教育的理念与目标、支撑体系建设、实践模式等进行了总结、对比和分析，为我国进一步开展创新创业教育提供借鉴。

# 第 3 章

# 新文科创新创业基础理论

## 3.1　新文科理论

中国特色社会主义进入新时代，新文科突破传统文科的思维模式，多学科交叉与深度融合发展。探求“新文科”创新创业基础理论“学科导向”转向“需求导向”，践行“新文科”创新创业实践“适应服务”转向“支撑引领”。

### 3.1.1　“新文科”起源

2018 年，党中央明确提出“高等教育要努力发展新工科、新医科、新农科、新文科”，正式提出“新文科”概念。“新文科”建设引起全国文科专业的广泛关注，2019 年 4 月在天津大学召开了“六卓越一拔尖”计划 2.0 启动大会，全面启动了振兴本科教育的攻坚行动。

“新文科”建设的重点不仅涉及人才培养目标定位、课程体系改革和课程建设、教育方式和教学方法改革等内容，也涉及多方合作协同育人、“卓越人才”核心能力培养等诸多方面，新文科则是基于现有传统文科的基础进行文学、哲学、历史学，经济学、管理学、法学，教育学、艺术学等学科中各专业课程重组，开展新文科建设，作为“四新”建设之一，“新文科”建设把现代信息技术融入文科类课程中，文理交叉融合，跨学科学习，实现知识扩展，培养学生创新思维。从《新文科建设宣言》及新文科建设指导性文件、“新文科研究与改革实践项目”的申报指南等文献梳理，“新文科”建设势在必行，“新文科”目标是培养出符合时代要求的创新型人才。

### 3.1.2 新文科的新特点

“新文科”建设重在“新”，也贵在“心”。坚定文化自信心，坚持不断改革的恒心，坚守弘扬人文精神的初心，“三心合一”是新时代“新文科”建设之道。

**1. “新文科”建设之“新”**

新文科的“新”主要体现在：新的文科学科体系建设，新的文科学术体系建构和新的文科话语体系建造。其中，新文科学科体系建设，从知识划分看，应包括人学学科知识、社会科学知识和交叉学科知识；新的文科学术体系建构，应扎根中国大地、与时俱进地进行新文科学术理论内容和新文科学术研究方法的中国化建构；新的文科话语体系建造，应以科学的政治理论进行新文科思想指引，以中国优秀民族文化进行国际传播。新文科建设提出至今，依然存在学科壁垒、学科融合不够的问题。新文科建设应注重专业课程的深度交叉融合，以时代发展需求为导向，利用新的文科学术评价机制，进行新文科人才培育。[215]

**2. “新文科”之“新特点”**

“新文科”离不开新技术、新需求以及新国情的时代背景。大数据、人工智能、区块链、虚拟现实等大量新兴技术，在新背景下文科呈现新特点。

（1）学科交叉。人文社会科学与科技强国战略相匹配，新一轮科技革命和产业变革催生新技术促进学科交叉融合，文学、哲学和历史学，经济、管理和法学、新闻、艺术和外语，理学、工学、农学、医学等新兴领域进行交叉融合，成为“新文科”的重要内容之一。一方面，社会问题的复杂性不是某个单一领域的人才能够解决的，这越来越需要更多具有学科交叉背景的人才；另一方面，学科交叉融合和跨界交流合作也是促进创新的有效方法之一。

（2）新型研究方法和工具。在新技术的推动下，社会科学研究方法可以往前迈进一大步。一方面，传统的研究方法可以嫁接新一代信息技术的翅膀，应用新一代的研究工具，从而提高数据收集的效率，拓宽数据收集的范围，更便捷、更高效地分析数据；另一方面，随着大数据、人工智能技术的发展，围绕计算社会科学，产生了一些新的研究范式和研究方法，这些新的方法对促进社会科学的发展具有重要和积极的意义。

(3) 贯通融合。“新文科”在更大范围内实现文理、文科内各专业之间的交叉，凸显知识更新的动态性和多学科贯通的知识结构。“新文科”人才培养模式突破学科专业限制，实现跨学科专业的新突破，基本理念、目标定位、组织形式、课程体系等重塑。结合“四新”建设整体要求，新文科融入专业建设资源，以多维多元适用的专业课程为基础，实现贯通融合发展。创新驱动“新文科”教育改革，带来创新创业教育教学内容的再认识、再深化与全方位探索。新文科贯通融合发展，和本硕博人才培养过程的贯通衔接，拓展了应用型人才培养模式实现路径。

### 3.1.3　新文科建设路径

“新文科”以继承与创新、交叉与融合、协同与共享为特征，以对传统文科予以更新、升级为使命。建设中国“新文科”，国家发展战略需要，遵循内在逻辑和固有特点发展，符合时代背景，聚焦人才培养新模式、适应学术研究的新范式。

**1. 人才培养新模式**

从教学方式来看，传统文科教学需要建设各类具有新技术属性的社会科学实验室，大量的新技术渗透到了文科教学实验室中。以新闻传播学科为例，教育部、中共中央宣传部在 2018 年发布的《关于提高高校新闻传播人才培养能力实施卓越新闻传播人才教育培养计划 2.0 的意见》中表示：“增设 20 个国家级新闻传播融媒体实验教学示范中心，建设 50 个新闻传播国家虚拟仿真实验教学项目，加快培养会使善用‘十八般兵器’的全媒化复合型新闻传播人才。”因此，“新文科”建设要建设新一代文科教学实验室。

**2. 学术研究新范式**

“新文科”建设必须考虑各类新型研究方法的运用。新技术越来越渗透于文科的学术研究，从学术资料的角度而言，许多学术资料实现数据化，运用互联网、数据库来获得资料越来越便捷，与新技术关联的研究方法，电子踪迹、社交媒体、数字文本以及空间位置信息等大规模数据广泛渗透应用于人文社会科学研究，“新文科”建设充分利用各种数据采集方法和分析挖掘工具，更好地解读人类社会的行为规律，在人才培养和学术研究领域探索出新的发展路径。

**3. 处理好四种关系**

面临时代巨变，建设“新文科”需要处理好四种关系：一是新旧关系，在树立高度文化自觉和文化自信的同时，注意其由古到今的转换，厘清由旧到新的边界，并以旧为根基，做出新的拓展；二是文理关系，使不同学科之间的交叉融合成为新文科建设的内生动力，为社会培养全面发展的“人”；三是人才关系，落实立德树人根本任务，强化价值取向，注重“人”的价值回归；四是中外关系，注重知识的兼容性，在放眼世界的同时，结合中国实践增强原创能力，提升中国学术话语能力，构建符合中国国情的学科理论体系。[216]

### 3.1.4 新文科与创新创业

教育部发布《新文科建设的宣言》，开启新文科建设新征程。围绕为什么建新文科，新文科新在什么地方，新文科和创新创业之间究竟怎么做到相得益彰、相辅相成，进行了深入的阐释与展望。

**1. 世界的新变革呼唤“新文科”**

世界的新变革，科技革命和产业变革风生水起、波澜壮阔，“ABC”时代（A是人工智能，B是大数据，C是云计算），5G解决“网络”问题，人工智能解决“算法”问题，量子计算解决“算力”问题，“四化”（即数字化、信息化、网络化、智能化）以及大行其道的大带宽、低时延、大链接、数联、物联、智联、虚拟世界和全栈全场景。世界新变革呼唤“新文科”，“四新”建设改变生产模式和生活方式，重塑全球经济结构。

**2. 历史的新方位期待“新文科”**

“百年未有之大变局”“人类命运共同体”任重道远。从国际看，新兴崛起力量将强未强，全球化与逆全球化博弈，世界经济中心在变，经济总量从北大西洋转到太平洋；新的包容性、均衡性国际秩序尚未形成，从经济、政治、全球化、科技产业和制度角度看，全球发生的变化之深刻和重大前所未有。科技与产业在变，呈现“此降彼升、西降东升”的态势；全球化进程在变，推动力量面临重组；全球治理在变，新兴国家正在成为重要角色。从国内看，中国特色社会主义进入新时代，高质量发展必然要求“五位一体”，新时代和新历史方位期待“新文科”，需要深入研究“五位一体”，推动彼此赋能，共同提升，需要开启“新文科”建设的新征程。[217]

**3. 强国的新期待需要“新文科”**

“四个自信”（道路自信、理论自信、制度自信和文化自信）成为“显命题”，坚定“四个自信”迫切需要新文科。中国“三部曲”从“站起来”到“富起来”再到“强起来”，需要硬实力，更需要软实力。国家的强大，固然需要发展理工科，同样也需要发展文科、农科和医科等学科。实现中华民族伟大复兴的中国梦，从文化自信的角度讲，尤其需要建设“新文科”。强国的新期待需要新文科，新时代促进文化大繁荣，提升国家文化软实力，增强国家综合国力，新文科建设责无旁贷。“四新”建设，“新文科”建设大有可为。[218]

**4. 教育的新要求重塑“新文科”**

根据马克斯·韦伯的观点，理性可区分为“工具理性”和“价值理性”。丹娜·左哈尔（Danah Zohar）在“智商（IQ）”“情商（EQ）”之外创立“魂商（SQ）”的目的，就是要提升人们解决意义与价值问题的能力。教育的新要求重塑“新文科”，新文科需要在意义世界和价值空间发力。[219]

教育的新要求重塑“新文科”，秉持“守正创新、价值引领、分类推进、交叉融合”等原则，新文科创新创业教育与实践要坚持为党育人、为国育才。

# 3.2　创新基础理论

创新决定综合实力和竞争力，数智化依赖于创新，只有创新基础理论不断推陈出新，才能实现良性循环。

## 3.2.1　创新及新时代意义

思路决定出路，格局决定结局。立创新创业之志，走创新创业之路，建创新创业之功。

**1. 创新的来源**

中国古代就有关于创新内涵的表述，《汉书·叙传下》中有“礼仪是创”，颜师古注为“创，始造之也”。查阅《现代汉语词典》发现，“创新”是：“抛开旧的，创造新的”。然而，在英语里，创新（innovation）起源于拉丁语里的“innovare”，意思是“更新、制造新的东西或改变”。从经济学上研究创新的内涵，约瑟夫·熊彼特（Joseph A. Schumpeter）（1939）提出了创新理论，“创新是新技术、新发明在生产中的首次应用，是建立一种新的生产要素或供应函数，是在生产体系中引进一种生产要素和生产条件的新组合”。[220]通常情况下，从以下5个方面去寻找创新的来源和灵感：

（1）创造一种新的产品。创造新产品可以是推出一种以前没有的产品；或者是在现有产品的基础上，创造出该产品的新的特性。产品创新不仅局限于技术上的创新、对现有新应用、新工艺新材料的采用，都可能实现创造一种新的产品。

（2）采用一种新的技术方法。这里所说的采用新技术，是指在制作部门中使用新的尚未通过或经过检验或鉴定的方法。这种新的技术方法不需要建立在科学新发现的基础之上。

（3）创新一种新的商业模式。营销阶段对产品的市场占有率来说是至关重要的，现在常说“酒香也怕巷子深”。因此，基于掌握的核心产品，设置准确的市场定位，制定独特且行之有效的营销策略，开辟新的销售渠道等所有为了最大化市场效益而进行的创新活动，都是创新的宝贵来源。

（4）获得一个新的资源配置途径。创新是为了新的资源配置，不论这种来源是已有的还是首次创造出来的，取得或控制原材料或半成品的一种新的供给来源，都属于新的资源配置的途径。

（5）设计一种新的组织形式。创新是组织形式的设计，实现任何一种新的产业组织方式或企业重组。

其实，创新不仅仅局限于以上五种来源。在某一个行为过程中，在某个点上有所改进、改造或者是以整合后的新形态出现，都被视为创新。创新具有多方面性，根据所强调的方面不同，对创新会有不同的理解。[221]

**2. 创新的类型**

根据研究的目的不同，创新可以有许多不同的分类方法。主要有以下五种：

（1）产品创新。产品创新是指新产品的创造或者是新服务的引入等。如果改进的手段并没有让产品最终实现商业价值，即带来利润，那么就算不上创新。去过浙江乌镇的朋友可能都会有这样的经历：夜晚逛乌镇时有三五成群的小孩拿着一杯冒气且五颜六色的饮料，该饮料有蓝、紫、绿、粉等各种颜色，小朋友可以根据自己的喜好而定；盛装饮料的杯子在夜晚还会发光，刚得到的饮料是冒着“仙气”的这么有创意的饮料，小朋友们都很喜欢，于是争先购买。因为商品畅销，这杯饮料的定价高达25元/杯。这款畅销的饮料，其实就是普通的饮料，只不过商家在塑料杯上做了创新，在塑料杯底部安装了一个带有颜色的灯泡，只要拨动开关，灯泡就会亮出各种颜色。而饮料冒着的“仙气”不过是在购买时放入饮料里的一小块二氧化碳。创新，让这款饮料在乌镇畅销。这也是典型的产品创新。

（2）技术创新。这里说的技术创新指的是为了提高生产率，制造部门在制作产品的过程中使用的新的尚未通过检验或者鉴定的方法。20世纪80至90年代，柯达胶卷可谓是行业霸主，红极一时。然而，自2000年以来，数码相机的快速发展让没有及时改变技术战略定位的柯达最终走向了破产。可以说，是数码技术湮灭了“柯达”胶卷。

（3）市场创新。是指开拓新市场，创造市场“新组合”的活动。创业者的市场创新，就是开拓一个新的销售市场，架起企业产品与顾客需求之间的联系桥梁。针对市场需求、营销渠道等，为取得最大化的市场收益或者破除现有的销售困境进行的创新活动。[222]

（4）资源配置创新。在资源整合的过程中，对未掌握的资源进行整合，对已掌握的资源进行重新配置。最开始的手机厂商在生产一部手机时，从需要的手机壳，到内部元件，再到芯片技术等都是自己掌握。而小米的雷军却提出“专注、极致、口碑、快!”小米对资源配置进行创新，自己只专注于技术创新，而其他的生产、组装、营销等工作却包给别人去做。这样使小米手机更新迭代的速度特别快。这样的资源配置创新为小米赢得了市场。

（5）组织创新。是指调整或改变一种组织形式，比如打破一种现有的垄断企业或者形成一种垄断地位。在现代互联网时代，有些大公司的反应不如小公司快，对问题的发现和解决不如小公司敏感，因而显示出不适应当今时代发展需要的一面。从这个角度看有些组织需要创新。原来庞大臃肿的组织架构，对某一问题需要层层汇报、层层审批、开会决策等组织形式，难以适应时代的快速发展。

**3. 创新在新时代的意义**

习近平总书记指出：“抓创新就是抓发展，谋创新就是谋未来，不创新就要落后，创新慢了也要落后。”古人笔下“问渠那得清如许，为有源头活水来”，无论国内外，创新永远会带来惊喜，而固守成规都会带来惨痛的教训。从古至今，沧海桑田巨变，从上下五千年到如今共筑中国梦的新时代，创新精神一直是我们中华民族进步的灵魂指引。每个被社会、被时代认可的人，首先他的思想就需具有一定的先进性与创新性。我国发展日新月异，发生了翻天覆地的变化，也正是因为我们一直保持着与时俱进的思想。

首先，人类历史本身就是一部创造、创新的历史，21世纪本身就是一个创新的世纪。习近平总书记说："谁牵住了科技创新这个牛鼻子，谁走好了科技创新这步先手棋，谁就能占领先机、赢得优势。"由此可见，创新是中国发展最重要的战略之一。

其次，随着信息时代的到来，全球化和信息化步伐的加快，中国将面临更多的机遇与挑战。为了更好地发展机会，创新已经成为国家战略。中国要在科技、文化、教育、卫生、体制等多方面进行创新。新时代下中国的创新发展，清晰地指出在未来的发展道路，必须贯彻"绿色、创新、开放、协调和共享"的新发展理念。[223]

最后，创新能力是未来衡量人才的标准之一。在人工智能快速发展的互联网时代，一只"阿尔法狗"就可以将中日韩三国的围棋高手柯洁、井山裕太和朴廷桓挑落马下，甚至连续战胜50多名世界围棋高手，连胜60局。我们更需要具备创新精神、创造思维和创新能力。只有这样，我们才不会被取代，才不会被淘汰。

### 3.2.2 创新基本理论

创新作为一种理论，作为管理的基本职能，创新随着科技进步、社会发展而发展，创新基本理论与时俱进，人们对创新的认识也在不断演进。特别是知识经济社会的到来，数智时代对创新模式的变化进一步被研究、被认识和被发展进步。

**1. 创新扩散基础理论**

创新扩散理论（Diffusion of Innovations Theory）是美国学者埃弗雷特·罗杰斯（E. M. Rogers）提出的，创新扩散理论是对创新的各类人群进行研究归类的一种模型。创新扩散理论或称创新采用曲线（Innovation Adoption Curve）、多步创新流动理论（Multi - step Flow Theory）。弗雷特·罗杰斯认为，创新是"一种被个人或其他采纳单位视为新颖的观念、时间或事物"，而且一项创新应具备相对的兼容性、便利性、可靠性、复杂性和可感知性五个要素。罗杰斯认为在创新向社会推广和扩散的过程中，信息技术能够有效地提供相关的知识和信息。美国学者罗杰·菲德勒则认为创新还应当包括"熟悉"这一要素。[224]

创新扩散的传播过程可以用一条"S"形曲线来描述，包括了解阶段、兴趣阶段、评估阶段、试验阶段和采纳阶段。创新扩散过程由创新、传播渠道、时间和社会系统四个要素组成。传播渠道是重要的环节。创新扩散借助社会网络进行，人际交流在说服人们接受和使用创新方面则显得更为直接、有效。[225]

**2. 三螺旋理论**

克拉克的“五大要素论”与埃兹科维茨的“三螺旋理论”属于国际创业型大学建设的两大主流理论。“外扳内驱论”强调政府主导方式的转换与二级学院自主创新的激活，根据内外因辩证关系原理进行学理构设，同时在时空方位上体现了该理论的形象性与操作性，是基于创业型大学中国实践的适切性本土理论。遵循“外扳内驱论”推进中国特色创业型大学建设，需要在政府层面推进教育评价体制改革，在大学层面保证岗位领导相对稳定，在学院层面激发学术创新服务能力。[226]

创新创业是国家科教兴国战略的强大支撑，是“十四五”时期强化国家科技力量、完善创新创业体制机制、激发人才创新活力、促进国际科技开放合作的重要布局。基于三螺旋理论，构建双层三螺旋模型对高校双创教育从“政府、高校、企业”三个维度进行分析，并从中剥离出政府在其发展中的作用。在双层三螺旋机制中政府主要有宏观引领、资源配置、指导监控、环境营造的作用，政府应从自身职能和与高校、企业联动的角度完善推动双创教育高质量发展的策略。[227]

以高校创新创业教育过程中教师与学生的共创过程为研究对象，运用三螺旋理论的自反性、非线性和集成性等机理进行了师生共创技能培养和意愿培育的路径分析，构建“供—需—连”式的以教学匹配知识、以竞赛提升技能、以研究（或成果）形成资源的“知识旋 + 技能旋 + 资源旋”三螺旋式师生共创体模型，对高校扩大师生共创项目的制度供给、提高创新创业项目成果转化率和实现课堂所学转化为现实成果等方面的实现路径进行了探索。[228]

**3. 创新驱动发展战略理论**

创新驱动的本质是劳动驱动，实施创新驱动发展战略必须从微观层面明确创新劳动发生发展的动力和过程机制。从劳动价值论的视角，使用思辨的方法，分析各种劳动与新型使用价值的关系，讨论科技劳动者进行创新的一般规律，分析经管劳动者的主要工作内容和过程，解析这两种创新劳动的动力来源和劳动者的个性特征。创新驱动是各种劳动共同作用的结果，科技创新劳动和经管创新劳动起关键的作用，实施创新驱动发展战略，必须遵循这两种创新劳动的规律，创造适宜的组织环境和市场环境，激发创新活力，并使这两种创新劳动协同融入广大人民的劳动中。[229]

中国创新驱动发展战略是中国共产党放眼世界、立足全局、面向未来做出的重大决策。这一决策具有坚实的理论与现实基础。从理论上看，资本积累式和人口红利式经济增长难以为继；来自科学技术和生产组织方式的不断创新才是未来经济持续增长的原动力。[230]

创新驱动发展战略从国家战略层面确立了创新在生产力发展中的核心引领作用和驱动力量。从生产力不断新质化的过程和结果来看，新质生产力的形成与发展本身就是在创新驱动作用下所实现的生产力能级跃升。在新科技革命和产业变革的蓬勃发展阶段，只有遵循科技创新主导生产力发展的客观规律，认清创新在新质生产力发展中的核心地位，发挥重大科技创新在发展新质生产力中的产业变革功能、动能升级功能、要素优化功能等重要功能。在创新引领新质生产力发展的实践中，推动新质生产力实现创新目标、创新方式与创新成果的实质性转换。坚持从实施重点产业创新发展的重大任务部署，推动科技、产业与生产力的循环迭代，壮大企业科技创新主体，建设高水平科技创新的新质人才队伍，多方面加快形成和发展新质生产力。[231]

创新驱动发展战略离不开创新型人才，创新型人才的培养要围绕创新素养进行。高校培育大学生创新素养是高校科研的主要任务，大学生是国家创新型人才的后备军，大学生创新素养的提升在创新驱动发展战略的背景下具有重要的战略意义和现实需求。在“五育并举”背景下，提升大学生整体创新素养，强化科技竞争，育时代新人，是作为高校教师应深入研究探讨的问题，更是时代使命。[232]

### 3.2.3 创新技法训练

创新技法是创新创业活动的重要制胜法宝。一个人不仅需要具备良好的创新意识、创新思维与创新精神，还需要掌握多元化的创新方法并能灵活恰当地运用，这样才能确保创新创业活动有所产出，获得优质的创新成果、创业方案。可见，掌握创新活动的方法与技巧，对于培养和提升大学生的创新创业素质与能力有着重要的作用。

**1. 创新技法的概念**

创新技法是人们在创新创业活动过程中，进行系列思维活动与实践活动所采用的具体方式方法或有效技巧，是利用和反映创新创业客观规律而总结形成的有利于达成创新性目标的途径、手段和方式的总和。简单地说，创新技法是创新创业活动的方法与技巧。创新技法其实就是关乎如何发现问题、提出问题、解决问题，怎样提出创新理念并予以验证，创新技法也是如何从各种问题、矛盾以及混沌的思维中，正确地找到引向创新性目标成果的有效方法和途径。

**2. 创新技法的作用**

我国民间有“授人以鱼，不如授人以渔”的谚语，体现了创新技法的作用。笛卡尔认为：“最有用的知识是关于方法的知识。”从理论上讲，创新技法是创新创业活动方法论研究的重要内容，是创造学理论的核心组成部分。黑格尔说：“方法是任何事物所不能抗拒的、最高的、无限的力量。”从实践上看，创新技法是创新思维与创新能力教育的途径、手段和方式，成为创新创业教育的重要内容。贝尔纳曾言：“良好的方法能使我们更好地发挥运用天赋的能力，而笨拙的方法则可能阻碍才能的发挥。”[233]创新技法的应用，既可促进创新创业成果的产出，同时也可启发人们的创新思维，创新技法提高人们的创新能力及其创新创业成果的实现率与品质。

### 3.2.4　创新力提升训练

简要介绍几种有普遍代表性的、适用性较强的常见创新技法，如设问检查法、列举分析法、类比法、信息交合法、组合型技法、头脑风暴法、TRIZ 创新发明法等。

**1. 设问检查法**

爱因斯坦有言，“提出一个问题比解决一个问题更重要。”实践证明，发现问题并提出问题，就相当于成功了一半。设问检查法就是指导人们在创新创业活动中以提问的方式从多个不同角度提出假设性解题方案，并通过实践验证以寻求最优解的技法。其实质就是列举一系列关于提问的清单如“如果”“是否”“还能不能”等指引，并针对问题的特性逐项对照核查，以启发想象、开阔思维、拓展空间，引领人们较快进入多维度设想，寻求解决问题的途径。以下介绍三种典型的设问检查技法：

（1）6W2H 法。5W1H 法，亦称六问分析法，由美国陆军部队首创。该法重在引导人们立足何时（When）、何地（Where）、何人（Who）、何事（What）、何因（Why）、何法（How）6 个方面，对创新对象进行针对性提问，构成设想方案，并设法不断改进、满足相关条件，以获得最优创新方案。[234]

我国著名教育家陶行知先生对5W1H法进行了改进，发展为6W2H法，即增加了多少（How Much）、选哪个（Which）两个维度，其示意图如图3.1所示。下面以“创新”话题为例，该法具体表现为：

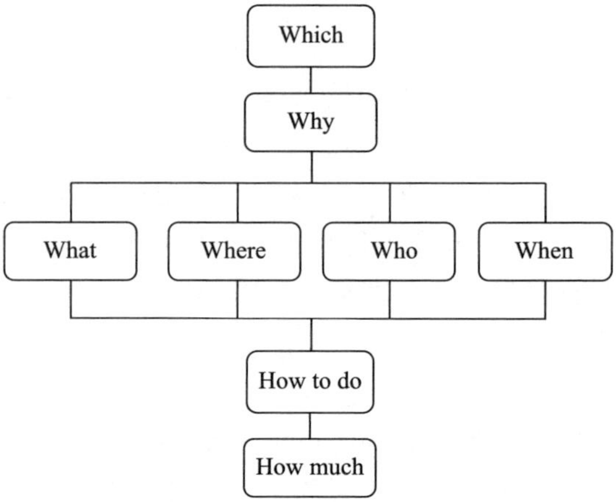


**图3.1　6W2H分析法示意图**

Why：为何需要创新？为何是这种现状？为何会如此发生？为何会受到束缚？为何要有这样的举措？What：创新的对象是什么？创新的目的是什么？创新的条件有哪些？创新的重点难点是什么？创新的要素是什么？Where：何地着手？何地有资源？何处改进？何地适宜？何处最经济？何部门采用？Who：何人承担创新任务？团队成员如何组建？面向何人？谁赞成？谁反对？谁被忽略了？When：何时完成？何时实施？研究的期限是多久？研究的顺序是什么？何时最适宜？何时效果最好？How：怎样实施？怎样改进？怎样能最快？怎样能效果最好？怎样能最方便？怎样避免失败？怎样能更受喜爱？How Much：达到怎样的水平？有什么功能？效果利弊如何？安全性如何？成本多盈利如何？Which：选择哪个方案？可否融合？哪个适宜市场初期？投放哪个市场合适？哪个团队执行？

（2）奥斯本检核表法。亚历克斯·奥斯本（1941）提出的一种创新技法。该法的核心是改进，通过改进来促成创新；列表对照核查简单易行，常适用于产品的研制与创新开发，有“创新技法之母”之美誉。[235]奥斯本检核表法原有75个问题，可以归为6大类9个方面的问题进行系统思考，以便启发思路、开拓思维想象空间，促使人们产生新设想、新方案，具体归纳见表3.1。

表 3.1　　奥斯本检核表法简介

| 检核项目 | | 含义 |
| --- | --- | --- |
| 一、由现状到目的 | 1. 能否他用 | 现有的事物有无其他的用途？稍加改变有无其他用途？保持不变能否扩大用途 |
| 二、由目的到现状 | 2. 能否替代 | 现有事物能否用其他元件、材料、力、结构、符号、方法、设备、声音等代替 |
| 三、质量的变化 | 3. 能否改变 | 现有事物能否做些改变？如声音、音响、颜色、花色、式样、味道。能否改变意义、制造方法、品种？改变后效果如何 |
| 四、数量的变化 | 4. 能否扩大 | 能否扩大适用范围？能否扩大现有事物的数量？能否添加零部件？能否增加使用功能？能否延长它的使用寿命 |
| | 5. 能否缩小 | 现有事物能否长度变短、体积变小、厚度变薄、重量变轻以及省略或拆分某些部分（简单化）？能否方便化、省力化、短路化、浓缩化 |
| 五、组合排列 | 6. 能否调整 | 内部元件能否交换？现有事物能否变换排列位置、顺序、计划、时间、速度、型号 |
| | 7. 能否颠倒 | 现有的事物能否从上下、左右、前后、里外、主次、横竖、因果、正负等相反的角度颠倒过来使用 |
| | 8. 能否组合 | 能否进行材料组合、原理组合、目的组合、形状组合、功能组合、部件组合 |
| 六、借助其他模型 | 9. 能否借用 | 能否模仿别的东西？能否引入其他的创新性设想？能否从其他产品、方案、领域中引入新的元素、材料、造型、工艺、原理、思路 |

通过表单逐一提问，边检核边思考，尽可能围绕问题发散性想象与拓展思维，突破旧有框架，大胆切换重组，这样就容易快速产生较多的创新设想。

（3）和田十二法。也称和田创新法则、聪明十二法、思路提示法、动词提示检核表法，是我国创新学者许立言、张福奎在奥斯本检核表的基础上提出的思维技法。[236] 以电视机设计生产为例，介绍和田十二法的检核条目应用，见表 3.2。

表 3.2　　电视机设计生产的检核应用

| 序号 | 方法 | 含义 | 以电视机为例 |
| --- | --- | --- | --- |
| 1 | 加一加 | 加高、加厚、加多、组合 | 加一个机顶盒，成为数字电视 |

续表

| 序号 | 方法 | 含义 | 以电视机为例 |
|---|---|---|---|
| 2 | 减一减 | 减轻、减少、省略等 | 减去底座，悬挂起来，成为教室教学电视 |
| 3 | 扩一扩 | 放大、扩大、提高功效等 | 屏幕扩大，成为大屏幕彩电（或增加屏幕成为多画面电视） |
| 4 | 缩一缩 | 压缩、缩小，使之微型化 | 体积变小，成为微型掌上电视 |
| 5 | 变一变 | 改变形状、颜色。气味、音响、次序等 | 改变放置方式，成为壁挂式彩电 |
| 6 | 改一改 | 改缺点、改不便等不足之处 | 改变屏幕形状，专为儿童设计卡通电视 |
| 7 | 联一联 | 把原因和结果联系起来 | 电视与音响、麦克风、网络设备等组合成为卡拉 OK 唱吧 |
| 8 | 学一学 | 模仿形状、结构、方法，学习先进 | 与网络结合成为网络电视（与新技术合作）、手机电视 |
| 9 | 代一代 | 用别的材料代替，用别的方法代替 | 投影电视、家庭影院 |
| 10 | 搬一搬 | 移作他用 | 连接手柄游戏机，用于智能电视游戏 |
| 11 | 反一反 | 能否颠倒一下 | 平面电视改为曲面电视 |
| 12 | 定一定 | 定个界限、标准，能提高工作效率 | 网络电视定时更新，定时录制节目 |

设问检查法就是指引人们对目标事物进行系统的分析，多问几个为什么。“学起于思，思源于疑。”不论是创新还是创业，其关键是能够提出问题。从上面的设问技法可见，它有两个明显共性特征：一是以提问的方式去发现问题的症结与原因所在，进而寻找创新的途径；二是从不同角度，多方面进行设问、检核以及思维拓展转换，有助于突破思维定式。

**2. 列举分析法**

列举分析法是运用分解和分析的方法，由美国内布拉斯加大学罗伯特克劳福德教授所创。全面列举研究对象的特点、缺点、希望点等特性，并就其本质加以逻辑分析，运用发展性思维来克服思维定式、启发创新设想、找到创新主题、提出改进方向的一种创新技法。

运用列举分析法的关键在于，对特定对象的本质内容列举得越全面越好，列举分析法尽量要避免因思考不周全而错失良好创新主题与方向的现象。列举分析法因其分析问题要求全面、精细，该法比较适用于小的、简单的问题，常用于简单设想的形成与创新目标的确定。需要注意的是，该方法一般不直接作用于问题的解决，它往往助力推导多元有益的思路，进一步的实施还需要借助其他技法与手段来进行。[237]列举分析法因事物特定对象的不同而有多种，按所列举对象的不同，可以分为特性列举法、缺点列举法、希望点列举法等。

（1）特性列举法。特性列举法，也称属性列举法，是列举分析法的基础方法。其解决问题的主要思路是逐一罗列研究对象的特征，进行关联想象，并提出解决方案。特性列举法具体分为两个步骤：第一步：选择目标较明确、宜小不宜大的创新课题，特性列举法按其特征，从逻辑上分为三大类：名词特性、形容词特性和动词特性，并把相关特性详尽描述出来。第二步：立足各自特性，进行发散性提问或自问，然后启发广泛联想，产生各种设想，再进行收敛性评价分析，最后综合优选出经济效益高、美观实用的方案。[238]

（2）缺点列举法。通过发散思维，挖掘并逐一罗列研究对象的缺点，通过分析找出其主要问题，并以此提出克服缺点的课题或方案。缺点列举法的核心在于敢于质疑，所谓金无足赤人无完人，每一个缺点都有突破、完善的可能，找准了问题所在就找到了创新发展的方向。运用缺点列举法，一般采用发散思维方法，围绕明确的对象或研究课题，通过会议、用户调查、同类事物对照比较等渠道开展广泛前期调研，征集有关缺点的意见。凡是缺点均可详尽列出，越全面越好。只有这样，才能全面认知事物现状，继而系统性地整理归类缺点，并按轻重缓急排序，有针对性地分析其形成原因，从中分析亟待解决、最具价值或意义的症结，作为创新发展的主题与方向，予以深入破题攻关，有的放矢地探索研究解决方案。[239]缺点逆用法立足缺点的有用性、启发性，在列举事物缺点的基础上，巧妙地利用其缺点及原因，顺势而为，创造出另一种新技术、新状态的技法。

（3）希望点列举法。立足人们的使用习惯与体验感知，从需要和愿望出发多角度提出创新构想，称为希望点列举法。希望点列举法就是源自“如果能这样该多好”的期待。[240]希望点列举法比较符合人们追求美好新事物的逻辑，有三个步骤：首先，可以通过会议、书面搜集调查、访谈、联想等渠道，就事物的结构、功能、制造方法、材料、造型、颜色等方面，全面激发和收集人们的希望。其次，仔细梳理、研究人们的希望，详加讨论与研究，形成希望点，即创新性强、实用性高、科学可行、高价值的创新设想。最后，以希望点为目标，不断完善、形成方案、进入实施，创造新产品满足人们需要。希望点列举法是享受创新的一种方法。往往需要多方假设、大胆想象，是一种积极主动的创新技法。

### 3. 头脑风暴法

头脑风暴法（Brain Storming）是奥斯本于 1938 年首次提出、1953 年正式发表的，头脑风暴法又称智力激励法、自由思考法、畅谈会法，深受世界各国欢迎、付诸实践的激励创新思维的方法。头脑风暴法之所以能够在有限时间内产生很多优质创意，奥斯本是这样认为的：联合的力量可以成为复数。创意分享也会刺激、带动、启发他人的想象力，正所谓思想的碰撞。弗列特夏普指出："如果确实融入意见发表会中，个人灵感可在别人卓越的创意上点火，引发更多创意的火花。"这种群体效应有人称之为连锁反应。[241] 要想发挥头脑风暴会议的最佳效应，参会者必须遵循自由畅谈、延迟评价、以量求质、综合改善四项基本原则。头脑风暴会议的可行性和有效性是通过一定的讨论程序和规则来保证的。头脑风暴会议组织过程如图 3.2 所示。

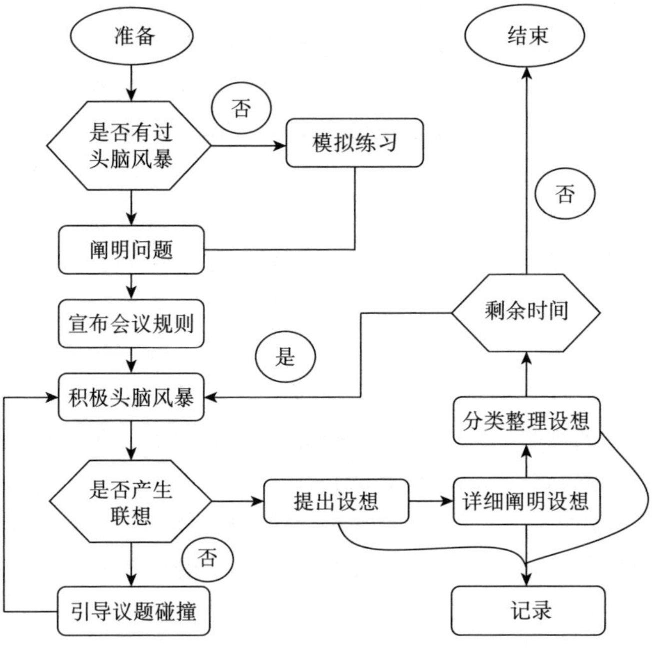


图 3.2　头脑风暴会议示意图

### 4. 类比法

事物之间普遍存在着联系。类比法，就是不同事物、对象之间因存在着某些方面的相似或相同属性，通过比较可以推断它们在其他方面也可能有相似或相同属性，以此启发思路获得创新线索，正所谓触类旁通。例如，将 A 事物与 B 事物进行比较，A 事物有 a1、a2、a3、a4 等特性，而 B 事物有 b1、 b2、b3 等特性，其中 a1 和 b1 是相类似的特性。那么，B 事物应该也有 b4 特性，且 b4 与 a4 也相类似。（注：这个类比推理结论在实际上是否成立需通过实验验证。）类比法是有客观依据的，不是主观想象的产物。类比是以比较为基础，其客观根据是对象之间的同一性，类比法是建立在类比推理基础上，同中求异或异中求同式的创新技法。[242]

**5. TRIZ 创新发明法**

TRIZ 是由苏联根里奇阿奇舒勒及其研究团队在 250 万个专利发明的追踪研究中所提炼而出的，关于发现问题、解决问题的一整套创新发明理论，方法和工具，其核心在于引导人们遵循创新发明的客观规律与模式，不断追求各种技术难题或矛盾的完全解决。获得理想状态的最优解，即以尽可能少的投入实现最大化的功能效益。[243]

（1）TRIZ 的理论体系。TRIZ 的理论体系以系统科学，思维科学为支柱，以认识论、辩证法、系统论为哲学指导，以技术进化理论为核心思想，以产品的技术系统或工艺的流程、其进化过程中所发生的矛盾、解决矛盾所涉及的资源、技术进化的目标理想解为四大基本概念，并囊括各种技术冲突、难题的解决方法、分析工具以及算法流程，如图 3. 3 所示。

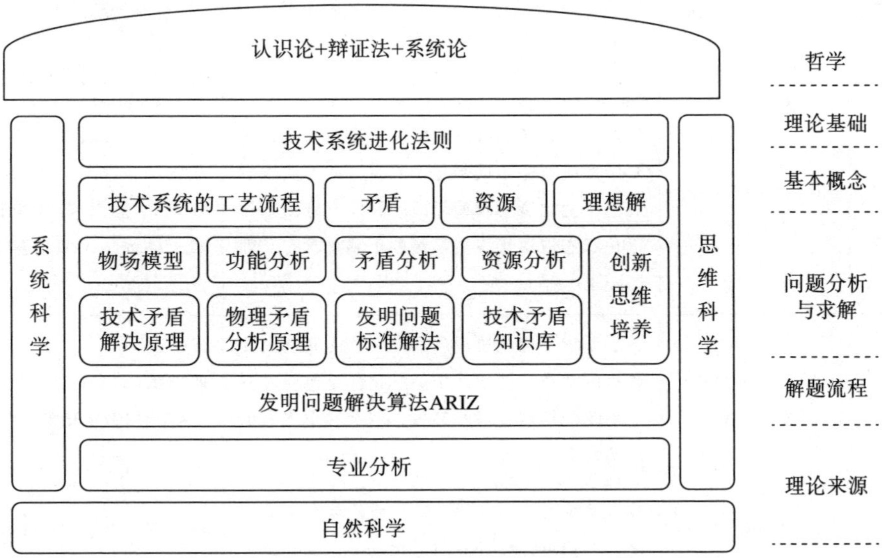


**图 3. 3　TRIZ 的理论体系**

（2）TRIZ 理论八大技术进化法则，见表 3. 3。

表 3.3 TRIZ 理论八大技术进化法则一览表

| 序号 | 技术系统进化法则 | 内容 | 案例 |
| --- | --- | --- | --- |
| 1 | S 曲线进化法则 | 产品从诞生到退出市场，因其技术状态变化，经历婴儿期、成长期、成熟期、退出期四个阶段，如处于婴儿期、成长期的产品一般表现为技术原理实现、性能优化、商业化开发等状态，而处于成熟期、退出期的产品，技术趋于成熟、盈利逐步达到最高并开始下降，市场上涌现新的替代产品。这就是产品生命周期，随着技术更新迭代，形成了该类产品的进化曲线族。人们也可以通过对产品的当前相关参数变化状态，分析确定该产品处于生命周期的什么阶段，有针对性地制定产品开发规划与策略 | 一体化刚性键盘—折叠式键盘—柔性键盘—液晶键盘—激光键盘的演变发展 |
| 2 | 提高理想度法则 | 任何技术在其生命周期之中必然有着积极功能和消极功能的存在，系统进化就是要朝着最理想化的功能发展，最理想的技术目标应是以尽可能少的投入、消耗，实现无穷大的功能效益，即“结构消失，功能俱全” | Nike 公司在普通眼镜两侧增加菲涅尔透镜，发明了超广角运动眼镜，使人们在骑车运动时左右视角分别拓展了 25 度，有利于及时发现潜在危险、提高安全系数 |
| 3 | 子系统的不均衡进化法则 | 任何技术系统内部均包含若干个子系统，每个子系统都是不同步地沿着自身的 S 曲线发展的，会出现不均衡矛盾。技术系统的整体进化状态取决于发展最慢的子系统状态，即“木桶短板”效应 | 当年飞机设计中过于专注发动机系统，忽视空气动力学系统影响因素，导致技术系统整体进化缓慢 |
| 4 | 子系统协调性进化法则 | 各子系统在保持协调的前提下才能充分发挥各自的功能。技术系统的进化就是要促进各子系统的结构、性能参数、节奏频率之间更协调发展 | 网球拍的横线与竖线的搭配与磅数需协调 |
| 5 | 动态性和可控性进化法则 | 技术系统可以沿着可移动、质地或结构柔性化、增加可控性等方向进化发展，以提高灵活、适应、可控性能 | 移动手机、无线网络、声控开关等发明 |
| 6 | 增加集成度再简化法则 | 通过整合或融合资源，优化结构，实现系统功能的最大化 | 苹果手表 |

续表

| 序号 | 技术系统进化法则 | 内容 | 案例 |
|---|---|---|---|
| 7 | 向微观级和场的应用变革进化法则 | 遵循的发展路径，宏观向微观、低效向高效、提高场效率进行技术系统进化，在能量场转化中获得更优化的性能、控制体验 | 收音机—随身听—便携 CD 机—MP3—蓝牙耳机的演进 |
| 8 | 减少人工介入的进化法则 | 由人工操作向减少人工介入、实现自动化的路径进化 | 扫地机的发明 |

(3) TRIZ 理论 76 个标准解。TRIZ 对创新发明做出的理论贡献，就是构建了系统的物—场模型，其原理为所有的功能都可分解为物质和场的关系；针对具体的物—场模型特性分析，就有相对应的标准解决方法与方案。产品是功能的实现载体，用物—场模型可以分析产品的功能状态，获得标准解决方案。TRIZ 所设有的标准解有 76 个，分为 5 类，每类解法的先后顺序都反映了技术系统进化过程和方向，具体分类如图 3. 4 所示。

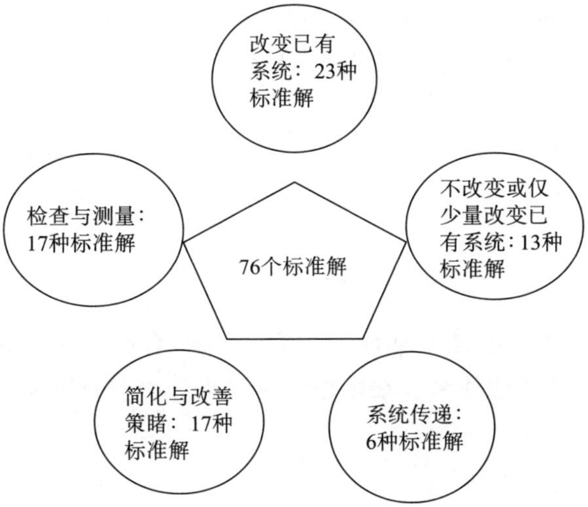


**图 3. 4　TRIZ 理论 76 个标准解归类**

(4) TRIZ 应用的一般过程。TRIZ 应用的一般过程一般划分为四个步骤，如图 3. 5 所示。一是分析，从功能、理想解、可用资源、冲突区域等多元角度对问题进行综合分析，是明确、解决核心关键问题的重要阶段。二是原理，即按标准参数确定冲突，并选用相关技术的、物理的原理获得冲突解。三是预测，确定技术系统进化模式，并引导技术系统、子系统及部件的设计向高一级的方向进化发展。四是评价，把所求出的解与理想解进行比较，考量其对技术需求的满足程度以及技术创新水平。

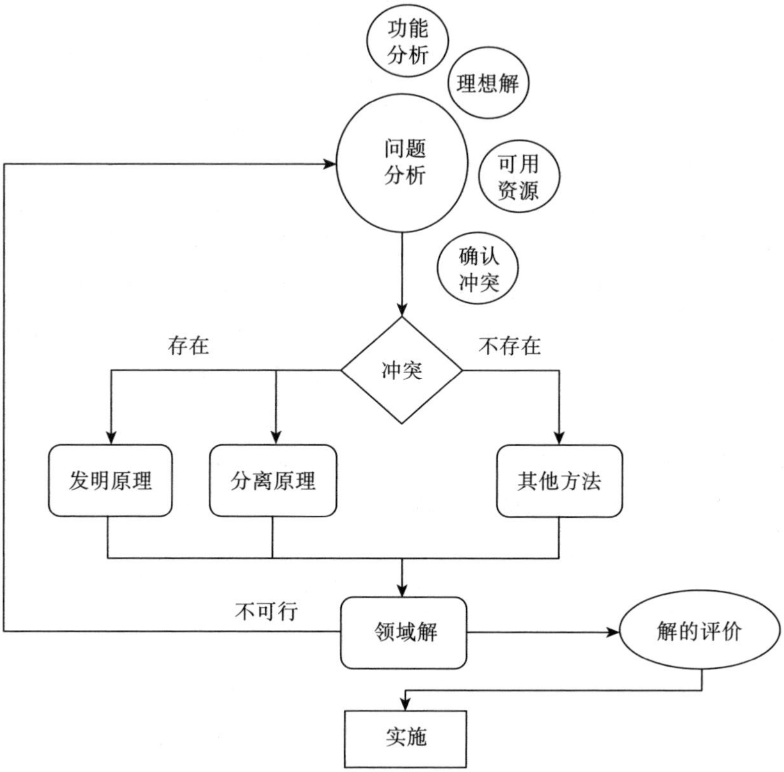


**图 3.5　TRIZ 解决问题过程**

TRIZ 理论及方法已经发展成为一套集实践检验、成功解决新产品开发问题的成熟的创新技法体系，在全球创新创业活动中的作用是显著的。

# 3.3　创业基础理论

通过创业基础理论学习研究，激发创造学生潜能，重申创业教育理念，让创新创业教育能够更好落地；同时课程围绕大学生创业所需的基础知识和方法，强调知识、理论和能力三位一体的创业系统建构；坚持责任理性与可持续性的准则，在实现他们人生发展中，为国家为社会创造更多更大的价值。

### 3.3.1　创业和创业意义

创业学认为，“创业”就是创立基业或者创办自己的事业，不同的人们从不同角度给出了创业其他的一些方面的定义。

**1. 创业的定义**

史蒂文森（H. H. Stevenson）和杰瑞罗（J. C. JarIllo）定义：创业为个人不考虑当前控制的资源而追求机会的过程。杰夫里・蒂蒙斯（Jeffry A. Timmons）在《创业创造》（New Venture Creation）著作中定义：创业是一种思考、推理结合运气的行为方式，它为运气带来的机会所驱动，需要在方法上全盘考虑并拥有和谐的领导能力。科尔（Cole）提出，创业是发起、维持和发展以利润为导向的企业有目的性的行为。[244]对创业概念，可以从4个方面理解：①创业是创造出某种有价值的新事物；②创业必须付出极大的努力；创业者要获得创业成功；③创业是能带来回报的；④创业要承担必然的风险。众所周知，风险与回报呈正相关关系。

**2. 创业的时代意义**

“大众创业，万众创新。”“双创”有利于进一步调动广大人民群众创造活力，有利于实现创新驱动发展战略，提升我国综合国力。[245]

（1）创业能够增加社会财富促进经济发展和社会繁荣。新创办的公司数量之多，为社会创造大量的财富，增加国家的税收，为社会的繁荣和经济发展做出重要的贡献。同时，这些新公司的创立，加速产业结构的调整，社会资源得到了优化配置，改变传统的产业格局，市场体系不断完善，市场竞争力得以持续保持。

（2）创业推动社会进步激发社会的创新意识。创新是社会发展的动力，创业是激发创新的关键因素，创业者将自己的思想、技术、观念投入到创业中来，不仅有助于思想的传播、技术的进步，更有助于社会的发展。每个时代都需要一批敢为人先的人来开创这个时代的先河。

（3）创业提供就业岗位缓解大学生就业压力。根据教育部发布的数据，2019年全国高校毕业生的就业率为88.6%，2020年由于疫情影响，就业形势相对较为严峻，但仍然保持在了87.5%，全国普通高等院校毕业生创业率为3%左右。从创业大学生创业动机来看，就业压力是创业的一个重要因素。特别是当今我国正处在经济转型期，面临产业升级，供给侧改革的调整，大量的劳动密集型产业向科技型转变，以往需要大量就业人员的企业正走向没落，大学生就业压力较大。因此，大学生创业解决了自身就业问题带动了就业。清华大学中国创业研究中心的调查数据显示，创业者数量每增加 1 个，则当年平均能够带动 2.77 个就业岗位，而未来 5 年平均能够带动 5.99 个就业岗位。从大学生创业者的反馈来看，普遍反映大学毕业后 1～3 年是创业的最佳时期。

（4）创业实现自我价值掌控自己的人生。对于一些人来说，创业摆脱原有的种种羁绊，充分发挥自身才华，发挥最大潜能，为社会和国家作出贡献，使得创业者个人能够从中收获巨大的成就感。同时，创业者为社会提供了产品和服务，在创业过程中，接受挑战、战胜困难、承担风险的乐趣，是一个令人激动兴奋的过程。

### 3.3.2 创业教育与创造性思维

创业教育能够激发潜在创业动机，优化创业动机结构。因此，需要大力探索创业动机教育体系，建立系统性的创业动机管理保障措施。[246]

**1. 创造性思维**

培养和挖掘创造性思维是一件至关重要的事情，它将推动创新的进程，并推动创新得以实现，从而最终推动企业兴旺发达，得到长久的发展。众所周知，思维具有间接性、概括性、广阔性、创造性等基本特征，分为常规性思维和创造性思维。

从创新创业教育来说，创业者思维方法、形式、过程的创新性是创造性思维的意义、价值之所在。创造即突破、超越。创造性思维实质上是一个对限制进行超越的问题。它意味着对既存的物质文明与精神文明成果的超越。创新能力要用到的创造性思维、批判性思维都属于高阶思维。近年来，随着移动互联网、虚拟现实技术等新技术“井喷式”的发展，新一轮信息技术革命进一步带动教育创新的改变，尤其在当前关注核心素养的背景下，培养学习者的高阶思维素养是未来教育的方向。[247]

**2. 创造性思维贯穿整个创新过程**

（1）创造性思维是创新的源泉。企业的创造性思维、创新、生存与发展条件三者之间的关系如图 3.6 所示。

图 3.6 企业的创造性思维、创新、生存与发展条件三者之间的关系

创新成果的产生需要有广阔的思维，能够打破传统从创造性思维创新生存与发展视角去思考问题。特别是在创新管理中，要想有所创新、有所突破，就必须运用创造性思维去思考问题，这样才能冲破旧思维方式的影响。如果没有创造性的思维方式，就不可能获得有价值的新思路。

（2）创造性思维是创新管理的思维方法。企业家对创造性过程进行具有创造性的管理，最为关键、最具统驭作用的能力就是创新能力，也就是运用创造性思维的能力。只有重视创造性思维的训练，各项创造性活动才可能获得成功。[248]

### 3.3.3　创业过程及模型

创业过程是创业者在创建自己的企业时通常要经历的基本步骤。对创业模型的研究是创业理论研究的重点，主要有蒂蒙斯模型、加纳模型、威克姆模型、克里斯蒂安模型和萨尔曼模型。

**1. 蒂蒙斯创业过程模型**

蒂蒙斯创业过程模型是一种商业模型。创始人或工作团队必须在推进业务的过程中，在模糊和不确定的动态的创业环境中要具有创造性地捕捉商机、整合资源和构建战略、解决问题的能力，要勤奋工作、富于牺牲。[249] 如图 3.7 所示。

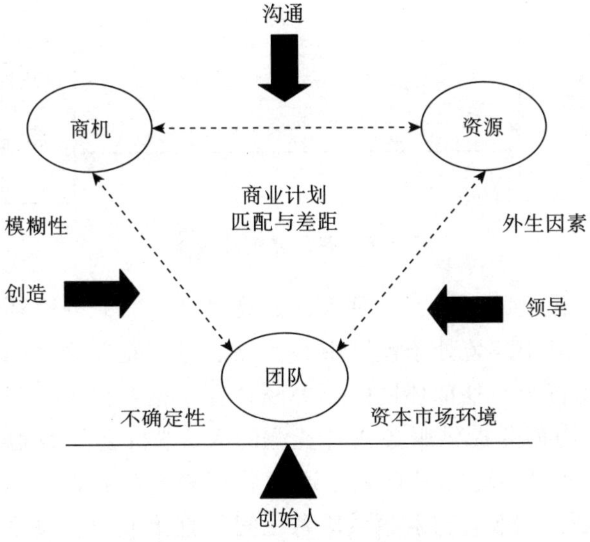


**图 3.7　蒂蒙斯创业过程模型**

蒂蒙斯创业过程模型的含义：创业者在创业过程中，资源与商机间经历着一个“适应→差距→适应”的动态过程。创业过程是要素匹配和平衡的结果，商业机会、创业者和资源三个要素配置和平衡过程。

基于蒂蒙斯模型的高校创业实验设计，基本任务是商业逻辑验证，底层逻辑是蒂蒙斯模型。[250]

借助蒂蒙斯模型开展新文科创新创业研究，高校可通过校企合作搭建创业交流、学习和实践的平台，开展创新创业相关课程、培训和活动，进行创业实践，多方面努力提升创新创业成功率。[251]

**2. 萨尔曼创业模型**

萨尔曼认为，创业者必须把握人、机会、外部环境和其自身的交易行为四个关键要素，[252] 如图 3.8 所示。

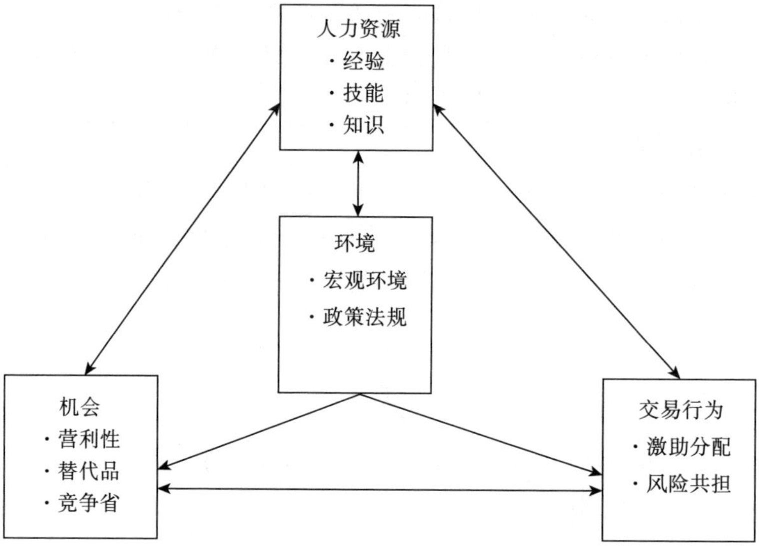


**图 3.8　萨尔曼创业模型**

萨尔曼创业模型的要素：一是人；二是机会；三是外部环境；四是创业者的交易行为，其中环境处于模型中心。核心思想是要素之间的适应性，即人、机会、交易行为与外部环境能否协调整合、相互促进。萨尔曼创业模型中，“人”是指为创业提供服务或者资源的人，“机会”是指任何需要投入资源的活动，“外部环境”是指无法通过管理来直接控制的因素，“创业者的交易行为”是指创业者与资源供应者之间的直接或间接关系。根据萨尔曼创业模型，可以很清晰地识别出成功创业的特点。

### 3. 盖特纳创业模型

盖特纳认为创业就是新组织的创建过程，如图 3.9 所示。

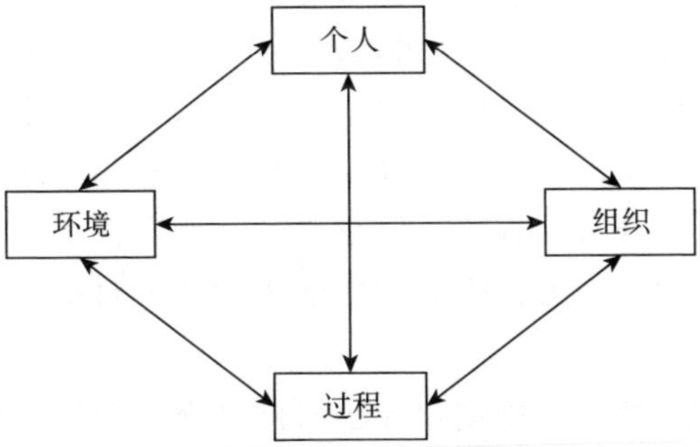


图 3.9　盖特纳创业模型

盖特纳创业模型中，新企业创业主要有创业者、组织、环境和过程四个维度。

创业者是创立新企业的个人，组织是所创建的新企业的类型，环境是新企业所面临的外部环境，过程是新企业创立的过程。Gartner 模型认为只有充分研究创业者、组织、环境和过程这四个变量，才能够充分诠释新企业创建的全面性和复杂性。盖特纳模型为新创企业提供了可供参考的一个动态发展模型。[253]

### 4. 大模型创业

作为人工智能技术前沿，大模型具有涌现性、可编辑性与生成性，在创新创业活动中扮演着广泛且重要的角色。大模型对创业过程的系统性冲击，据此提出了大模型创业范式新概念。大模型创业是指创业者与大模型协同完成机会利用与开发的过程。在大模型的支持下，海量创业新机会将快速涌现，不依赖于创业者的发现或创造。系统资源将依据实时需要高效编辑，进而取代即兴化资源拼凑活动。人机协同混合创业者将取代单一人类创业者，创业认知与行动能力将获得全方位增强。与传统创业范式相比，大模型创业范式更具迅捷性、数智性、低成本性与易迁移性，从根本上改变价值创造进程，将极大推动大模型经济新时代的到来。[254]

### 5. 三螺旋理论应用创新创业教育

自创新创业教育全面开展以来，越来越多的大学生投身创新创业实践，但也面临社会连接程度弱、融资难、经验少、服务不到位、全方位和立体化协同共享生态尚未形成等困境。围绕高等教育“立德树人”根本任务，梳理构建多层三螺旋结构并论证其运行机理，优化人才培养方案、完善课程体系、建设师资队伍、拓展实践平台等实践路径，为高校的创新创业教育实践提供指导。[255]

根据三螺旋理论构建“政府—院校—产业”人才培养三螺旋体系，推动三方协作育人，创新人才培养实践。在该体系中，政府发挥主导作用，提供政策、资金支持，负责统筹协调；高校发挥主体作用，联合科研机构，搭建人才培养平台，制定课程，促进人才培养；产业发挥支撑作用，提供实践平台和人才培养驱动力，三方协作有效实现人才培养目标，促进区域产业经济发展。[256]

在经济转型的形势下，推进校政企协同创新，促进专业教育与创新创业教育深度融合，培养创新型人才是国家经济发展的重要举措。基于“三螺旋”理论应用，深入研究高校专业教育与创新创业教育融合的现状，结合高校创业型人才培养的特点，提出专创融合策略，重视教育理念融合、重构专业课程体系、形成以多元导师制为引领的师资融合、政校企三方通力合作形成协同育人机制，以实现培养高素质创新型人才的目的。[257]

### 3.3.4 提升创业能力

创业能力包括知识、技术、进取心、驾驭组织的能力、对市场机会的敏感度、决策力与胆识、忍耐力、领导力、从业经验、商业伦理及职业道德等方面。

**1. 创业能力的内涵**

美国管理学家 Richard Bovatzis（1982）提出的能力理论认为，能力蕴含于具体行为，并能够经由行为得到观测。21 世纪是以创造、创新、创业为特征的新时期。创业能力直接影响创业实践活动效率，促使创业活动顺利进行，能够创立和发展一项或多项事业的主体条件。创业能力包括个体性、创新性、综合性和实践性的特点。

在数字经济占主导地位的数智时代，高校新文科创新创业教育与实践，大学生要具备创业能力。数字时代高校新文科创新创业教育是高等教育发展史上的一种新的教育理念，预示着未来中国教育必将发生深刻变革，是以学生学习为中心，以人为本，培养新时代创业者，构建和谐社会的需要。[258]

**2. 数智时代人才的能力结构与层级**

数智时代，创新实践能力是保证人类不被智能机器淘汰的核心能力。尽管人工智能已经表现出不俗的创造力，但主要还是基于模仿、类比和重组创新，还不具备类似于人的灵感和想象力等高级创新思维能力。今后无论人工智能如何发展，其思维方式也不可能与人类完全相同，因此，人类一定要保持自己思维与创造的独特性，与智能机器人形成优势互补。数智时代人才的能力结构与层级，如图 3.10 所示，这种排序的依据是，越底层的能力越基础和必需，而越上层的能力则越专业和稀缺。因此，在数智时代，人们需要首先具备基础能力，然后逐步提升自己的专业能力。

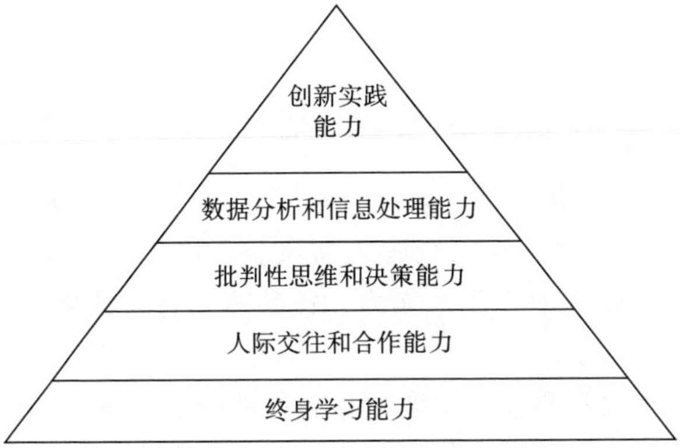


**图 3.10　数智时代人才关键能力层级图**

创业活动能否顺利进行取决于创业能力的大小和强弱。创业能力是个体拥有的一种智力资本，创业者拥有的关键技能和隐性知识。在创业教育兴起并广泛开展的形势下，创业者所拥有的创业能力高低直接影响创业实践的活动效率。

**3. 采用“创新能力培养递进模型”提升创业能力**

东北大学突破性地提出了创新能力培养递进模型，它由创造意识与动机、科学素养、领域技能、实践能力四个要素组成，创新意识与动机是前提，科学素养是基础，领域技能是保障，实践能力是关键，如图 3.11 所示。形成具有“普惠性、递进式、全过程”创新创业教育体系，从通识教育、专业教育等多角度启发与训练学生的创新思维与能力。

**4. 创新型人才培养**

为解决目前大学生培养过程中普遍存在的“重理论、轻实践，重教研、轻应用”等问题，探索科教产融合背景下高素质应用创新型人才培养的工作机制势在必行。通过完善“五性”课程体系，创新“做中学”教学模式，建立校内外结合的应用型实践教学体系；通过规范联合培养示范基地建设，

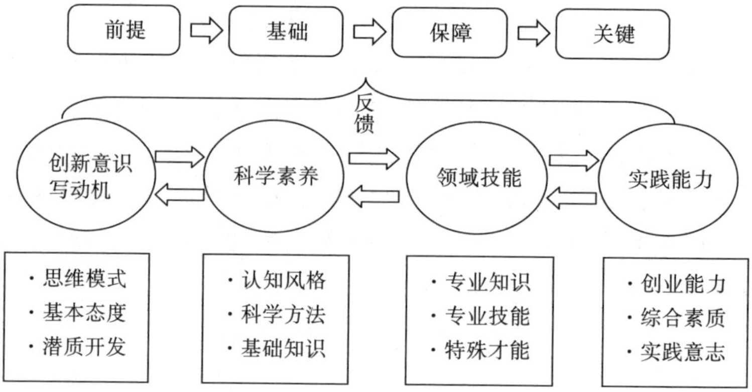


**图 3.11 创新能力培养递进模型**

实施“三导师制”，强化应用创新能力培养过程，构建“科—教—产”联合培养模式；建立“党建+”三全育人新机制，培养学生较强的独立从事设计、生产管理和工程技术工作的能力，使其适应行业或职业实际工作需要，满足社会经济发展需求。[259]

创新创业在推动社会经济发展中具有举足轻重的地位，是国家重要发展战略的驱动器。作为大学生成长成才的培养者，高校要顺应新时代形势，革新传统人才培养模式，着力开展创新创业教育，打造“引梦”“筑梦”“圆梦”全链条创新创业育人模式，构建“全员”“全程”“全方位”的创新创业育人格局。[260]

数字经济时代的到来，为现代经济发展提供了新动能，同时催生出的新业态加快了产业结构调整和产业转型升级步伐，对高校人才培养也提出了新要求。结合数字经济时代高校加强复合型创新型人才培养的必要性，从了解市场人才需求、加快专业课程调整、促进产教深度融合、强化实践创新教育等方面入手，提出应对措施。[261]

在教育数字化转型背景下，ChatGPT 等生成式人工智能应用的出现，推动创新型人才培养变革成为可能，变与不变的辩证逻辑为整体把握和系统研判教育数字化转型下创新型人才培养提供了新视域。教育数字化转型下创新型人才培养之“变”表征为培养主体由一元独立主体转变为三元交互主体，培养目标由当下比较优势转变为未来竞争优势，培养范式由教师课堂独白转变为生态联盟培育。其“不变”在于坚守“人培养人”的培养主体传统，坚守“成己成人”的培养目标传统，坚守“言传身教”的培养范式传统。“变”与“不变”的辩证关系体现技术与教育发展的动态平衡、教育深层次的连续性，创新型人才培养亟须守正创新：基于人机共生，维护人的在场与第一主体性；面向未来竞争，培养全面、个性化发展的人；探索复合范式，关怀个体的生命成长与发展。[262]

面对数字化提速、社会化加速、智能化增速的互联网时代，只有不断创新，才能在激烈的市场竞争中始终处于领先地位。因此，培养大学生的创新创业精神和创新创业能力，是高等教育在发展过程中面临的时代课题。创新创业教育上升为国家战略，成为服务创新型国家建设、推进高校人才培养模式改革。[263]

跨学科教育作为一种打破传统学科界限的教学理念与实践，倡导从多元视角出发，整合不同学科领域的知识，以实现更全面、深入的学习与理解。在人工智能背景下，跨学科教育的重要性尤为凸显，它能够让学生在掌握基础理论的同时，灵活运用 AI 技术解决现实世界的复杂问题，从而培养其创新思维、批判性思考能力和实际操作技能。通过分析人工智能的角色与价值、跨学科教育的理念以及创新型人才的培养目标，以构建一套以问题为导向的跨学科课程体系、以项目为驱动的人工智能实践平台、多元评价机制、强化校企合作及提升教师跨学科教学能力等多方面的策略体系。[264]

### 3.3.5　新质生产力与拔尖创新人才

习近平总书记指出："新质生产力是创新起主导作用，摆脱传统经济增长方式、生产力发展路径，具有高科技、高效能、高质量特征，符合新发展理念的先进生产力质态，科技创新能够催生新产业、新模式、新动能，是发展新质生产力的核心要素。"深入学习领会习近平总书记重要讲话精神，我们要牢牢牵住科技创新这个"牛鼻子"，切实以科技创新推动产业创新，加快培育发展以科技创新为引领的新质生产力。[265]

创新是新质生产力的核心要素，人才是新质生产力的支点。推动新质生产力发展，必须加强创新型人才培养，以人力资本跃升为发展关键。高校是创新型人才培养的主渠道，新质生产力发展对高校创新型人才培养提出了新要求。高校的创新型人才培养面临着诸多困境，对新质生产力发展造成了一定制约。创新型人才培养是一个系统工程，推动新质生产力快速发展，完善创新型人才培养课程体系，创新教学方法，提升人才培养的效果和质量，创新体制机制，构建有利于人才培养的开放创新生态，新质生产力赋能培养创新型人才。[266]

作为数字经济时代的新型生产动力，新质生产力是经济、社会和生态效益协调发展的具体体现。新质生产力对拔尖创新人才的要求，更强调较强的知识学习能力、创新创造能力、统筹协调能力和数字素养。高校拔尖创新人才培养应该重视跨学科培养、个性课程、包容性环境及数字培训等关键要素。高校拔尖创新人才培养的路径，是构建产学研用一体化的培养模式。[267]

拔尖创新人才是人才资源中最关键、最稀缺的部分，对提升国家科技创新力和综合竞争力具有决定性作用。在国际竞争日益激烈的当下，构建高效的拔尖创新人才选拔与培养机制已成为全球教育改革的焦点。我国已将拔尖创新人才培养提升到国家重大战略部署高度。2023 年 5 月 29 日，习近平总书记主持中共中央政治局第五次集体学习时强调："加强拔尖创新人才自主培养，为解决我国关键核心技术攻关提供人才支撑"。[268]新质生产力赋能创新创业教育，培养拔尖创新人才。

当下，拔尖创新人才的培养已然成为高质量教育体系建设的关键内容。习近平总书记在党的二十大报告中指出："全面提高人才自主培养质量，着力造就拔尖创新人才，聚天下英才而用之"。在国与国科技竞争日益激烈的今天，拔尖创新人才培养事关国家重大战略，事关现代化强国建设和中华民族伟大复兴的重要任务。[269]

党的二十届三中全会强调，着眼拔尖创新人才培养，分类推进高校改革，建立科技发展、国家战略需求牵引的学科调整机制和人才培养模式。笔者认为，只有通过教育质量评价和人才选拔评价体制机制的深化改革，才能完成拔尖创新人才培育和选拔的历史重任与时代使命。优化评价机制，促进拔尖创新人才的培育，党的二十届三中全会进一步提出：构建支持全面创新体制机制，统筹推进教育科技人才体制机制一体改革，健全新型举国体制，提升国家创新体系整体效能。[270]

## 3.4 创新创业素养

创新创业素养是指个体在创新创业过程中表现出的知识、能力和态度等方面的综合素养。在实施科教兴国、人才强国战略的时代背景下，更加呼唤具备创新创业素养和能力的人才。创新素养是 21 世纪人才的核心素养，高校是培养创新型人才的主战场。

### 3.4.1　企业家精神的内涵

企业家的创业故事展现了企业家的精神品质，企业家身上拥有很多值得我们学习的优秀品质，这些品质就是企业家精神。企业家精神具有丰富的内涵，对于创业能否成功起着至关重要的作用。企业家精神表明了企业家这个特殊群体所具有的共同特征。[271] 如图 3.12 所示，企业家精神的基本内容包括 8 个方面。

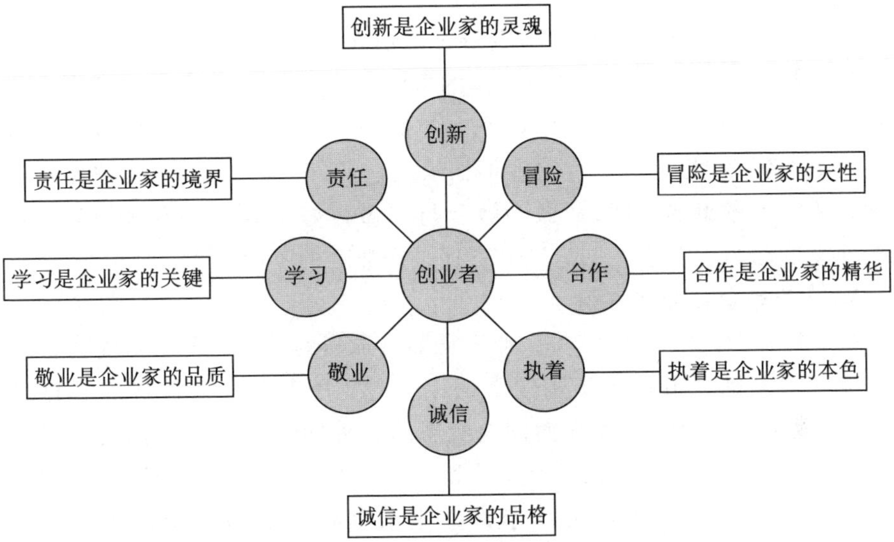


**图 3.12　企业家精神的内涵**

**1. 创新是企业家的灵魂**

创业过程的核心是不断发扬创新精神。创新实质是企业家精神，具有创新精神的企业家，善于突破常规、打破旧俗，运用已知的信息、有限的资源，创造性地解决问题与创造价值。创新是企业家的灵魂，企业家在创业过程中，从创新中寻找新的商业机会，实施创业过程，取得创业成果，在获得创新红利之后继续投入，促进新的创新创业，进而形成创新创业良性循环。

**2. 冒险是企业家的天性**

企业家具有冒险精神，华为任正非曾经讲道："雄赳赳气昂昂，跨过太平洋开拓海外市场。这是一种巨大冒险，失败了，就有可能船毁人亡，葬身鱼腹。"企业家的天性就有一种冒险精神，拥有强烈冒险家精神的任正非，并没有被风险和未知的困难和挑战所击倒，成就了今天的华为。

**3. 合作是企业家的智慧**

阿尔伯特·赫希曼所言：企业家在重大决策中实行的是集体行为，而非个人行为。尽管伟大的企业家从表面上看，好似在“一个人表演”，但实际上他们其实都是擅长合作的，而且这种合作精神需要扩展落实到企业的每个员工。企业家应努力成为“蜘蛛人”，要有非常强的“结网”的能力和意识。[272]合作是企业家的智慧，合作精神是企业成功的关键。

**4. 敬业是企业家的动力**

“爱岗”是“敬业”的基石，“敬业”是“爱岗”的升华。敬业的意思就是专心致力于学业或工作。马克斯·韦伯在《新教伦理与资本主义精神》中写道：“这种需要人们不停地工作的事业，成为他们生活中不可或缺的组成部分。”敬业精神是基于对一种职业的热爱而产生的一种全身心投入的精神。“知之者不如好之者，好之者不如乐之者。”敬业精神的核心是无私奉献意识，决定了做事的态度，“做不做”与“做得好不好”是有区别的。敬业是企业家的动力，对事业的忠诚和责任是企业家的不竭动力。

**5. 学习是企业家的关键**

荀子曰：“学不可以已”。企业家需要有强烈的求知欲与学习能力，学习是企业家的关键。山姆·沃尔顿常说：“向竞争对手学习，然后走自己的路”。企业家不仅要学习和掌握创业所需的各种知识与技能，还要善于从其他创业者的成功与失败中获得经验与教训。创业过程中发现竞争对手有先进的做法，即便是一个很小的细节，企业家也立刻变为己用，并努力做到更好。[273]

**6. 执着是企业家的本色**

执着是指在面对困难、挫折或阻碍时，坚定不移地追求自己的目标或信念，不轻易放弃。艰难困苦，玉汝于成，创业意味着更多的风险与波折。创业者一定要有一种坚韧不拔、宠辱不惊的定力与百折不挠的意志力。执着是企业家的本色，成功的创业者有能力从失败的经验中吸取教训，并且避免类似问题发生，创业者要经过“尝试—错误”的不断循环过程。正所谓“锲而舍之，朽木不折；锲而不舍，金石可镂”。

**7. 诚信是企业家的品格**

诚信之诚即真诚、诚实，信即守承诺、讲信用。基本含义是守诺、践约、无欺。习近平总书记指出：“法治意识、契约精神、守约观念是现代经济活动的重要意识规范，也是信用经济、法治经济的重要要求。企业家要做诚信守法的表率，带动全社会道德素质和文明程度提升。”诚信是企业家的立身之本，没有诚信的商业社会将显著抬高交易成本，对于企业而言，“老字号”“金字招牌”的塑造，源于其对诚信守法的长期坚守与遵循，源于其在产品质量和经营服务上孜孜不倦的追求，诚信守法成为企业生产经营的底线。

**8. 责任是企业家的境界**

责任是应尽的职责，应该承担的过失。习近平总书记指出：“社会是企业家施展才华的舞台。只有真诚回报社会、切实履行社会责任的企业家，才能真正得到社会认可，才是符合时代要求的企业家。”责任是企业家的境界，只有具备强烈的责任感与使命感，才能实现更大的发展。超越传统的经济利益最大化的思维，以社会整体利益为重，才能创造事业的新辉煌。

### 3.4.2 创业者创业素质培养

针对创业者自身的特点，可以将创业者创业素质总结为知识、能力、心理、身体等方面的素质。创业者走创业之路，要有意识地自我培养、自我锻炼、自我提升，为创业打好基础。[274]创业者创业素质要从知识素质、能力素质、心理素质和身体素质等方面进行培养。

**1. 知识素质**

创业者的知识素质对创业起着举足轻重的作用。知识素质主要包括行业知识、商业知识、法律知识和社会知识等方面。

（1）行业知识。创业者在准备创业的时候，从顾客的角度来理解行业知识，对要进入的行业要有深入的了解，要全面了解行业的发展历程、现状、前沿趋势与竞争格局，这是寻找和把握创业机会的关键。创业者创业成功的前提，必须透彻理解市场需求的情况，掌握相关的产品服务以及技术知识。

（2）商业知识。创建企业，创业者有必要掌握市场营销、财务管理、人力资源管理、谈判与商务沟通等涉及商务方面的基本知识。创建企业需要掌握项目选择、市场调查、组建团队、销售管理、创业融资、财务分析、风险管理、企业注册等多个方面的知识体系。并学会以人为中心进行协调，对人员进行有效的配置和分工。如果某一方面存在短板，就有可能影响创业成功率。因此，优秀的创业者和管理者正是那些善于学习理论的人，通过学习商业知识，从科学的理论中得到指导自己创业的方法和工具，通过阅读《管理世界》《哈佛商业评论》《商业研究》《创业邦》《销售与市场》《财富》《中国企业家》《世界经理人》《名人传记》等特色杂志，能够运用市场调查、市场预测和经营决策知识，提高产品的竞争力及市场占有率，掌握企业发展的主动权。

（3）法律知识。相关政策与法律法规直接影响创业者的创业环境，创业者需要熟悉相关政策法规来维护自己的合法权益。大学生在创业准备期，一定要熟悉企业法、合同法、专利法、商标法、著作权法、税法、劳动法、反不正当竞争法等方面的法律知识，发挥政策实际效用，避免盲目经营。

（4）社会知识。社会知识对于创业者来说，是一种重要引领。无论是融资、销售还是宣传、合作，都离不开社会知识，创业者创业时需要同社会上各种人交往，以获取资源，求得发展。因此，创业者应了解有关世界历史、地理、文学、艺术、社会生活等人文素养方面的社会知识。

创业者要培养创造性思维、做出正确决策，必须掌握广博的知识。“创业者创业素养”的核心在于“价值创造”，创业教育应培养创业者获得面向未来的可持续发展的素养。

创业者要具有一专多能的知识结构。创业者获取创业知识的主要途径有：

（1）课堂、图书馆。创业者选修相关课程或者参加相关培训班学习来获取创业知识。另外，可以根据自己工作中所缺乏的知识，到图书馆阅读相关书籍，学习相关知识，快速拓宽自己的知识面，增加对创业市场的认识。

（2）媒体资讯。网络媒体是较为快捷的速成学习阵地，如“中国营销传播网”“中华英才网”“中华创业网”等，通过网络上的创业讲座视频、创业知识培训视频来获取创业知识。

（3）与投资人及商界精英沟通交流。三人行必有我师，通过拜访商界人士和创业投资人获取创业知识；创业者与有创业经验的亲戚、朋友、老师、同学、学长、网友交流来获取创业知识；也可以咨询与自身的创业项目密切相关的商业团体和行会组织来获取创业知识。通过与这些成功人士及组织机构的交流，创业者可以从他们身上学到最直接的创业技巧与经验。同时，也要了解创业失败的经验教训，作为反面教材，警醒在创业活动中少犯错误，少走弯路。

（4）工作实践。由于大学生各方面阅历、经验都不足，在准备创业的就业过程中，创业者要利用与有经验的师傅、管理者和老板充分交流的机会，尽可能多地去获取市场和实践的相关知识和经验。

（5）创业实践。创业者需要具有与创业项目相关的经验、实践知识、态度、行为和技巧，能够预测风险，通过选择与别人一起分担、回避或分散风险，使创业风险最小化。

如果创业者缺乏这些经验，就需要通过学习来积累。直接创业实践可通过求职体验、兼职打工、开网店、市场调研、参与策划、试办公司、试办商标申请、申请专利等来完成。间接实践可借助某些模拟实训平台的角色性、情境性模拟参与来完成。通过实践以及将自己的体会与他人交流，将直接经验和间接经验融为一体，这是快速获取创业知识的最好途径。

创业知识存在于学习、生活、工作之中，只要目标明确、善于发现、善于学习、善于总结，获取创业知识和技能，就能找到创业成功的途径。当然，在当前这个信息爆炸的时代，学习过程中还需要学会“去粗取精，去伪存真，由表及里”。

**2. 能力素质**

创业者应具有管理能力、交际能力、领导能力等方面的实际能力。

（1）管理能力。大学生创业者想要准确地把握组织的效率，就要具有管理能力。创业者管理能力包括战略管理能力、文化管理能力、信息管理能力、组织管理能力、人力资源管理能力，[275]见表3.4。

**表3.4　创业者管理能力要求**

| 管理能力 | 具体表现 |
| --- | --- |
| 战略管理能力 | 具有战略眼光，能从总体上把握形势，既考虑当前利益，又考虑长远利益；掌握战略管理分析工具，战略分析、战略制定、战略实施与控制 |
| 文化管理能力 | 既能塑造新创企业积极向上的组织文化，又能不断借鉴和吸纳其他企业的优秀企业文化；激发人的能动作用，团队精神和情感管理 |
| 信息管理能力 | 时刻关注市场信息，能够建立科学的信息情报系统，为企业的发展与决策奠定基础；信息系统的规划、分析、设计、实施和管理，信息系统和信息资源开发利用的实践能力和技术技能 |
| 组织管理能力 | 采用科学的方法使新创企业形成一个有机整体，并保证其高效率地运转；协调关系的能力和善于用人的能力 |
| 人力资源管理能力 | 在创建企业过程中善于发现人才、合理使用人才和主动培养人才；人力资源规划、招聘与配置、培训与开发、绩效管理、薪酬福利管理、劳动关系管理 |

（2）领导能力。创业者需要训练自己的领导能力，为构建创业团队打下良好的基础。培养领导能力应塑造良好的个人形象，为企业的发展带来更多生机，也要懂得引导、管理、爱护、尊重员工，与员工并肩作战，正直诚

信、不屈不挠、坚韧执着、勇于担当的精神，建立自己的影响力。创业的道路上充满了未知，不断提高学习能力。因此，需要快速地学习、不断地学习，才能跟上知识潮流的步伐并力争引领潮头。创业者在提升学习能力上可以采用三个方法：一是写读书笔记，将书中有用的内容摘抄下来，并进行评价；二是讲给别人听，以讲故事方式进行，有助于升华思想和深度思考；三是实践，将书中的方法和技巧用于创业实践；在实践中检验，提升学习能力，学以致用，开发新方法，超越书本的境界。创业者只有在书本与实践中不断地学习、思考，才能成长起来。

（3）交际能力。想必很多人对电影《国王的演讲》中结巴口吃的艾伯特有着深刻的印象。从起初的断断续续，到后来的流利自如，这段演讲鼓舞了士兵，赢得了民众的赞扬，但更多的是他战胜了自己。斯坦福研究中心指出："一个人赚的钱，87.5%来自人际关系，12.5%来自所学的知识"。可见交际能力的重要作用，良好的交际能力使自己得到更多的理解。交际能力是创业者综合能力的外在展现，有助于形成健康的心理，树立正确的人生观、价值观和世界观。交际能力在日常事务的处理中显得越来越重要。

**3. 心理素质**

心理素质反映了创业者的意志和情感。创业者应该具备的心理条件和品质主要包括以下方面：

（1）独立性。创业者应该具备的最基本的个性品质，自信源自实力。因此，创业者需要一点一点地构建自信和独立性。创业过程中，创业者需要建立对自己的自信心和对创业成功的信心，这两种信心需要在不断完成任务的过程中得以强化。

（2）合作性。出色的创业者要乐于合作、善于交往，建立和谐友好的人际关系。通过交流、合作及时获取各方面的信息，从而实现资源和技能的有机整合，共同发展、共同进步。提倡合作双赢，借力打力是创业成功的捷径。在创业过程中，具有合作精神，最终有助于创业的发展。

（3）敢为性。敢于实践、敢冒风险、勇于承担行为后果。敢为性表现为自信、果断和一定的冒险精神。立志创业，必须敢闯敢干，成功的创业者只要瞄准目标，掌握驾驭风险的有效方法和策略，就应敢于实践。

（4）克制性。克制性是敢于克服盲目冲动和私利欲望。创业者在创业过程中要有克制性，使创业活动始终在正确的轨道上进行。有了克制性，就不会因一时的冲动而引起缺乏理智的行为。创业者在创业过程中要接受社会公德、职业道德和法律的约束。

（5）坚韧性。坚韧性是一种大学生创业者必须具备的极为可贵的心理品质。创业是努力奋斗的过程。创业者需要有坚韧不拔的毅力，虽饱经风霜，也不能轻易改变初衷，最终半途而废。

（6）适应性。面对变化多端、竞争激烈的市场，创业者要善于进行自我调节、灵活地适应各种变化。“水因地而制流，兵因敌而制胜。”创业者能否因客观变化而“动”，成为创业成功的关键所在。创业者必须具备适应性，能以变应变，将不利变有利，将被动变主动，将压力变动力，最终获得创业的成功。[276]

**4. 身体素质**

身体是革命的“本钱”，所谓身体素质是指身体健康、体力充沛、精力旺盛、思路敏捷。创业者需要有良好的身体素质来做基础。身体素质的好坏就决定了创业能够走多远。创业者还需要有良好的习惯，叶圣陶先生说：“教育是什么？往简单方面说，只须一句话，就是要养成良好的习惯。德育方面，要养成待人接物和对待工作的良好习惯；智育方面，要养成寻求知识和熟习技能的良好习惯；体育方面，要养成保护健康和促进健康的良好习惯。”

### 3.4.3　打造创业文化

创新创业文化作为一种精神力量，促进人的全面发展，增强人的精神力量，有利于提升人们的创新创业素质。创业文化基本内涵主要包括开拓、冒险和创新，创业文化包括思想观念、价值体系和心理意识，主导着人们的思维方式和行为方式。创业文化是鼓励技术创新、管理创新和文化创新，拥有和弘扬团队精神。知识经济时代的创业文化体现了科学精神与创业精神相融合，创业文化是人们敬业、勤业、创业和立业的基石。将红色文化融入创新创业素养培育过程，提升创新创业素养培育效果。

## 3.5　数智化创新创业教育

2023 年中央经济工作会议指出：“要以科技创新推动产业创新，特别是以颠覆性技术和前沿技术催生新产业、新模式、新动能，发展新质生产力。要大力推进新型工业化，发展数字经济，加快推动人工智能发展。”数智化浪潮下，经济社会发展对创新型人才需求持续增加，在数智化挑战下，高校应加快数智技术赋能“双创”教育，改革“双创”人才培养新路径。

### 3.5.1 人工智能赋能高校创新创业教育

随着人工智能技术的快速发展，高校对创新创业教育越来越重视。人工智能、区块链、元宇宙技术对创新创业教育已经产生了巨大影响，从树立理念、构建培养模式、顶层设计等多个角度探索人工智能技术赋能高校创新创业教育高质量发展。高校作为人才聚集地，应该借助人工智能技术，不断探索创新创业的新路径，积极推动高校新文科创新创业教育的高质量发展。

**1. 人工智能创新行动**

2019年发布的《中国教育现代化2035》，教育部2018年发布的《高等学校人工智能创新行动计划》和《教育信息化2.0行动计划》等文件，为实施智慧教育奠定了坚实基础，实现了人工智能技术在教育中的飞速应用和发展。智能技术的介入对教育信息进行数字化存储和动态监控，挖掘并分析教育需求，识别目前教育发展存在的问题，实现精准匹配供给策略，有效解决区域经济发展水平差异导致的教育问题。[277]

新一代人工智能的应用使大部门分行业都依赖于人机协同，将智能技术嵌入新文科创新创业教育推动了教育流程的重组和再造，建立动态、多元化的新型评价方式，为新文科创新创业人才培养创造智慧生态环境，提供精准便捷的教育服务，提升教师的智能化教学能力，构建新型智能化的终身教育体系。

**2. 创新创业教育生态系统转换**

高校开展的创新创业教育生态系统理论课程和实践课程是核心内容，从“旧三螺旋结构”向“新四螺旋结构”演进，高校是最重要的基础，原有三螺旋理论中，高校和外部生态环境，包括政府部门等政策制定机构和科技创新企业公司等相互协调互动，在创新创业教育生态系统中，共同合作，促进生态系统的持续健康发展。随着智能技术的发展，构建面向文学、哲学和历史学，经济、管理、法学，新闻、艺术、外语等学科专业受教育者多样异质化学习需求的智能教育生态系统，采用人工智能、区块链、元宇宙技术，以实现人机系统学习模式为目标，信息真实可靠，合理运用人工智能、区块链、元宇宙技术和数据平台，构建新的螺旋式互动发展的新文科创新创业教育生态系统。[278]

加强高校创新创业教育是新技术和新产业发展的必然要求。高校创新创业教育是一个复杂的教育生态系统，由以课堂教学活动为核心的微观生态系统、以高校内部治理为核心的中观生态系统、以外部主体及其关系为核心的宏观生态系统三个层级的子系统构成。创新创业教育生态仍存在诸多限制，高校创新创业教育生态的优化应着眼于生态因子的有效调控，激发学生内生动力，打造高质量教学要素，搭建平台型组织，重构教育评价体系，健全产学研协同育人机制。[279]

### 3.5.2　数智化赋能高校"双创"人才培养

数智化浪潮下，社会发展对创新型人才需求持续增加，在数智化挑战下，应加快数智技术赋能"双创"教育，改革"双创"人才培养新路径。

**1. 元宇宙数智赋能创业实践空间建设**

校企共建元宇宙教学平台，实现更加个性化的泛在学习，利用数智技术、企业数智平台、商业数据资源，开发具有实操性的应用场景、创业实战项目，满足广大文学、哲学、历史学、经济、管理、法学、新闻、艺术、外语学科专业学生个人发展需要和实践课程需求，并建立不同的模拟公司、经营机制、岗位设置、业务操作流程等"一比一"情景再现，真正实现校企同频共振。[280]

实践教学平台是高校培养应用型人才的重要场所，建设元宇宙创新创业实践教学平台，是创新创业取得成功的保证。根据新文科学生成长和反馈及时更新和调整元宇宙创新创业学习平台，以满足创新型人才培养的需要。面对元宇宙数智赋能创业实践空间建设挑战，高校应将数智化赋能于新文科创新创业教育、创业课程开发、"双创"教育实训空间等方面的建设，提升"双创"人才培养质量，解决人才与市场同步性差异，使"双创"教育的社会效益最大化。

**2. 构建人机协同的元宇宙学习空间**

以马斯洛提出的人本主义学习理论为支点，数智教育应倡导回归教育本性，倡导发展全人性的价值观。教学数智技术的应用既不依赖数值算法、5G等技术，更不依赖主体的主观判断，在虚拟学习空间中教师提供情感与动力支持等教学支架，不断将知识转化为实践，借助各种各样的媒介及平台，充分融合数智特性与人类教师的特性，新文科创新创业教育与实践，构建人机协同的元宇宙学习空间，人机各取所长。创新创业元宇宙数智教学空间的建设不仅遵循教育规律，顺应技术思维及走向深度融合的科学属性，具有加强创新创业资源的共享与融合、优化文化氛围的文化属性，具有实现产业技术迭代、激活产学关系、打造超级领域的社会属性，更有利于创新创业教育的成功实践。[281]

第四代科技浪潮为高校人才培养提出挑战，高校新文科人才培养路径从传统模式到数智化转型已经成为必然。数智化赋能高校“双创”人才培养路径任重而道远，未来也需各方力量汇集，紧跟新文科建设及新文科创新创业教育新理念、新内涵、新格局的要求，努力探索与实践高校“双创”人才培养路径。

## 3.6 新文科创新创业课程思政教育

全面推进课程思政建设是落实立德树人根本任务的战略举措，这一战略举措的实施，形成全员全程全方位育人大格局，使创新创业教育课程与思政课程同向同行。

### 3.6.1 中国传统文化与新文科创新创业

随着新文科建设的全面推进，各级各类高校高度重视新文科的落实与推进，再加上中华优秀传统文化浪潮不断被掀起，高校教育工作者也要重视融入中华优秀传统文化资源，培养新时代复合型人才。“新文科”建设作为新时代哲学社会科学发展的新要求，始终把有助于传统文化的创新与发展作为重要目的之一。传统文化能否在这一建设中达成实质性的创造性转化和创新性发展，对新文科创新创业能否取得成功至关重要。

中华民族在人类文明史的创造过程中，形成了诸多颇具特色的传统文化。在新文科建设要求学科建设大融合的背景下，将中华优秀传统文化与创新创业课程教学相融合，进行改革教学路径的探究，从学校、教师和教学设计策略 3 个方面来进行创新创业课程教学改革，让学生在创新创业学习中弘扬传统文化，坚定文化自信，实现全过程育人目标。新文科大背景下强调优秀传统文化的地位，鼓励教师将优秀传统文化融入创新创业课程教学中，这不仅符合新时代学科育人的价值追求，而且还能够深入贯彻落实教育教学的根本任务。在创新创业课程教学中融入优秀传统文化，不仅有利于传统文化的继承和发扬，同时还能够全面提升学生的综合素养。

新文科建设是知识增长与教育发展的必然结果，是中国现代社会的现实需要。20 世纪初以来形成的现代文科体系，不是根据中国传统知识体系的逻辑发展而成，而是模仿英美教育体系，中国传统文化与现代文科体系之间的断层是一种历史的遗憾。目前致力于建设的新文科，是对现代文科体系的完善与发展，而不是对现代文科体系的颠覆，更不是简单地回归传统国学或重建儒学。在新文科建设中实现传统文化的创造性转化与创新性发展，不是重拾传统的学术话语，而是要把中国传统思想文化中那些优良的思想成分，通过现代话语加以解读和阐释，使之成为生活在现代的人们都可以理解并且乐于接受的知识，从而为增进人类社会生活的质量提供中国方案。[282]

新文科创新创业课程融入中华优秀传统文化，开设中华优秀传统文化通识课程，讲透中华优秀传统文化精髓，以为国育才为导向，讲活中华优秀传统文化知识与遗产瑰宝，达成“知识教育”与“价值引领”的双重目标，是构建中国特色新文科体系的应有之举。[283]

《新文科建设宣言》的发布给高校文化育人提出了新的要求，将文化育人与高校新文科创新创业教育相结合，充分发挥中华优秀传统文化的育人实效，创新创业“文化育人”促进中华优秀传统文化的传播与推广，提升国家文化软实力。[284]

### 3.6.2 课程思政融入新文科创新创业全过程

在新时代背景下，高校必须紧紧抓住教师队伍“主力军”、课程建设“主战场”、课堂教学“主渠道”，坚持立德树人根本任务，在分析课程思政与创新创业教育关系的基础上，研究课程思政与创新创业教育融合的依据，课程思政与创新创业教育深度融合承担好育人责任，守好一段渠、种好责任田。

高校新文科创新创业课程思政要融入课堂教学建设，提高课程思政内涵融入创新创业课堂教学的水平。高校要紧紧围绕课程建设目标，以教师为抓手，新文科创新创业课程要综合运用第一课堂和第二课堂，科学规划教学内容，深入开展“中国国际大学生创新大赛”“青年红色筑梦之旅”等社会实践、青年志愿者服务、创新创业模拟仿真实训、红色文化融入教育活动，点燃学生创新创业梦想，提高创新型人才培养质量。

“坚持理论创新”是中国共产党百年奋斗的历史经验之一，能够为高校创新创业教育提供价值引领、指明着力方向、提供方法论启示。因此，将党的理论创新有机融入“跟党学创业”思创课程，挖掘百年党史中蕴含的敢于创新、善于创新、与时俱进、回应时代关切、实事求是、解放思想、守正创新的理论思维和品质，围绕“为什么学”“学什么”和“如何学”的问题开展教学设计，以真正发挥党史资源的育人功效。[285]

在推进创新创业课程思政建设过程中，要根据课程学科体系、主要内容、受众主体和评价方式等深入挖掘思政元素，有机衔嵌于课程教学全过程各环节。基于“行动学习：理论与实践”课程思政进行实践探索，在明确课程目标定位、全面挖掘思政元素后，根据课程建设原则和开展形式将思政元素嵌入课程教学全过程，提出课程思政成效评价考核和体系优化的路径。[286]

创新创业课程教学创新是一流创新型人才培养的基本要求，是高等学校教学改革的应有之义。紧密围绕教学理念、教学内容、教学过程三个核心要素开展教学创新，避免陷入理念口号化、内容堆叠化、方法绝对化的创新误区，创新创业课程教学创新要以学为中心，通过学习问题驱动、学习需求牵引、信息技术赋能，革新教学理念，动态更新内容，整合创新方法，打造“有理、有用、有趣、有温度”的“四有课程”，促进学生深度主动学习，提升大学教学成效和人才培养质量。[287]

数字化重塑着人的价值观念和行为方式，极大地冲击着人的主体性。新质生产力跃迁使劳动者的培养环境发生了新变化，人工智能发展对劳动者的主体性提出了新要求，人民日益增长的美好生活需要对劳动者的全面发展提出了新期待。数字化时代创新创业教育课程思政要激发主体意识，让精神风貌在数字化时代更加昂扬，厚植社会责任，让生命意义在数字化时代充分彰显，关照全人发展，让个体幸福在数字化时代全面实现。创新创业教育课程思政的创新实践，在产教融合的育人空间中激发学生主动成长，在项目化课程中提高学生的家国意识和职业认同，在真实场景的创新评价中引导学生实现全面发展。[288]

第 4 章

# 高校新文科创新创业教育政策与实践现状

## 4.1　新文科创新创业教育

### 4.1.1　新文科建设宣言及应用

2020 年 11 月 3 日，全国有关高校和专家齐聚中华文化重要发祥地山东，共商新时代文科教育发展大计，共话新时代文科人才培养，共同发布《新文科建设宣言》。具体内容详见附录 4。

新文科建设恰逢全面推进中国式现代化的新征程，肩负着建构中国自主知识体系与人才自主培养体系的重大使命，新文科建设理论研究正在经历一个从概念理念的厘清建构到实践落地、经验凝练、模式形成的发展过程。从新文科建设理论研究进展和文科创新发展海外研究动态进行重点解读，展望未来，新文科建设理论研究应融入时代，发出新文科建设的中国之声；以世界为参照，建构文科教育现代化的中国学派；以强国建设为目标，加快文科理论创新与实践应用。[289]

新文科建设推动哲学社会科学与新科技交叉融合，与教育体系创新融合，与人才培养深度融合，关注社会层面的反馈评价。围绕构建“以本为本”的新文科创新创业目标教育体系，优化“内外协同”的新文科创新创业教育培养体系，组建“内引外联”的新文科创新创业教育师资支持体系，创建“问题导向”的新文科创新创业教育工作保障体系，构建“分类分级”的新文科创新创业教育评价体系等方面推进新文科创新创业教育体系建设和实践。[290]

跨学科是新文科教育的核心要义，开发建设一批文理工交叉融合的跨学科课程是新文科建设内涵式发展和人才培养提质增效的重要依托。面向新文科的跨学科课程在目标上注重学生多学科知识结构、创新实践能力与批判性思维一体化发展；面向未来，需要立足新文科作为人才培养新范式的基本理念和目标使命，有机融合多学科内容、新兴技术手段和质量评价新理念，促进跨学科课程建设各个环节的最优化发展。[291]

新文科是教育强国建设的重要内容，是哲学社会科学发展的重要战略。在世界百年未有之大变局和中华民族伟大复兴战略全局下，新文科肩负中国特色自主知识体系构建、中国特色自主人才培养体系构建的重要使命，必须坚持交叉融合、开放互鉴、守正创新、育人为本。如此，才能引领带动高等教育质量整体提升，加快实现教育强国建设目标。[292]

### 4.1.2 新文科建设知识生产与实践路径

建设“新文科”要强化文科理论的中国特色，坚定“立德树人”目标，突出知识生产的原创性和对“人”认识的深刻性，强化文科内涵的延伸和发展，不同学科的交叉融合，在世界范围内凸显新时代中国文科理论体系的特色和话语。以新文科的学科内涵为切入点，从新文科的内涵、困境和建设路径三个方面来解读新时代下的新文科建设，以国家战略需求为依托，服务经济社会发展，顺应时代的发展，推进新形势下的新文科建设在教育强国建设中担当作为。[293]

新文科建设之所以被提出并得到国家层面的支持和学界的关切，根本上是要解答新时代我们需要“培养什么样的人”这一原点性问题，直接动因是如何让人文社会科学适应世界大变局和人类新发展。因此，瞄准当今时代大变局，解决当下人类新问题，提振并重塑高等教育中人文社会科学的发展新气象，无疑是新文科建设的根本诉求。为了进一步澄清新文科建设的内在逻辑，主要从新文科建设的跨界统整价值、新文科建设的内在动力价值、新文科建设的知识获取价值和新文科建设的核心要义和方法论原则等四个维度展开研究。[294]

推进“新文科”建设已成为中国高校教育改革的热点。在中国新文科研究领域，美国希拉姆学院因其改革红利的溢出效应而被误解为“新文科”发源地。因受宏观环境、建构主义理论、教育政策和文科“无用”论等因素的影响，从 2017 年起，希拉姆学院在新文科框架内同时进行重组院系、整合学科、优化课程、赋能技术、共享师资的改革，获得了良好效果，成为美国新文科的典范。希拉姆新文科范式对中国的启示是，新文科建设需要未雨绸缪、创新改革发展、打破学科专业壁垒、科技赋能、有配套的教材体系和适应新文科的师资。[295]

虚拟仿真技术已被广泛应用于实验教学改革，经管文法等文科专业得到了实践与推广。新文科专业实验的特殊性，虚拟仿真技术、现代信息技术在新文科实验教学中存在着重技术形式、轻专业内涵的现象。新文科建设要提高虚拟仿真实验教学在新文科人才培养建设中的成效，需再构文科虚拟实验教学体系，实现信息技术和实验课程的融合、教学模式和实验内容的多元、实践过程和育人目标的协同，培养创新型人才。[296]

### 4.1.3　数智化赋能新文科建设

随着科技的飞速发展，数字化和智能化已经成为当今社会发展的重要驱动力。教育部于 2018 年发布的《教育信息化 2.0 行动计划》，要求教师要以人工智能、大数据、物联网、芯片等新兴信息技术为基础，依托各类智能设备和网络，积极开展智慧教育创新研究与示范。在新文科建设中，如何有效地运用数智技术，是一个值得深入探讨的课题。从系统思维的角度出发，探讨数智技术赋能要坚持“文”的学科属性、以中国价值引领数字时代文科人才培养、数智驱动新文科教学模式系统化重构的新文科建设思路。提出数智赋能新文科建设要坚持问题导向，通过人才培养的核心理念、体系结构、教学范式、教育内容、教育治理五个维度的创新，实现培元融通的课程方案重组，为新文科建设提供有益的参考。[297]

新文科教育作为新文科建设中极其重要的一环，是新文科建设成功的关键一步。在数字技术蓬勃发展与普及应用的智能时代，数字技术正成为新文科教育变革的中介力量，对新文科教育的未来发展产生重大影响。数字技术赋能下的新文科教育呈现出教育场景可视化、教育手段智能化、教育过程可溯化和教育资源平台化的总体特征和发展趋势。要注重实现新文科教育中的“教”功能，需要在教学主体上注重“有教无类”和“因材施教”并重，在教学方法上实现“授人以鱼”和“授人以渔”结合，在教学过程中达到“寓教于乐”和“教学相长”的效果。要实现新文科教育中“育”的功能，需要通过数字技术驱动思政育人、教书育人、科研育人和实践育人。[298]

新文科旨在通过技术手段拓宽人文社会科学的研究视野与方法论。生成式大模型在促进知识生成、创新学术方法论、重塑学科边界及界定学科身份等方面起到了关键作用，揭示了新文科在促进学科融合、推动学术创新和响应社会变革中的独特价值。生成式大模型引领下的学术方法论变革，展示传统知识生成范式如何被重塑，以及这些技术如何促进跨学科的知识融合与创新。深度分析学科边界的重塑与融合，通过新文科在整合技术创新与学术传统中的策略和实践，新文科教育体系的必要变革旨在培养能够跨学科工作并充分利用新技术的学者和研究者。新文科建设不仅要求学术界对传统学科进行深刻反思和创新性重构，更要求在技术革新的驱动下，探索和建立一种新的学术工作模式和生态系统，以实现知识的深度发展和社会实践的广泛应用。新文科的发展展现学术传统与技术革新的融合可能，为理解和解决当代社会的复杂问题提供新的视角和工具。[299]

### 4.1.4 新文科人才培养向度及实践模式

新文科建设是新时代背景下我国高等教育发展对人才培养提出的新要求，创新人才培养的新内容和新举措是当下地方院校亟待解决的问题，这与高等教育由大众化走向普及化的内涵式发展不谋而合。站在新的历史起点，地方院校应通过调整优化专业结构布局、培养课程思政育人意识、发展信息化教学训练条件、构建协同育人工作机制，形成文科类应用型人才创新培养的新局面，更好地回应时代需求。[300]

新文科已成为当下高校教师尤其是“双一流”建设高校教师谈论最多的话题之一，但人们对新文科含义的理解仍存在较大的差异。基于作者先期的研究，对中国大学的新文科的特征作了进一步阐释，前文已有相关赘述。国际性、跨学科性、前沿性和理论性是高校新文科与传统文科有所区别的地方，新文科的建设，应由国内和国际顶尖的人才来引领。在新文科建设的高质量要求背景下，学术成果的多维性必将推动学术评价体系的改革，一门学科是否堪称一流，首先要看该学科有无一流人才领衔并充当重要的学术骨干，由一流人才组成的强大学术团队是产出一流的科研成果的保障。顶尖领军人才的作用是相当重要的，在推进中国式现代化建设中，新文科视域下培养的人文学科国际化人才将发挥独特的作用。[301]

新文科建设是新时代高等学校文科教育发展的必然趋势，是有中国特色的文科人才培养的必然要求。新文科建设具有立足国情、关照现实的价值导向和实践特性，承担着培养时代新人的重任，将实践教育融入新文科建设。实践教育与新文科人才培养存在着内在逻辑和价值意义的契合和关照，实践教育融入新文科人才培养成为现实选择，从培养方案革新、实践教育体系构建、多载体协同建设、多要素教育资源整合及师生评价体系优化等多维着力，实践教育融入新文科人才培养全过程，构建反映社会需求的“大实践”创新人才培养体系。[302]

新文科建设背景下，各高校在跨学科、跨专业的复合型人才培养方面积极进行改革和创新尝试，形成了诸多值得借鉴的典型模式。通过对全国数十所高校新文科建设中复合型人才培养情况进行总结和分析，研究将现有人才培养模式归纳为双学位和联合学位模式、微专业模式、文科实验室模式、书院模式。这些典型模式各有优势，用新视角、新范式、新方法带动传统文科转型升级。高校应继续探索建立以立德树人为目标、以优势学科为核心、以学科交叉为抓手、以名家大师为引领的复合型新文科创新人才培养体系。[303]

## 4.2　高校新文科创新创业教育政策与实践现状调查

### 4.2.1　新文科创新创业教育课程目标分析

**1. 新文科创新创业教育课程目标**

新文科创新创业教育课程目标主要体现在课程设计、课程教学实施过程中所体现的教育价值基本要求等诸多方面。课程目标是指通过学习新文科创新创业教育类课程，使得自己在能力、思想、知识、技能等方面得到提高。从新文科创新创业教育课程目标制定的依据来看，首先，课程目标制定要获得创新创业相关政策的支持。创新创业相关政策包括国家创新创业政策，省市校级创新创业相关政策。各高校要全面准确解读新文科创新创业文件内容，领会新文科创新创业文件精神，抓准相关文件在新文科创新创业教育课程体系建设方面所释放的信号，在课程目标体系建设上取得成效。其次，课程目标制定要符合市场需求。新文科创新创业教育课程目标要以培养促进社会经济发展所需要的创新型人才为出发点和落脚点，以此为市场需求制定培养目标和相关课程目标。最后，课程目标制定要满足创新创业能力自身的发展要求。学习新文科创新创业教育类课程，拓宽大学生的创业就业空间，满足终身的职业发展要求。

**2. 大学生创新创业基础课程目标**

“大学生创新创业基础”课程是高校各类专业学生的一门通识教育基础必修课程。该课程从创新与创业的概念讲起，进而引出创业意识与创新精神、创业者特质与创业素质研究、市场与创业机会、创业精神与人生发展，逐步深入的讲解创业管理、创业计划与资源整合、创业融资与创业团队。最后讲述初创企业管理等课程内容，“赛创融合”，引导学生积极参加“国创计划训练”项目、中国国际大学生创新大赛和“青年红色筑梦之旅”活动等，为学生介绍创新与创业的最新知识，培养具有终身学习的意识，不断学习和适应发展的能力，以适应国家和社会对创新创业人才的要求。通过“大学生创新创业基础”课程教学须达到以下目标：

（1）课程知识目标：通过本课程教学，使学生掌握创新创业的基础知识和基本理论，熟悉创新创业的基本流程和基本方法，了解创新创业的法律法规和相关政策。认知创业的基本内涵和创业活动的特殊性，辩证地认识和分析创业者、创业机会、创业资源、创业计划和创业项目。掌握政府部门对扶持和鼓励大学生创业方面的相关政策，了解创业机会和创业优势，使学生掌握开展创业活动所需要的基本知识。

（2）课程能力目标：激发学生的创新创业意识，使学生通过模拟创新创业实际过程，从心理准备、思想方法到创新创业实践的全过程获得提升。通过教育教学使学生具备创新创业意识，树立科学的创新创业观念，坚定创新创业信心。

（3）课程素质目标：提高学生的社会责任感、创新创业精神和能力，促进学生的全面发展。鼓励学生抓住龙江经济转型发展的契机开创事业，正确理解创业与时代发展、职业生涯发展的关系，自觉遵循创业规律，积极投身创业实践。

（4）课程技能目标：掌握创业资源整合与创业计划撰写的方法，熟悉新企业的开办流程与管理，提高创办和管理企业的综合素质和能力，使学生具备必要的创业能力，具有终身学习的意识，不断学习和适应发展的能力。

（5）课程思政育人目标：坚持以马克思主义为指导，自觉把习近平新时代中国特色社会主义思想贯穿课程思政研究和教学全过程，将党的二十大精神等思想政治教育的相关内容融入课程，把立德树人作为中心环节，最终实现高校教育的价值塑造、能力培养、知识传授三位一体的教学目标。通过价值引领，达到“课程育人”的目标，实现专业课程的全程育人和全方位育人。强化政治认同、支持国家战略、树立家国情怀、传承优秀文化、恪守商业伦理、承担社会责任、塑造个人品格、提高职业素养、运用科学方法、发扬创新精神，扎根中国本土的创业实践，充分吸收东西方创业文化的精髓，挖掘课程各章节内容的思政教育元素，践行“课程思政”涵养家国情怀，引导学生汲取企业管理思想中蕴含的大智慧，使思政教育贯穿整个“大学生创新创业导论”课程教学过程，体现在每个教学环节上，帮助学生形成正确的世界观、人生观、价值观。

新文科创新创业教育课程目标制定的特点：一是新文科创新创业教育课程目标设置上既要强调新文科创新创业理论知识的重要性，也鼓励学生积极参与新文科创新创业的实践活动。二是本土化特征，如结合黑龙江省“4567”现代产业体系建设的经济发展需求，因此，高校在新文科创新创业教育课程目标的设置上应尽可能地与“文史哲”“经管法”及教育、艺术类专业课程目标相结合。三是动态性，课程目标适应企业、行业发展，并适时调整课程目标。

### 4.2.2　新文科创新创业课程教学模式

新文科创新创业课程教学模式成为推动高校新文科创新创业实践活动中的重要环节。“三点联动”创业者培养模式，新文科创新创业课程教学“三段五环”混合式教学模式，提升高校创新创业教育水平。

**1. “三点联动”创业者培养模式**

高校新文科创新创业教育正融入新文科学生培养的全过程中，在分析创业者内涵与特质基础上，结合新文科建设，构建以“创业实验班、创业实践基地、创业高级孵化器”为依托的“三点联动”创业者培养模式，能切实提高大学生群体的创业成功率，提升高校创新创业教育整体水平。[304]

在剖析创业教育课程中教与学关系悖论和教学首要原理赋能机理的基础上，融合梅瑞尔的教学首要原理和索恩伯格的四大学习场景，破解教与学，主体、客体和场景之争的场景式学习模式。新文科创新创业课程教学“聚焦问题、激活旧知、展示新知、应用新知和融会贯通”五大环节依次嵌入“营火”“水源”“洞穴”和“生活”四大场景的环境设计，开展数智化教学，突出师生之间和学生之间在五大环节，四大场景之中互动的角色设计，及以学习任务与课程考试、课堂讨论题与单元知识模块、课后作业和真实案例为客体的材料设计。[305]

思政教育作为培养正确德育观的基石，是高校教育中的重要内容。针对创新创业课程思政特色，新文科创新创业课程教学从“课程思政的必要性、思政教学方法、思政教学实践探索”上探索数智化新方式，提高学生的创业理论、机会识别能力与素质水平。[306]

随着互联网技术的快速发展，网络教学成为高校课程不可分割的一部分。探究通识教育课程混合式教学的有效途径，创新创业课程融合 PBL、TBL 及 CBL 教学理念，实施学生“带着问题学习（Problem - Based Learning，PBL）、跟随小组学习（Team - Based Learning，TBL）、推演项目学习（Case - Based Learning，CBL）”的教学模式，通过课前筹备、课中习得、课后精进、教学评价等教学环节，使学生充分发挥主观能动性，培养自主分析问题、解决问题、动手实践的能力；打破常规教学方式，引导学生主导课堂，增加了课堂趣味，提高学生参与度，提高学生的课程成绩，进行混合式教学模式的设计与实践，为创业类课程的教学提供一种有效的方式。[307]

**2. “三段五环”混合式教学模式**

新文科创新创业课程教学“三段五环”混合式教学模式，混合式教学利用网络技术与在线教学平台，实现线上教学与线下教学的互相融合，丰富教学内容和形式，提高教学效果，如图 4.1 所示。

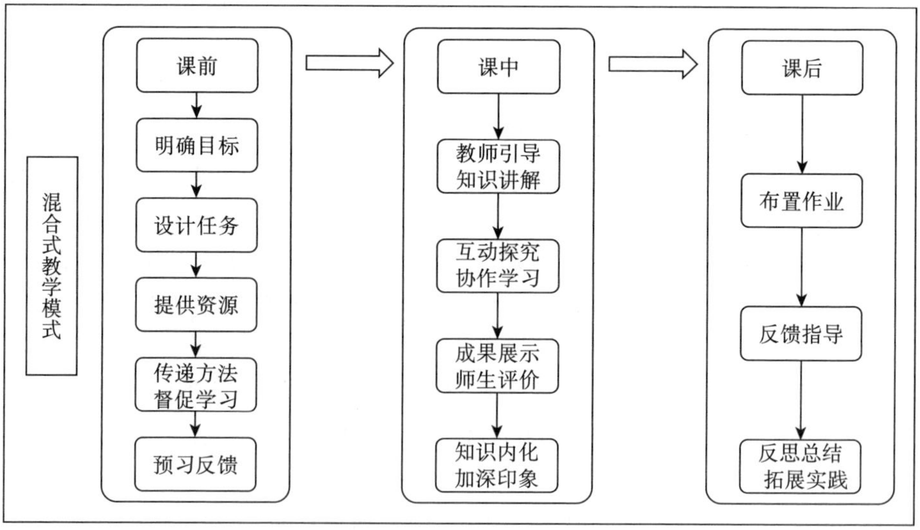


**图 4.1 混合式教学模式**

新文科创新创业课程教学"三段五环"混合式教学模式是一种易操作且高效的教学模式，它将新文科创新创业课程教学流程划分为"课前预学、课中深化、课后反思"三阶段，形成连贯新文科创新创业课程教学循环，在课中通过"情景导入、知识讲解、课堂实践、课堂测验、总结思考"五个环节实现有效的新文科创新创业课程教学课堂互动，设置"回学—自学—合学—省学—延学"五环，解决教学中存在的"痛点"，培养学生自主发展、实践创新能力，[308]如图 4.2 所示。

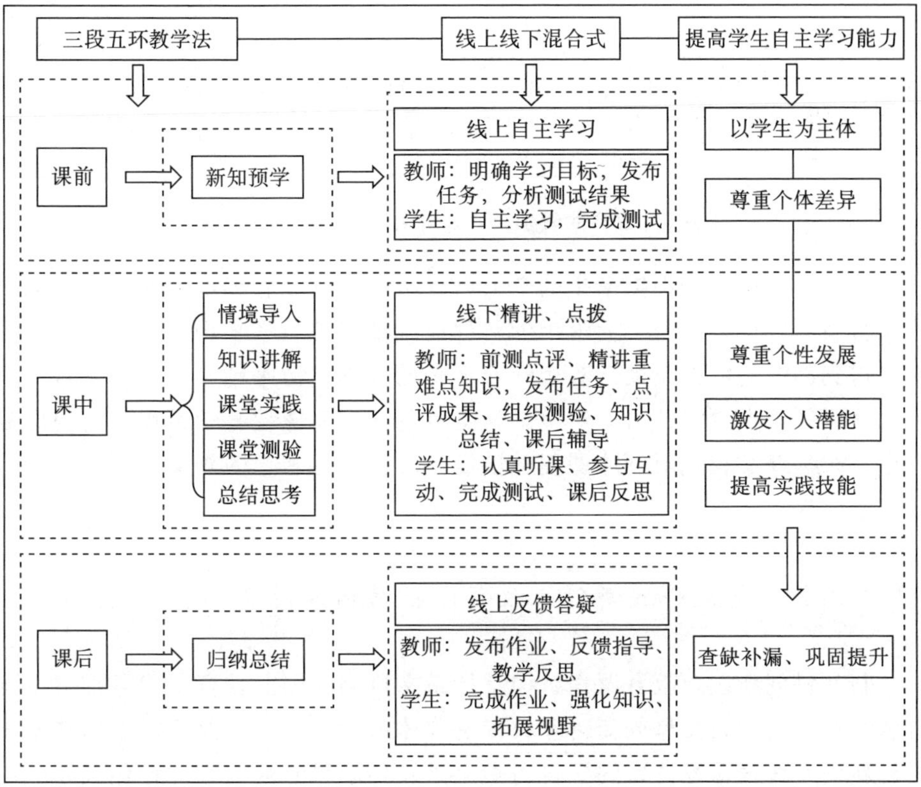


**图 4.2　"三段五环"混合式教学模式**

新文科创新创业课程教学"三段五环"混合式教学模式课堂实践，采用任务驱动法开展课堂教学，任课教师可以选取需要学生深入理解的创新创业知识，列出任务清单，要求学生以团队形式完成自主探究学习，组织学生进行团队式学习成果汇报，通过小组汇报，了解学生对知识的应用能力，达到开拓学生的思维教学目的，如图 4.3 所示。

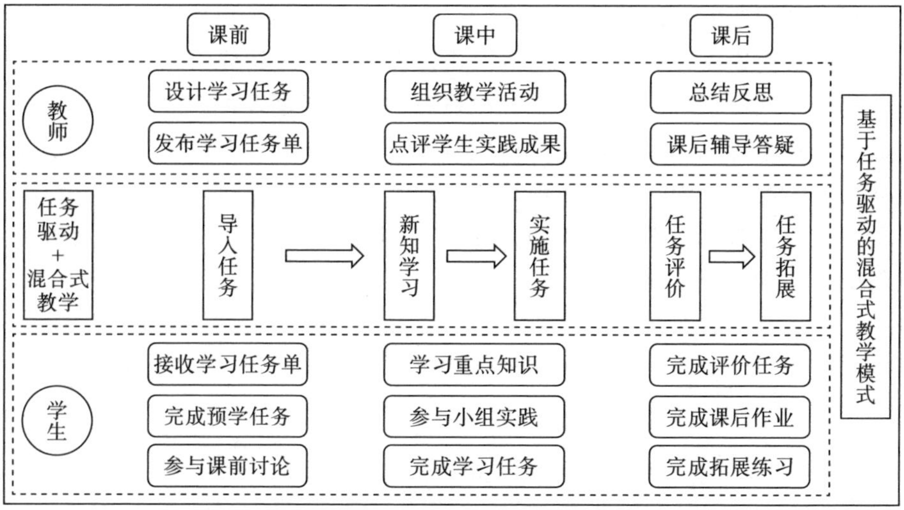


**图 4.3 混合式教学模式任务驱动法课堂实践教学**

课后，任课教师根据学生的学习情况，布置难度有梯度性的作业，通过国家智慧教育综合平台、大学生创新创业基础课程教学平台发布，让学生完成，得到即时的数据反馈，利用学习平台的教学资源来辅导，让学生针对自己的薄弱知识点进行补习，对整个新文科创新创业课程教学过程进行总结和反思，改进新文科创新创业课程教学设计，取得更理想的新文科创新创业课程教学效果。

### 4.2.3 新文科创新创业教育课程结构分析

新文科创新创业教育课程结构是指新文科创新创业教育课程各部分的配合和组织，它是新文科创新创业教育课程体系的骨架，主要规定了组成新文科创新创业教育课程体系的学科门类，以及各学科专业内容的比例关系、必修课与选修课、专业课程与综合课程的搭配等，体现课程理念和课程设置的价值取向。课程在结构上实现多层次、多类型课程交叉学科，提高课程的有效性。课程结构的均衡性而言，要改变知识体系相互隔离、所学知识原理脱离现实生活的状况，掌握课程内容的同时，参与到社会实践中去，实现创新创业素质的全面均衡发展。从课程结构的综合性来看，要打破学科专业界限，将文科多门学科专业融合，培养出就业岗位所需要的复合型、创新型人才。

构建符合新时代发展要求的新文科创新创业课程体系，是数智时代高校双创教育改革的关键任务。高校新文科创新创业教育课程建设要遵循“五创”融合、“价值引领、守正创新、实践强能”的基本原则，践行“分阶段、分层次、分类型”建设思想，“必修 + 选修 + 专修”模块化设计，构建出“有序衔接、互为支撑、立体多元”的新文科创新创业课程体系。[309]

新文科创新创业课程结构的设置上可以采用必修课与选修课相结合的方式，例如，学校可以开展“大学生创新创业基础”“大学生创新创业模拟仿真训练”“创业实践”等必修课程，同时也要开展“创新创业技法”“数字营销”“创业管理”“商业模式创新”等选修课程。

### 4.2.4　新文科创新创业教育课程评价分析

课程评价是指根据一定的标准和课程系统信息检查课程的目标、编订和实施是否达到了既定的目标，实现的程度如何，以判定课程设计和组织实施的效果，做出改进课程的决策。因此，高校新文科创新创业教育课程评价从三个方面进行：一是课程考核方式的成绩评价；二是课程教学工作评价；三是课程实施效果的评价。

数字经济具有开放性、创新性、智能化特点，对创新创业能力培养提出了新要求，要求高校做好创新创业教育与实践顶层设计、完善教育体系、健全管理制度。结合数字经济时代高校创新创业教育过程中存在的培养目标模糊、教育模式落后、课程资源不足等问题，要从“树立数字思维，科学制定人才培养目标”“推进课程建设，形成优质数字课程体系”“形塑数字文化，涵养学生创新创业精神”“注重统筹协调，优化创新创业教育模式”“完善测评指标，构建数字教育评价体系”等方面，进行新文科创新创业教育体系建设的有效实践。[310]

## 4.3　新文科创新创业教育与实践调研基本情况简介

为了全面了解高校新文科创新创业教育与实践基本情况，从教师和学生两个层面设计调查问卷和结构化访谈提纲，课题研究小组针对新文科创新创业教育与实践的现状，开展了问卷调研和结构化访谈。从教师层面，面向高校的部分创新创业负责人和任课教师进行了问卷调查、电话咨询或现场结构化访谈等调研方式。从学生层面，随机抽取了部分学生做了问卷调查、电话咨询或现场结构化访谈等调研方式，获取第一手资料，根据数据资料进行统计分析。

### 4.3.1 基于高校新文科学生的调研与调查结果

面向高校文科学生分别发放调查问卷，从学生样本的专业分布来看，本研究的调查涉及高校的所有文科专业，因此，能够较为全面的反映高校文科大学生的需求。选择部分调查内容，调查结果与分析如下：

**1. 创新创业文化环境建设**

受访者认为学校的校园创新创业文化氛围浓厚或较浓厚，大多数学生参与过学校组织的科技、文艺、体育、文创等校园创新文化活动，并且大多数学生经常参与创新创业活动，有的同学参与但次数不多，没有从未参与过创新创业活动的学生；通过问卷调查发现，受访者认为自身比较欠缺的是不同程度存在创新意识、创新理念知识、创新精神、创造能力不足的问题；通过问卷调查发现，绝大多数受访者认为学生组织及社团的建设对创新能力培养的影响，有专业的指导教师进行指导，学生组织及社团种类丰富，提供良好的创新平台；通过问卷调查发现，受访者认为学校有鼓励创新的激励政策，力度较大而且有效进行激励；通过问卷调查发现，学校有创新实验室或创新实践基地，受访者经常去创新实验室或创新实践基地，并且学生有某种创新想法时，能认真研究，看是否可行，及时地把想法与老师沟通，和同学聊聊，听听他们的想法，及时地把想法告诉父母来进行创新创业教育和实践。

**2. 创新创业技能获取途径**

通过调查发现，大家对创业的理解认识是：可以开创一个企业，拥有属于自己的独立事业，研究一个新的项目产品，对自身资源可以明确规划，创造新的价值；选择创业的主要目的是本身的兴趣、想要获取高收入、想要丰富自己的人生经历、想要创造自己的价值；通过问卷调查发现，受访者绝大多数认为创新创业很有兴趣，愿积极参与，也有相当一部分受访者认为较有兴趣，经常参与；通过调查发现，认为获得创新创业知识和技能的途径，受访者通过到新创企业亲身实践和参加创新创业计划大赛获得创新创业知识和技能，也有受访者是通过政府部门组织的公益性创新知识和技能培训或到创业园和创新创业孵化基地实习等方式获取的，也有相当一部分受访者是通过向企业家、创业成功人士、家长和朋友求教等途径来获取的知识和技能，还有一些受访者是通过阅读创新创业相关书籍，通过网络、手机等新媒体自主学习获取的知识和技能，还有较少的受访者通过自主创办公司或参加学术研讨和创新创业社团活动获取的知识和技能，有一些受访者是通过申报并承担创新创业计划项目等获取创业技能。

**3. 创新创业能力及其培养面临的障碍**

在开展创新活动和创业实践时，通过调查发现，创新创业能力及其培养面临的最大障碍或困难是缺乏创意，找不到好的创新创业方向；开展创新活动和创业实践资金短缺；开展创新活动和创业实践时缺少好的创新创业项目和具有创新精神的团队；开展创新活动和创业实践缺乏专业化的教师指导；开展创新活动和创业实践缺乏必要的专业知识和能力；开展创新活动和创业实践缺乏创业经验和人际关系，不熟悉市场环境和企业运作，市场开拓困难；开展创新活动和创业实践缺乏创新创业自信心，对失败的心理承受力差。通过问卷调查和结构化访谈发现，有受访者认为学校和社会的政策支持力度不够，存在家人亲友的反对和压力等情况；绝大多数受访者认为，创业需要丰富的知识和技能，强烈的创业意识，敏捷的创业思维，良好的创业品质（如冒险精神、坚强意志等）方面素质；也有相当一部分受访者认为创业需要具备动手操作能力，运用知识创造性解决痛点问题的能力。

**4. 新文科创新创业教育情况**

通过问卷调查发现，受访者认为高校对文科专业创业教育非常重视；在大学的课程中有涉及文科专业创业教育相关的课程；通过问卷调查发现，受访者认为目前高校所组织的文科专业创业课程或活动的内容，内容形式新颖，与专业学习紧密相连，与社会热点紧密相连；学校的课程所用的教材包括专门创业教育书籍，经济管理类通用书籍；受访者认为所在高校关于新文科创新创业教育师资力量较好，学生学习效果非常好。

**5. 创新创业教育师资队伍及创业环境**

通过调查发现，受访者对学校创新教育师资力量比较满意，觉得学校重视对学生的创新能力培养；聘请了创业经验丰富的专业教师，高校内部的辅导员和管理人员，优秀的创业讲师；通过问卷调查发现，受访者认为教师教学中结合了创新创业相关知识。

通过调查发现，从来没有参加过或根本没有听说过创业类比赛的几乎没有；所在学校设有文科专业创业实践基地和孵化园区，在创业教学中参加过有关创新创业的培训实践，通过问卷调查发现大多数受访者认为创业环境良好或创业环境非常好，通过问卷调查发现，受访者最关注的创业教育资源有：政府政策的大力支持，高素质的师资队伍，实践课程和竞赛活动，创业园区和孵化平台，校内外的创业大赛，创业资金的保障等。

### 4.3.2 基于高校教师的调研与调查结果

为了更加全面的了解当下高校新文科创新创业教育与实践体系建设的现状，本课题研究在高校中随机抽取了相关的任课教师、指导教师、辅导员和创新创业负责人进行了问卷调查、结构化访谈，选择部分调研内容进行汇总分析，相关调研内容及结果分析如下：

**1. 创新创业教育的认识**

通过问卷调查发现，绝大多数教师受访者认为创新创业教育非常重要或重要，学校对创新创业教育非常重视；通过调查发现，教师受访者对学校创新创业计划立项和竞赛效果的评价是好的；对学校创新创业的政策措施、管理制度及其执行情况的满意度，大多数受访者认为满意；绝大多数受访者认为学校专业教育中融入了创新创业教育，融入效果较好；通过调查发现，教师受访者对学校特有的创新创业教育平台和方式比较熟悉，并能较熟练使用；从调查问卷统计结果分析发现，学校创新创业教育平台和方式，大多数学校是通过大学生科技创业服务中心、创新创业计划大赛、创新创业计划项目立项、创客空间、创新创业教育中心，也有一些学校除了以上平台和方式外，还有通过创业者论坛、创业网、创新实验班、创业就业指导与心理咨询机构等平台和方式；通过调查发现，教师受访者认为创新创业教育的对象是面向全体学生，也有教师受访者认为是面向多数学生，还有教师受访者认为，除了面向全体学生外，创新创业教育的对象主要是针对创业意识和能力强的少数精英学生；通过调查发现，教师受访者认为学校开设课程，加强校企合作，建立创新创业实践基地；教师受访者认为学校应建立创业园和创业孵化中心；教师受访者认为学校应举办创新创业大赛，开展创业类讲座，组建学生创新创业社团，开展大学生创新创业计划项目立项；少数教师受访者认为应吸收学生参加教师科研课题或工程项目；通过调查发现，也有少数教师受访者认为学校应设立创新创业咨询指导机构，增加创业模拟等创业实战活动，丰富创新创业教育形式。

**2. 创新创业教育课程开设**

通过调查发现，学校创新创业教育，学校采取专职教师指导，学校专业教师指导，聘请社会上的创业型企业家、企业管理人员和技术专家进行指导，聘请风险投资专家和法律专家进行指导，邀请创新创业成功人士和杰出校友来校面对面指导等形式的创新创业教育指导方式等多种方式；通过调查发现，教师受访者认为学校开设公共必修课，开设公共选修课，相关专业课程，相关讲座；教师受访者认为应将创新创业教育融入专业课教学，开展创新创业培训等创新创业教育课程；教师受访者认为应更侧重结合创新创业实践进行个性化指导，撰写创新创业计划书，商业模式设计，创业成功者授课和示范，创业机会或环境分析，创业模拟训练，创业案例分析，传授创新创业理论（如创造学、创业技能等），创业融资、市场营销、工商管理、财务税收、创业政策、人工智能等方面知识；通过调查发现，受访者认为政府应加强设立创新创业孵化基地（包括“众创空间”），设立专业化的管理、服务和中介机构，提供培训、指导、信息等方面的服务；通过调查发现，教师受访者认为学校应提供创新创业资金，提供项目和创新创业机会，给予税收、银行贷款、审批手续等方面的政策优惠，扶持大学生创新创业；通过调查发现，教师受访者认为学校应出台支持小微初创企业发展的政策，建立健全创新创业相关法规，加大表彰鼓励和舆论宣传力度等方面的政策和措施。

**3. 创新创业教育课程体系**

通过调查发现，学校采取完善措施，建立健全创新创业实践基地、创业园区和创业孵化基地的方式；通过调查发现，教师受访者认为学校提供了实验设备、场地等支持，提供创新创业项目立项和资金支持，提供政策支持和制度保障；通过调查发现，教师受访者认为学校应加强专兼职师资队伍建设，提供信息服务和咨询指导，开展丰富多彩的校园创新创业活动，营造更好的创新创业教育环境；通过调查发现，教师受访者认为学校应营造浓郁的校园创新创业文化氛围等方式和措施；学校在创新创业教育环境建设方面，通过调查发现，受访者认为存在学校没有把创新创业教育作为育人目标，学校领导重视程度不够，职能部门重视不够，创新创业师资队伍素质欠佳、指导不力的问题；通过调查发现，少数教师受访者认为没有形成较系统的创新创业教育课程体系，创新创业实践基地不足，创新创业教育教材缺乏，创新创业教育理论研究水平不高，创新创业教育校园文化氛围不浓等。

通过调查发现，受访者认为制约大学生创新创业的社会环境因素主要有大学生缺乏首创和冒险精神；教师受访者认为全社会尚未形成崇尚、激励和支持大学生创新创业的良好社会文化；社会舆论和家长不理解、不宽容大学生创新活动和创业实践，教育方式方法压抑学生个性发展；通过调查发现，教师受访者认为缺乏公正公平的竞争机制和评价机制；企业没有承担支持大学生创新创业实践的社会责任，社会很少开放有关创新创业的平台和资源让大学生去实践；通过调查发现，教师受访者认为社会公益基金和风险投资商很少关注大学生创新创业，存在所在城市政府扶持政策不到位等问题。

**4. 新文科创新创业教育情况**

通过调查发现，对目前高校新文科创新创业教育具有认识与理解；认为高校开展新文科创新创业教育的主要目的，是加强新文科创新能力的培养，加强新文科创业能力的提升，对文科学生就业观念的改善，增强新文科学生就业优势，协助学校提升其创业教育的声誉，执行教育部指定的任务等；通过调查发现，高校文科专业最欠缺的创业教育资源有政府政策的大力支持，高素质的师资队伍，实践课程和竞赛活动，创业园区和孵化平台，校内外的创业大赛，创业资金的保障；通过调查发现，学生获得创新创业知识和技能的途径与调查结果基本一致。

**5. 新文科创新创业教育师资力量建设**

通过调查发现，所在高校新文科创新创业教育师资力量，有校内专职师资队伍、外聘教师、其他专业教师代课；通过调查发现，所在高校组织教师参加的创新创业实践活动，如：创业竞赛、创业讲座、企业家讲座、一线实习、企业参观等超过 3 次；通过调查发现，所在高校组织过教师团队进行过创新创业教育相关的培训频率超过 3 次；为文科专业学生提供了专门的创新创业实践基地提供专门的实践基地；所在高校文科专业在创业教育中的阻碍有学生对创业教育缺乏重视，高素质创业师资力量较弱，创业教育课程教学与专业脱节，缺乏创业竞赛，缺乏专门的管理机构等问题；所在高校文科专业创业教育管理机构有高校内部的领导组织，校团委行政管理部门，各级学院教学机构，创业中心和创业空间，学生和教师组建的社团，但没有明确的管理机构组成。

### 4.3.3 新文科创新创业教育与实践现状分析

为进一步分析造成高校新文科创新创业教育与实践存在问题的根本原因，以前瞻性的目光探求解决新文科创新创业教育与实践问题的对策与建议，从而促进高校新文科创新创业课程教育与实践体系建设的发展和完善。

**1. 新文科创新创业教育课程目标问题及成因分析**

新文科创新创业教育课程目标问题及成因，是课程目标设置没有针对性，对于课程的学习大多属于“被迫式”的学习状态，就此一些高校的教师认为学校开设的课程很难让学生感兴趣，为了学分不得不进行课程学习，学校应该将课程目标与学生专业课程的培养目标融合。学生认识上存在不足，没有认识到学习课程后能够有收获，学校在调动学生学习的热情，自觉自愿投入时间和精力真正去学的措施不多，效果不佳。通过调查发现，新文科创新创业教育课程目标大同小异，课程目标上很难区分出不同类型的高校人才培养方面的侧重点和优势，据创新创业教育负责人反映，存在学校没有专门的新文科创新创业教育课程，没有专门针对性设置的课程目标的现象。通过调查发现，高校缺乏专业的新文科创新创业教师和管理者，一定程度上限制高校新文科创新创业教育与实践高质量发展。

**2. 新文科创新创业教育课程内容问题及成因分析**

高校新文科创新创业教育缺乏丰富的课程内容。就新文科创新创业教育实践课程而言，各学校新文科创新创业实践课程无论在形式上，还是在内容上，都是远远不够的，比如，有受访对象说：“文科学生创新创业的劲头儿还是很足的，但是能够利用的新文科创新创业平台很少，除了一些比赛之外，课程内容还是很欠缺的。”在人工智能视域下，技术与课程建设的融合带来了更高的课程目标，无边界的课程内容，智能化的课程实施方式和专业化的课程评价，但也导致了学生思维能力的下降，课程缄默知识的消失，教学深刻性不足和评价缺乏人本主义等现象。因此，高校新文科创新创业教育与实践平台和实践还有待进一步的建立和完善。新文科创新创业教育与实践课程内容只是单纯的教授学生一些理论知识，比较枯燥，真到用的时候不一定能用的上，很难激发学生的学习热情，有创业想法更愿意去找指导老师寻求帮助，真正去实践。学生在“智慧树”平台上选“创新创业基础”课程，无论在数量上，还是在类型上都是远远不够的。

**3. 新文科创新创业教育课程结构问题及成因分析**

首先，由于新文科创新创业教育课程的课时量不够，导致学生很难建立起扎实的新文科创新创业理论基础；其次，在结构性访谈过程中也发现，各学校的必修课程内容过少，选修课又多以线上为主，这在很大程度上考验了学生学习的自觉性，需要学生主动积极的参与课程的学习；通过调查发现，学生学习效果差强人意；有受访老师说：“现在还没有形成规范化的课程管理要求，应该从课程方案制定、课程实施、教学成果等各方面形成一个完整规范的体系，但由于条件限制和主客观原因，现在很难做到这一点。”因此，建立丰富和规范的课程规范体系是亟待解决的问题。

**4. 新文科创新创业教育课程实施问题及成因分析**

教材是新文科创新创业教育课程有效实施的必要载体，高校必须根据学校自身的特色和学生的实际情况来制定适合本校的新文科创新创业教育教材，单纯的引进其他高校的教材无疑会使课程的教学效果大打折扣。通过调查发现，许多高校现在还没有专门的教材。所以，学校应该扩大网络平台的资源整合范围，提高国家智慧教育综合平台网络课程的利用率。此外，有受访者表示，目前高校上课的老师大多都是辅导员，上课不是特别专业，任课老师没有经过专业的培训。因此，高校应该大量引进专业的教师来担任教学任务，才能达到事半功倍的效果。

**5. 新文科创新创业教育课程评价问题及成因分析**

课程评价是学生学习效果和教师教学工作的重要反馈，也是进一步课程教学改革和发展的重要依据。沿用其他专业的课程评价体系，很难反映出课程的具体病症和问题所在，一些受访者表示，大多数高校没有设置专门的评价体系，通过学生填写教师评价表来进行评价，对课程本身的改善意义不大。由于课程实践性较强，因此，只能通过考试、撰写创新创业计划书等方式对学生进行考核评价，全面了解学生知识掌握程度，但这种评价还应该做进一步的完善。

## 4.4 高校新文科创新创业教育与实践现状分析

根据文献研究和调查研究情况，对高校新文科创新创业教育与实践现状进行归纳总结分析。科学认知数智时代高校新文科创新创业教育与实践现状，对探索新时代新文科人才培养具有重要意义。

### 4.4.1 大学生创新创业课程体系的建设现状

以学科交叉融合为典型特征的新文科建设，抓好创新创业课程体系的建设是关键环节。

**1. 学科专业的教学与创新创业教育融合**

社会对创新型、应用型人才的需求与日俱增，开展创新创业教育和学科专业教育协同育人成为高校培育创新型人才的重要任务。创新创业教育与学科专业建设的融合，对于推进新文科创新创业教育的高质量发展具有重要作用。学科专业的教学与创新创业教育融合，是新文科创新创业教育与实践的重要路径和纽带。各高校都努力研究学科专业的教学与创新创业教育融合工作，不断开展学科专业的教学与创新创业教育相关理论与实践研究，形成很多研究成果，提升学生充分掌握相关学科专业与创新创业的实践技能。

**2. 建立创新创业学生学习社区**

为了促进教师与学生之间的互动和合作，可以建立创新创业学生学习社区。学生学习社区可以是一个在线平台或实体空间，提供学生交流和合作的空间。在学生学习社区中，学生可以分享创新创业的项目、资源和经验，互相讨论和解决问题，教师则可以作为社区的一员，与学生共同参与讨论和互动，提供指导和支持。大学生创新创业课程体系需要以创新创业为方向，通过建立创新创业学生学习社区，可以促进教师与学生之间的交流和合作，建立紧密的师生关系，整合专业学科的理论价值和实践价值，进一步推动创新创业教育的发展，从而为学生的创新创业实践提供科学化的、完善的理论依据和实践依据。

### 4.4.2　新文科创新创业教育与实践

2021 年 3 月，教育部颁布《新文科研究与改革实践项目指南》，把“新文科创新创业教育与实践”列入项目指南当中，推动新文科人才培养范式改革创新，通过新文科创新创业教育与实践，提升学生创新创业能力和综合素养。[311]新文科创新创业教育与实践离不开新文科建设“两个大局”的时代背景，“新文科”的“新”表现为历史新节点、进入新时代，文科中国化与新使命，全球新格局和文科国际化。[312]“新文科”建设最高目标是“建设一个能匹配国家文明发展高度和文化传承厚度的文科体系”；[313]“新文科”最终落脚点是“中国特色社会主义事业建设者与接班人”，[314]“新文科”建设在人才培养方面应注重创新、适应与卓越，关键是推动人才培养模式改革。[315]

教育部颁布的《关于大力推进高等学校创新创业教育和大学生自主创业工作的意见》，明确将“创新创业教育”定位为“适应经济社会和国家发展战略需要而产生的一种教学理念与模式”，并提出“提升学生的社会责任感、创新精神、创业意识和创业能力”的目标。创新创业教育适应新时代高等教育教学改革和高质量发展的需要，如何更有效地开展创新创业教育，是高等学校面临的重要课题。创新创业教育与新文科专业教育的深度融合，促进人才培养质量整体性提升。教学、学习、实践、创新创业四个维度的“教、学、做、创”四位一体的创新创业教育模式，实现教与学相结合、学习与实习实训相结合、实习实训与产品设计生产相结合、产品设计生产与创新创业相结合，将创新创业教育融入专业教学中，提升教育教学的质量。[316]

随着国家创新驱动发展战略的深入推进，我国高校创新创业教育得到了快速发展。高校新文科创新创业教育以知识生产转型理论为研究基础，从知识生产需求、知识生产情境、知识生产人员、知识生产基础、知识生产组织、知识生产质量控制方式和知识生产结果等方面分析知识生产的变化，创新创业教育从“知识传承型”向“能力培养型”和“文化引领型”的模式转变，以需求、情境、人员、基础、组织、结果和质量控制方式等特征构建创业教育变革的理论框架。[317]

新文科创新创业教育与实践，其内涵特征表现为“三个突出”：一是突出面向全体文科学生的主体关照；二是突出创新创业教育与专业教育融合的实践路径；[318]三是突出培育时代新人的价值导向。《新文科建设宣言》提出：“要培养具有国际视野和国际竞争力、担当民族复兴大任、适应新时代要求的应用型复合型文科人才”。[319]新文科建设的核心价值追求是构建以育人育才为中心的哲学社会科学发展新格局，建立世界水平、中国特色的文科人才培养体系。[320]

高校创新创业教育是高校服务创新型国家战略、培养大学生的创新创业精神和实践能力、促进高校毕业生高质量充分就业的重要举措，是中国特色创新创业教育体系建设的核心组成部分。从历史逻辑来看，高校创新创业教育以解决就业为初衷，经历了由单一的创业教育到创新创业联姻的萌芽期、就业推动创新与创业融合的探索期和曲折、缓慢到茁壮成长的螺旋式发展期三个阶段；从理论基础来看，习近平总书记关于教育的重要论述为新时代高校创新创业教育发展奠定了基础；从实践取向来看，适应新时代中国特色社会主义经济社会发展需要是高校创新创业教育实践的发展方向。基于高校创新创业教育的历史逻辑，深度剖析其理论基础，掌握创新创业教育的发展脉络，有利于建立中国特色的创新创业教育体系，以鼓励更多社会主体积极主动投身于创新创业；厘清实践取向，有利于指导高校在培养创新创业型人才的核心目标引导下，创造性地运用理论与实践的辩证关系，与政府、企业结合，加快创新科研成果的转化速度，服务民生，造福人类。

### 4.4.3　人工智能时代创新创业教育的实践

党的二十大报告指出："创新是第一动力，坚持创新在我国现代化建设全局中的核心地位"。创新创业教育开展的逻辑重点要回归"教育""创新"。综合考量人工智能时代创新创业教育的价值旨归与变革逻辑，以多方参与、协同联动、合作互通助推智能时代的创新创业教育高质量发展。高校新文科创新创业教育应通过系统化和制度性的安排重塑创新创业教育形态，具体而言，建设产学研用一体化的创新创业教育生态，构建"人工智能 +"跨学科创新创业课程体系，打造人机协同、虚实结合的创新创业教育教学空间，开发过程性、成长性的创新创业教育评价工具。[321]

**1. 建设产学研用一体化的创新创业教育生态**

我国创新创业教育的发展是典型的"政府驱动型"，合理的政策倾斜与统领设计能有效促进创新创业教育的高质量发展。政府首先应加强对"人工智能 + 创新创业教育"的政策倾斜，确立人工智能发展的战略地位，强调人工智能时代创新创业教育发挥的重要功能；其次，政府要发挥在校企合作之间的协调作用，寻找高校和企业的利益均衡点，为参与创新创业教育的利益相关者带来持久的发展红利，使产学研结合成为高校、企业的自觉行动；最后，通过政策影响促使高校将"人工智能 + 创新创业"作为全校性的理念，并提供长期持续的财政拨款支持高校建立人工智能与创新创业深度融合的教育体系。[322]

**2. 构建"人工智能 +"跨学科创新创业课程体系**

建立融合人工智能学科、传统工程学科以及人文、艺术、社会科学学科的跨学科课程体系，能为学生在人工智能领域、传统工程领域以及社会领域的创新创业奠定基础，满足社会发展对创新创业人才的需求，强化创新创业教育的育人成效。

（1）开设系统的人工智能课程。人工智能课程不仅是人工智能专业的必修课程，也应是经济、管理、法学、新闻、艺术、外语、文学、哲学和历史学等学科专业领域的基础课程。已有学者提出创业者需要学习人工智能的分析方法，或者与其他了解新兴的人工智能技术的研究人员开展合作。数字化能够有效推动大学创业教育中的人工智能培训的发展，并且这种人工智能培训反过来促进了大学创业精神的发展，以及人工智能领域学术和教学人员就业机会的增长。高校应重视人工智能以及相关专业的训练，将人工智能与传统学科领域结合起来，加强人工智能与创新创业教育的融合，以帮助学生形成对人工智能与创新创业基本的理解力与判断力，理性认识人工智能技术发展带来的好处及限制，应对更广泛的经济发展与创新创业问题。开展人工智能基础课程教学，能够在不同学科领域创新创业人才培养过程中贯通人工智能知识、方法与应用能力。[323]

（2）增加人文、艺术、社会科学学科课程。面对人工智能技术发展及其衍生的一系列社会文化问题，人文艺术社科类知识是发现、分析、解决社会问题的重要基础。如卡内基梅隆大学开设了设计、艺术和技术本科课程项目的辅修课程，爱丁堡大学强调人文艺术学科在创新创业教育中发挥的重要作用，均强调学生掌握哲学、社会学、艺术和媒体等领域的知识，鼓励学生思考个人发展与社会发展的关系，关注人类与环境问题，并将人文、艺术、社会科学课程与人工智能课程相融合，鼓励学生合理使用人工智能技术解决社会问题，培养学生参与公共事务的思维与能力。

（3）开发跨学科的创新创业课程。以问题解决为核心开展多知识领域的学习项目，跨学科的创新创业课程体系包括：专业知识课程、人工智能课程、人文主义课程。将学科知识叠加，以主题课、研讨课、活动课等形式，通过线上线下混合式教学，人工智能技术促进学生的深度学习、自主学习与个性化学习。跨学科课程以真实生活问题为核心，以学科研究问题为前提，提供具有挑战性的学习任务，让学生通过整合与运用多学科的思维、知识以及方法进行研究和实践，培养学生复杂思维素养、创新精神和解决能力的学习方式。

**3. 打造人机协同、虚实结合的创新创业教学实践**

实践活动是影响高校新文科创新创业教育质量的重要变量，创新创业教育强调实践对于学生素质发展的重要意义，引导学生主动参与实践并在实践中获得创新创业能力。在传统教育的具体应用场景中使用人工智能中的算法模型、机器人、虚拟现实等技术创设智慧情境，可以有效增加创新创业教育的实践属性，在某种程度上弥补当前创新创业教育实践性不足的问题，推进交互式学习和个性化学习的进程，并对个体创新创业兴趣、意向与能力产生重要驱动。基于人工智能技术的沉浸式互动课堂可能成为数字世界中成功和商业领导力的基本要素，在创业教育课堂上采用人工智能和增强现实解决方案，通过编程练习、评估创业想法的自动数字软件和交互式工作站、智能板和视频显示墙，实现更具沉浸感和吸引力的课程。人工智能可以完成一些创业任务，并接受创业教育的培训，作为创新创业教育的“教师”教授创新创业内容，在创业教育中使用人工智能的数字化工具能够显著提高学生对创新与创业的兴趣。在体验式学习中，学生将能够显著增加创业兴趣，提升创业能力，并在未来的工作中更容易适应与使用人工智能。人工智能技术所建构的智慧场景对学生创新创业兴趣与能力的促进产生了一定的正向影响。

合理、有效利用人工智能已有工具开发在线学习产品，结合产学研合作项目与企业实践等形式，设计人机协同、虚实结合的创新创业教学资源与教学工具，在应用型人才培养中，借助人工智能技术，搭建人机协同的虚拟实践平台，运用人工智能拓展教学空间，提高学生创造能力，提供个性化学习指导和形成泛在化学习环境。新文科专业的教师可以在平台上运用增强现实（AR）、虚拟现实（VR）技术开发虚拟化、智能化实践教学资源，为学生提供创新创业的技能训练场所；智能算法、智能制造等新型生产方式的虚拟体验空间在教育社区之间实现课程共享，鼓励跨国界、跨区域、跨学校的协同学习，打造人机协同、虚实结合的创新创业教学实践，突破社会组织边界，形成智能化、立体化的教学空间。[324]人工智能工具支持的教学空间提升创新创业教育的“受力面积”，让学生在数字信息环境的浸润濡染中感知人工智能与创新活动的密切联系，进而实现新文科创新创业高阶素养从量到质的深层次提升与突破，培养高质量新文科创新型人才。

# 第5章

# 国内外高校创新创业教育典型经验做法

## 5.1 国外高校创新创业教育与实践

纵观全球，美国、德国、英国、日本、新加坡、意大利、韩国等国家的创新创业教育经过几十载的发展，已形成较为完善的体系。剖析国外高校创新创业教育与实践，借助他山之石，攻己之玉，为我国高校创新创业教育与实践改革探出一条新路。

### 5.1.1 国外高校创新创业教育模式

发达国家高校创新创业教育各具特色，从创新创业教育保障机制、创新创业教育体系、创新创业师资队伍等方面出发，研究美国、英国、德国、日本、新加坡、韩国、意大利等发达国家的创新创业教育模式，通过学习这些国家的成功经验，对我国高校开展创新创业教育具有启示意义。

**1. 美国创新创业教育模式**

创新创业教育起源于美国，理论研究与实践均走在世界前列。由哈佛商学院创立的“新创企业管理”课程是标志之一，美国创新创业的探索与实践已创设相关刊物 40 余种，创设创新创业教育研究中心 100 余处。高校还设有大量的创业孵化器与科技园，为实现创新创业项目提供有力保障，同时这些机构还沟通外部的社会资本机构、创业者联合会等组织，为创新创业项目和外部社会企业搭建起沟通的桥梁，帮助学生的创新创业项目从校园顺利过渡到社会，有效提高创新创业项目的成功率。

美国创新创业教育具有以下特点：一是创新创业教育理念结合美国国家经济发展需要。国家需要创业型经济发展的人才，高校就培养该种人才。同时，政府也通过财政拨款，大力扶持高校的培养方案，由此逐渐形成良性循环。长远布局创新创业教育，踔厉培育创新精神。二是依赖美国本土的创业文化基础与社会氛围。大量的欧洲移民后裔，其自身接受的家庭教育中会或多或少接受到开拓精神与创新创业精神，这会影响到创新创业精神的形成和有助于创新创业行动的落实。美国有全球各地具有一定的开拓精神和冒险精神的精英人才，在一定程度上促进了美国社会产生创业的氛围。美国政府也大开方便之门，出台了各种促进创新创业活动的相关政策，支持创新创业项目顺利进行。学校内的各种社团组织与机构对外可以沟通企业，对内可以为创新创业项目提供专业的咨询与建议，这种组织与机构可以在创新创业项目的各个环节为创新创业者提供帮助。三是完善创新创业教育新体系。美国基本已经形成一套符合美国社会的创新创业教育体系，包括培养目标、课程设置、师资队伍、学科建制、实践经验，帮助学生创新创业的成功。四是创新创业评价体系完善。通过评价体系，评估创新创业教育成果，促进良性竞争，更好地实现创新创业教育的目的。

目前，大多数国外高校创新创业都采用的是磁石模式。麻省理工学院采用单一磁石模式，斯坦福大学采用多重磁石模式。[325]

以斯坦福大学为例，该校已经形成了完整的创业教育体系，具体体现在各种创业教育的研究中心、完善的创业教育课程体系、丰富的创业教育资源、鼓励创业的政策和资金支持、鼓励创业的浓厚校园文化。[326]该校的创新创业研究中心为学生提供了场地支持、经验支持、经济支持等。第一，在经济支持方面，该校的创新创业研究中心会为学生提供一年的经济支持。不管创新创业项目是处于方案设计阶段，还是已经进入现实运营阶段，斯坦福大学都会为其在金融、咨询、法律等方面提供专属折扣或优惠政策。第二，在场地支持方面，斯坦福大学创新创业研究中心成立了专门的创新创业工作室，为具有相关资质的创新创业团队提供全天的、无偿的、高质量的办公环境。第三，在经验支持方面，该校创新创业研究中心定期召开座谈会与分享会。因此，学生有足够的机会，可以和来自华尔街、硅谷等地的高层次企业家与投资人进行深度的沟通与交流。除此之外，斯坦福大学还有一系列奖励政策，对创新创业竞赛类活动有非常丰厚的奖励。例如：由硅谷地区的知名企业赞助的创业挑战大赛等，每项赛事的奖励金额可以达到15万美元。

斯坦福大学被誉为硅谷的“心脏”，斯坦福大学培养具有创业技能的创业企业家，这是硅谷能够可持续发展的重要基础之一。[327]

创新型工程科技人才是创新型国家建设的重要智力资源。以培养成功的领导人、企业家、创新者、工程师和科学家而闻名的凯特林大学，被誉为工业界的“西点军校”“美国最好的工程学校之一”，始终奉行学以致用、学以创新的核心价值，以塑造“下一代的工程师、科学家和行业领袖”为目标，以实践能力培养为重点，以产学研用结合为途径，通过合作教育和跨学科培养以及开放互动的育人生态，促进学生成长成才。凯特林大学在工程科技人才培养方面具有独特的培养理念与育人路径，特色鲜明，享有盛誉，可为我国探索创新型工程科技人才培养提供宝贵的经验。[328]

麻省理工学院是美国早期开展创新创业教育的学校之一，麻省理工学院“手脑并用”的校训、“勇于前进”的创办与发展、指向“实践”的校园文化。麻省理工学院采用的单一磁石模式，磁石模式是使学生在创业中获得成功，也为学校的学生提供创新创业教育。麻省理工学院有着浓厚的创新创业气氛。麻省理工学院单一磁石模式具体做法是：创业教育管理中心提供入门级创业课程、专业性强的创业课程、专业技术方面的创业课程、实践性的创业课程、个性化的创业课程五种创新创业课程；邀请成功校友为分享经验和体会，学生和教师相互交流想法，从专业性角度探讨创业想法，活跃学生创新思维，创业教育形成“创业生态系统”。麻省理工学院创业教育管理中心提供创业指导教师，对学生的创业活动进行指导。学院除了正式的创业教育管理中心，还有不少其他自发的创业组织，由创业教育管理中心对这些组织进行统一的指导。[329]

康奈尔大学是一所快速发展的公立大学，康奈尔大学“让任何人在此学到想学科目”的校训，“传承、发现、创造及参与”的大学使命，形成包括发展学生知识、能力及素养的创业教育理念，规定了创业教育的内容。康奈尔大学的创业教育管理中心由实施创业教育的各个学院院长构成，康奈尔大学管理中心领导任期为两年，康奈尔大学管理中心主任对全校的创新创业活动进行统一的指导。康奈尔大学的创新创业教育中，不同学院和专业的学生都可以根据自身的条件选择不同的课程进行学习，将创业理论课程与实践课程紧紧的联系在一起。从学校的角度来说，培养学生具有竞争性；从教师的角度来说，师生相互进行沟通，在交流中不断提升思维能力；从学生的角度来说，提供实践性更强的创业教育，理论知识与实践充分结合。[330]

康奈尔大学创业教育采用辐射模式，看重公平原则，掌握了创业技能和相关知识的学生，能够产生重大价值。康奈尔大学辐射模式的实质要求教师能够融会贯通创业课程，激发教师主动参与创新创业教育，创新创业师资队伍建设，都是采用辐射模式开展创业教育的康奈尔大学需要考虑的问题。康奈尔大学每年都会拿出一部分专项资金，奖励为创新创业教育事业做出杰出贡献的教师，并且康奈尔大学与优秀校友一直维持良好的关系。但是，要意识到辐射模式在使用和管理过程中依然有着协调、课程设置、教师资源稀缺等不足之处。康奈尔大学辐射模式最大的困难是协调工作，康奈尔大学总共有 9 个学院开展创新创业教育，协调不同学院之间的课程便是一项极具挑战的任务。

美国康奈尔大学面向全校学生的创业教育课程体系非常完善，全校性创业教育项目非常成熟。课程设置主要特点是创业教育目标清晰、完善的基于创业过程的课程体系、专业化的师资队伍建设、依托专业知识的创业课程开发、多样化的教学形式与方法等。[331]

美国创业型大学通过发挥高校的创新知识和人才溢出效益、构建专门服务区域创新发展的组织机构、推动区域内企业技术升级和产业结构调整来助力区域创新发展；区域也通过调整发展战略、提供创新氛围与制度保障等举措，推动创业型大学的转型与创新。作为创业型大学的发源地，美国创业型大学在转型的过程中，形成了服务区域创新发展的优良传统，对各类型大学服务区域创新发展具有重要的借鉴价值。美国创业型大学面对知识经济时代变革、经济社会转型发展及政府经费拨款日渐减少的现实困境，积极发挥学术资源优势推动学校向创业型大学转型。其发展主要经历了萌芽、探索和成长三个阶段，并呈现出强有力的组织领导核心、高度重视创新创业型人才的培养、完善的科研组织结构和转化机制、良好的政产学研合作关系以及浓厚的创新创业文化氛围等特征美国创业型大学与区域创新发展形成了一定的耦合关系，位居全美大学创新力排行榜首，被评为“社区和国家服务”顶尖高校的亚利桑那州立大学，聚焦于重构大学基础组织，创设区域创新发展支撑点；调整人才培养结构，形成区域创新发展推动力；优化科研运行机制，提升区域创新发展推动力以及增强社会服务职能，构建区域创新生态系统四个方面，推动亚利桑那州的创新发展。美国创业型大学在服务区域创新发展的过程中，不仅探索出适应大学自身发展的实践路径，也形成了独具特色的大学服务区域创新发展的机制。主要包括组织机制、互动机制与运行机制。其中组织机制主要包括完善科技成果转移机构、成立跨学科研究中心；互动机制主要包含创业型大学与政府的互动、与企业的互动以及与其他大学科研机构的互动；组织运行机制则是指政产学研的合作机制与激励机制。[332]

美国高校创业教育的迅猛发展得益于其独特的创业教育模式，纵观美国高校，创业教育的发展主要基于高新知识和技术的转移，专业知识生产与创业过程紧密结合，高新技术创业是主要形式。在近半个世纪的演化发展过程中，主要形成了三种专、创结合的创业教育模式，即聚焦模式、磁石模式、辐射模式。呈现以特色为先导，力求多元发展；以校园创业文化建设为枢纽，推进高校整体革新；以创业教育中心为主要组织形式，提倡跨学科发展的特征。[333]辐射模式是当前美国专、创融合教育的典型，在聚焦模式和磁石模式的基础上不断成熟和完善。美国创业教育在多年的发展过程中逐渐形成了自身的特色，并且日益综合化、学科化，但同时也存在诸多问题，如社会对创业教育作用仍然存疑、创业教育在专业人才培养体系中的定位模糊，融入专业教育的创业师资问题仍然突出等。[334]

美国已形成较为完善和系统的创新创业教育课程体系：一是设立了创新创业方面的学位，美国科罗拉多大学设立创新学士学位，得克萨斯大学达拉斯分校设置创新和创业理学硕士学位；二是做企业的首席执行官并给与资金资助，如在代顿大学可申请做小微企业的首席执行官；得克萨斯大学达拉斯分校给学生提供创新创业发展、风险投资、创业融资、天使投资等帮助；三是建立了跨学科的多样化课程体系，如美国百森商学院构建了“三位一体”的创新创业教育课程体系；四是鼓励教师参与创业项目的运作，实现创新创业教育与专业实践课程的深度融合。[335]

**2. 英国创新创业教育模式**

英国的创业教育开始于20世纪60年代，英国的创新创业教育源起于石油危机导致英国的经济状况持续走低，政府对高校的拨款降低，高校密切接触企业，以维持高校正常办学开销，培养学生的创新创业能力，以帮助企业更好解决问题，同时促进学生更好地实现创业就业。兴起于20世纪80年代，英国创新创业教育逐渐开展，进入到了创新创业教育探索与实践的阶段。研究发现，英国最开始是以速成企业家为目的来开展创新创业教育的，以培养学生具备创新创业的精神与相应素质为重点。在后期的发展过程中逐渐处于世界领先地位，形成了独特的创业实践课程、创业项目以及专业化的创业人才培养模式。[336]

纵观英国创新创业教育发展历程，英国实施创新创业教育有以下几点：一是设立专门机构，全面负责管理创新创业教育与实践，如科学创业中心

（UK－SEK）和全国大学生创业委员会（NCGE），创业中心主要负责教学和成果转化的功能，全国大学生创业委员会全面对接高校与创业中心。二是创业教育模式齐发力，英国的多种创新创业组织教育模式主要包括商学院主导模式和大学主导模式。这两种模式覆盖率及学生接受创新创业教育的程度高，保证了创新创业教育覆盖，达到了更好地实现创新创业教育目的。三是良好的政策环境和资金支持，英国多个政府部门共同出台政策保证了法律与政策的全面性与执行力度，为学生创新创业项目提供了良好的政策环境。政府的拨款、各项基金会以及企业合作共同保证了创新创业项目的资金充足，在政策与资金的双重支持下，学生开展创新创业教育活动较顺利。四是高校师资力量强大与课程设置科学，保证了创新创业教育工作的质量，开展教师培训，提升了创新创业教师的水平，同时对于从业的教师，也有严格要求，要求教师具有商业管理经验或者创业经历，这也保证了英国创新创业教育的水平与质量。五是全社会创新创业的文化体系，在政府和社会的努力下，形成了以地方政府和非政府公益组织为主的创业支持活动，辅以企业的积极参与和大学自身的创新创业教育，在全社会树立起良好的创新创业文化。[337]

传统商学院模式典型代表是赛德商学院（Said Business School，SBS），赛德商学院自成立以来一直将“创业”和“创新商业教育”作为教育理念，在创业教育教学中，融入牛津大学经济学、国际关系、心理学等学科的优势，培养学生在商业方面的所有核心能力，培养新一代商业领袖和企业家。传统商学院模式是由商学院主导，采取传统创业教育“教与学”的模式。[338]

互动模式将创业角色纳入社会系统加以考虑，分为植入方式、大学领导的中介运行方式、利益相关者推动的外部支持运行方式。

沃里克大学自 1987 年开设创新创业教育课程以来，创新创业教育课程建设逐步完善并形成了如下特点：课程目标契合学校创新发展战略与人才培养目标；课程结构满足本科生、研究生以及企业员工等不同学生群体需求；课程内容融合了创新创业教育内容与学科专业知识；课程教学采用研讨会、协作学习、情景模拟、密室逃脱等多种形式并联合创新和创业部门举办多种活动；课程师资引进了创新创业专题组教师、创新和创业部门教师以及学生创新研究员等各类人才。在创新创业教育课程的培养下，沃里克大学学生的创新创业意识得到了提升，创新创业技能不断增强，在就业市场中也具有更强的竞争力。[339]

英国成为公认的世界教育强国，主要有 4 个方面：制定出台系列教育国际化战略，构建完备多样的教育体系，确立创新创业教育理念，构建系统化的教师专业发展框架。[340]

**3. 日本创新创业教育模式**

日本作为科技强国，遵循“科学技术创造立国”的战略目标，重视创新创业教育，自2000年日本教育改革国民会议上首次提出“创业家精神”后，目前已形成独具特色的“官产学协同发展”创业教育体系。[341]日本经历经济萧条，出台科技立国的政策，寻求出路，鼓励高校创新创业，以求早日走出经济危机。而日本高校的创新创业教育也是在这个时候开始实施的，鼓励学生成为企业家，促进经济复苏。出台的《科学技术基本法》，促进了创新创业教育。日本人口出现负增长，老龄化加剧，传统的创新创业模式已经不能很好的服务于当前社会，因此日本积极构建基于年轻人的创新创业教育模式，以应对当前社会出现的潜在危机。经过探索，日本目前已形成三个方面的创新创业教育模式，分别针对高中生、大学生及其他人，创新创业教育成效较好。

日本创业教育以知识生产、创新网络、生态系统、价值共创为理论基础，利用政策和不同层次路径的实践来构建大学主导型创新生态系统。通过综合研究型大学的跨学科建设，从知识开发上着重增加知识生产存量，建设大学创新生态系统；以产学研的合作为主要推动手段促进知识的流动性，增加知识流量，建设特定领域创新生态系统；以开放式创新合作基地建设作为价值共创手段，从知识的转化中推进知识生产，建设平台创新生态系统。大学主导型创新生态系统建设为日本带来积极的实践效果，具有可持续性、大规模和整体协调性特征，但也有一定的局限性。[342]

梳理日本创业教育发展历程，日本创业教育发展可分为以创业精神培育为核心开展创业教育和官产学联动两个主要阶段，“三位一体”式推进创业教育。特色体现在创业教育理念推广、创业教育课程建设、社会支持体系完善等方面。[343]

日本创新创业教育主要有三个特点：一是政府成为创新创业教育主要推动者。从日本文化上来看，传统的集体意识、忠诚意识决定了其社会氛围不会主动产生创新创业精神，全面的政府主导，并且配套政策与设施机构等迅速完善，虽然保证了创新创业教育的政策实施，但是毕竟创新创业教育场景依赖于学校，所以取得成效有待进一步提升。二是创新创业教育的衔接性特点。日本相对较早形成了创新创业体系，覆盖学生时期的各个阶段，最早可以覆盖到小学阶段，较早的使学生接触创新创业教育，有利于激发学生创新创业潜力，这为大学奠定了较高深的创新创业教育基础，处于领先位置，帮助学生创新创业，利于学生创新创业实现成功。三是创新创业教育依赖本地特色产业。由于日本独特的地理环境和结构，创新创业教育与当地特色产业密切结合，实践与教学素材呈现明显地域化区别，不利于学生实现突破性的创新创业。

日本创新创业教育模式，与欧美等国不同的是近半数高校在本科或研究生阶段开设了创业教育课程。实现了创业教育生态系统从“依靠政府推动”向“多元协同发展”的过渡。从日本创新创业教育模式来看，日本高校创业教育课程划分方面，划分为“企业家精神涵养型”“创业家专业教育型”“创业技能第二专业型”和“经营技能综合演练型”等四种类型。[344]“企业家精神涵养型”以广岛修道大学及横滨国立大学等为代表，创业教育课程针对全校学生的一般教养式创业教育。“创业家专业教育型”以日本大学、东京工科大学及小樽商科大学等为代表，开设“创业家专业”，专门开设创业教育课程培养学生；“创业家专业教育型”是创业教育的根本类型。“创业技能第二专业型”以庆应大学、关西学院大学及信州大学等为代表，讲授创业技能的第二专业（副专业）的教育。“经营技能综合演练型”以青山学院大学等为代表，围绕制定商业计划而开设演练式创业教育课程。开设创新创业教育先锋班，日本大阪商业大学，从大一新生中选拔 25 名有创业打算和计划的学生，开设先锋班，为其提供商学、经济学、公共经营学、经营学等方面的创业教育课程内容。[345]日本创新创业教育积累了许多值得学习的特色经验，比如以“企业家精神”为核心的教育理念，服务区域社会经济发展的课程体系，贯穿覆盖全学段育人体系的人才培养，专兼结合的多元师资队伍，“官产学”协同互联的保障机制等。

**4. 新加坡创新创业教育模式**

新加坡虽是面积很小的国家，但却是亚太乃至全球具有重要影响的科技创新中心之一。自 2001 年新加坡国立大学开始构建全球化知识企业向创业型大学转型以来，通过组织机构的整合，并以创业中心、企业孵化中心、产业联盟办公室以及海外学院等部门为载体推行多样化创新创业举措，在专业技术授权、大学衍生公司、校企合作和吸引世界优秀人才等领域取得显著成效。[346]

新加坡积极向欧美等国派遣公费留学生，学习先进经验并积极发展跨国企业，在留学生带回来的先进企业管理经验的同时，也带来国外先进的创新创业教育经验，新加坡开始逐步重视发展创新创业教育。经历 1997 年金融风暴冲击后，采取一系列鼓励措施鼓励创新创业，同时教育界也在国外先进经验基础上，积极开展创新创业课题研讨，其创新创业教育开始进入快车道的发展阶段，受益于其政府对留学工作的重视程度，使得新加坡的创新创业教育呈现跨越式发展。[347]

新加坡创新创业教育具有自身鲜明特点：一是教育理念明确且出台配套政策。新加坡的教育理念，以国家经济发展为中心，为国家经济发展提供大量紧缺人才。同时，新加坡政府一系列的扶持政策与计划及资金支持，为创新创业打造良好的环境，保证创新创业真正落到实处。二是教学手段与模式先进。教学手段中将互联网教学等纳入其中，这既保证了教学手段多样性，学生可以得到不同于传统课堂的体验，同时也可以保证教学水平和教学质量，使学生可以接受到更高水平的创新创业教育课程。三是创新创业教育国际化模式。新加坡的大学创新创业教育，很早就实现了与国际接轨，从学习方式、课程设置等方面全面学习先进做法，与世界上优秀的高等学府进行合作，不断更新课程安排及内容。

新加坡的成功，很大程度上得益于其长期以来对创新创业人才的吸纳集聚。依托国立大学、南洋理工大学等著名学府，把“开发下一代企业和专业领袖”和“以全球化教育吸引全球优秀科学家加盟”作为建设世界一流大学的发展重点，向全球广纳人才。[348]新加坡高校的创新创业教育体系取各家之所长，形成目前世界上较高水平的课程体系，并且具有一定的前瞻性，保证了创新创业教育的成效。新加坡高校很早就意识到了实践活动在创新创业教育中的重要地位，采用多种形式，以比赛、实践平台等形式，令学生充分接触实践过程，让学生在实践中解决问题，达到创新创业教育效果。[349]

新加坡人才培养以人本主义、国际化、现代化为理念，注重全球英才的吸引和创新能力的培养。[350]新加坡走向国际的创新创业教育体系：一是课程设置的国际化。新加坡高校通过和国外高校合作进行“跨越式发展”，采用弹性学分制，创新创业教育课程国际化。二是创新创业师资的国际化。新加坡理工学院（NYP）选派优秀教师去进行海外学术交流，创新创业师资的国际化。三是引入具有创新素质和创业经验的国际知名教师，新加坡国立大学外籍教师比例高达50%，而南洋理工大学倡导将竭尽全力传播世界先进人才和思想，使新加坡走向国际创新创业教育。

新加坡创新创业教育值得借鉴的经验是：政府的大力支持、大学生创业教育课程的国际化、大学生创业教育教师的专业化、大学生创业教育教学的现代化以及创业教育产业的成果化等方面，这些创新创业教育的实践都展现了新加坡创业教育实施的成功。[351]

**5. 德国创新创业教育模式**

德国是欧洲开展创新创业教育较早的国家之一，在创业教育领域逐步建立和完善大学的教授席位制度，建立和完善与专业课程相适应的大学创业教育课程体系。双元制是德国高等教育中极具特色的人才培养模式。

双元制模式，核心是使学生拥有双重身份，在接受大学教育的同时，还能以员工身份参与到企业的实践项目。双元制的典型特征可概括为“五结合”：宏观层面，强调国家力量与企业力量的结合、人才供给与市场需求的结合；微观层面，注重院校与企业的结合、理论与实践的结合、高校学习与企业工作的结合。汉诺威应用科学大学是德国探索双元制模式建设的先锋。该校构建“就业导向型”产教融合人才培养模式，与大众、美诺等企业的深度合作，重点关注面向企业需求的专业设置、聚集应用能力的培育目标、贯彻全面的企业实训和凸显生产实践的课程体系。[352]

德国创业教育有如下特点：第一，以创业教育贯穿小、中、高三阶教育的全过程；第二，以兼职教师为主并设立创业教育教授职位；第三，学校课程注重跨学科人才与孵化模块的培养。[353]

德国各高校探索不同的创新创业教育模式，形成了各具特色的创新创业教育体系，通过成立创业研究论坛促进创业研究，德国的创新创业教育也具有鲜明的特点包括以下方面：一是因地制宜、因材施教。德国综合性大学更强调创新精神和商业运营模式培训；职业培训学校和职业高等学校侧重于生存性创业教育。如柏林洪堡大学重视高新技术创业理念培训，波茨坦大学偏重艺术设计类的创新培训课程。二是与社会创新力量相配合。德国的许多大型企业定期在高校举行创业大赛，利用企业内部研究课题、社会公益创业项目等吸引高校学生参加。三是以创业教授席位为核心。德国高校的创业教授大多是拥有丰富创业经历、商业管理经验和成功创业生涯的知名企业家。四是注重宏观和微观创业环境建设。德国的初创企业享有平等的优惠政策，如税收减免、信息透明、银行低息或免息贷款等。[354]

德国高校创新创业教育，注重尊重学生的个性特征、兴趣爱好和未来的职业发展方向。如慕尼黑应用技术大学根据学校的发展理念设计创新创业教学课程，如企业财政、商业发展计划、风险投资等是面向全校的通选课，而生物技术与医药、创新企业家、产业的筹资与评估等课程则主要为有创业内驱力的学生而设立。[355]

德国创新创业教育模式，跨学科学术组织模式，建立以创新创业课程为导向的创新创业实践基地。德国高校通过革新学科学术组织结构，将不同学科之间的教学、研究和融合发展进行了深度调整，构建了跨学科学术组织模式，形成国内外高校交流与合作的创新创业人才培养模式。[356]

21 世纪以来，德国高等教育融合 19 世纪德国现代大学的“全面教育”思想遗产与英美“通识教育”的成功经验，开辟出了德国特色的文科拔尖人才培养路径。德国大学以“卓越战略”等联邦和州层面的学术资助平台为依托，形成了组合专业、模块化课程、国际化培养以及关键素质培养四元一体的拔尖人才培养体系。[357]

**6. 韩国创新创业教育模式**

韩国创业教育体系受到美国的创新创业教育影响，形成了韩国政府“自上而下”的创业教育发展模式，形成了具有本国特色的创业教育“三大支柱”：政府引领创业教育体系的构建、高校是创业教育的主要执行者、产业部门推动创业教育大众化。[358]

2018 年韩国多个部委共同颁布《产业教育与产学研合作基本计划(2019—2023 年)》，通过深化政府、产业、学校、科研机构等多主体融合协同，部署了人才培养、技术转移、创新创业、基础设施建设四大战略任务和具体的实施举措。该计划第一阶段运行成效显著，因数字化变革影响，又进行了动态调整。整体而言，该计划具有稳定性、适应性、灵活性，对我国完善产学研合作法律法规、健全产学研合作体制机制、激发产学研合作创新主体积极性具有一定的启示意义。[359]

随着第四次工业革命时代的到来，韩国政府陆续出台支持政策，为创业人才培养提供了制度保障。构建科技创业生态体系，韩国各高校锐意改革创业教育课程体系，促进创业教育课程普及化并推广创业辅修专业，鼓励师生联合共创，培育青年创业者企业家精神，从而使其适应全球一体化下的市场竞争。[360]韩国科学技术大学的科技创业生态体系，由“科学技术研究、企业家精神培育、创业教育学科、创业教育课程、创业实践支持、技术商业化”体系构成。[361]韩国大学创业教育的发展过程和实践的特点：一是开展具有综合性、连贯性的创业教育，强化学生的创业实践能力；二是营造创业支持环境，提高师生挑战创业的积极性；三是打造大学创业教育平台，发挥社区创业文化的先导作用。[362]

21 世纪以来，韩国的创业教育从高等教育向基础教育阶段延伸，尤其注重中小学创业精神氛围的营造及中小学生创业精神的培育。韩国教育部门制定和完善了中小学生创业精神核心素养框架；实施学年学期集中制联结型和创业体验中心联结型等创业精神教育项目；以活动课程为依托，将创业精神教育与学科教学相融合，构建具有融合性、实践性、创造性的中小学创业精神教育体系。对我国创业教育的启示：高度重视中小学生创业精神的培育；依托学科及活动课程，将创业精神教育融入课堂；凝聚多方教育力量，促进中小学创业精神教育发展。[363]

**7. 意大利创新创业教育典型实践**

意大利也拥有密集的大学网络，且在规模与地理位置上都存在鲜明的异质性，而这一特点为意大利创新创业教育蓬勃发展注入了重要内驱动力，与地区发展相协调。意大利并非创新创业教育起步最早的国家，但近年来其高等教育系统在技术转让等社会服务方面始终保持较强的活力，特别是工业和信息工程、化学、医学和生物学4门学科的迅猛发展，使意大利的创新创业教育长期处于较高水平，在国民受教育水平低于欧盟平均水平的情况下，相关科学成果产出名列前茅。其中，创业型大学革新理念、国际化发展战略、学位创新改革与专业集群化理念都起着关键作用。

(1) 创业型大学理念革新。创业型大学是大学"第三使命"的产物，两者紧密相连。"第三使命"的主要任务之一是与企业、公共组织和社会进行"知识交流"，这是创业型大学的一个重要特征。创业型大学理念革新，是大学"第三使命"在更高阶段的表现形式，创业型大学的创业行动丰富了大学服务社会功能的内涵，实现了教学、科研、创业/社会服务的整合，通过转化科研成果，直接为产业和社会服务，创业型大学理念革新成为经济和社会发展的引擎。

(2) 专业集群整合驱动。意大利中小型工业企业与许多高等教育机构、工业联合会建立了广泛且牢固的合作关系，大学以专业集群和研究实验室作为交流平台，为中小企业提供服务或展开合作。高等教育机构在整个生态系统中至关重要，成为了产业集群发展的锚定因素。

(3) 国际化战略发展。意大利的国际化战略充分体现了"自下而上"的特点，大多数意大利学校的国际化政策侧重于国际博士生、双硕士学位、教师和研究人员之间的交流与合作。例如，通过开展客座教授或客座科学家等研究交流项目，促进地中海南部国家和撒丁岛地区高等教育机构之间的国际合作。由于生产部门对高水平技能人才有着迫切的需求，因此，政府及高等院校在学位认证方面进行了较大的改革。在培养工业博士方面，意大利高校制定了基于为博士生提供研究机会和就业经验实体合作的人才培养方案，而不仅仅只是关注博士生学术研究方面的培养。在具体实践上，意大利高校推出了PHD Talents项目，该项目由意大利工业研究部资助，项目分为3个阶段：确定供需匹配、管理和监测、组织跨领域活动，旨在开发具有高度创新性和较大影响力的项目。[364]

### 5.1.2 国外创新创业教育的模式借鉴

欧美等发达国家创新创业教育体系建设的主要经验做法：出台鼓励政策、市场调节、多元参与、环境宽松和终身教育等。[365]发达国家的创新创业教育起步较早，形成了较为成熟、系统的教育模式。[366]

国外创新创业教育营造良好的创新创业氛围，如何能够持续有效调动高校师生参与创新创业的积极性，全面推进创新创业教育转型升级，一直是政府、社会和高校不断探索的问题。国外相关高校除在资金、师资、社会资源对接等方面为学生提供充足保障外，亦有其各自的特色方案。我国高校创新创业教育如何突破瓶颈期，实现转型升级，可以充分借鉴其实施经验。

**1. "递进式"创新创业教育**

创新创业教育基于其内容的丰富性和专业领域的特殊性，决定了不同群体应该和能够接受的教育是不同的。美国百森商学院将 4 年的创新创业授课时间分为入门、加速和定制路径三阶段，沃顿商学院则将课程主要分为"创新创业基础课""创新创业专业课""管理核心课程"和"专业顾问环节"等，按照入门、加速和定制路径，学生需要完成低阶段课程以后，结合递进式的课程安排，才能进行高阶段课程的学习。[367]通过递进式的课程安排，可以更有针对性地为不同层次的学生提供相应的指导与帮扶，亦有利于保证教学效果。

美国部分州的商学院设立创业学博士项目，并且已开设了创业学博士学位，既推进了创新创业的深层次理论研究，亦为创新创业教育的未来发展储备了师资力量。英国高校将创新创业教育逐步向"本—硕—博"一体的实践运行方式转变，针对本硕博不同阶段的学生推行不同层次的创业活动，针对硕博阶段的学生亦打通创新创业与学术研究的壁垒，使得创新创业的研究和实践成果得以作为学术研究的组成部分提交毕业。[368]

**2. 产学研闭环联动**

创新创业教育把培养具有创新意识、创业能力作为培养目标，创新创业教育助力产业转型升级，推动国家社会经济的发展，故而创新创业教育的开展不能脱离经济社会发展的需要和国家的政策引导，国家与社会亦可以为创新创业教育的开展提供必要的资源支撑。20 世纪 70 年代起，英国各地开始依托具有较好科研基础的大学建设科技园，由地方政府提供经费支持，通过建立以研发和孵化为目的的产业园区，搭建起创业实践服务平台，实现创业成果转移转化。大学科技园的建设搭建起服务、信息、技术等互联互通的平台，既实现创新成果的市场转化和企业孵化，亦推动区域经济可持续发展，带动就业。韩国除从政府层面积极制定创新创业五年计划等高校“双创”支持项目以引领创新创业教育发展外，高校层面亦积极推进校内外资源的整合。汉阳大学通过构建“老带新”网络，积极为校友企业家、高校教授和创新创业起步者搭建交流平台，分享交流经营和市场信息，共享经营成果，为新项目的起步和孵化提供资源支持，实现新老创业者和新老项目的承接性、互助性，更大程度上保障创新创业参与者项目的成功，保持市场活力的持续。[369]

**3. 辐射模式创新创业教育**

辐射模式在学校一级创建创业教育管理中心，引导学生创业活动的开展，从整体上规划学院创新创业活动的实施。辐射模式的出发点是根据不同学生的不同特性，组织实施创新创业教育，引导创新创业活动，并且分享不同学院之间的创业教学资源。实施辐射模式，学校给予全校学生创新创业教育，规划创新创业活动的实施，并且支持不同学院和老师、学生参与到创新创业教育中来。辐射模式与磁石模式之间本质的区别，就是辐射模式突出了不同学院教师、学生的参与。

**4. 创新生态模式**

荷兰创新能力走在世界前列，有着浓厚的创业氛围。在荷兰，高校重视创新创业教育，形成了“创新生态模式”。荷兰埃因霍温理工大学典型特征是从课程体系、创业孵化体系、校企合作机制及创业服务环境等方面构建“政产学”三螺旋生态系统，将高校、产业、城市相关的资源融合为一个有机整体，一方面由大学围绕产业需求设置各类创新创业项目；另一方面荷兰世界级的高科技企业与大学建立紧密合作，对接学校创业项目并提供资助，同时城市区域联盟也为创业活动提供一定的政策和资金支持。荷兰特温特大学构建的“创业生态系统”，以创业教育课程体系为基础，设立了商业和技术中心、创业研究中心和创业孵化项目，并涵盖了学校的创业衍生企业，与学校创新创业组成了有机的商业网络。此外，特温特大学还将创业课程渗透到非商科学生的课程体系中，培养全校学生的创新创业思维。[370]新加坡通过打造开放融合的创新创业创造环境，吸引和培育高端人才，简化创业流程，加强知识产权保护，补贴中小企业创新创业，支持创业基地和孵化器建设等一系列举措，创新生态模式，营造创新创业创造生态环境，促进经济实现创新驱动发展。

### 5.1.3 国外高校创新创业教育模式的启示

国外发达国家的创新创业教育发展历程与其教育特色，我们可以发现以下几个共通性的特点。

（1）创新创业理念的重要性。国外发达国家都是在经历危机后，由政府出台各种政策，积极解决大企业受到世界经济影响长远的问题，探索以中小企业共同发展，共同抵御冲击。由于有明确的危机感，这些国家的政策在高校中落实的非常有效，最后也取得了非常好的成效。所以在我国要树立创新创业理念，并要求高校正确认识该观念。

（2）完善的创新创业教育体系。在创新创业教育体系中，课程的科学性，开设的阶段及其相互衔接性、梯次性以及课程内容及水平都决定了创新创业教育的质量。需要高校在进行创新创业教育时，加以注意与完善。

（3）师资队伍水平对于创新创业教育至关重要。通过这些国家经验，我们可以发现，有的国家是以国家力量组织教师进行培训，保证教师水平；有的则是对从业教师提出严格要求，要求其必须有企业管理经验。这两种制度都保证了教学中教师的能力水平，进而保证了教学成果。对于我国高校具有借鉴意义。

（4）在课堂内容方面，发达国家意识到了实践对于创新创业教育的重要意义，实践与理论紧密结合，通过各种形式帮助学生更好掌所学，努力实现创新创业教育的目的。这值得我国高校在进行创新创业教育课程内容设计时，也应结合实践，保证实践课程的课时，真正实现学以致用。

（5）在创业氛围方面，不仅仅是校园文化，有的国家、高校还与社会一起协作，打造创新创业的全环境，促进学生的创新创业。这一点也值得我国高校学习借鉴，通过文化、媒体等方式营造创业氛围，竭力推进创新创业教育取得成效。

## 5.2 国内高校创新创业教育与实践

构建适应“四新”建设和高校特点的创新创业教育模式，立足国内高校创新创业教育现状，总结国内高校创新创业教育与实践、高校创新创业教育模式的特点和典型经验，推动我国高校创新创业教育提供理论基础和实践研究的依据。国内高校创新创业教育的广谱式、导师制、生态网模式等新型模式取得丰硕成果。

### 5.2.1　浙江大学双螺旋模式的实践

浙江大学是国内较早开展创新创业教育的高校。创新创业教育深度融合专业教育的双螺旋模式探索与实践，经过多年探索，已建立起“全链条式”创新创业教育体系。

**1. 以造就创新型专业人才为基础确立专业培养目标**

浙江大学立足全球视野和中国产业转型升级的战略需求，并依托自身学科特色和人才优势，提出“德智体美劳全面发展、具有全球竞争力的高素质创新人才和领导者”作为新时代人才培养目标。其中包括四个方面的内涵：一是“人的全面发展”，围绕全面落实立德树人的根本任务，强调知识与能力兼优、素质与人格并重；二是“全球竞争力”，以更广阔的全球视野、更具前瞻性的战略思考，造就具有国际水平的战略科技人才；三是“创新人才”，新时代学生应当具备强烈的好奇心、丰富的想象力，重视基础研究和原始创新；四是“领军者”，培养学生不仅具有扎实的专业素养，更具备战略发展眼光和卓越的领导潜质。

**2. 以提升创新创业能力为导向构建专业课程体系**

围绕培养目标，浙江大学从推进通识教育、基础教育、专业教育、拓展教育这四个环节上有层次、分类别、分阶段植入创新创业教育理念、内容、形式和手段，构建起全过程、全覆盖的，由思想层到理论层最后上升到实践层的课程体系。设置“走进挑战杯”“专业与人生”特别访谈等专题讲座和必修创新创业类课程学分，在思想上启发学生创新创业意识；将创新创业元素植入专业课程当中，开设“X+创新”“X+创业”等为主的联合式课程，在理论中激发学生创新思维；开设创新创业管理强化班（ITP辅修班），启动全球创业管理硕士生GEP等项目，开展项目评估、公司创办等实操性创业教育，在理论中推演实践、在实践中掌握理论。

**3. 以学科专业一体化为载体进行专业课程开发**

浙江大学提出“基于研究的教学”的课程理念。一是引入最新的研究进展或是待解决的科研问题来改造课程和设计实验项目，持续开发出“电力电子创新设计与实践”“高分子材料设计与实践”等创新性的“金课”。二是率先尝试“工科专业 + 创新能力 + 创业素质”的综合型培养模式，打破原有院系和专业间的学科隔阂，以学科交叉优化课程内容，以跨专业师资拓展课程模块，使学生科研和动手能力得到快速提升。以学生为主体创新专业教学方法，学校还重点打造了18门专创融合特色课程，并全部纳入学生培养方案及学分管理体系。

**4. 搭建系统的创新创业友好型教学软硬件设施与制度集成平台**

浙江大学学校以师生共创为模式拓展师资队伍，以创新创业教育工作小组为核心，重塑协调组织，以科技成果转化为抓手，完善教学评价与激励制度，以创新创业能力培育为根本，建设创新实践载体。其中，校友作为学校办学资源的一个有机组成部分，更是高校开展创新创业教育的重要支撑。一是发挥校友优势协同育人工作，聘请知名企业家校友兼任“求是强鹰计划”创业导师，指导学生创业实践；二是依托校友资源建立孵化平台，构建起“母校—校友创新创业育人共同体”。

**5. 以激发创新意识和提高知识应用能力为基础重塑课外活动**

浙江大学多年来在创新的基础上开展创业教育，充分发挥教师创新创业的引领作用，让技术创新作为创业的支撑点。一是积极鼓励学生尽早参与教师的研究课题，在教师的指导下产生调研报告等学术成果，或是以教师的学术成果为基础开展学科竞赛活动，以赛促学、以赛促教、教学相长。二是通过师生共创，对接实验室到工业生产，消化技术推进产业化，鼓励教师“阳光创业”，带领学生用所学所知解决产学研合作的问题。

**6. 以创新创业综合素质培养为目标改革学业评价体系**

在教学实践中，浙江大学将学业评价作为提高学生创新意识、创业能力的一种手段，建立全过程的多元联动学业考核体系。即以日常考核阶段性考查课程理论学习情况、以探究性实验考查理论知识把握程度、以课程考试考核学生在课程全过程中知识的掌握水平、以创新项目评测学生综合实践能力。

基于浙江大学的案例分析，双螺旋模式的实施路径可以概括为贯通“六节点”，打造“一平台”模式，如图5.1所示。

浙江大学创新创业教育深度融合专业教育的双螺旋模式的案例典型经验：[372]

第一，创新创业教育必须全过程深度融入专业教育链条。人才培养链条是多个教学要素和环节围绕人才培养目标串联成的完整教育过程，只有在人

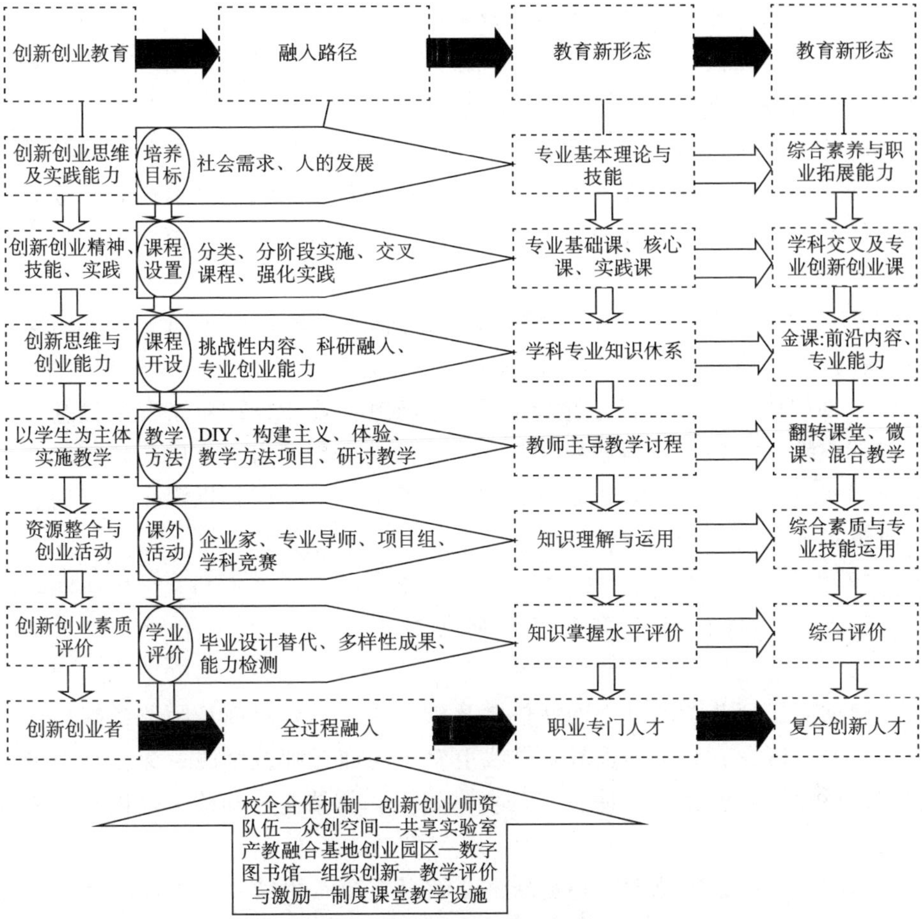


**图 5.1 双螺旋模式的实施的路径**

才培养全过程展开深度融合，才能有效解决创新创业教育与专业教育碎片化衔接问题。

第二，搭建系统的创新创业友好型教学软硬件设施与制度集成平台。要建立以校内资源为基础、以外部力量为补充，相关组织广泛参与，确保创新创业教育全过程有效融入专业教育链条的创新创业育人共同体。

第三，创新创业教育应在专业教育关键环节开展系统融合。创新创业教育应通过内聚耦合的方式在培养目标、课程设置、课程开发、教学方法、课外活动、学业评价六大关键节点与专业教育链条开展深度融合，并搭建教学软硬件设施与制度集成平台，使双链同频联动、深度融合、螺旋上升。

第四，师生共创是创新创业教育融入专业教育的前提。教师的学科科研、教学学术、课堂改革都是专业教育中的创新创业活动，创新创业教育就是在师生互动和彼此参与中完成的，教师的创新创业活动是培养学生创新创业能力的必要条件。

浙江大学“全链条式”创新创业教育的实践表明，其成功的实质就是构筑了创新创业教育的全链条，并把创新创业教育整条链深度内嵌到专业教育链条体系，实现了全过程的融入，由此产生出教育新形态。浙江大学探索强化“课程主渠道”与“本研贯通”，开环开放的创新创业育人氛围，强化“创新引领”与“责任引领”，坚定创新创业的正确价值导向，推进四课堂融通；强化“科教融合”与“产学一体”，促进创业教育与专业教育耦合；强化“部门协同”与“院系主体”，促进资源有效整合；浙江大学“基于创新的创业教育”模式取得积极成效。先后被教育部评为“全国高校实践育人创新创业基地”“全国创新创业典型经验高校”“全国首批深化创新创业教育改革示范高校”。

### 5.2.2 商丘师范学院创新创业教育实践

根据商丘师范学院官方网站信息及相关专家学者对商丘师范学院创新创业教育实践研究，结合中国教育在线上发布的商丘师范学院：深化创新创业教育改革擦亮双创教育“底色”的文献资料，总结商丘师范学院创新创业教育实践。[373]

近年来，商丘师范学院将创新创业教育贯穿人才培养全过程，以“全覆盖培养、全过程指导、全链条孵化”为思路引领，以“河南省首批创新创业教育实践基地”建设为抓手，持续构建“135”创新创业教育培养体系，着力培养富有创新精神、勇于投身实践的创新型人才。

**1. 加强顶层设计，完善创新创业保障体系**

商丘师范学院制定《“十四五”创新创业教育规划》，把开展创新教育作为深化办学体制和教育管理改革、激发学校事业发展动能的重要举措。学校以创新创业教育系统扎实推进立德树人、五育并举。成立书记、校长为组长的深化创新创业教育改革工作领导小组，加强对创新创业教育的组织领导。商丘师范学院成立创新创业学院，集聚各方面要素资源，健全创新创业教育体系，统筹推进创新创业教育。商丘师范学院构建管理机制、课程建设、实践训练、双创平台等“四梁八柱”的制度体系。出台了《深化创新创业教育改革实施方案》和《大学生创新创业基金使用与管理办法》等多项政策文件。商丘师范学院与商丘市联合举办企业家大讲堂，强化校地校企合作平台和校外大学生创新创业实践基地建设。当前，已形成双创人才培育链、孵化空间链、服务支撑链相融合的协同育人工作格局。

**2. 优化课程建设，提升双创教育教学质量**

商丘师范学院根据人才培养定位和创新创业教育目标要求，在传授专业知识、拓展专业能力的过程中，挖掘和充实各类专业课程的创新创业教育资源，加强创新创业教育。研发一批专创融合课程，纳入学分管理。目前已开设《大学生创业精神导论》《爱上花草创业的百变空间——创意花艺》等多门专创融合特色课程，并设立了“面上覆盖、线上聚合、点上突破”的创新创业教育课程群。定期开展专创融合师资培训、专创融合大讲堂等活动，推进专业教育与创新创业教育的深度融合，推动专创融合师资队伍建设。丰富创新创业教育优质课程资源建设，推动在线课程建设与开发。

**3. 汇聚整合资源，搭建开放共享实践平台**

商丘师范学院推进“1 + N”创客空间培育工程，以“YOUNG 创谷”国家级众创空间建设为基础，发挥各专业实验室、实训室等在仪器、设备、软件等方面的支撑优势，深化 VBSE 创新创业综合仿真实训中心、3T – Elab 创客工坊、VR 实训研发中心等多个专创融合实训平台建设，稳步推进“一学院一品牌、一专业一特色、一学科一平台”的建设目标。创新性建立教师指导、学生主体、企业参与“三位一体”开放式创新创业平台管理模式，指导大学生创新创业联盟、“YOUNG 创谷”创新社等校级创新创业类学生组织和学生社团，有组织的开展创新创业活动，年均开展创新创业类校园活动百余场次，以社团第二课堂活动激发学生创新创业思维。与商丘市大学科技园、商丘北航星空创业园等建立创新创业校外实训基地，鼓励、支持、推介优秀的创业团队入孵校外双创基地。打造“3 模 3 训 2 创”创新实践教学体系。[374]

**4. 强化以赛促创，激发创新创业内在动力**

商丘师范学院构建多层次创新创业竞赛体系，强化以赛促创，为学生搭建广阔的创新创业赛事项目平台，激活科技创新的青春力量。商丘师范学院设立大学生创新创业训练计划专项基金、大学生创新创业奖学金、众创空间建设专项基金等，建立健全权威双创赛事激励机制。聘请省内外知名创新创业导师，定期对重点项目跟踪辅导培育，助力大学生创新创业项目茁壮成长。打造环商丘师范学院创新创业产业带，推动产教融合、科教融合、校地融合，以推动优秀创新创业项目孵化落地。

**5. 注重育人实效，打造创新创业教育品牌**

商丘师范学院依托国家级众创空间，依托国家小型微型企业创业创新示范基地，依托省首批校外创新创业实践教育基地建设，进一步优化跨院系、跨学科、跨专业交叉融合，完善培养创新创业人才的新机制，探索创新创业平台+社区的“书院制”育人模式。聚焦推动学校多元化应用型人才培养模式改革，探索“四位一体”实践育人模式，加快培育一批具有创新精神、创业意识和创新创业能力的高素质创新创业人才队伍。打造“一说”（双创青年说）、“一辩”（双创主题辩论赛）、“一会”（双创研讨会）、“一讲堂”（创新创业大讲堂）等品牌活动，形成了“1贯穿”“3融入”“5拓展”的创新创业教育矩阵型“135”模式。大学生创业孵化园在发展定位、政策支持、创业能力、融资服务平台以及创业环境等方面下功夫，促进大学生创业孵化园生态链的形成，保证大学生创业持续发展。[375]

商丘师范学院荣获河南省首批“深化创新创业教育改革示范高校”，荣获河南省首批“创新创业教育实践基地建设高校”。商丘师范学院创新创业教育实践取得丰硕成果，创业项目获河南省“创响中原”大学生创业培优项目，入选商丘市创新创业之星，孵化国家级科技型中小企业数家。

### 5.2.3 贵阳学院创新创业教育模式探索

结合中国知网《“思、专、科、赛”四项融入法探析——来自贵阳学院的创新创业教育模式探索》，总结贵阳学院创新创业教育模式探索实践。

贵阳学院从创新创业人才培育等方面下功夫、出实招，注重深化实践育人体系的构建，以培养大学生创新创业能力为目标，探索了“思、专、科、界”四项融入法。这一模式着力构建思创融合、专创融合、科创融合、界创融合的“四创融合”育人体系，旨在培养高素质、重应用、善创新、强能力的创新创业型人才。贵阳学院大学科技园10年的运营实践证明，学生的创新意识、创业思维和创业能力大幅度提高，已在各类创新创业大赛和其他项目路演活动中取得了丰硕成果。[376]

贵阳学院在落实立德树人根本任务过程中，高度重视思想政治教育工作，2020年获贵州省高校“三全育人”综合改革试点标杆学校，两个专业学院获得“三全育人”综合改革试点标杆院系。近年来致力于构建“大思政”格局，办学以来一直坚持以思想政治教育为纲，以创新创业教育为载体，统筹实施“实践育人质量提升工程”，构建思创融合、专创融合、科创融合、赛创融合的“四创融合”育人体系，形成“激励学生成长，引导学生成人，教育学生成才，帮助学生成功”的育人模式。一是发挥红色基因铸魂育人作用，积极组织在校大学生参与暑期“三下乡”等社会服务和公益活动，服务类型涵盖理论宣讲、乡村振兴、基层服务等方面，培养他们的社会责任感和公民意识。二是追寻红色文化中的创新创业精神，开展“青年红色筑梦之旅”活动，打造“薪火黔行”“精简书社”“葡萄十里”“绿色仓库”“中国大鲤”等思创融合的创新创业项目，完善、推进和探索一二课堂相结合的实践育人模式、项目式创新训练新模式和协同育人新模式。贵阳学院通过实施实践育人工程，以思想政治工作中的“四重一薄”（重点任务、重点群体、重点领域、重点区域、薄弱环节）为焦点，优化顶层设计、强化优势、补齐短板，搭建起学校创新人才培育体系，推进思创融合构建思政育人链。通过实施实践育人工程，搭建起全过程实践育人体系，提升学生专业素养，厚植学生家国情怀，实现学校思想政治教育工作融入人才培养的全过程。突出改革重点，创新工作平台，形成由政府、学校、家庭、社会等多方共同参与的立体化、网络化、多元化的思想政治教育大环境，实现思想政治工作与创新创业、社会服务相结合，通过创新创业的实践，让思创融合变得生动活泼，促进了思想政治工作与创新创业教育的协调发展，让其具有更强的时代意义和号召力，培养学生家国情怀和创新创业精神为核心。在“过程性”的实践中，把一系列具有较高的教育价值和典型的创新创业案例融合在一起，鼓励学生勇于承担责任，敢于担当，让红色基因和革命薪火一代代传承下去，激励广大学子勇担使命，敢为人先，让红色基因、革命薪火代代相传，努力培养“敢闯会创”、有家国情怀的青年奋斗者。三是建立思创融合的辅导指导体系，为学生提供全方位的思政教育和创新创业教育指导。由专业教师和思政教育导师共同组成辅导团队，为学生提供思想引领和创业指导。

“薪火黔行”项目，以学生为主体，以红军在贵州若干重大历史事件作为主题，充分利用贵州独特丰富的长征文化资源，建设内容丰富、形式创新的课程包、活动包、游戏包，应用于课堂教学、大学校园、中小学、军营、社区、乡村等 8 个实践场景，实现长征精神的创新学习、实践与传承。项目由学生主导建设课程包，内容包括 12 套慕课、13 节学生微课、12 套教学设计（含教案、教学文具），10 套长征故事，广泛应用于必修课、选修课的课程教学，平台课程访问量超 30 万人次；项目注重思创融合，设计了 12 套综合实践方案、竞赛方案，建设了红色文化主体体验空间，开展了 30 余场大型红色专题活动；项目寓教于乐，设计和研发了系列卡片游戏、漫画、沉浸式故事体验等，引导学生体验沉浸式红色文化；项目注重知行合一，利用“三大工具”在课堂、校园、社区等8种场景中进行综合实践，学习、实践与传承红色文化。项目逐步形成学生主体、思创融合、寓教于乐、知行合一的创新思想政治教育模式。实施以来，成效明显，得到了媒体宣传，获得省、市、校各级领导及评估专家的好评和赞许，吸引了部队、高校、中小学来校参观，促成了多种合作，达成了共同践行红色文化传承的意愿。项目做到“学史明理、学史增信、学史崇德、学史力行”，努力讲好红色故事，实现红色文化的精神引领。[377]

### 5.2.4 西南石油大学创新创业教育课程建设研究与探索

通过查阅四川省教育厅和西南石油大学官方网站，《四川日报》的文章《西南石油大学创新创业教育改革探索与实践》，结合中国知网《地方高校创新创业教育的课程建设研究与探索——以西南石油大学为例》，四川省高等教育人才培养质量和教学改革立项项目《地方高校创新创业教育的课程建设研究与探索——以西南石油大学为例》（JG2021－618）项目组研究成果，总结西南石油大学创新创业教育课程建设研究与探索。西南石油大学在创新创业教育中进行的一系列改革，提出建设地方高校创新创业教育课程体系的新思考，构建实践育人共同体。政府、高校、企业、社会等按照“目标共同、机制共建、资源共享、责任共担”原则，建立实践育人共同体。[378]

**1. 明确创新创业教育课程目标的“新内涵”**

课程目标是课程体系中最核心的因素，一门课程没有明确的目标，就会越来越散乱。对于创新创业教育而言，其课程目标从简单的创新创业素质培养，转变为培养学生在专业领域内的创新精神、创新意识、创业技能、创业心理等综合素质，并使其最终有机会成为具有强烈开拓意识和领导才能的行业领导者。

**2. 开拓创新创业教育课程内容的“新视野”**

引入课程思政构建大学生创新创业教育素质模型。在课程思政“知识培养、能力提升、价值引领”的人才培养视角下，在创新创业课程体系中（全过程）融入思想政治教育的内涵，注重社会主义核心价值观对大学生世界观、人生观和价值观的引领，传承中华优秀传统文化，培养具有顽强的意志力、较强的责任心、勇于冒险的精神和较强的承受挫折能力等创新人格型大学生。

**3. 突破课程堡垒，积极构建专业课程与创新，创业课程的有机融合**

把创新创业教育与相关专业基础、专业核心课程进行交叉、渗透、延伸、拓展等，要涉及专业最前沿的知识和信息。以创新创业教育嵌入专业教育发展为主线，以层次化教育为导向，深度挖掘区域资源，实现培养学生创新专业技能的目标。学生只有通过创新创业教育与专业课程的有机融合，才能在自己所学的领域内理清创新的思路，有了创新创业思维，才能提升创新创业能力。[379]

**4. 开创创新创业教育课程结构的“新形式”**

构建富有特色的“通识教育—精英教育—孵化教育”“三位一体”的分层级、梯度式的课程结构。根据创新创业教育最终要实现的目标，高校创新创业教育课程从宏观结构而言应分为三个层面：创新创业理论指导、创新创业实训和创业实践。在设计创新创业课程体系时，以市场为导向，遵循“创新思维的培养，创业能力的提升，产品原型制造，商业化雏形设计，资金筹措和初创公司成立”这一发展脉络，构建完整的课程体系。将创新创业教育课程体系分为通识教育—精英教育—孵化教育三个梯度。通识教育针对全校学生，培养学生的创新创业思维和创新创业能力；精英教育主要针对有创业意向的学生，培养学生的个性化发展及提升创新创业能力；孵化教育针对正在创业的学生，以多元化实践的方式提高学生的创新创业实践能力。[380]

（1）开设多元化的课程类型。在专业建设时，选择一些与专业适合的创新创业教育课程作为公共基础课，以必修课、选修课或第二课堂的形式开设。课程选择上以创新创业知识与能力、决策知识与能力的培养为重点，主要包括市场营销知识、管理知识、企业运作知识、融资知识、会计财务知识、公关礼仪、法律知识，以及独立工作能力、机会识别能力、团队合作能力、人际交往能力、资源整合能力、领导感召力、创新创业意识、创新创业认同、创新创业规划等。

（2）构建素质教育模型。加强大学生创新创业教育素质模型的构建，将课程思政与通识教育、专业基础和职业岗位技能等课程结合，注重社会主义核心价值观对大学生世界观、人生观和价值观的引领。培养具有顽强的意志力、较强的责任心、爱冒险的精神、坚韧和诚实守信的品格及较强的承受挫折能力等创新人格型大学生。

（3）引入项目制教学。将学校历届得奖作品、地方企业创新创业经典项目以及创业成功校友等，以案例的方式融入专业课，积累经验，构建创新创业的“特色学派”，形成本土化的优质创新创业教学辅助性教材。通过在课堂上对学生检索式学习能力的培养，提升学生的内在自驱力，使学生由被动式学习向主动式学习转变，构建一套完整的多学科知识互融的知识架构，培养创新型思维能力。

**5. 开发多种形式的创新创业教育实践平台**

第一，在课程中以多元化实践形式，以及与地方政府和当地石油化工、机械等相关企业共同搭建产学研合作平台等方式，推动教育、科技、人才培养和当地经济紧密结合，创新成果和地方产业发展紧密对接，实现“政校企合作、产学研共赢”的局面。第二，开设以创新创业为主的第二课堂、第三课堂，包括优秀书籍的推荐与笔记分享、企业实地调研、模拟经营、团队的组建、“挑战杯”比赛、创新创业实训项目、科技创新节等。不定期邀请地方成功创业的企业家、校友或社会知名人士，到学校举办讲座，以及举办各种创新创业经验交流论坛、沙龙等；并利用校园广播、校园公众号、橱窗、微博、微信群、QQ 群、抖音、哔哩哔哩等宣传媒介，进行创新创业宣传，打造浓郁的创新创业文化氛围。第三，创建动态的校企合作创业研究中心：由当地企业根据全球市场，提出明确的项目，企业和学校组成相关的科研团队，入驻创业研究中心，将创业研究中心作为人才培养以及教学实践的基地。通过与地方政府和地方相关企业的紧密合作，以动态的校企合作创业研究中心为载体，以促进学生创新成果转化，促进理论教学和实践教学的有机融合，构建“实践应用主导、课程与技能融通、应用与创新挂钩”与区域经济、学校特色相融合的创新型人才培养课程结构。[381] 构建学科交叉融合平台、创新创业竞赛指导平台和产学研协同创新平台三位一体的知识分享平台，能够在良性的循环迭代中大幅提升大学生的创新创业能力。[382]

**6. 理清创新创业教育师资队伍建设的“新思路”**

构建创新创业教育师资网络。一是制定创新创业类课程的学习培训、职称评定、创新创业科研经费支持等优惠政策，鼓励专业教师参与创新创业训练和实践；二是从校企合作单位以及社会各界邀请一些理论扎实、经验丰富的企业家等作为兼职教师，请他们以自身的创业过程为主线讲授创新创业相关知识；三是选拔一批有经验的教师，设立创新创业教育科研小组，全程参与创新创业教育，深入课堂，参与指导；四是探索教学改革，申报研究课题，不断完善教师的创新创业知识结构，提升创新创业师资整体水平。

**7. 研究创新创业教育教学方式的“新手段”**

创新创业教育教学方式：一是在实操课堂中通过引入案例、角色扮演、情景模拟、小组讨论与同伴评估等方式，使各小组学生模拟企业建设，引导学生对个人和团队合作效果进行反思，并给出建议及改进方法。二是采访学校历届成功创业的校友，主要宣传其创新创业精神，以此削弱传统的就业观念，并鼓励大学生通过创业，实现自己的人生理想和人生价值。三是通过学校各种激励机制引导、吸引教师和学生积极参加各种国家级、省级、校级创新创业项目，以及开放性实验、各级各类专业、实践竞赛，其成果作为课程评价依据，推动创新创业教育的高水平发展，把创新创业教育融入高校人才培养全过程。[383]

西南石油大学把深化创新创业教育作为实践教学改革的突破口，构建“课堂、师资、校地（企）、平台、保障”“五位一体”的实践育人共同体，将创新创业教育融入人才培养体系。面向全体学生、结合通识教育和专业教育、强化实践，应用已有的实践教学改革成果，集聚校内外、全社会的创新创业教育资源，针对创新创业教育存在的问题与不足，充分发挥一直以来的实践教学改革优势，增强学生的创新精神、创业意识和创新创业能力，促进学生全面发展。

## 5.3　新时代创新创业教育模式典型案例分析

现阶段创新创业教育逐渐形成由微观到宏观层次的“思创融合”“专创融合”“科创融合”“产教融合”的多元融合创新驱动发展态势。

### 5.3.1　“赛教融合”创新创业教育模式

“以赛促教、赛教融合”的创新人才培养新模式，如图 5.2 所示。是一种将竞赛活动与日常教学相结合的方法，旨在通过这种方式更好地培养学生的创新能力和实践技能。

实施“赛教融合”这一模式的步骤包括：确定竞赛目标，选择与专业教育目标相符的竞赛项目；设计教学内容，根据竞赛要求设计或调整教学内容，确保教学与竞赛紧密结合；组织实践活动，组织学生参与竞赛准备，提供必要的资源和支持；评价与反馈，通过竞赛结果和过程评价学生的学习成果，给予反馈和建议。这种模式的优势在于能够激发学生的主动性和创造

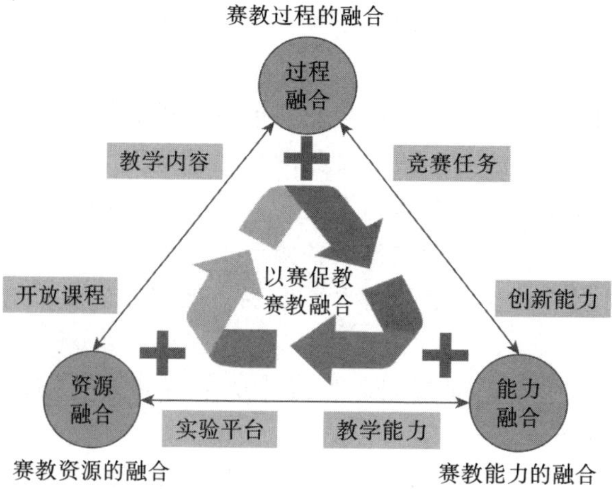


**图 5.2 “赛教融合”创新人才培养新模式**

性，同时使教育更加贴近实际应用，有助于培养符合社会需求的创新型人才。

国内许多高校实施“赛教融合”创新人才培养新模式，赛创融合实践的成功案例和策略，本书选择北京师范大学、南京理工大学、西安培华学院、广西外国语学院等高校的赛创融合实践案例。

**1. 北京师范大学的赛创融合实践**

北京师范大学通过举办全球未来教育设计大赛，“赛创融合”育人，将大学生和中小学教师两条赛道结合，使竞赛成为学生学习的有益补充。这种方式不仅促进了学生的科学思维、创新意识和合作精神，还强化了实践和实践成果的评价。

北京师范大学探索高校院系层面实施大学生创新创业教育的模式，开展的一系列“创意·创新·创业”活动，依托创业课程、班级组织、社团、校友资源、大型企业等，从创新创业观念培养、知识学习、能力塑造、实践探索和环境创设等方面为大学生提供充分的空间和舞台。高校院系层面实施大学生创新创业教育模式形成较为规范和完整的高校院系层面的创新创业教育体系，为其他高校院系实施创新创业教育提供参考范例。[384]

**2. 南京理工大学的创新创业课程体系**

南京理工大学在“互联网+”大学生创新创业大赛中取得了显著成绩。学校通过赛事组织工作，强化了赛事与课程目标、内容、教学方法、师资队伍和考核方式的融合，实现了“五融合”的目标。这种模式不仅提高了学生的竞赛能力，还促进了双创教育的深化。

南京理工大学结合工科专业的特色，建设了一批具有本校特色的各类创新创业课程，针对工科学生知识产权意识欠缺、创新能力和工程实践能力不强等问题，专业类创新创业课程侧重于培养学生的创新创业实践技能，着力引导学生逐步在所学专业的学术研究实践中实现能力的提升，为提升学生的创新创业能力打下坚实的基础。[385]

南京理工大学实施了"3+1+2"人才培养模式改革，与新版本科人才培养方案实现了系统化的融合，基础通识研讨类课程以培养创新思维和创新意识为主线，构建"机械工程+知识产权"复合型人才培养课程体系，打造融合机械工程实验实践平台和知识产权实践教育中心的层次递进的创新创业能力培养平台，在培养既懂专业技术又懂知识产权的复合型人才方面取得了显著成效。[386]南京理工大学将构建全面系统的创新创业课程体系，作为推进创新创业工作的重要环节。

**3. 西安培华学院多元化的创新创业教育模式**

随着我国经济转型升级，社会需要大量高素质技能应用型人才和创新型人才，注重人才实践技能提升，实践教育教学体系是提升学生实践能力的关键手段。[387]西安培华学院多元化的创新创业教育模式如下：

(1) 以赛促教、以赛促学、以赛促训：西安培华学院实施了"导师牵引竞赛驱动"的模式，通过组织学生参与各类创新创业大赛，将竞赛与课程教学、教学改革和创新相结合，从而提高学生的创新意识和能力。

(2)"院—校—市—省—国家—国际"六级竞赛模式：学院坚持多层次的竞赛模式，从学院内部到国际级别的竞赛，为学生提供不同层次的挑战和机会。

(3) 课赛融通、产教融合、科教融汇：学院重构了课程体系，将通识课程、专业课程与学科竞赛相结合，同时结合行业企业需求和科研项目，实现教学、产业和科研的深度融合。

(4) 云端创新创业教育：面对疫情等挑战，学院积极探索和实施了云端创新创业教育模式，包括线上师资培训、云端项目答辩和云端课程教学等，以保障教学质量和效果。

(5) 创新创业品牌活动：学院举办了多种创新创业品牌活动，如盘古创业大讲堂、盘古创享会、暑期创客训练营等，旨在提升学生的综合素养和创新思维。

(6) 服务与激励并行：学院积极组织学生参与各类创新创业大赛，设立专项经费奖励优秀学生和指导教师，并通过学院网站、公众号、微博等平台进行宣传和表彰。

（7）以创客中心为依托：学院建立了5000平方米的创客中心，为学生提供实践、操作、锻炼的平台，支持学生的创业梦想。

（8）女性教育特色：学院充分发挥女性教育特色，开展针对女性学生的教育活动，拓展她们的就业创业能力。

**4. 助推大学生创新创业能力提升的赛创产模式**

以广西外国语学院为例，通过分析其赛创产模式的运行与现状，阐释了赛创产模式对于大学生创新创业能力提升的意义和作用，也深思了该模式尚存的不足，提出了“赛—创”“赛—产”“创—产”融合，多方联动共建“生态赛创产模式”优化。

高校团学组织和团学活动是大学生思想政治教育和素质教育的主要阵地。广西外国语学院“思政 + 双创”双联动团学活动模式为全面育人工作提供了有益探索。结合当前高校创新创业发展特点，综合双联动团学活动模式，提出“自由模式 + 行业模式 + 红色文旅模式”的三合一模式，为大学生思政教育和素质教育提供了新思路新路径。[388]

广西外国语学院结合国家大力推行课程思政的时代背景，在分析当下高校创新创业课程建设困境的基础上，从设立以思政价值为导向的课程目标、构建以思政理念为线索的课程体系、设计与思政元素融合的教学内容、打造以思政内涵为链接的实践平台和优化以思政育人为目标的评价机制，探讨在“思创融合”理念指导下开展创新创业课程建设的具体路径。[389]

以上这些案例表明，“以赛促教、赛教融合”的模式在高等教育和职业教育中都有广泛的应用前景。它通过将竞赛与教学相结合，不仅增强了学生的实践能力和创新能力，还促进了教育体系的整体提升。

### 5.3.2 “思创融合”创新创业教育模式

推进思政教育与创新创业教育的融会贯通，是当前高等院校教育改革的重要方向之一。然而，新时代高校“思创融合”改革推进过程中仍然存在着融合氛围不理想、融合机制不健全、融合方法不明确等现实困境。“思创融合”深入剖析思政教育与“双创”教育的内在关联与相通性，基于经济学中“三螺旋理论模型”分析企业、高校、政府在推进“思创融合”改革中担任的不同角色与合作共赢的机制，高校“思创融合”改革是现实有效的创新创业教育途径之一。[390]

**1. 北京科技大学“思创融合”“跟党学创业”**

北京科技大学创新创业教育紧紧围绕立德树人根本任务，积极探索创新创业教育与思想政治教育的契合点，打造出“跟党学创业”“思创融合”模式，培养大学生创新创业的良好的政治素养、正确的创业价值观和向上的人格品质。“跟党学创业”“思创融合”模式，通过“厘清创业逻辑 + 聚焦核心知识 + 融入党史故事”的思路，引导学生从党的百年发展史中汲取红色创业智慧和力量，实现创新创业教育与思想政治教育在“知识传授、能力培养、价值塑造”“三位一体”育人目标的有机融合。[391]

北京科技大学以“思创融合”为切入点开展课程化探索，除传授知识技能外，还要关注学生价值观塑造以及精神品质与思想道德的提升。创新创业教育课程融入“党史元素”，从党的奋斗历史中汲取前进力量、推动党史学习教育走心学深做实，激励青年学生从党的百年奋斗历史和经验中汲取创业智慧，深刻理解新时代青年的社会责任和历史使命，形成自强乐观的人生态度和积极向上的创业价值观。[392]

北京科技大学“思创融合”典型经验做法，为高校党史学习教育提供新视角，为创新创业教育注入“红色智慧”，以培养有更深情怀、更广视野、更大格局的创新创业人才。北京科技大学历时 8 个月精心打造创新创业课程思政“跟党学创业”公选课，“跟党学创业”课程“理论深，案例活，话语新”，多力量多方位做好课程设计，订好课程“菜单”，“跟党学创业”课程得到“人民网”“学习强国”“中国网”“党史学习教育官网”“中国教育电视台”等多家媒体平台报道。北京科技大学成立由创新创业中心和马克思主义学院牵头，多部门共同参与的“思创融合”工作室，提出“研究、教学、宣传、巡讲、实践”的“五步走”策略，打造多载体的“思创融合”育人模式。[393]

**2. 东北农业大学“四重螺旋”的创新创业教育模式**

东北农业大学始称东北农学院，1948 年创建于哈尔滨，是中国共产党在解放区创办的第一所普通高等农业院校，是一所“以农科为优势，以生命科学和食品科学为特色，农、工、理、经、管等多学科协调发展”的国家“211 工程”重点建设大学和“世界一流学科”建设高校。

东北农业大学秉承创新创业教育理念，形成了“三全、三主线、四螺旋”的创新创业教育体系，通过“三全融合”和“三条主线”贯穿，形成了思创融合、专创融合、科创融合、产创融合“四重螺旋”的创新创业教育模式，培养学生的创新精神、创业意识和创新创业能力。[394]

东北农业大学探索出乡村振兴背景下可推广的高等农业院校创新创业教育实施模式与路径，不断创新人才培养机制，在人才培养过程中典型经验做法，即不断更新教育理念、准确开展专业定位、按大类招生与培养、将创新创业融入专业教育课程体系、建设创新创业教育师资队伍以及营造创新创业文化氛围、搭建创新创业平台，充分发挥农业高校的学科优势和人才优势。[395]

东北农业大学人文社科专业学生，以科技创新创业竞赛为载体，结合人文社科学生创新创业教育现状，以大学生社科创新创业实验室为平台研究实验室创新创业育人模式与实践路径，通过大学生创新创业载体、平台建设，提升创新创业育人效果。[396]

东北农业大学在全面推进我国创新驱动发展和乡村振兴战略中要主动承担社会责任，20余年创新创业教育实践探索，为"大众创业、万众创新"提供优质的教育资源和人才支撑。

北京科技大学"思创融合""跟党学创业"，东北农业大学"四重螺旋"的创新创业教育模式，为新时代高校"思创融合"改革推进提供了借鉴经验。构建"思创融合"统筹机制、协同机制和评价机制，增强教师队伍的思创意识和研学能力，提升"思创融合"课堂教学实效性，推进"思创融合"的校企跨界合作等措施，以切实推进融合育人工作，提高人才培养质量。

**3. "五融、三层、三师、五结合"模式**

2021年国务院办公厅印发《关于进一步支持大学生创新创业的指导意见》，如何进一步提升高校创新创业人才培养质量，成为高校创新创业教育工作的重中之重。探索"五融、三层、三师、五结合"模式下，高校新文科创新创业教育与实践新路径。构建"五融、三层、三师、五结合"创新创业教育模式，培养具有创新创业意识、创新创业能力、能够积极投身创新创业实践。营造"专创融合、科创融合、产创融合、思创融合、赛创融合"五融合创新创业文化氛围，完善"创新创业理论基础课程、创新创业实践课程、创新创业实战课程"三层级课程体系，建设"理论讲师、实践导师、实战良师"三师级教师队伍，健全"用学结合，赛学结合，创学结合，教学结合、产学结合"五结合创新创业培养机制，推进高校新文科创新创业教育工作的实施与开展。[397]

"专创融合、科创融合、产创融合、思创融合、赛创融合"的"五融"

提升大学生创新创业的内生动力；“创新创业理论基础课程、创新创业实践课程、创新创业实战课程”的“三层”打牢大学生创新创业实力；“理论讲师、实践导师、实战良师”的“三师”提升大学生创新创业能力；“用学结合，赛学结合，创学结合，教学结合、产学结合”的“五结合”提升大学生创新创业活力等方面积极作为。数字化、智能化、场景化的涌现，以创新能力为主要特征的社会人才需求新变化的凸显，新文科创新创业教育与实践，积极作为，主动作为，阔步前行。[398]

**4. 创新创业教育与“五育”深度融合的育人模式**

青岛大学是山东省重点建设高校、山东省和青岛市共建高校、山东省高水平大学和高水平学科建设高校。学校始终坚持以培养学生敢闯的素质、会创的本领、家国的情怀为导向，构建起课程、众创空间、孵化“三平台”和课程、训练、孵化、导师、基金支持“五体系”，实现创新创业教育的全过程、广覆盖、普受益、可持续，形成了具有青大特色的创新创业教育模式。以“实践训练—项目引领—竞赛激励—成果孵化—文化创新”五大创新创业平台为支撑，有效提升学生创新创业能力。[399]

青岛大学高度重视学生创新创业工作，学校主动适应经济社会发展对人才的需求，把创新创业教育全方位贯穿、深层次融入人才培养全过程。纵深推进大众创业万众创新是深入实施创新驱动发展战略的重要支撑，以“课程+实践+竞赛”为路径载体，探索出了创新创业教育与“五育”深度融合育人体系，通过贯穿创新创业教育人才培养一条主线，探索形成了独具特色的综合性大学创新创业人才培养体系。[400]

为有效解决拔尖创新人才培养形式单一、“本—硕”阶段培养模式缺少有效衔接、科研训练缺少项目依托、学科与平台资源发挥作用不明显等问题，青岛大学纺织类专业提出了拔尖创新人才培养体系的建设与实践路径。拔尖创新人才培养体系以专创融合课程体系作为双创教学主航道，以导师课题组、实验室为共研共创主阵地，以导师承担的科研项目为依托，以“科学研究互帮互促、创新成果共建共享、学业发展同向同行”为内涵，落实了对纺织类专业人才4年不断线的进阶式培养，并取得了良好效果。[401]

青岛大学被授予全国毕业生就业典型经验高校50强、全国高等学校创业教育研究与实践先进单位、深化创新创业教育改革示范高校、首批国家级创新创业学院建设单位，山东省首批大学生创业教育示范院校、首批大众创业万众创新示范基地、创新创业典型经验高校等称号。入选中国高校创新创业教育联盟、中国高校众创空间联盟、首批国创导师工作站。

### 5. “五育并举，双环协同”课程思政育人工程

习近平总书记指出：“要从党和国家事业发展全局的高度，坚守为党育人、为国育才，把立德树人融入思想道德教育、文化知识教育、社会实践教育各环节。”创新创业人才培养模式改革必须找准课程思政发力点，紧紧围绕立德树人总目标开展方案设计，保证教学环节全覆盖。改革方案总体设计如图 5.3 所示。

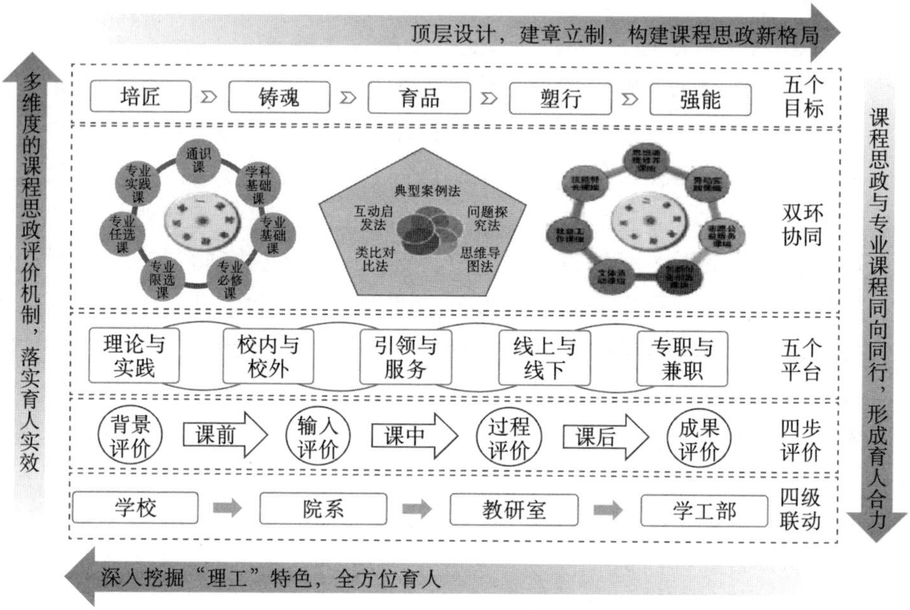


**图 5.3 “五育并举”“双环协同”育人方案**

“培匠”“铸魂”“育品”“塑行”“强能”五个培养目标中蕴藏“德、智、体、美、劳”五个育人方向，称为“五育并举”；“双环协同”是指第一课堂和第二课堂相辅相成、合作发力；“五个平台”为教师、学生、课程共享课程思政育人空间；“四步评价”采用 CIPP 评价体系，评测课程思政效能；“四级联动”是指学校、院系、教研室、学工部联合行动。随着课程思政研究的不断深入，“五育并举，双环协同”的育人理念，通过一体化设计、融合式构建、联动性增效，实现协同育人。[402]

党的二十大报告提出：“深入实施人才强国战略，完善人才战略布局，着力形成人才国际竞争的比较优势，加快建设国家战略人才力量，努力培养造就更多大师、战略科学家、一流科技领军人才和创新团队、青年科技人

才、卓越工程师、大国工匠、高技能人才”。[403]课程思政育人工程摆上议事日程，刻不容缓，尤其是如何“思创融合”培养“双创”拔尖创新人才。

培养“双创”拔尖创新人才是高等教育肩负的重要使命。步入新时代，面对当前我国创新创业人才培养过程中出现的认知存在偏差、路径存在惯性、主体落实不到位的问题，从新时代人才观与高校创新创业人才培养的基本理论展开研究。结合新时代人才观形成和发展的相关理论，从创新创业人才培养相关概念入手进一步解释新时代人才观与高校创新创业人才培养的内在联系，从立德树人、党管人才、教育育人等方面探索思创融合培养“双创”拔尖创新人才新的培养路径。[404]

# 第6章

# 数智时代高校新文科创新创业教育问题及成因

## 6.1 新文科创新创业教育与实践问题

高校加强新文科创新创业教育工作，是高校实现人才培养范式转型的突破口，是数智时代推进高校创新创业教育综合改革的关键环节。21世纪以来，我国针对创新创业教育的研究主要集中在数智时代高校新文科创新创业教育问题及成因、新文科创新创业教育与实践问题、国内外的创新创业成功经验等方面，以及新文科创新创业教育是适应数字经济时代发展而形成的新教育理念和实践。

### 6.1.1 新文科创新创业教育要解决的问题

数智时代新文科创新创业教育培养适应新时代要求的高素质专业人才，数智化创新创业教育与实践体系发挥着关键作用。高校系统化的新文科数智化创新创业教育改革面临诸多障碍，是新文科数智化创新创业教育面临的内部困境和痛点问题，通过问卷调查分析和文献资料整理分析可知，高校新文科数智化创新创业教育存在着一系列理论和实践问题，新文科数智化创新创业教育要解决的问题如下：

**1. 高校新文科创新创业教育与实践体系构建问题**

数智时代，新文科创新创业教育的最大的价值在于育人，完成立德树人根本任务，新文科创新创业教育根本目的在于数智化实践。高校新文科数智化创新创业教育，推动高校新文科“创新型人才培养目标”的实施，强力撬动教育教学供给侧改革，助力人才培养范式转型，主要是解决“专创融合、科创融合、产创融合、思创融合和赛创融合”的“五创融合”协同效应不足问题；高校培养适应新经济发展、担当民族复兴大任的新时代文科高素质专业人才。高校新文科创新创业教育与实践，就要解决好新文科创新创业教育理论课程的重构及新文科数智化创新创业教育实践课程的建构问题。因此，高校新文科创新创业教育，数智化创新创业教育要做到“数智化”理论和实践、指导和服务平衡发展，[405]如图 6.1 所示。

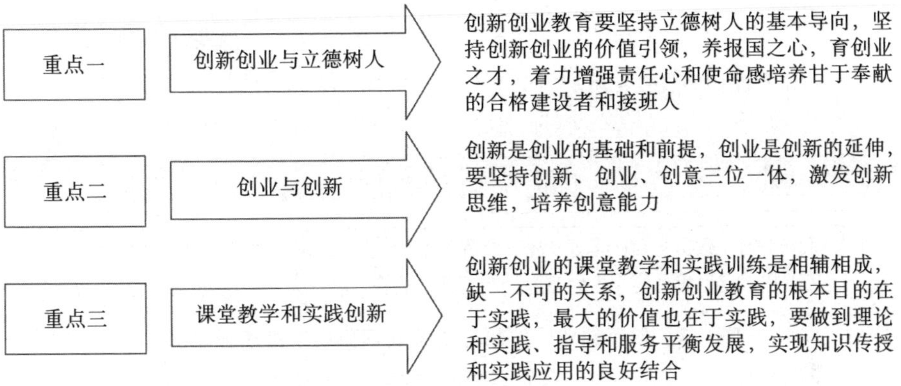


**图 6.1　创新创业教育的重点目标**

数智时代，为新文科建设提供科学、合理、可行的路径选择，高校新文科“专创融合、科创融合、产创融合、思创融合和赛创融合”的“五创融合”育人模式，实现新文科专业改造升级，要开展“文理工农医”多学科交叉融合、跨学科专业建设。高校新文科“专创融合”形成“线上线下一体化”的实践创新教学体系。高校新文科“科创融合”就是把学生参与科研活动作为有效的创新创业教学形式，把学校优质的科研资源转化为育人资源和新文科专业优势，高校新文科数智化创新创业教育，“科创融合”目的是以高水平的科学研究融入数智化创新创业教育，实现高质量新文科创新人才培养；高校新文科“产创融合”就是汇聚社会资源、拓展育人空间，打造校企联合培养创新创业人才大平台，建成新型产学融合教育体系，打造产业人才高地，推动协同创新向纵深发展；高校新文科“思创融合”就是创新创业课程思政与思想政治教育同向同行，铸魂育人；高校新文科“赛创融合”

就是“互联网+”大赛、学科专业竞赛与创新创业课程教学相融合，以赛促学、以赛促教，以赛促创，“赛创融合”知行合一。探索数智时代背景下新文科数智化创新创业人才培养过程及项目成果管理一体化，不断拓展新文科创新创业教学的新领域、新载体、新形式和新方式，提高新文科专业人才培养质量，[406]如图6.2所示。

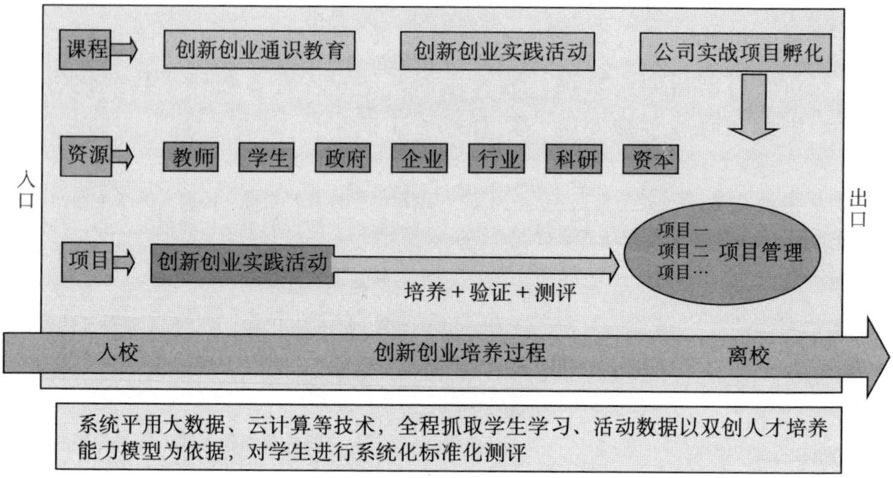


图6.2 创新创业人才培养过程及项目成果管理一体化

**2. 优化人才培养方案问题**

数智化创新创业人才培养，需要构建高校新文科创新创业教育与实践体系，优化经济、管理、法学、新闻、艺术、外语、文学、哲学和历史学等学科专业人才培养方案。优化人才培养方案问题是高校新文科人才培养关键环节。高校新文科数智化创新创业教育，构建高校新文科数智化创新创业教育课程、实践体系，需要更新数智化教育理念，创新教学手段与教学方法；高校新文科创新创业课程要结合专业特点，创设教学情境，运用数智化的教学手段与教学方法，开展线上线下混合式教学，增强其直观性、可操作性和实践性；构建新文科创新创业实践教学体系，加强新文科数智化创新创业实践教学环节。

**3. 数智时代高校新文科创新创业教育课程体系整合问题**

数智时代高校新文科创新创业教育课程体系、教学模式和方式选择问题，建立新文科数智化创新创业课程体系对专业学生培养目标的支撑关系矩阵，见表6.1。

表 6.1　新文科数智化创新创业课程体系对专业学生培养目标的支撑关系矩阵

| 课程类别 | 课程名称 | 课程培养目标 | | | |
|---|---|---|---|---|---|
| | | 内涵 1 | 内涵 2 | 内涵 3 | 内涵 4 |
| 通识课程 | 创新创业类 | √ | | | √ |
| | 管理与领导能力类 | | | | √ |
| | 全球视野类 | | √ | | √ |
| | 伦理与可持续发展类 | √ | √ | | √ |
| 素质拓展课程 | 创业实践活动 | √ | √ | | √ |
| | 社会实践活动 | √ | √ | | √ |
| | 公益活动 | √ | √ | | √ |
| 学科拓展课程 | 创新管理 | √ | | √ | |
| | 创业基础 | √ | | √ | |
| | 新媒体营销与新零售管理 | √ | | √ | |
| | 碳中和与碳达峰基本知识 | √ | | √ | |
| | “互联网 +” 消费者行为学 | √ | | √ | |
| | 区块链技术与应用 | √ | | √ | |
| | 跨境商业模式 | √ | | √ | |
| | 商务数据分析 | √ | | √ | |
| | 数字营销 | √ | | √ | |
| | 人工智能与大数据应用 | √ | | √ | |
| | IT 项目运营与服务管理 | √ | | √ | |
| | 国际金融 | √ | | √ | |
| | 管理运筹学理论与实践 | | | √ | |
| | 商务谈判 | | | √ | |
| | 股票投资实务 | | | √ | |
| 实践实训课程 | 管理认识与实习 | √ | | | |
| | 企业经营模拟对抗 | √ | | | |
| | 商业模式模拟综合实训 | √ | | | √ |
| | 创业之星创业模拟综合实训 | √ | | | √ |
| | 企业经营沙盘模拟 | √ | | | √ |
| | Python 软件应用 | √ | | | |
| | 信息系统分析与设计课程设计 | √ | | | √ |
| | 营销前沿课程设计 | √ | | | √ |

续表

| 课程类别 | 课程名称 | 课程培养目标 | | | |
|---|---|---|---|---|---|
| | | 内涵 1 | 内涵 2 | 内涵 3 | 内涵 4 |
| 实践实训课程 | VBSE 专业模拟实训 | √ | | | |
| | 财务决策模拟实训 | √ | | | |
| | 业财税一体化模拟实训 | √ | | | |

注：课程培养目标的内涵 1 是指具有创新意识与能力，能够自我学习、持续发展；内涵 2 是指具有良好的科学人文素养，具有职业道德、社会责任感、国际视野，积极服务于国家与社会；内涵 3 是指掌握创新创业管理的新规律，积累新知识，创造新方法，并将新的发现付诸创新创业实践；内涵 4 是指能够领导跨文化、跨学科等多元团队实现创业就业目标，创业教育的价值就在于提高教学质量和效率，提高学生的成就感和获得感。

新文科创新创业教育选择教学模式和方式，要进行高校新文科创新创业教育课程体系有效整合。按照教育学的理论，依据陶行知“教学做合一”的教育思想和人才培养模式的要求，新文科数智化创新创业课程在教学模式和方式上应做到多样性。[407]

**4. 数智时代高校新文科创新创业教育与实践体系建设中存在的问题**

高校新文科数智化创新创业课程与实践体系，数智时代课程体系建设普遍存在的问题有以下几个方面：一是没有在学校课程体系中实施，《新文科建设宣言》发布后，高校越来越重视新文科创新创业教育，设置新文科创新创业教育课程、实践教学体系，探索数智化课程融入创新创业教育与实践，形成数智化课程体系，但没有在课程体系高质量实施，多以选修课的形式开设数智化创新创业课程，没有真正实现新文科数智化创新创业课程的普及。二是数智化课程教学方式单一，越来越多的大学生投身创新创业实践，但也面临社会连接程度弱，融资难，经验少，服务不到位，全方位、立体化协同共享生态尚未形成等困境。课程开设多以课堂讲授和案例讨论为主，缺少数字化、智能化、场景化的实践训练课程，新文科数智化创新创业课程教学方式单一，严重缺乏实践操作环节，难以真正达到提升创新创业能力的预期效果。三是高校新文科数智化创新创业教育数智化教学内容差异性较大，由于新文科数智化创新创业教育正处于探索阶段，数智化课程教学没有统一的教学参照标准，导致新文科数智化创新创业教育课程教学内容差异性较大。高校新文科数智化创新创业教育与实践，开发数智化创新创业课程教育资源不足，已有教学资源条块分割、缺乏有机整合，导致数智化课程教学内容存在较大差异，效果参差不齐。四是思创融合的机制不健全，新文科数智化创新创业教育师资队伍建设不够强、数智化教学形式较为单一、数智化实践基地较缺乏、数智化氛围不够浓厚等问题。五是新时代高校“思创融合”改革推进过程中仍然存在着融合氛围不理想、融合机制不健全、融合方法不明确等现实困境。

**5. 建构数智时代新文科创新创业教育与实践体系策略问题**

新文科创新创业教育体系和实践体系深度融合，成为新文科创新创业新的思维范式与解决问题新路径，突破传统社会科学思维和研究方法限制，探索新的思维范式与解决问题新路径，培养新文科专业学生的新技能和新知识体系。[408]

调查表明，新文科学生创新创业素养现状不容乐观，主要表现为数智化创新创业知识水平不高，创新创业意愿不强、动力不足，数字化、智能化、场景化创新创业知识不足、数智化创新创业能力不高。当前大学生创新精神培育体系基本成形，大学生创新精神整体达到了中等发展水平。然而，在取得了一定成效的同时，也存在部分培育内容未能充分落实、部分培育方法和载体的运用欠缺科学性和针对性的问题。

建构数智时代新文科创新创业教育与实践体系策略问题主要体现以下几个方面：

第一，重构“一核心、五体系”问题。“一核心”是指高校新文科创新创业教育，明确创新创业教育目的，以“解决社会重要问题”为核心。“五体系”是指高校新文科创新创业教育，构建创新创业教育话语体系、教育管理体系、师资体系、课程教材体系、教育科研体系。重构“一核心、五体系”面临诸多障碍问题。

第二，基于知识共创的“链式迭代”新文科创新创业教育与实践体系问题。存在如何设计解决问题方案功能的“链式迭代”创新创业课程体系的困难，培养新文科学生解决数智化问题的综合能力的策略问题。[409]

第三，打造开放立体交融式“六平台”实践体系难题。打造双创赛事平台、科研与社会服务育人平台、实践基地平台、产学研融合平台、社会支持保障平台“六平台”实践教育体系，也面临实施困境与障碍。

第四，完善问题解决导向的新文科创新创业评价体系问题。如何制定有效开展新文科创新创业的评价标准，助力实现卓有成效的新文科创新创业教育面临诸多挑战。[410]

**6. 新文科建设与创新创业教育的关系问题**

习近平总书记强调：“创新是社会进步的灵魂，创业是推动经济社会发展、改善民生的重要途径。青年学生富有想象力和创造力，是创新创业的有生力量。”教育部发布了《新文科建设的宣言》，理清新文科建设与创新创业教育的关系问题，用新时代的技术和手段去建设新文科。新文科内含创新的特质，也需创业的品质。徐飞教授认为，应处理好“四新”与创新创业教育有机结合的关系。具有创新思维和能力的人才成为经济发展亟需的人才，创新创业教育成为这一经济发展阶段的必然产物。[411]

数字经济和实体经济相结合，正催生出丰富多彩的新经济形态。创新创业教育也需要变革，尤其是数字化技术发展，解决数字经济时代的创新创业问题，需要多学科交叉融合问题。[412]创新创业教育面临的重要时代课题。如何解决高校新文科创新创业教育没有将培养目标、课程体系、教学实施和考核全面融入创新创业教育中，需要人才培养全过程进行的系列改革，必然对创新创业教育产生深远影响。[413]

**7. 完善产教融合协同育人机制问题**

高校新文科创新创业教育与实践，完善产教融合协同育人机制问题。如何深入开展产教融合，弥补学校新文科教育资源短缺、新文科实践不足的问题。如何构建“政产学研用”协同创新体系，“创新链、产业链、教育链、人才链”融会贯通，提供持久创新驱动力问题。[414]处理好科教融合和产教融合有机结合的关系。把学生参与科研作为一种有效的教学形式，建成新型产教融合教育体系，打造产业人才高地。

**8. 建设新文科创新创业综合实训系统问题**

一是如何建立创新创业档案和成绩单，客观记录并量化评价创新创业活动情况。二是如何建设新文科数智化综合实训系统平台，提供进行数据采集、数据清洗、数据整理和数据分析的真实应用环境。[415]大学生创新创业训练计划项目开展中存在的学生目标不明确、教师指导不足、学校宣传不到位等问题，通过调查研究发现，高校“国创计划”项目的实施和发展往往都受到管理、资源、成效等多种因素的影响。“国创计划”项目在具体实施过程中面临着对创新创业实践存在认识误区、缺乏过程管理、系统化保障以及校企合作等情况，通过新文科创新创业综合实训系统进行有效管理。

**9. 数智化创新创业教育与专业教育融合问题**

数智化创新创业教育与专业教育融合认识上存在误区，不少高校安排的数智化创新创业实践训练不足，数智化课程内容与专业的结合度不高，实效性有待加强等。认为创新创业教育是专业教育的附属物，专业教育融入数智化创新创业教育理念不足，数智化创造性应用能力不足。一些学校对数智化创新创业课程重视不够，数智化创新创业类课程课时较少，未能贯穿人才培养全过程，也未能充分体现创新创业教育的引领作用。[416]

### 6.1.2　高校新文科创新创业教育与实践面临的实际问题

双创教育在高校中越来越受到重视，并取得了一定成绩，也存在较多问题。从双创教育目标、人才培养体系、课程体系、课程内容、师资建设、实践平台建设等方面提出新文科创新创业教育与实践面临的实际问题。

**1. 我国创新创业教育的不足**

第一，创新创业教育重理论轻实践。此处所指的“重理论”，并非表示高校给予了创新创业理论教育足够的重视，而是相较于实践课程和实践参与，高校往往将创新创业限缩于理论教育的小圈子。所谓“轻实践”，一是指轻视实践课程，二是指轻视投身创新创业实践。创新创业教育课程的实践性不够突出。随着我国经济和社会的发展，企业在技术创新和人才引进方面面临着多重制约因素，因此需要高校培养具有实践知识、实践能力和实践精神的人才。但在目前，我国高校开设的“双创”课程缺乏针对性和时效性，不能及时反映市场需求和技术变化，也不能有效地提高学生的主动性和参与度。部分“双创”课程过于理论化、形式化，缺乏实践环节和案例分析，不能有效地培养学生的创新思维和创业能力。高校的专业课程教育尚且需要辅之专业实习方能最终达到毕业要求，创新创业教育亦如是。仅仅依靠理论教育而获得学分，并不能充分地认定学生已经达到足够的标准。诚然，“双创”实践课程对于各高校而言由于保障条件不充分、人员不专业等问题，存在着开设难度，但近年来大量第三方创新创业培训机构诞生，其依托自身的专业性和社会性能够为高校提供“双创”实践课程的支撑，但却常被拒之门外。对于学生在校内开展创新创业实践，特别是利用校内场地开展创新创业实践，部分高校会加之一定的限制，甚至是从根本上的限制，如不允许从事真正的商业活动，这使得本就戴着“枷锁”前进的创新创业活动雪上加霜，究其根源还是理论认识不到位的问题，从而将创新创业边缘化、孤立化。[417]

第二，创新创业教育教师队伍的专业化水平不高。目前，大多数“双创”教师由公共课教师、兼职辅导员及具有工商管理类专业学习经历的教师担任。虽然他们具有跨专业的思维能力，但创新创业的经验比较少，容易使“双创”教育停留在“浅层面”“低层次”。此外，在我国的“双创”教师队伍中，缺乏具有企业背景、商业经验和紧密联系产业部门的“社会兼职教师”。少数学校虽然有一些“社会兼职教师”，但存在主业不是教学、缺乏持久的内生动力等问题，这都限制了“双创”教师对学生的指导和激励作用。

第三，创新创业教育过程中的价值引领不充分。当前市场面临竞争日益激烈、技术变革日新月异、消费需求日趋多元等挑战，因此需要高校培养出具有市场意识、技术能力和社会责任感的人才。然而，我国高校“双创”教育中的价值引领不够明确，针对学生的思想道德、劳动观念、创新意识等方面的专门培训和指导还不够。

第四，创新创业教育的国际交流合作不够深入。开拓创新需要基于市场条件、立足学术前沿、勇于推进改革，准确识变、科学应变、主动求变。在全球化和数字化的背景下，高校“双创”教育需要拓展国际视野，借鉴国外成熟经验，加强国际交流合作，培养具有国际竞争力和国际合作精神的人才。然而，我国高校“双创”教育的国际交流合作还不够深入，缺乏有效的交流平台，也缺乏对学生进行国际化思维和跨文化沟通等方面的培养和指导。[418]

**2. 创新创业教育理念滞后**

第一，关于数智化创新创业教育认识不全面。有些人认为创新创业教育就是教给学生如何创业，如何开设公司，这是一个认识误区，存在创新创业教育理念滞后，一些理念认识太过于片面、过于功利化，理念认识仅仅停留在实现创业这个阶段，不能提升到个人发展与社会进步层面。创新创业教育是通过教育的形式，帮助学生接触到创新创业的理念，让学生真正体会发现问题到解决困难的过程，更好地实现自身价值。在创新创业教育进行过程中，往往只注重理论知识的传授，而这部分知识较为枯燥乏味，可能只有精英学生才能理解到精髓，忽视创新创业意识与精神的培养，而这种意识与精神才是创新创业教育的核心，目前的创新创业教育与专业培养要求与目的存在一定差距。[419]

第二，课程体系和人才培养方案有待完善。国内高校的人才培养体系大致可分为应用型和研究型两种，正因如此，高校毕业生的职业规划大多会针对某一个特定行业甚至特定职位，专业课程体系也是围绕某个行业或职位来搭建的。传统的课程体系和人才培养方案强调充分理解某一职位的技能和理论要求，追求把学生培养成能够胜任该职位的人才。值得注意的是，毕业生是按照职业规划先就业再择业，还是自主创业谋求更好的发展，谁也不能下定论。另外，部分高校并未将数智化创新创业课程纳入人才培养方案，即使开设了创新创业课程，也仅限于理论教学，实践教学或流于表面，或以参观、见习为主要形式，无法引导学生深化对创新创业的认知或激发其创业热情。[420]

第三，创新创业教育课程目标定位不够明确。课程目标对课程起导向作用。没有一个明确的目标，日常教学工作和管理工作就会散漫，随意性很大。高校创新创业课程目标在设置上存在一些问题，没能充分考虑学生整体与个体的差异，确立明确的整体目标和个体目标。[421]

第四，"专创融合"的主体定位不清。"专创融合"体系是一个全方位的教育生态系统，创新创业教育与专业教育融合的主体定位不清，尚未实现专业人才培养和创新创业教育目标的互通，尚需政府、高校、社会、企业、教师和学生等主体共同参与而形成。目前，在"专创融合"过程中，"专创融合"的主体不明：一是高校缺乏办学自主性；二是创新创业教育的主体，师生参与程度不高；三是各主体间无法形成良性互动；四是"专创融合"培养目标定位不准，不能满足市场需要；五是"专创融合"深度还不够，创新创业教育与实践作用未充分发挥。[422]

第五，创新创业教育资源版权保护意识不强。在创新创业网络教学资源使用过程中，缺乏版权保护的意识，缺乏对创新创业网络教学资源版权保护和侵权行为的认知。存在着教师辛苦制作的新创业网络教学资源，如创新创业课程幻灯片、题库、案例、授课视频等在网络教学平台上传给学生使用后，被学生二次上传到别的网络平台上分享，甚至有学生以此谋取利益。由于缺乏版权保护的意识，给提供创新创业网络教学资源的教师及其他原创者的权益造成严重的侵害。[423]

**3. "双创"教学体系不完善**

第一，没有形成与培养目标契合的课程体系。高校目前的创新创业课程体系大体包括创新创业通识教育课程、创新创业专题讲座和针对创新创业比赛所进行的赛前培训三类。科学完备的创新创业课程体系对于高校创新创业教育开展和创新创业型人才的培养发挥着基础性的作用，而作为创新创业教育课程体系组成部分的通识教育课程又存在着课时量少、课程内容单一且脱离实际的问题。[424]尽管创新创业课程已经在各高校普遍开设，但往往只有 32 个课时量，基本处于最低要求，达不到构成课程体系的标准，这对于学生创新创业基本理论的学习和创新创业素养的提升是远远不够的。而授课内容往往照搬经济学、法学、心理学等学科的相关专业理论，而较少涉及创新创业的有关内容，亦无法根据创新创业教育的细分领域开设有体系性的不同课程。其内容设置没有从创新创业实践出发，没有以学生的实际需求为导向，加之授课过程枯燥乏味，难以引起学生的兴趣，从而制约了创新创业教学效果的实现。创新创业专题讲座和创新创业赛前培训主要是由校院两级的团委来组织，基于其目标的限定性和内容的固定性，本身能够发挥作用的空间是有限的，且其同时面临着频次较低和学生参与热情不足的问题，既影响学生的创新创业学习，也影响学校创新创业工作的开展。[425]

第二，创新创业课程结构设计不够合理。大部分高校的创新创业课程设置为独立于专业之外的选修课程，由辅导员进行讲授。很多大一新生在进校后选择选修课时因理解不了创新创业的重要性而弃选，大一阶段若不能培养创新思维，那么后面的专业课就很难实现创新思维向创新能力的转化。在课程设置时，很多高校未能与基础课程以及专业课程有机结合，忽视了学生创新思维和创业技能的培养。[426]

第三，创新创业教育课程内容设置不够完善。很多高校的创新创业课程主要学习一些枯燥、抽象、粗略的创新创业理论知识，未能将创新创业课程内容与学生的专业知识、学科前沿发展结合起来，经济、管理、法学、新闻、艺术、外语、文学、哲学和历史学学科之间缺乏联系，很多学生在学完创新创业课程之后连最基本的创新创业思维都没有形成，更无法将其与自己的专业知识实现有效融合和相互促进。此外，高校创新创业教育引入课程思政理念，挖掘创新创业教育课程中的思政元素不足，未能重视对学生创业素质的培养。[427]

第四，面向新文科创新创业教育体系顶层设计不足。目前高校创新创业教育与新文科建设各行其道，存在形式主义的问题。新文科创新创业教育的目标不是单一地培养创业者，创新创业教育存在碎片化问题，教学环节联系不够紧密，缺乏精细化和系统化的教育规划等问题，其本质是创新创业教育体系顶层设计不足。新文科创新创业教育存在目标定位不明晰问题，对“专创融合”的重要性理解不够透彻，导致创新创业教育与新文科专业教育融合不深。[428]新文科创新创业教育与实践无法实现学科化和系统化，影响新文科创新创业人才培养质量。[429]

第五，缺乏符合中国国情的数智化创新创业教材。高校新文科创新创业教育课程的参考教材在内容和质量方面良莠不齐。数智化创新创业教材不仅为知识提供载体，还内在传达着知识背后的社会规范和价值导向。高校教师在编写创新创业教材时，没有充分考虑新文科的学科特色、新时代创新创业的市场环境、学生的实践需求等因素，缺乏符合中国国情的数智化创新创业教材。编写符合中国国情的数智化创新创业教材迫在眉睫，真正实现教材的育人价值。[430]

**4. 创业师资创新创业能力不足**

第一，创新创业师资力量不足。制约创新创业课程体系建立的重要原因之一在于相关师资力量的缺乏：一是讲授创新创业课程的辅导员或思政教师“双创”知识不足；二是缺乏足够数量的“双创”专职教师；三是没有充分利用“双创”教育的社会兼职教师。辅导员或思政课教师担任“双创”课程的主讲老师，没有足够的知识积累和实践经验，很难要求其高水平地讲授课程，亦难以引起学生的学习兴趣，从而无法保证教学质量。对于专职创新创业教师的引进与管理问题，尽管多数高校已经建立了创新创业学院，但存在着与团委或招生就业处“一套人马，两个牌子”，亦或存在有名无实、权责不清等问题，无法做到引进优秀的创新创业型人才，从而难以编制科学完备的“双创”课程体系。但可以看到已经有很多高校建立了成熟完备的创新创业学院，通过人才引进和自主培养等模式组建了强大的师资队伍，为其他学校创新创业人才队伍的充实提供了目标和借鉴。[431]

第二，创新创业社会兼职导师数量不足。创新创业社会兼职导师在师资队伍中起着关键性的作用，有着丰富的创新创业实操经验和创新创业大赛培训经验，不仅能够为学生提供理论和实践上的指导，同时能为其提供资金、技术等重要的社会资源。但高校普遍存在的问题是基于创新创业大赛聘任比赛评委兼职教师，排斥第三方创新创业服务机构提供长期稳定的创新创业教师，这就导致了兼职教师的人数过少，而且相对固化，同时往往只是针对比赛进行专项培训或安排少量讲座，没有充分调动起兼职教师的资源。[432]

第三，创新创业课程指导教师的专业性不够。目前，一些高校都没有专业的创新创业教师，基本由辅导员或者专业教师兼任，不管是辅导员，还是专业教师，都没有接受过任何创新创业培训，高校新文科创新创业教育不仅师资力量不足，且专业性也不够。[433]

第四，教师创新创业课程教学方式单一。目前，高校的创新创业教育基本采用讲授的方式，对实践经验的积累与探索少之又少，无法调动学生的积极性。存在创新创业课程教师并不具备参与创新创业的经验，只能照本宣科，很难培养学生的创新创业能力。[434]

第五，新文科教师创新创业技能不足。面对新文科建设，新文科创新创业导师能力匮乏，成为创新创业教育改革的瓶颈。优化新文科教师队伍建设是新文科创新创业的突破口。新文科教师创新创业技能不足。一是新文科教师队伍缺乏全面综合的多学科知识、系统性思维和综合交叉学科知识能力，新文科人才培养捉襟见肘。二是新文科教师队伍缺乏创新创业实践锻炼，新文科教师缺乏真实创新创业活动的历练。三是新文科教师缺乏数字化素养，数字化技术知识应用不足，数字化素养已经成为新文科教师队伍必备的素质，弥补新文科教师队伍数字化技术知识短板问题，成为新文科创新创业教育教师队伍的必修课。[435]

第六，创新创业师资力量培训存在问题。高校师资水平的提高依赖于一个好的教师培训机制和健全的创业教育系统。但是，高校新文科的创新创业教师队伍从根本上就缺少相应的配置，缺乏专门的师资力量来进行创新创业教学，高校里从事创新创业教学的教师很多都是由行政教师代替的，而且有些其他专业教师仅仅只是作为创新创业课程的兼职教师，所以还很难实现对新文科创新创业师资力量的规模化培育。由于新文科教师缺乏企业实践经验，而创新创业教学又是一项非常复杂的工作，高校内创业型教师进行有效管理的机制尚不健全，这也给学校教师培训带来了极大的挑战。[436]

**5. 数智化创新创业实践平台建设不足**

创新创业实践平台方面的问题：学校的场地与资金有限，实践平台的实效性不明显。目前创业园、创业孵化基地等作为新文科创新创业实践平台，平台建设不能满足创业实践活动需要，仅能支撑少数的学生创业者的实践活动。二是社会资源整合不充分。校企合作数智化创新创业平台实效不明显，资源整合协同效应不足，“产教融合”不到位，校企合作相互脱节，影响着创业实践平台使用效益。三是数智化创新创业实践平台体系不完善。数智化创新创业实践平台使用缺乏激励机制和制度保障，不能真正满足创新创业实践教学需要，约束着创业实践平台使用功效，无法实现无缝链接，还不能把创新创业实践平台打造成“学校人”与“社会人”有效衔接的平台。[437]

**6. 创新创业与教育融合不足**

高校新文科创新创业教育存在创新创业与教育融合不足主要体现以下几个方面：

第一，师生“教”“学”热情不足影响二者融合。对待创新创业，老师“教”的热情不足，学生“学”的热情也不够，重要原因之一在于将创新创业理解为是小众参与的高难度领域，加之高校对创新创业工作没有给予足够的重视，对创新创业学生和项目的支持力度不足，加剧了师生面对创新创业时的望而却步。另外，在高校师生心目中长期以来形成的对于学习的固化认知和对于创新创业的偏见也影响了对创新创业的参与程度。对于大学生而言，“专业考试不考的东西不学”这种观念尽管在近年有所松动，但仍然在多数学生，尤其是在作为学生经济生活支撑者的家长心中根深蒂固，其往往将创新创业置于与学习对立的一面，对于创新创业从根源上予以否定。参与创新创业必然要求时间精力的投入，对于多数学生而言，在一定程度上确实会影响学习成绩。但目前高校的荣誉评价体系中却没有充分地给予创新创业相应地位，在创新创业学分转化，创新创业奖学金设置等方面尚不完善，对于教师而言，部分高校已经探索将教师荣誉和职称与创新创业挂钩的评价体系，并取得了良好的效果，但对于国内大多数高校而言，尚未能够形成师生通过创新创业的参与而收获相应的荣誉和奖励的普遍性评价体系。创新创业的参与尚不能给师生以正向激励，自然影响其参与热情，从而也影响了其融入教学的程度与进度。[438]

第二，传统创新创业教育缺乏数智化实训场景。新文科数智化创新创业教育，将大数据、人工智能、区块链、元宇宙、物联网、5G 技术等新兴信息技术融入传统创新创业课程，实现数字化转型、数字化技术驱动、智能场景化教育、价值链重构能力。[439]在数字化技术日新月异的今天，新时代创新创业教育缺乏数智化、智能化、场景化创新创业实践课程。传统创新创业教育缺乏解决复杂数字化管理问题为目标的综合性创新创业实践，缺乏数智化、场景化实训场景设计。新文科创新创业亟需借助真实的大数据处理技术、国际通用可视化数据分析工具及人工智能 AI 大模型的支撑，需要构建经济、管理、法学、新闻、艺术、外语、文学、哲学和历史学等学科交叉融合的专业实践教学平台。[440]另外，新文科创新创业课程是应用性很强的学科，真实的数字化商业场景是高校所欠缺的，与现实企业的深度融合是提升学生数智化创新创业实践能力的重要举措。[441]

第三，创业孵化在创业教育中缺失。对于新文科创新创业教育而言，创业项目的孵化对学生创业意识的提高极为重要。从现状来看，在各种创新创业大赛的刺激和激励下，创业孵化竞赛成果值得肯定，但是，对项目竞赛获奖后的后续孵化却未给予足够重视。可以从“创新创业培训计划”开始，在学生创业实践或创业竞赛期间重点孵化获奖项目，鼓励学生利用政府的“大学生自主创业优惠政策”“大学生自主创业支持政策”等红利，以切实提高创业孵化成果，提升创业成功率。还需要关注创业项目的资金问题，创业需要资金支持，而大学毕业生往往缺乏的就是资金。对此，政府可以提供创业贷款或投资基金，以帮助学生解决资金短缺问题。高校也可以建立创业孵化基金，以支持学生创业项目的实施。[442]

**7. 新文科创新创业教育评价机制不完善**

第一，新文科创新创业教育评价沿用了传统的评价方法。目前高校的评价机制依旧沿用了传统的评价方法，一方面，高校对于学生的评级机制仍然以学时学分和理论成绩为主，部分高校甚至强制学生参加创新创业比赛作为最终的毕业考核项目，导致学生对创新创业抵触情绪很高，实践训练多流于形式。另一方面，高校没有形成对新文科创新创业教师的专门评价机制，高校教师需要面对教学工作量与论文数量的两座大山，创新创业教育评价机制不完善，创新创业课程与竞赛成果并不能为专职教师带来任何额外的附加价值，导致多数教师对于创新创业教育的投入热情低，不愿花费时间与精力钻研与提升创新创业教育。[443]

第二，新文科创新创业课程教学质量监测和评价体系不够完善。很多高校的创新创业教育都缺乏科学的评估反馈制度，有部分高校的创新创业教育流于形式，只是简单开设几门与创新创业有关的公选课，至于学生有没有收获，则不做跟踪反馈。[444]新一轮科技革命，数字化技术不断变革，颠覆式创新层出不穷。数字技术已经深刻影响创新创业教育，创新创业教育全面迈向数字化经济时代，数智化创新创业课程教学质量监测和评价体系的新需求和新呼唤，新文科建设通过多学科交叉融合创新解决数字化时代的新问题，对创新创业课程教学质量监测和评价体系提出新要求。[445]

## 6.2 高校新文科数智化创新创业教育存在问题的原因

新文科创新创业教育中出现的种种问题不单单表现在学生层面，外界的因素和高校内部的诸多影响也限制了新文科创新创业教育的发展。新文科创新创业教育的形成和发展是由多方面共同参与的，其中包含社会、政府、企业、高校、教师、学生等方面，而不是只有一方，它所产生的问题也是这些不同方面相互作用的结果。[446]

### 6.2.1 高校层面的原因

高校内部的诸多影响也限制了新文科创新创业教育的发展。新文科专业由于专业本身的限制，毕业之后多数选择了工作和升学，而非创业，这也一定程度上影响到高校新文科创新创业教育的开展。

**1. “专创融合、科创融合、产创融合、思创融合、赛创融合”缺乏协同效应**

高校新文科创新创业教育与实践，在“五创融合”方面各有特色，“五创融合”协同效应不足。有的学校专注于“专创融合”，有的专注于“产创融合”，有的致力于“科创融汇”，有的专注于“专创融合”“产创融合”“科创融合”“三创融合”，还有的更关注于“思创融合、赛创融合”，很少关注“专创融合、科创融合、产创融合、思创融合、赛创融合”五创方面协同，导致高校新文科创新创业教育“专创融合、科创融合、产创融合、思创融合、赛创融合”的有机融合不足，甚至“五创融合”过程中存在相互脱节，影响新文科创新创业教育的高质量发展。

**2. 课程体系及教材建设滞后**

目前，高校新文科创新创业教育在课程结构的设置上还是遵循比较传统的形式，课程的重心不够明确，也缺少一些创新的内容，并且由于其教育理念以及教育实践存在一定的缺陷，使得高校新文科创新创业教育课程设置整体出现了一些问题。由于现阶段尚未在高校人才培养中融入新文科创新创业教育课程的建设，因此缺乏对文科知识的发掘和资金的投入来构建文科创新创业课程体系。所以在新文科的创新创业课程体系的构建上，缺乏对新文科知识的探索和资金的投入。[447] 此外，还缺少具有经济、管理、法学、新闻、艺术、外语、文学、哲学和历史学等学科专业特色的创业教材。大多数新文科专业所使用的创新创业教育的教材，跟其他专业没有什么不同之处。另外，在教学内容的设置上，也存在着数智化不足、结构陈旧、内容脱节的现象。因此，数智时代高校新文科创新创业课程设置方面还没有充分考虑到学生的发展需求，在课程设置难度上还有待加强。

**3. 多元指导在产教融合中缺位**

创新创业能力的拓展与核心素养的养成离不开创业实践的熏陶，更离不开“校外职业导师”的指引。高校实施的“校内与校外导师相结合”创业实践指导体系，由于校外师资在校内指导方面受到限制，使“校内与校外导师相结合”的实践指导体系流于形式。不仅影响了对学生的实践能力和创新精神的培养，还可能阻碍学生的创业实践。高校对于“多元指导”的重视程度也不够，导致产教融合的效果不佳。多元指导可以给予学生不同的视角和思维方式，能够增加学生的实践经验和实际操作能力，还能帮助学生更好地了解行业的最新发展趋势，从而更好地适应市场的需求。加强学校与企业之间的合作关系有利于推动产教融合。一方面，学校加大对校外导师的引进力度，聘请企业导师到学校授课，鼓励他们在校内进行更多的指导活动；另一方面，企业通过各种途径与学校合作，例如实习项目、人才培养、科研合作、产教协同育人、科研开发合作等。[448]

**4. 创业孵化在创业教育中缺失**

对于大学生创新创业教育而言，创业项目的孵化对学生创业意识的提高极为重要。从现状来看，在各种创新创业大赛的刺激和激励下，创业孵化竞赛成果值得学校的肯定，但是，各高校对项目竞赛获奖后的后续孵化却未给予足够重视。创业需要资金支持，而大学毕业生往往缺乏的就是资金。一些高校创业孵化平台定位及管理不明确，尽管高校已经开始对建立新文科创业孵化平台进行了大量的资金、人员及物资的投入，但该项目的运营结果却并不理想，作用发挥不明显，利用率也不高。由于高校对创业园的价值和使用缺少宣传力度，导致了学生对创业园区的应用也缺乏一定的认识，文科学生在创业实践的过程会因为自身意识的原因从而忽略了对创业实践能力的提升。一些高校对于创新创业实践平台的整体规划缺少相应的设计，使得高校文科创业孵化平台的经营主体比较混乱，不同企业之间的管理没有明确的区分，无法形成一个正规的经营管理模式和共赢的合作模式，产教融合协同育人流于形式，因此难以确保其持续健康运行。[449]

**5. 新文科学生存在创业意识误区**

高校文科和理科学生在创业知识和实践能力上所表现出来的特点各不相同，然而，在实际的创新创业活动中，文科学生自身的认识却成为他们面对创新创业时受到阻碍的主要原因。相对于理工科来说，文科专业的研究开发能力与技术创新水平相对较低，创新创业成果更多是反映精神文化类的创意作品，在适用范围上存在不足。因此，对文科的同学而言，要想成为一名成功的企业家，就必须要掌握更多的工具知识、专业知识、管理知识、工程技术、经济学知识、法律法规、社会学知识、计算机技术等，需要对多个行业的创业知识有所了解。但是，由于人文类学生所具有的专业技能，由于创业企业管理知识不足，很难在企业的发展中起到直接的影响，导致一些人文类学生缺乏自主创业的精神，缺乏主动进行自主创业的动力。[450]

### 6.2.2 社会及文化层面的原因

社会及文化对人的影响，影响人的交往行为和交往方式，影响人们的实践，思维方式。创业、创新氛围营造可以为人们创新创业提供社会及文化环境，分析社会及文化层面的原因导致高校新文科创新创业教育存在的诸多实际问题。

**1. 创业扶持政策存在学科倾向**

政府机关部门为了鼓励高校毕业生更好地开展自己的创新创业活动，已经出台了一系列的、有普遍性的优惠和扶持政策，旨在通过相应的政策和机制对高校学生的创业进行培训指导和融资服务。另外，特别是数智化技术的投入与使用开发、对于大学生创业面临的经费问题，也给予了创业辅导，小额担保贷款等方面的协助。从目前教育部已发布的有关文件来看，许多政策的开展，比如，创业孵化基地和实践平台扶持、实践成果的扶持和奖励等，更多是支持技术密集型创业项目、更适合理工类大学生创业的创业项目，对文科类大学生创新创业帮助较小，效果不明显。[451]

**2. 新文科创业文化环境的不成熟**

从整体上看，新文科专业的社会创业环境还不够完善，一个科学合理的文科创业支撑系统还没有建立起来。从创业文化的角度来看，受到传统社会思想影响导致学生对创业的认识还存在着较大差异，创业经营的不稳定性给学生带来了很多恐惧，与社会上被认可的“固定工作”形成鲜明对比，导致了新文科学生的创业计划缺少了一种“文化环境”的支持。从创业政策扶持的角度来看，政府关于创业的政策制定和法律法规也不够完善，尤其针对新文科创业的扶持激励政策还没有具体的完善，所以目前还不能很好地保障新文科创业的顺利进行。[452]

**3. 产教融合企业参与不深**

党的二十大报告提出：“推进职普融通、产教融合、科教融汇。”产教融合要加强企业在教育教学中的主体地位。产教融合涉及多个主体，参与动力强弱各异，“合而不融，融而不深，合而不深”的现象长期存在。产教融合“合而不深”问题，“产教融合”企业积极性不高，导致产教融合“合而不融，融而不深”，成为“老大难”问题。“产教融合”企业参与不够强，在校企合作模式中，更多时候重“教”轻“产”，融合效果不够显，企业和学校仍然停留在建基地、争牌子的初级阶段，教育和产业统筹融合、良性互动格局没有真正确立，企业尚未真正成为人才培养的重要主体，骨干企业尚未发挥引领作用；产教融合在运行管理机制上，高校主要是传统管理运行方式，企业参与产教融合的内生动力不足，企业作为产教融合主体，参与产教融合有着诸多利益诉求，有时过分追求短期利益，不少企业缺乏开展产教融合的支撑体系，社会责任意识较弱，还不能主动承担社会责任，视育人为己任；产教融合存在“校热企冷”问题，企业深度参与产教融合的障碍主要源于对政策理解不深、主体意识缺乏、注重短期收益、保障机制不健全等方面。深化“引企入教”模式尚未深入，与高校签约的产教融合企业中，参与创新创业教育教学改革不深入，缺少企业全程参与教育教学工作。此外，产教融合过程中政府引导作用不强，推进产教融合方面缺乏政策法规制约，产教融合措施不足，象征性地浮于表层，无法满足企业校企育人“双重主体”和学生学徒“双重身份”的教育需求。[453]

# 第 7 章

# 数智时代高校新文科创新创业教育与实践体系构建

## 7.1　高校新文科创新创业教育与实践体系构建依据与原则

高校肩负着培养学生创新创业能力与品质的重担，推进中国式现代化、创新驱动发展战略需要大量的创新创业型人才，高校新文科有必要构建创新创业教育与实践体系。体系构建要有依据、遵循原则。因此，要探究“双创”背景下高校新文科创新创业教育体育体系构建的依据，分析我国高校新文科创新创业教育体系构建的原则，提出可操作、易推广的高校新文科创新创业教育目标体系、知识体系、支持和保障体系、实践平台和评价体系。

### 7.1.1　高校新文科创新创业课程体系构建的依据

新文科创新创业教育体系在培养适应新时代要求的创新创业人才实践中发挥着关键作用。从理论依据、政策依据和现实依据进行高校新文科创新创业教育分析研究，为构建高校新文科创新创业教育体育体系提供依据和指向。

**1. 理论依据：习近平总书记的重要论述**

习近平总书记指出：“我们的学习应该是全面的、系统的、富有探索精神的。既要向书本学习，也要向实践学习；既要向人民群众学习，向专家学者学习，也要向国外有益经验学习。有理论知识的学习，也有实践知识的学习”。高校新文科创新创业课程体系构建，以习近平总书记的系列论述为理论指导，其具有鲜明的时代特征，对于指导青年大学生成长具有宝贵价值。强调理论学习与实践学习相结合，强调在打牢基础知识的同时又要刻苦钻研理论知识，掌握好技能，学以致用，在改革开放与现代化建设的伟大实践中掌握真才实学，努力成为国家的栋梁之才。[454]

**2. 政策依据：国家的创新创业政策**

国家高度重视大学生创业就业。党的十八大报告指出：“创新创业活动是促进经济发展方式转变的重要途径。”强调“要鼓励创业”“促进创业带动就业”“支持青年创业”。2015 年《国务院办公厅关于深化高等学校创新创业教育改革的实施意见》（国办发〔2015〕36 号）指出：“努力造就大众创业、万众创新的生力军，需要推动高等教育主动适应和积极引领经济发展新常态。”同时指出：“高校应当以学生的创新精神、创业意识和创新创业能力明显增强，投身创业实践的学生显著增加为目标，从制度、载体、方法、服务创新等方面着力构建创新创业教育新体系。”党的二十大报告指出：“培育创新文化，弘扬科学家精神，涵养优良学风，营造创新氛围。”党的二十届三中全会指出：“健全新型举国体制，提升国家创新体系整体效能。”国家创新发展战略和国家创新创业政策及创新创业思想为推动高校创新创业课程体系改革提供了政策依据。[455]

**3. 现实依据：高校“双创”教育中痛点问题及创新发展需要**

在“双创”背景下，如何改革高校创新创业课程体系，主动适应社会快速转型发展需要，提高毕业生就业、创业率是高校面临的一个现实且重大的课题。新文科创新创业教育体系还不够完善，需要高校创新创业课程体系的构建。

第一，“双创”教育创新发展需要建立数智化的思想引领体系，借助数字技术、精选信息内容，持续优化大学生的思想政治引领、爱国情怀培植、价值观念引导，要遵循创新创业教育教学工作规律，遵循学生成长规律。以培育出对大学生有吸引力的创新创业教育工作载体和平台为目标，规划构建矩阵式的网络创新创业教育平台，在微信公众号、微博、博客、抖音、B 站等搭建“学校—学院—专业—班级”分层次的数智化创新创业教育矩阵平台，织密搭牢数智化创新创业教育体系。[456]

第二，在创新创业教学内容建设方面，“双创”教育创新发展需要要充分认识网络创新创业教育内容的复杂性，把握创新创业教育网络话语权。注重将家国情怀、思想启蒙、价值引领、道德养成、审美培育、专业发展、能力提升、劳动教育等融会贯通，针对经济、管理、法学、新闻、艺术、外语、文学、哲学和历史学不同学生群体有针对性地开发建设高质量创新创业教育内容模块。针对在校生提供数字技术工具（Python、MATLAB、爬虫软件、生成式AI）、数智化校园文化、数智化学习辅导、数智化创业实践、数智化志愿服务、数字经济（电子商务、直播带货）创业、数字技术创新创意等内容；数智化创新创业教育内容要增强新文科创新创业实际困惑的回应能力，使得新文科创新创业教育内容供给的前瞻性和预测性更强。[457]

第三，在创新创业渠道拓展方面，“双创”教育创新发展需要规划设置新文科创新创业微信公众号、微博、B站、抖音等数字应用平台，以及接入易班网平台的班级工作体系，共同形成了数智化创新创业教育的传播矩阵，在价值引领、答疑解惑、师生交流、学习辅导、孵化服务、成果转化、赛项培训等方面形成了叠加效应，直面大学生创新创业关切。

第四，在创新创业路径拓展和载体建设方面，融通“一、二、三”课堂，开发“双创”课程。高校“双创”教育创新发展需要注重在创新创业基础课程、专业课程、创业实践课程中广泛深度融入数字元素。在创新创业教育理论课、创新创业模拟实训、创业实践等创新创业教育相关课程教学与实践中广泛运用微电影、短视频、直播、卡通、动漫等方式，鼓励学生创造优秀校园数字文化创新创业作品。通过大学生喜闻乐见的方式，丰富创新创业教育的技术载体，激活大学生的创新创业主体性，使受教育者成为创新创业教育的践行者。[458]

### 7.1.2　高校新文科创新创业课程体系构建的原则

新文科创新创业课程体系构建，要以《普通高等学校本科专业类教学质量国家标准》（简称“国标”）为底线，恪守“以本为本”，突出学生中心，深入推进“四个回归”，不断深化人才培养模式改革与创新。加快建设高水平经济、管理、法学、新闻、艺术、外语、文学、哲学和历史学等文科专业教育。新文科创新创业教育要遵循一些原则来进行开展，具体原则如下：[459]

**1. 系统性原则**

系统性原则也称为整体性原则，系统性原则就是把决策对象视为一个系统，以系统整体目标的优化为准绳，协调系统中各分系统的相互关系，使系统完整、平衡。培养“互联网+”创新创业型人才，需要提高学生融合专业交叉学科知识、数智时代数字化、新文科、创新创业知识以及互联网知识的能力，因此，在构建数智时代高校新文科创新创业教育体系时必须考虑其系统性。

**2. 开放性原则**

开放性原则具有开放性质的措施和形式。要坚持开放性原则，新文科创新创业教育选择具有开放性的案例，利用头脑风暴及情景模拟等方式，培养学生的新文科创新创业思维。遵循开放性原则，新文科创新创业教育与实践，以分析新文科创新创业案例的形式让学生参与其中，讨论并学习数智时代新文科创新创业教育与实践经验。

**3. 实践性原则**

实践性原则是指人们在进行创造性思维的过程中，必须参与实践，必须在实践中促进思维能力的进一步发展，在实践中检验思维成果的正确性。新文科创新创业教育与实践，在教学手段上，要注重实践性，要多利用国家智慧教育综合平台线上慕课、微课、云班课并结合线下实训基地模拟等方式。新文科创新创业教育与实践，充分调动学生的积极性，遵循实践性原则，进行“智能+创新”“互联网+”创业实践，以线下实践与实训为主，模拟真实经营环境开展实践性教学，运用人工智能、大数据、云计算等现代技术开展创新创业实践，注重高校新文科创新创业教育的实践性。

**4. 全程化原则**

全程化原则就是要坚持全过程、全领域、全方位、全天候覆盖，全面地完成创新创业教育工作，全过程化创新创业指导模式，思考全员性、全领域、全面性和全程化。创新创业全过程控制，即对企业整个创新创业管理活动进行全面的控制，全过程创新创业管理是指为能在最经济的水平上，进行创新创业管理研究，把创新创业教育的工作质量、维持质量和提高创新创业质量的活动构成一个有效的体系。新文科创新创业面向全体学生，有针对性地将新文科创新创业教育融入人才培养的整个过程。新文科创新创业教育与实践的全程化，大一时，通过氛围营造，创新创业精神，进行职业生涯规划，树立远大的职业理想；大二时，通过专业知识讲授、活动参与、实践锻炼等形式，创新创业素质与能力；在高年级时，创业能力提升和实操性活动，为创业就业奠定坚实基础。

**5. 理论与实践并重原则**

坚持理论与实际的结合与统一，用理论分析实际，用实际验证理论，使学生从理论和实际的结合中理解和掌握知识，培养学生运用知识解决实际问题的能力。创新创业意识的培养、创新创业精神的激发、创新创业能力的提升、创业素养的养成等多个方面，必须遵循新文科建设要求，遵循理论与实践并重的原则。新文科创新创业教育与实践，做到陶行知先生所说的“教学做合一”“教与学要以做为中心”，理论与实践并重，实现实践教学体系与企业生产的无缝对接。

**6. 坚持全面发展与个性培养相结合**

全面发展注重传授德智体美等方面知识，注重各学科基本知识的记忆和理解。而个性发展更加重视学生德性的培养，思维能力的提升和良好学习习惯的养成等。全面发展与个性发展是相辅相成的，德智体美劳各种素质在个体身上的和谐发展，正是个性完美发展的表现，全面发展与个性发展并不矛盾。全面发展和个性发展是辩证的统一体，只有正确认识和处理全面发展和个性发展的关系，才能在教育的实践中真正培养出全面发展且保持个性的人才。新文科创新创业教育过程，以学生为中心，因材施教，实现学生全面发展与个性化发展，为创新创业教育与实践提供多样化的选择和途径。

**7. “专创”有机融合原则**

有机融合就是互相结合。“专创”有机融合，就是指把课程对价值观的培育和塑造如同“基因式”地融入专业课程，思政元素与教学内容的结合不露痕迹、不动声色、浑然天成，受教育者几乎感觉不到思政教育的存在，愉悦地接受知识，在心理不设防的状态下接受教师对其价值观的引领。新文科创新创业课程融入通识课程、专业基础课程、专业技能课程中，使创新创业的精神融入课程教学的各个方面。通过新文科创新创业课程体系改革、教学内容创新、教学模式改革、考核评价方式改革，融入专业教育，把创新创业课程对价值观的培育和塑造如同“基因式”地融入专业课程。推进高校创业教育与专业教育的有机融合。

新文科创新创业教育坚持德、智、体、美、劳五育并举的方针，在培养方案制定过程中坚持五育融合的基本原则，结合数智时代特征、“四新”建设和新文科建设要求，做好新文科创新创业教育课程设计，充分发挥每一堂创新创业教育课、每一个数智化创新创业实践活动的五育效应。拓展数智化创新创业训练范围和空间，融入专业实践，显性与隐性教育结合、交融渗透，提升创新创业教育课程教育教学质量。[460]

## 7.2 新文科创新创业能力培养模式与协同育人机制

国家加快数智化创新创业教育建设，并为创新创业融入高校多种专业的教育理念和模式提供了正确的指导方向。分析数智化创新创业能力培养模式与协同育人机制，实现校企合作资源共享，全面落实数智化创新型人才培养方案。

### 7.2.1 新文科学生创新创业能力培养模式

高校的创新创业教育要校内外多方协同，构建全方位的教育教学体系。要通过“课程 + 实践 + 竞赛”路径，不断完善“五育 + 创新创业”协同育人机制；通过多种形式的活动，构建多元融合的协同育人模式。

**1. 新文科创新教育要“知识、能力、素质、职业”四位一体**

新文科创新创业教育需要一套完整的教育新体系，要从思想、思路、方式和方法等方面进行转变，要坚持“守正创新”。

高校新文科创新创业教育要坚持以习近平新时代中国特色社会主义思想为指导，打破“一成不变”的教学思想，知识学习与时俱进。在思想上要不断更新数智化教学理念，竭力提升学生与时俱进的能力。创业能力要进行“差异化”教育，要坚持教学相长，高度重视拔尖创新人才的培养，培养创新创业素养。推动产教融合协同育人，通过“通识性—专业性—实践性”梯度式课程教学，“实践性”的训练，职业生涯规划设计，实现毕业后小部分学生创业实践成功，构建“知识、能力、素质、职业”四位一体达成职业发展目标的全过程育人体系。[461]

**2. “教、学、训、赛、创”一体化教学模式设计**

设计新文科创新创业“教、学、训、赛、创”一体化教学模式。“教”是教会专业知识点认知能力和零碎知识点综合运用能力；“学”是在创新创业课程平台上，进行自主学习，“线上 + 线下”翻转课堂教学；“训”是基于“数智化 + 新文科”建设的典型工作任务的应用创新创业实践教学项目，顶岗实践或模拟仿真实训，训会“国创计划”项目、市场调研报告和商业计划书及路演等创业综合技能；“赛”“以赛促教、以赛促学、以赛促创”，通过学科专业竞赛，强化专业知识的领悟、技能的提升，激发学习兴趣和创业动力；“创”以创促业，通过创业实践，产教融合创业成果转化，以“岗位胜任能力”为目标，提前对接就业岗位。

**3. 以学生为中心的产教协同一体化协同育人机制**

高校新文科创新创业教育与实践，构建多元融合的新文科创新创业协同育人模式，完善“五育 + 创新创业”协同育人。构建以学生为中心的产教协同一体化协同育人机制，遵照“创新能力培养递进模型”，从通识教育、专业教育、劳动教育、艺术教育、体育教育等多角度丰富创新创业教学体系，培养学生创新思维、提高创新创业能力和创业实践应用能力。[462]

**4. 以“五位一体”联动机制优化创新创业环境**

“政府主导、社会帮扶、学校引导、家庭配合、个人提高”“五位一体”联动机制，培养新文科学生创新创业能力。

(1) 政府主导联动。政府是优化创新创业环境的主导力量，政府要发挥好统筹协调的主导作用，加强创新创业宣传、做好创新创业指导。在优化创新创业环境中，政府的政策导向和统领机制至关重要。政府要发挥好各级部门的作用，适应创新创业、顺应市场发展的要求，协力共进，强化创新创业政策和制度保障。[463]

(2) 社会帮扶联动。人的发展离不开社会，而创新创业尤其离不开社会群体和组织的帮扶。在现今经济增速放缓的趋势下，一些企业出现了不同程度的发展困难。创新创业艰难，成功率较低，社会对创新创业应该给予宽容和认同，给予支持和帮助。此外，企业肩负着提高劳动者素质的重任，特别是在创新创业能力培养、创业经验习得、创业项目选择、创业风险规避等方面责无旁贷。创业的第三方机构要成为连接政府、大学生、高校、市场之间的纽带，要在提高大学生创业能力、优化创业方向、开辟创业渠道等方面发挥着重要作用。[464]

(3) 学校引导联动。学校是人才培养、科学研究、服务社会、文化传承创新的主阵地，在开展创业教育、培养创业能力、优化创业环境的基础作用越来越重要。高校数智化创业教育理念还没有真正树立，数智化创业教育体系还没有完全形成，数智化创业教育还没有引起足够的重视。大学生虽然有创业意愿，但主动性较差；虽然有创业激情，但成就动机缺乏，这都与创业教育缺失有关。因此，高校要顺应大学生就业、创业连年持续的严峻形势，高度重视和推进就业、创业教育的开展和实施工作。[465]

(4) 家庭配合联动。政府、社会、高校对优化创新创业环境发挥着非常重要的作用，但家庭亲情的支撑作用也是不可忽视的。创新创业历程和实践表明，每一个创业成功者背后都有着强大的家庭亲情资源的配合支撑。家庭的经济支持以及人脉支持有效地为创新创业铺路搭桥，破难攻关。[466]

（5）个人提高联动。创业是一种创造价值并努力实现价值的过程。创新创业更需要自身锤炼坚实的心理基础、专业基础和能力基础，创新创业意识将越来越强，创新创业活动必将给经济的发展产生强大的推动力。[467]

### 7.2.2 新文科创新创业教育与实践协同育人机制

新文科建设是一项系统的文科教育改革工程，构建跨学科、跨专业、跨界、跨域的新文科创新人才协同培育机制。通过“政校共建、校地协办、校企合作”等形式协作融合形成跨界的协同育人共同体。

（1）以“育品德、育学术、育视野、育实践”综合性教书育人理念为导向，构建新的应用型人才培养模式，高校创新创业教育与创业实践的同构共生，明确“育‘材’兼育‘人’教育”相结合，搭建“阶段贯通、内容贯通、学教贯通、赛创贯通”四贯通培养模式，构建“学教贯通”和“引陪贯通”相结合的闭环数智化实践教学方法，设计课程思政教学改革思路与路径，实现培育高层次创新型人才的培养目标，培养学生成人成才，造福个人与社会，[468]如图 7.1 所示。

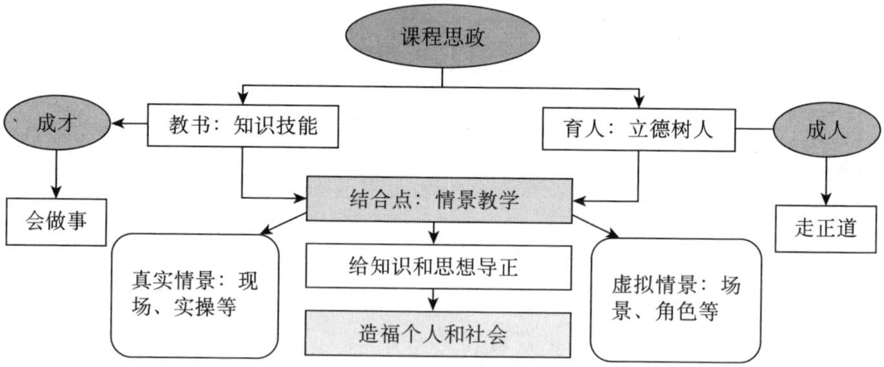


**图 7.1 设计课程思政教学改革思路与路径**

（2）从市场对人才的需求出发，“逆向”确定课程的设置、课程内容、知识重点和能力要求，构建新的数智化创新型人才教学计划，培养“明事理、有教养、会做人、能做事、有信心和有责任感”创新型人才；以市场需求重构知识能力体系，更新课程设置和改革教学内容，保证培养目标与学生个性化发展关联同步，制定以学生为中心的创新型人才培养模式；在人才培养创新模式基础上，构建“1.5 + 2.5”按专业大类招生人才培养模式（“1.5”为 1.5 年专业基础学习，“2.5”为 2.5 年专业方向学习），对创新型人才培养课程体系进行整体优化，形成获得某项能力“综合化”的课程；实行“模块式”教学，智能“场景化”实训，制定“模块式”的教学计划，培养“会做人、能做事、勤学习、善思考、敢创新、会创业”的适应市场需求和变化的拔尖创新人才。[469]

（3）“守正创新、课用合一”，形成以提升实践能力为核心的“课程 +”教学模式，即在传统“教 + 学”基础上衍生出“课 + 赛”“课 + 练”“课 + 用”“课 + 创”等模式，结合新文科重点专业群的建设，重构创新创业教育培养体系，搭建“平台 + 模块 + 拓展”的课程体系，解决如何实现专业交叉融合发展、推动新文科专业群人才培养模式改革问题；打造“课程思政 + 知识传授 + 能力培养”三线合一的课程体系，如图 7.2 所示。课程设置上实现模块化，突出“基础性、应用性、实践性、实用性”，满足学生个性化发展需要。[470]

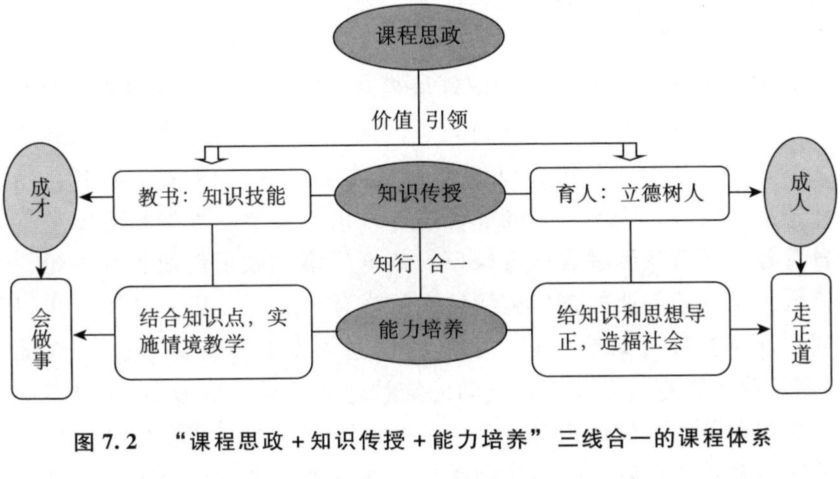


**图 7.2　“课程思政 + 知识传授 + 能力培养”三线合一的课程体系**

（4）突出新文科在“文化育人”上的功能。新文科建设是一场认知与思维革命，新文科创新创业教育涉及教育文化、理念与模式、方法与手段、评价与考核等各个层面的一系列系统性的变革与创新。新文科不仅关注学生的学术发展，也关注他们的综合素质和人文修养，有显著的“文化育人”功能。当前，创新型人才培养的首要目标是人格塑造和道德育化，新文科对实现这一目标具有重要作用。因此，新文科培养有独立人格、社会责任感和历史使命感的新文科创新型人才。

通过新文科建设可以推动创新创业课程思政建设，并且可以深入课程思政的价值渗透，进一步引导学生认同社会主义核心价值观，使他们对未来职业道德形成共识，创新创业文化育人。[471]

（5）遵循“四新”建设要求，创新应用型人才培养模式，构建了“三个课堂”教学有机结合的创新型人才培养体系，第一课堂实践主要创新创业案例分析或创新创业实训模拟分析以及专业实验教学；第二课堂主要是学科竞赛和数智化创业实践活动，提升学生数智化综合素质；第三课堂主要是安排新文科学生到实习基地实习，将“读万卷书”与“行万里路”相结合，扎根中国大地，在创业实践中增长智慧才干。[472]

高校创新创业教育助力乡村振兴为乡村发展提供强有力人才支撑，可通过创新创业课程体系建设、创新创业训练体系建设和创新创业服务体系建设三大路径实现。高校创新创业教育助力乡村振兴还存在高校人才培养针对性不强、乡村振兴师资薄弱、人才供给与需求缺口大等现实问题。通过乡村振兴专职人才培养、创新型教师队伍培育、聚拢乡村振兴人才等对策，提升高校创新创业教育服务乡村振兴发展水平，为高校创新创业教育提供新模式与新方案。[473]

（6）科学运用全过程融合的双螺旋模式。通过深入解析创新创业教育深度融合专业教育各环节之间的密切关系，新文科创新创业教育的实施要正确定位大学教师在其中的角色，以创新型人才培养的“四性”基本规律为准绳，从经济、管理、法学、新闻、艺术、外语、文学、哲学和历史学等学科专业教育各个环节找到融合的突破口。依据广谱式创新创业教育理论，高校新文科数智化创新创业教育实施深层次的教育。因此，基于“师生共创”理念的创新创业教育链条全过程，实施深度融入专业教育链条的“双螺旋模式”。创新创业教育与专业教育之间的交替连接关系，恰似 DNA 双螺旋结构模式，在新文科创新创业能力培养中，专业教育链条专注于传授学生某种专业领域知识和实践技能，而创新创业教育链条着力于培养学生具备创新创业思维及实践能力，两者通过内聚耦合的方式在新文科人才数智化培养目标、课程设置、课程内容、教学方法、实践活动、学业评价等关键节点开展深度融合。新文科实施创新创业教育链条全过程融入专业教育链条的“双螺旋模式”，要搭建好系统的友好型教学软硬件设施与制度集成平台，使双链同频联动、深度融合、相互支持、螺旋上升，构建起新文科“双创”教育与专业教育浑然一体的教育新形态。[474]

（7）元宇宙赋能高校创新创业教育。随着科技与教育的发展，高校日益关注元宇宙与虚拟现实领域的特色实验室建设。针对特色实验室建设，明确建设目标，包括提供元宇宙和虚拟现实教学场景、支持跨学科新型教学实验等。采用元宇宙技术、虚拟现实技术、增强现实技术、数字人技术以及虚幻引擎等关键技术，通过创造实验场景、共享设备和软件、设计实验课程等途径，旨在培养学生的学习兴趣、合作能力和创新思维，增强综合能力，为未来的职业发展奠定基础。[475]

元宇宙与思政元素融合的大学生创新创业教育方法，包括元宇宙视域下角色代入式大学生创新创业教育方法、思政元素融入元宇宙的大学生创新创业教育方法、大学生创新创业思政教育体系与元宇宙的深度融合三个方面。[476]

创新创业教育是重塑高校人才培养模式的重要途径。我国高校的创新创业教育取得了一定的成效，但也存在着一系列现实困境。元宇宙的深度沉浸、具身互动、虚实融合等特征为创新创业教育改革提供了新方向。研究元宇宙在构建创新创业场景、打造沉浸学习体验和创新学习评价模式中的实现机制，为创新创业教育改革提供更多可能性。[477]

课程思政教学亟须创新教学模式，而基于元宇宙的课程思政教学设计具有直观性和生动性等特点。因此，分析基于元宇宙的课程思政教学设计方法与流程，探讨基于元宇宙的课程思政教学构建层次与要素，并进行基于元宇宙的鸿蒙应用开发、云存储技术、创新创业等课程思政教学设计实践。研究表明，基于元宇宙的课程思政教学创新场景，对提升教学效果起到了很好的促进作用。[478]

元宇宙的虚实相融性和元宇宙用户创业者（普通用户身份）的想象力协同促进了元宇宙领先用户身份的生成；元宇宙的技术集成性和元宇宙用户创业者（领先用户身份）的持续学习力协同促进了元宇宙用户创新者身份的生成；元宇宙的经济持续性和元宇宙用户创业者（用户创新者身份）的创业激情协同促进了元宇宙用户创业者身份的生成。[479]

（8）产教融合模式下全实训链的实践教学体系。为顺应数智化、信息化时代发展趋势，开展产教融合模式下的人工智能实践基地建设，发挥高校新文科创新创业教育教学资源优势，联动相关优质企业的实践技术资源，探索建立线下线上有机结合的产教融合人才培养模式。

推进产教融合协同育人合作企业在创新创业实践、专业课程建设、实习项目、科技成果转移转化、科教融汇等领域与项目团队开展交流合作。建设人工智能产教融合实践基地，构建自动化工厂等智能应用与学科竞赛场景，为经济、管理、法学、新闻、艺术、外语、文学、哲学和历史学等学科专业人工智能人才培养创造优质的创新创业环境，开展人工智能、大数据、机器人等领域的跨行业通识教育与培训，充分整合校企资源开展产教融合协同育人，为建立“人工智能＋X”复合创新型人才培养体系新模式。

（9）创新教育实践：“4＋4N＋X”赋能新质生产力人才培养。随着新质生产力的快速发展，作为与产业紧密相连的教育主体，高职院校开展创新创业教育的质量对人才培养质量以及产业发展质量具有重要影响。从新质生产力的角度出发，高职院校创新创业教育的价值意蕴丰富，包括对个人发展、产业升级、经济发展和社会进步的积极影响。高职院校创新创业教育也面临诸多挑战，包括专业布局、人才培养模式、创新创业课程体系建设、产学研深度融合等方面的问题。一些地区和高校开展创新创业教育的做法和经验能够提供有益借鉴和参考。[480]

人才培养是加速发展新质生产力的三大关键点之一，主导着科技创新及产业发展。创新教育是高等教育人才创新能力培养的重要环节，与新质生产力人才培养多个环节密切相关。在新质生产力的视域下，创新创业教育体系改革势在必行且刻不容缓。以独具特色的“4＋4N＋X”模块化创新课程体系为例，面对人才培养体系滞后、产学研合作表象化、课程内容大众化问题，基于其在赋能新质生产力人才培养方面的实践给出三个建议，以“成果导向＋任务驱动”的项目式教学设计、产学研合作新机制、“4＋4N＋X”个性化学习路径赋能新质生产力人才培养，为新质生产力人才培养提供参考。[481]

## 7.3 数智时代高校新文科创新创业教育与实践体系

新形势下高校创新创业教育改革要着力探索数智化创新创业教育新型模式，着力构建数智化创新创业教育良好生态，要紧扣时代发展新需求，积极对接数字经济时代新要求，重点突出校企结合与产教融合的新文科创新创业教育新模式。

高校创新创业教育体系构建与实施路径，将个体创新与团队创新创业行为相融合，第一课堂与第二课堂双创内容相融合，“教学、管理、师资、文化”四位一体，紧靠实践行为，通过“普通课程与双创课程、教学设置与双创服务、校内教师与企业导师、企业文化与双创文化”四结合，紧靠养成过程，科技发明、科技制作培养实践能力，课内实践、课外实践培养创新能力，生涯规划、就业教育培养就业能力，创业教育、创业实践培养创业能力，如图 7.3 所示。

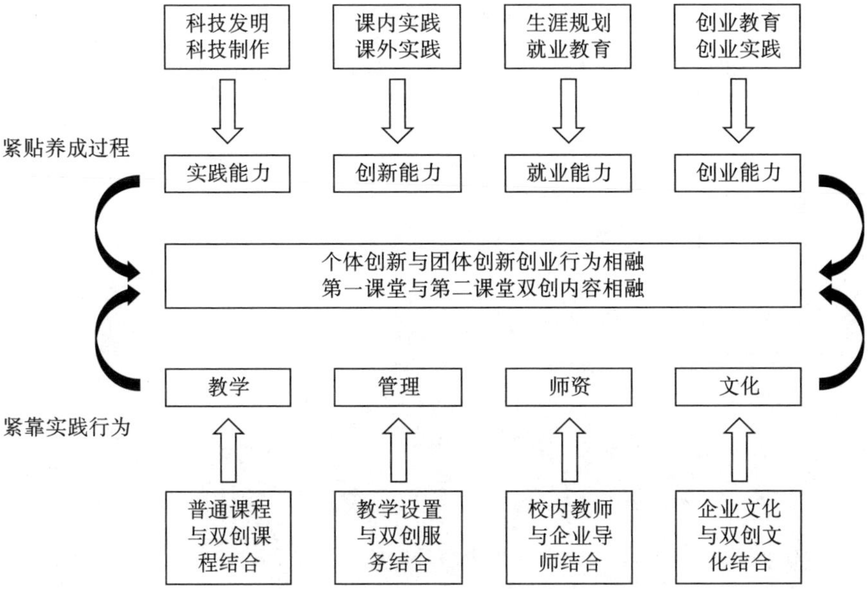


**图 7.3　高校创新创业教育体系构建与实施路径**

高校创新创业教育体系构建与实施路径具有以下一些关键点：

（1）教育理念与目标。高校应秉持“育人为本”的教育理念，将学生的全面发展作为教育工作的出发点和落脚点。教育目标应与国家教学质量标准相结合，确保教育内容和方法符合国家对人才培养的要求。同时，强化学生创新创业能力的培养，使学生能够在未来的职业生涯中具备竞争力。高校在构建创新创业教育体系时，应将“育人为本”和“强化思创融合”作为核心原则，强化学生创新创业能力的培养。培养学生家国情怀和创新创业精神。

（2）课程体系。高校应构建一个全面、系统的创新创业教育课程体系。这包括开设相关课程、编写教材、建设在线课程等，以确保学生能够系统地学习创新创业知识和技能。创新创业教育应与思想政治教育相融合，构建多层次、分类别的专业教育体系。例如，浙江大学重点打造了 18 门专创融合特色示范课程，并建立了覆盖 100 余门课程的创新创业教育课程群。图 7.4

与图 7.5 展示了两种课程体系。

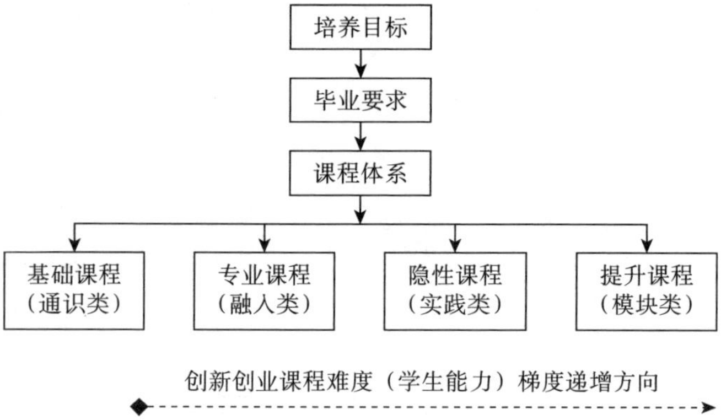


图 7.4 基于 OBE 的创新创业课程体系的基本框架

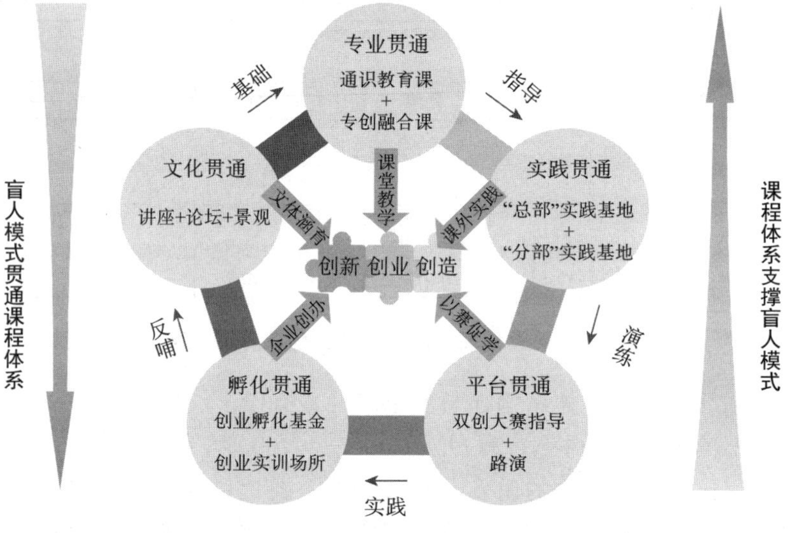


图 7.5 "五贯通"课程体系

（3）实践平台。高校应建立和完善创新创业实践平台，如创业孵化器、创新实验室、实习基地等。这些平台为学生提供实践机会，帮助他们将理论知识转化为实际能力。建立创新创业教育网络平台，如在线开放课程、案例库建设等，同时搭建创新创业教育实践基地，如校内外创新创业基地、国际合作基地等。

（4）师资队伍建设。高校加强师资队伍建设，提升教师的教学能力和实践经验，使教师能够更好地指导学生的创新创业活动。提升教师队伍的创新创业实践经验和指导能力，确保教师不仅能传授理论知识，还能提供实践指导。加强师资队伍建设，提升教师的教学能力和实践经验，对于指导学生的创新创业活动至关重要，师资队伍建设措施：一是专业培训与进修，为教师提供定期的专业培训，包括最新的教育理念、教学方法、行业动态等，以保持其教学内容的时效性和实用性。二是企业实践，鼓励教师到企业进行短期实践或挂职锻炼，通过实际参与企业的运营和管理，积累实践经验，了解行业前沿。三是产学研项目合作，教师可以参与产学研合作项目，与企业合作开展科研工作，将研究成果转化为实际应用，同时丰富教学内容。四是建立教师发展中心，在高校内部建立教师发展中心，为教师提供教学研究、教学设计、教育技术等方面的支持。五是案例教学和项目导向学习，鼓励教师采用案例教学法和项目导向学习，通过分析真实案例和参与实际项目，提高学生的实践能力和创新思维。六是教师激励机制，建立完善的教师激励机制，对在创新创业教育中表现突出的教师给予奖励和认可，激发教师的积极性。七是跨学科合作，鼓励教师跨学科合作，通过不同学科间的交流与合作，拓宽视野，提高创新能力。八是国际交流与合作，通过国际交流与合作，引进国外优质教育资源，提升教师的教学水平和国际视野。

（5）校企合作。通过政府搭台、企业支持、高校对接的方式，深化校企合作，推动高校创新创业人才培养改革。校企合作，营造创新创业的校园文化氛围，通过校企合作联合举办创新创业大赛、讲座、研讨会等活动，激发学生的创新创业热情。与企业和产业紧密合作，建立产创融合体系，推动项目对接、技术转移和成果转化。

（6）“四位一体”的实践育人共同体。优化人才培养目标、健全课程体系、完善实践平台、做好保障体系，构建全员、全过程、全方位的育人共同体，包括教学、科研、社会服务等方面。同时，应鼓励全校师生参与创新创业教育，形成一个共同推动创新创业教育的校园环境。

（7）政策支持与激励机制出台相关政策，如资金与空间支持政策、免试攻读硕士学位研究生政策等，激发学生创新创业热情和动力。高校可以为创新创业项目提供资金支持和空间资源，如设立创新创业基金、提供免费或优惠的办公场地、实验室设施等。这些政策可以帮助学生解决创业过程中的资金和资源问题，降低创业风险，从而激发学生的创新创业热情。免试攻读硕士学位研究生政策：对于在创新创业领域取得一定成绩的学生，高校可以提供免试攻读硕士学位的机会。这可以激励学生积极参与创新创业活动，同时为他们在学术领域的发展提供更多机会。这些政策的实施可以有效激发学生的创新创业热情和动力，鼓励他们积极探索、勇于实践，为社会的创新发展贡献力量。同时，这些政策也有助于高校培养更多具备创新创业能力的人才，满足国家和社会发展需求。

高校创新创业教育体系的构建与实施路径是一个多方面的过程，涉及教育理念、课程设置、实践平台、师资队伍等多个方面。高校创新创业教育体系的构建与实施，第一课堂通识教育课开设公共课、专业基础课、专业课，通识素质教育课开设技术发展、人文素养、知识产权、企业家讲座，采取自助茶点的形式供学生选择学习，全程培育学生创新创业精神，通过第二课堂增能，以专业思想教育为主线，大一学生认识专业、大二技术技能储备走进专业、大三准职业人热爱专业，同时以创新创业素质养成培养主线，开展项目化教育活动，打造“学生竞赛类、学生社团活动类、科技服务类、社会实践类、创新创业活动类”等项目，开展竞赛、活动、服务、实践、训练等教育教学活动，从而培养出具有创新精神、创业能力和实践经验的创新创业人才，如图 7.6 所示。

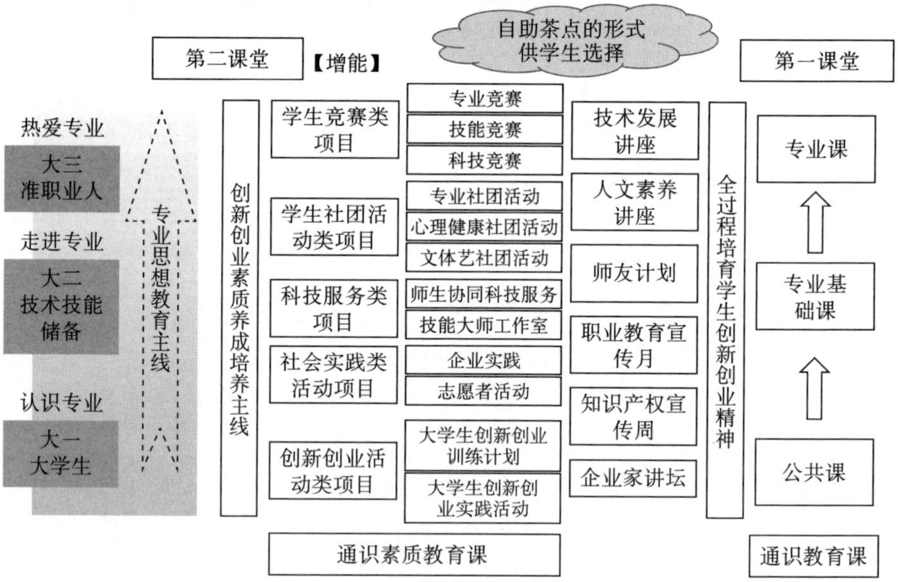


图 7.6　高校创新创业教育体系的构建与实施

### 7.3.1 “三位一体”“四创五结合”创新创业教育与实践体系

习近平总书记强调：“创新是社会进步的灵魂，创业是推动经济社会发展、改善民生的重要途径”。在现代创新教育理念和新文科建设宣言指导下，开展“三位一体”（知识—能力—素质）“四创五结合”（创意—创造—创新—创业，结合兴趣出创意、结合专业作创新、结合技术搞创造、结合管理出模式、结合工管好创业五结合课程教学及教、学、训、赛、创五结合实践教学模式）新文科背景下高校创新创业教育与实践，此项教学研究成果获黑龙江省高等教育教学成果奖，研究“四新”（新专业、新模式、新课程、新理论）建设与创新创业教育相结合，“专创融合、科创融合、产创融合、思创融合、赛创融合”协同发展，培养担当民族复兴大任的新时代文科人才，[482] 如图 7.7 所示。

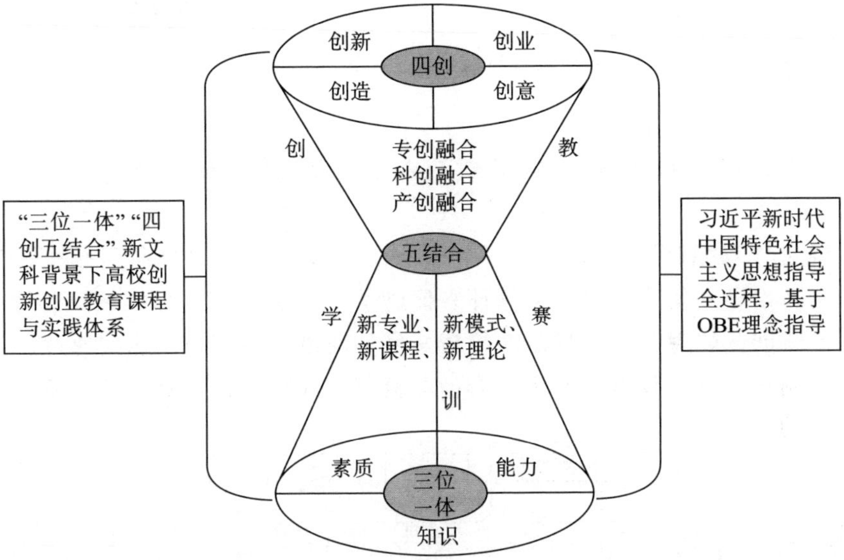


**图 7.7　“三位一体”“四创五结合”创新创业教育与实践体系**

新文科背景下高校构建“专业与产业、教学与生产、课程与职业、教学与科研”融合的创新创业教育课程与实践体系，形成“平台 + 行业 + 科研 + 创业”“四位一体”的实践育人创新创业教学体系，形成特色“四新”“四创五融合”创新创业教育培养模式。

实施“四创五融合”模式，高校新文科不断探索建立经济、管理、法学、新闻、艺术、外语、文学、哲学和历史学交叉的新机制和新体制。推动高校“创新型人才培养目标”的实施，解决“五创融合”协同效应不足等问题。新文科专业交叉融合，专业设置与岗位设置对应，开展大学生创新创业计划训练模拟，提升专业设置与岗位设置匹配度，如图 7.8 所示。

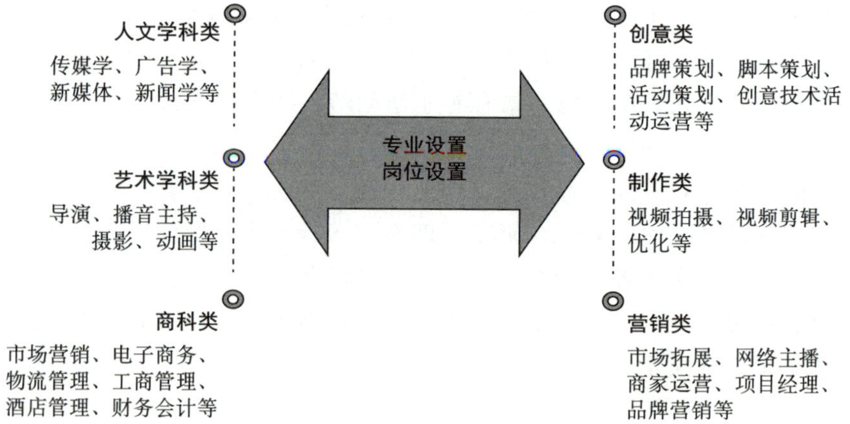


图 7.8 专业设置与岗位设置匹配模拟创新创业训练

## 7.3.2 高校新文科创新创业教育实践中的新举措

构建“双循环”创新创业教育体系，即教师通过“科研引领—教学熏陶—实训指导—实践升华”的循环来促进学生“创新创业思维—商业伦理知识—创新创业能力”的循环。高校新文科创新创业教育与实践，通过“双循环”创新创业教育体系，实现创新创业教育实践目标，[483]如图 7.9 所示。

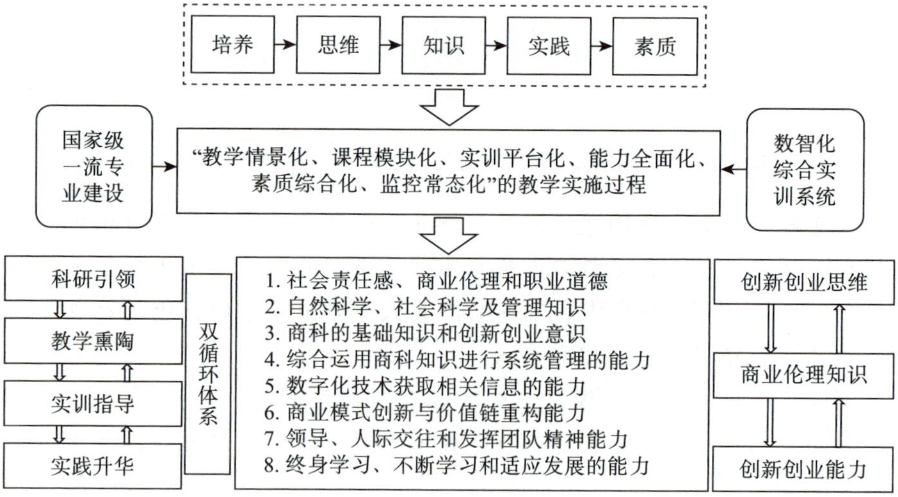


图 7.9 双循环新文科创新创业教育体系

**1. 构建新文科数智化创新创业人才培养新模式**

新文科数智化创新创业人才培养，在教学模式上应遵循“创新创业理论与实践结合”，在教学方式上应遵循“课内教育与课外教育相结合”，在教学内容上应遵循“人文素质教育与专业教育结合”的原则，构建多样化新文科创新创业教育教学模式。新文科创新创业教育课程及其体系的建构，要不断拓展数智化创新创业教育的空间，新文科数智化创新创业人才培养，不断推进多元化的新文科数智化创新创业延伸课程建设。[484]

**2. 构建新文科创新型人才培养平台与创新创业能力模型**

为解决学生创新积极性不高、实践能力弱的问题，通过挖掘实践渠道，搭建“创新创业大赛 + 教师科研项目 + 学科竞赛”一体化培养平台，嵌入问题解决、实践创新、团队协作的能力，确立“知识—能力—素质”培养目标，激发学生的实践兴趣，启发学生的创新意识，全面提升学生实践创新能力，如图 7.10 所示。

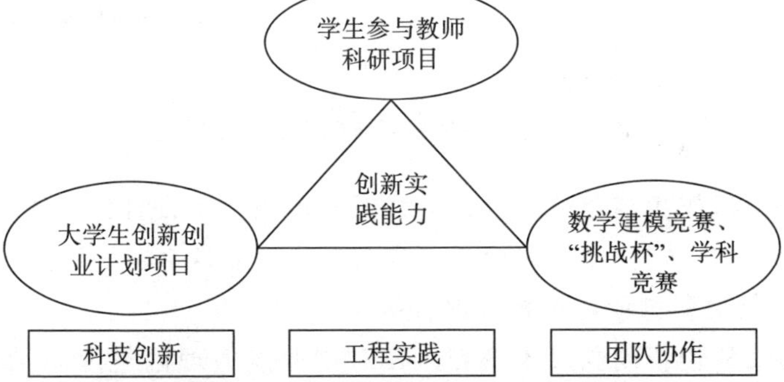


**图 7.10　创新实践型人才培养平台模式**

对学生创业能力建构，结合先前的文献梳理基础，新文科数智化创新创业人才培养，最终将学生创业能力划分为“执行能力”“实践能力”“人际关系能力”“组织协调能力”“创新能力”“洞察能力”六个维度，[485]如图 7.11 所示。

**3. 增加“数智技术”运用与数智化教学情境设计**

高校新文科数智化创新创业人才培养，要加强“数智技术”应用，解决创新创业在线教育交互性不及时的问题。新文科数智化创新创业人才培养，使用“数智技术”抓取并整合创新创业全平台相关信息给出最优解答。高校新文科创新创业人才培养，研发运用将“3D + 实景投射技术”与创新创业

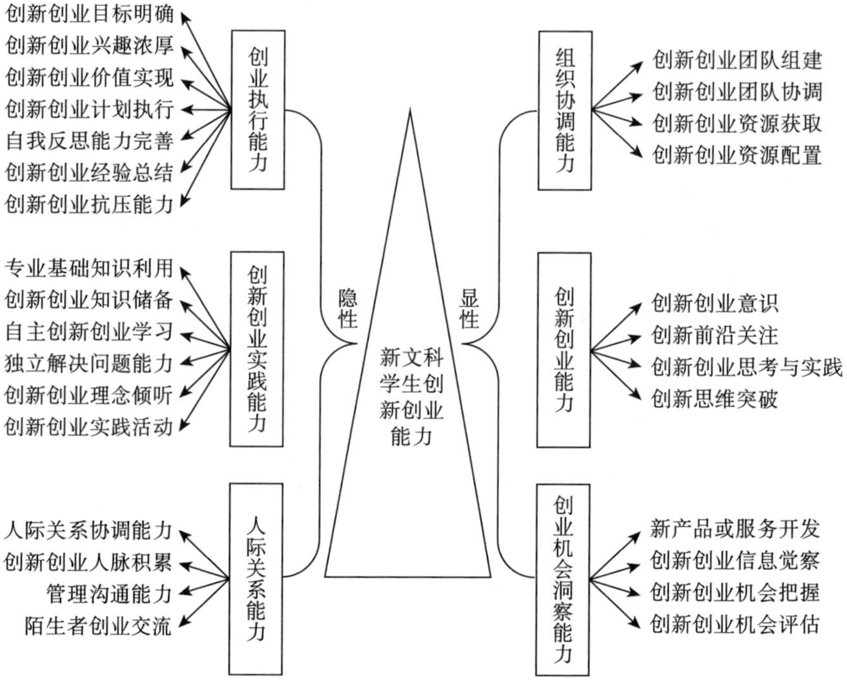


图 7.11 新文科创新创业能力提升路径框架

在线教育平台运作相结合的技术，提升教学场域情境设计的效果，强化沉浸式学习过程，在一定程度上促使学生参与创新创业教育在线课堂。[486]

**4. 设计新文科创业能力提升路径框架**

高校新文科创新创业人才培养，在对创业能力理论整理归纳的基础上，构建以“增强学生自身创业素质为主导，以完善高校创新创业教育体系、增强政府创业政策扶持、加强家庭创业支持补充，以创业行为转化为引导、以创业人力资本累积为目标”的创业能力提升的路径框架，[487] 如图 7.12 所示。

**5. 提高在线教育资源版权和信息伦理意识**

高校新文科数智化创新创业人才培养，需要进行在线教育资源版权意识的教育普及，减少无意识的侵权行为。在线教育平台要提高教育资源的防盗能力。新文科数智化创新创业人才培养，数据信息和隐私的保护实时进行加密技术的更新，以确保数据和信息的安全性，提高在线教育资源版权和信息伦理意识，更好地服务创新创业教育与实践。[488]

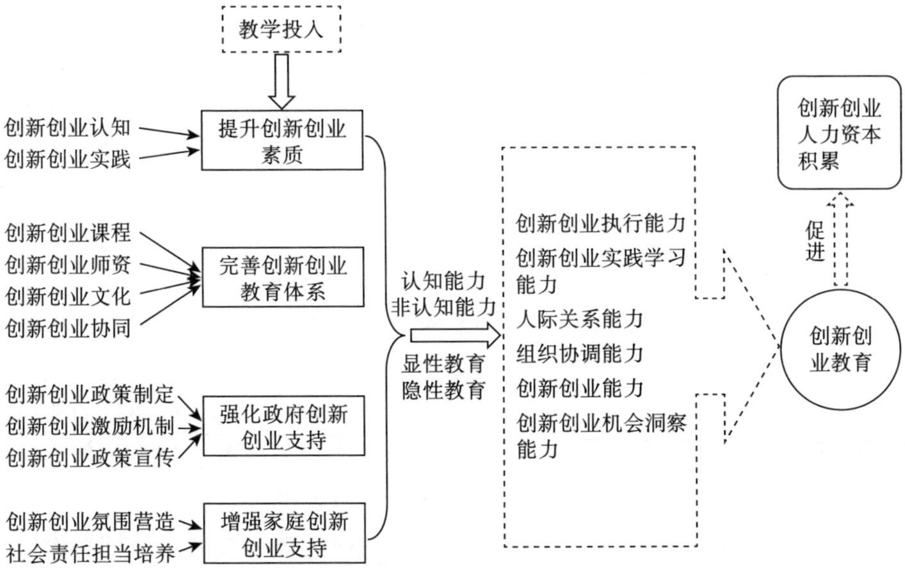


图 7.12　新文科创新创业能力提升路径框架

# 7.4　高校新文科创新创业人才培养方案设计

着眼培养新文科学生跨领域知识融通能力和实践能力，整体设计面向新文科创新创业教育与实践体系，最新成果及时转化融入人才培养方案，提高新文科创新创业教育教学的时代性、学术性和针对性，构建中国特色的新文科人才培养教育课程体系。

## 7.4.1　新文科人才培养方案设计思想

新文科创新创业人才培养必须坚持以习近平新时代中国特色社会主义思想为指导，人才培养理念贯彻实施思政引领："强化立德树人，为党育人，为国育才，培养担当民族复兴大任的时代新人"。新文科创新创业人才培养方案设计，必须改变传统文科培养只注重育才不注重育人的人才培养模式，通过"计算机 + 专业""人工智能 + 专业""大数据 + 专业"等模式培养高级专门人才。

### 1. 以社会主义核心价值观为引领，融“知识、技能、信念”于一体

为了实现新文科创新创业教育的高质量发展，必须以社会主义核心价值观为引领，将知识、技能和信念整合为一个统一、有机的整体融入新文科人才培养方案。社会主义核心价值观在创新和创业教育中发挥着关键作用，能为个人提供决策框架与行为逻辑。高校新文科创新创业教育应高度重视具有本土特色的价值观念的引领作用。例如，高校新文科数智化创新创业人才培养过程中，致力于培养学生的工匠精神、企业家精神；这些价值观在很大程度上帮助了创业者获得成功。高校新文科数智化创新创业人才培养要以社会主义核心价值观为引领，塑造创新和创业文化，充分释放知识与技能在创新创业实践中的巨大能量。一是将创新模范榜样、先进的创新创业案例等引入创新创业课程体系，大力弘扬社会主义核心价值观中的敬业精神。例如，可以通过论坛讨论、主题讲座等方式，发挥创业精神的价值引领作用。二是借助社团广播站、学校新闻媒体中心等渠道，定期传播与社会主义核心价值观相契合的创新创业观念，提高创新创业理念的吸引力和影响力。三是不断加强理论研究，将先进的学术观点与创新创业深度融合，进而培养学生正确的创新创业价值观。[489]

### 2. 形成新的学科协同建设模式

新文科应在传统人文社会科学的基础上，实行“文科+文科”“文科+理工科”双轨互融的跨学科建设模式，打破传统文科间的学科壁垒，或引入理工科的量化研究技能和专业知识，形成以大数据、人工智能、区块链、元宇宙、“互联网+”“智能+教育”等为核心的特色新文科，形成复合型教学模式，解决学生就业创业问题，培养学生的创新思维、统筹规划与实战能力。要强化学科专业的动态调整，优化专业结构、促进专业建设质量提升。经济、管理、法学、新闻、艺术、外语、文学、哲学和历史学学科专业的优化调整，形成新的学科协同建设模式。[490]

### 3. 突出培养方案的多学科交叉融合与柔性化

为了实现经济、管理、法学、新闻、艺术、外语、文学、哲学和历史学多学科交叉融合，需要制定多学科交叉融合的专业人才培养方案。课程设置要根据国家专业培养标准要求进行核心课程设置，新文科数智化创新创业人才培养，明确创新创业课程目标，选择和组织支持创新创业课程目标实现的课程内容，制定具体的弹性的教学计划，突出培养方案的多学科交叉融合与柔性化，进行新文科创新创业人才培养。专业培养方案是柔性的，允许自主地组合课程、自主地制定培养计划，以充分发挥学生的天赋和特长。[491]

## 7.4.2　新文科人才培养方案的创新

新文科人才培养方案设计要面向“新文科”，紧紧把握历史机遇，加快新文科人才培养的思想创新、理念创新、方法技术创新和模式创新，持续推动专业优化和课程提质增效。

**1. 优化人才培养方案**

专业人才培养坚持“数字化”发展战略，人才培养目标对标新文科，注重顶层设计从八个维度创新优化人才培养，如图7.13所示，对整个人才培养体系进行系统性重构，在实现跨学科、跨专业的基础上凸显数字化特色。

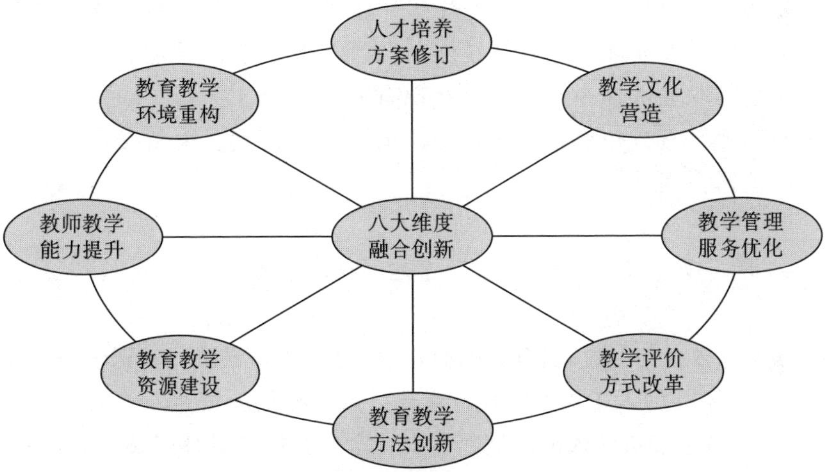


**图7.13　数字化人才培养八大维度融合创新**

修订新文科建设背景下的应用型人才培养计划，构建“专业知识技能”和“综合素质”两大培养体系。开设文化素养类课程、劳动教育课程、大学生创新创业导论等课程。高校新文科创新创业教育与实践，要更新教育理念，创新教学手段与教学方法，新文科创新创业课程要结合专业特点，构建高校新文科创新创业实践教学体系，加强创新创业实践教学环节。修订教学大纲和培养方案，采取“双线双循环3+1”的教学模式。开展丰富多彩、形式多样的第二、第三课堂活动来加强创新创业实践教学环节。此外，大力推进多元支持的延伸课程建设，通过产学研结合，校企合作育人，通过提高网络课程在教育过程的创新创业，搭建一个开放的创新创业教育网络教学平台，调动学生的创造性、积极性，扩大学生的知识面和教学效率。[492]

**2. 形成新的新文科复合型人才培养方案**

新文科复合型人才培养方案的目标在于培养以本专业知识技能为核心竞争力，以新文科“跨学科、融学科”知识技能为优势亮点，能够“以实践促理论”或“以理论导实践”的专业复合型人才。新文科复合型人才培养，强调学生作为完整的人的全面发展，使学生具备广阔的思考视角与解决问题的基础能力。制定复合型培养方案，形成“专业教育 + 通识教育 + 创业教育”的教学模式，学生在进行专业课程学习的同时，可根据个人兴趣、发展方向选择通识选修课程，满足学生的个性化发展需求。要培养新文科复合创新型人才，新时代对新文科复合创新型人才提出了更高的要求和挑战，传统文科人才的培养方案必须顺应社会发展转型升级。例如，以大数据和人工智能为核心的“互联网 +”“智能 + 教育”要求在理论上兼顾传统文科与理工科的学科基础，在实践上兼顾传统文科与理工科的实践技能。另一方面，要以学生兴趣和职业选择为导向，应在现有的“必修 + 选修”双模块并行的课程设置基础上，充分拓展新文科选修课的广度、深度，为新文科学生提供充足的兴趣选择空间。[493]

### 7.4.3 新文科创新创业人才培养模式创新

实现思政教育与专业教育同向同行，构建“价值塑造、知识传授、能力培养”“三位一体”的人才培养模式，新文科数智化创新创业人才培养要“思创融合”，紧扣数字经济时代的发展新需求，重点突出“党建引领”新模式。

**1. 以学生为中心的产教协同一体化人才培养模式**

通过创新思维培养理念聚焦、课程内容重构融合、推行“二主三学”教学方法，形成多方资源有效融合，构建创新实践型人才培养过程中教学环节新模式，如图 7.14 所示。创新实践型人才的培养需要注重理论与实践相融合，特别是新文科背景下应深化创新创业教育教学内容改革。

“教、学、训、赛、创”一体化教学，打造“三真、三实、三协同”应用型人才培养模式，即真岗位、真项目、真场景，实验、实习（实训）、实操（实战），协同育人、协同就业、协同发展；打造“四创五结合”特色实践育人体系，创设“课内外、校内外、理论实践、线下实践与虚拟仿真实验、文工融合”“五结合”实习实践仿真训练体系；由校、企、政人员组成“三导师”“双师双能型”师资队伍，构建以学生为中心的产教协同一体化协同育人机制，如图 7.15 所示。

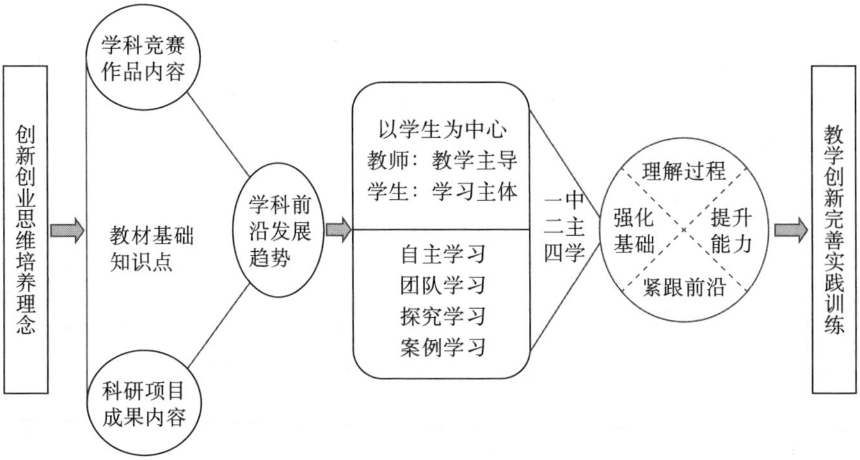


图 7.14　教学环节创新完善研究过程思路

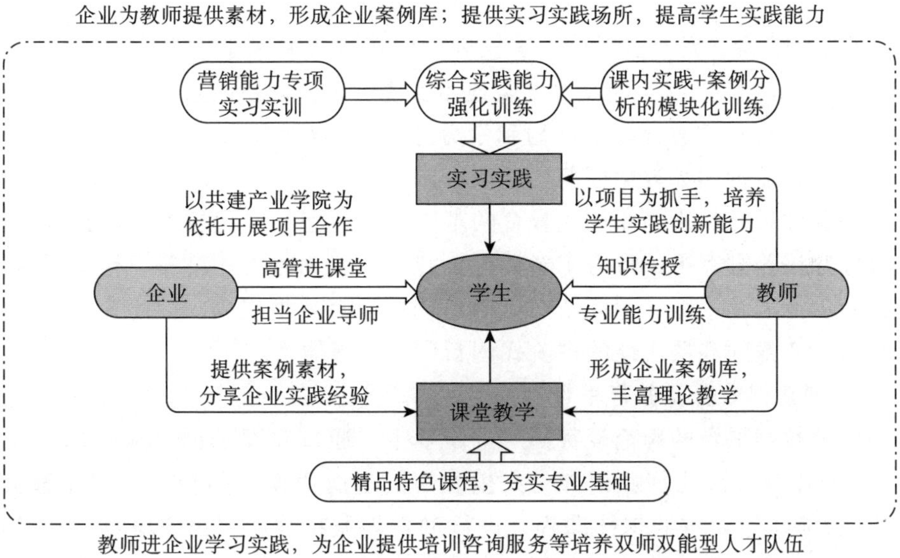


图 7.15　以学生为中心的产教协同一体化人才培养模式

**2. 创新创业教育的教学模式和方式**

新文科创新创业人才培养，突出新文科人才创新意识和创新能力。产教融合创新教学模式，助力“新文科实验室”建设，成为服务经济社会发展与学生能力培养并重的综合性文科训练中心。改革文科课程组织形式，面向企业需求，加强课程开发与改造，丰富创新创业课程资源。

新文科数智化创新创业人才培养，在教学模式和方式上应做到多样性。

新文科数智化创新创业人才培养，教学模式采取以传递—接受教学模式为主，以自学—辅导教学模式、引导—发现教学模式、示范—模仿教学模式等多种教学模式为辅的数智化创新创业人才培养教学模式。

**3. 提升新文科专业对创新文化贡献度**

《新文科建设宣言》提出，提升综合国力需要新文科在“增加综合国力”方面的作用，主要体现在提升国家文化软实力、促进文化大繁荣方面。提升新文科专业对创新文化贡献度，高校新文科专业建设的着力点是加强专业学生创新能力的培养，创新文化建设，新文科创新创业人才培养，使新文科专业为民族复兴大业培养大批具备较强文化生产和传播能力的创新型人才。[494]

### 7.4.4 高校新文科数智化创新创业课程体系

《教育部关于大力推进高等学校创新创业教育和大学生自主创业工作的意见》要求“加强创新创业教育课程体系建设，把创新创业教育有效纳入专业教育和文化素质教育教学计划和学分体系。”高校新文科数智化创新创业人才培养，需构建数智化创新创业课程体系。

课程体系是实现创新创业教育的基本途径，把数智化技术纳入到人才培养目标和培养方案中，致力于新文科数智化创新创业人才培养。新文科数智化创新创业人才培养，遵循新文科创新创业教育教学规律，构建系统的、针对性的、实践的和层次性的进阶式创新创业课程体系。[495]

**1. 创新创业普及教育平台**

普及教育平台的理论教育面向全体学生，通过开设《创业基础》《创业学》《创业管理》《创业精神与人生发展》《商业模式创新》《创业融资》《人工智能概论》等通识性课程，进行创新创业精神和文化的培育，提升责任感和担当力。新文科数智化创新创业人才培养，普及教育平台面向全体学生同步开展实践教学。[496]

**2. 创新创业专业教育平台**

专业教育平台中的实践教育主要通过开展创业调研、企业走访等活动，针对经济、管理、法学、新闻、艺术、外语、文学、哲学和历史学不同学科、不同专业的全体学生，引导学生了解前沿新理论、新技术和新工艺，注重学生创新创业人格培养，爱上创新与创造。新文科数智化创新创业人才培养，创新创业专业教育平台引导学生将专业理论教育知识与实际生产初步融合，实现书本理论知识的初步转化。

**3. 创新创业辅导平台**

创新创业辅导平台打破院系间壁垒，进行跨学科的专业选修，可开设创新型和创业型两类课程，针对有创新意识和创业潜能的学生，创新型选修课程可开展《区块链技术》《学科前沿专题》《元宇宙》《大数据可视化》等，创业型选修课程可开展《创业营销》《人工智能》《业财一体化》等，注重引导学生了解创业的基本流程、基本方法和技能。新文科数智化创新创业人才培养，创新创业辅导平台引导学生运用学到的方法和技巧来分析和解决现实中的问题，提升新文科学生的创新创业能力。[497]

**4. 微创业培育平台**

微创业培育平台的理论教育可通过开设《创新战略思维》《商业模式创新》《风险投资》《商务谈判》《推销技巧》等课程，针对正在创业或者创业成功的学生，主要向学生介绍战略规划、数字营销等方面的知识，帮助学生掌握创业成功或企业运营的方法和技巧。新文科数智化创新创业人才培养，微创业培育平台的实践切实推进创业项目的落地和已运营项目的良性发展。[498]

### 7.4.5　新文科创新创业教育课程思政教学体系

高校新文科创新创业课程思政教学体系要与经济、管理、法学、新闻、艺术、外语、文学、哲学和历史学等学科专业课程紧密结合，专业课程教育与思想政治教育同向同行。

**1. 明确一流课程思政的教学目标**

在传统教学目标设计中，通常设计为知识、能力和情感目标等三方面。要从整体上设计好课程思政教学目标，增加思政育人目标，铸魂育人，从而使任课教师在课程教学过程中主动地实施一流课程思政教学，达到一流课程思政育人目的。要从社会主义办学方针、课程思政建设要求和学生的需求等方面来综合考虑，“思创融合”使课程思政教学更贴合实际，解决好“两张皮”问题，更富有中国心、饱含中国情、充满中国味。课程思政教育结合课程的知识特点，通过“理念—目标—方法—内涵”四点进行创新设定，深入挖掘课程思政元素，彰显中国“风格”，将爱国情怀、甘于奉献、大爱无疆、大国工匠精神、科学精神和社会伦理等内容融入课程体系，实现创新创业意识和团队协作精神的培养。

**2. 选好课程思政教学方法和手段**

为达到课程融思政教育教学目标，充分发挥课程思政的育人效果，选用团队式、启发式、案例讨论式、互动式、比较式、辩论式等教学方法，激发学生的积极性、主动性和创造性，学生幸福、快乐学习。加强课程实践环节的德育模块，适当利用“走出去，请进来”的方式，构建“引领—协同—融入”的思政教学新模式。要安排具有创新创业实操经验的专家进课堂为学生做实践知识讲授，融入课程教学和融入实践育人具有价值耦合，产创融合育人，培养学生高尚情操。为更有效地将课程知识中所挖掘的思政元素融入思政育人内容传授给学生，探索课程思政“德融课堂”模式，达到一流课程德育教学目标。结合课程思政教学内容，选择“思创融合”的教学方法和手段，采取线上线下混合式教学基础上，结合案例分析法、讲授法、启发法、辩论法、研讨法、情景模拟、科研实践等教学方法，采用团队式学习方式，在讲授创新创业案例过程，采用翻转课堂、双师课堂为主，并结合研讨法、启发法，通过小组展示和组间辩论等教学手段，调动学生上课学习的主动性、积极性和创造性。在课程思政教学过程中可以结合“国家智慧教育综合平台在线慕课”“超星学习通”“智慧树学银在线”等信息化教学手段，课前推送教学案例给学生，布置课程思考与讨论题，通过翻转课堂教学，思政教学典型案例分析研讨，实现与学生的课前、课中和课后的互动教学，展示课程思政教学成效。

**3. 课程思政元素融合的有效路径**

第一，融入理想信念与爱岗敬业精神教育。爱岗敬业精神是成功创业者的必备素质。创业需要有理想信念的支撑，在课程中融入理想信念教育，注重学生的体验式学习。要以实现第二个百年奋斗目标、中华民族伟大复兴为指引，有利于指导学生创业的方向。课程讲授“开天辟地，敢为人先”“敢闯会创”的创新创业精神，树立正确的创新创业的价值观，是创新创业的首要精神内涵。讲授创业项目选择时，将个人理想与社会理想结合起来，是大学生创业成功的基本要求，课程教师要鼓励学生选择新的创业项目，讲授爱岗敬业精神教育，爱岗就要珍惜创业岗位，兢兢业业；敬业是企业家的动力，履行岗位职责，尽职尽责，让学生全身心投入到创新创业。

第二，融入社会责任感与道德品质教育。课程设计“课前思政 3 分钟”，进行经典阅读和创业故事汇，精选相关的视频，进行爱国主义和家国情怀教育。在课程中融入社会责任感教育，讲授责任是企业家的境界，激发学生的社会责任意识。商业伦理起源于社会责任，讲授创业者应具备的道德责任，诚信是企业伦理的核心，创业者要履行好企业社会责任，首要的是履行好道德责任，道德责任就要讲信义、讲信誉、遵守商业伦理、企业信用等；将道德责任融入社会责任感与道德品质教育；同时，课程融入社会责任感与道德品质教育，涵养了学生的道德情操。

第三，融入艰苦奋斗精神与团队协作精神教育。对成功的创业者来说，艰苦奋斗永远是他们成功的关键。课程以“西游记”团队为例，讲解创业团队建设。创业中团队协作精神尤为重要，“一个篱笆三个桩，一个好汉三个帮”，在创业实践中，要强化创业团队建设。团队的合作精神对创新创业十分重要，团队的组建过程，选择好能合作的人。要心往一处想，劲往一处使，才能实现创业成功的夙愿，创业初期往往无利可图，融入艰苦奋斗精神，创业者要拧成一股绳，因此，要有团队合作精神和奋斗精神，创业艰辛的实践中，成功的创业者要有有事共同商量、有困难共同克服、有利益共同分享的理念。“人逢知己千杯少，话不投机半句多”，创业成功团队需要有效协作来保证。“西游记”团队的成功，缺少不了艰苦奋斗精神与团队协作精神，“西游记”团队通过不懈的努力奋斗，取经路上团结一致，战胜妖魔鬼怪，克服重重困难，完成西天取经任务。如果在一个创业团队里，经常闹对立，不利于创业成功，一旦形成了隔阂，这样的创业团队是不会成功的。

要塑造优秀的团队文化，任何创业的成功依靠的是团队的力量。课程思政教学必须将团队协作精神融入课程思政教学中，培养企业家精神。要讲授如何打造充满活力、不断进取的团队品质。因此，课程思政教学要增强学生团队协作精神教育。

习近平总书记提出新质生产力重大理论，课程教学内容要融入新质生产力内容，提升学生关注度和课程的高阶性。任课教师要关注时势动态，积累思政教学资源，开发教学资源，丰富课程思政典型案例和思政教学资源。通过撰写本土思政教育资源教学案例，形成一流课程思政教学资源库，为一流课程思政教学提供资源保证。遵循“两性一度”的“金课”建设标准，打造课程思政教学体系，创新创业课程与思政理论课同向同行，“思创融合”形成协同效应。

推进思政教育与创新创业教育的融会贯通，是当前高等院校教育改革的重要方向之一。从“思创融合”的内涵剖析思政教育与“双创”教育的内在关联与相通性，基于“三螺旋理论模型”分析企业、高校、政府在推进“思创融合”改革中担任的不同角色与合作共赢的机制，助力高校“思创融合”改革提供现实有效的途径。[499]

### 7.4.6 新文科数智化创新创业教育实践体系

建立科学完善的数智化创新创业理论课程及其体系，探索立体化大学生素质能力贯通式分类培养方法，科教产融合赋能高素质应用创新型人才培养工作，编写符合中国国情的系统化的创新创业教育教材，新质生产力赋能优化拔尖创新人才培养体系。

**1. 建立科学完善的数智化创新创业理论课程及其体系**

新文科数智化创新创业人才培养，构建学生创新创业的素质结构、知识结构和能力结构。[500]一是创新创业通识课程体系。二是创新创业专业或技术课程体系。新文科数智化创新创业人才培养，新文科数智化创新创业人才培养，要结合“双创”背景、新文科建设来增设创意学、创业营销、数字营销、人工智能、区块链、元宇宙、数字经济等课程，使学生具有从事创新创业项目开发或项目管理、技术分析、工程管理、业财税一体化等方面的素养和能力。三是创新创业技能实训课程体系。新文科创新创业实践教学，增设创新技法训练、创业营销实训、数字营销模拟仿真实训、人工智能仿真实训、区块链技术等实训课程，并建立全面规范的创新创业实践教学测评体系。

新文科数智化创新创业人才培养，增设创新思维训练、职业生涯与就业指导等必修课程。新文科创新创业教育通识类核心课程见表7.1。

**表7.1 新文科创新创业教育通识类核心课程**

| 课程名称 | 课程内容与要求 | 参考学时/学分 |
| --- | --- | --- |
| 法规与公共关系系列课程 | 具有从事本专业相关方面的人文与科学素质，奠定经济、环境、法律、伦理等知识基础。 | 160学时（10学分） |
| 职业生涯与就业指导 | 培养扎实的专业技能、敏锐的洞察力，具备较好的心理素质与适应能力。 | 32学时（2学分） |
| 创新思维训练 | 围绕创造、创新与创业，贯彻“宽口径、厚基础、重能力、求创新”的通识教育理念，优化学生知识结构，培养学生的创新思维，增强学生的创新创业意识。 | 32学时（2学分） |
| 创业精神 | 通过多元化教学，使学生了解创业应具备的基本要素、必备知识和技能，企业家必备的精神，唤起学生的创新与创业意识。 | 32学时（2学分） |

新文科专业或技术课程。新文科数智化创新创业人才培养，从某个具体的学科出发，设置符合各学科特点的创新创业理论和实践课程，新文科数智化创新创业人才培养，增设项目研发训练和创业管理课程。创新创业专业或技术课程，见表7.2。

表7.2 新文科创新创业专业或技术课程

| 课程名称 | 课程内容与要求 | 参考学时/学分 |
|---|---|---|
| 学科基础课程 | 学科基础课程不仅包含本学科理论课程，也包含相应的实验、实习等实践性教学环节。系统的学习本专业的基础理论、基础知识和基本技能与方法，培养学生的基本能力与基本素质。为学生继续学习专业课程提供基础知识、基本理论与基础技能。 | 160学时以上（10学分） |
| 专业核心课程 | 教学内容鲜明呈现与社会经济文化发展需要的呼应关系，能有效引导学生掌握解决问题的思路、方法、规律与操作，主要包括主干知识突出，结构合理，体现专业特色的理论课程、实验课程和实践课程。培养掌握本专业及相关专业方面的基本知识、原理、方法与技能，具备从事本专业及相关专业工程的设计、施工及管理的能力，能在本专业及相关专业领域的设计、研究、工、教育、管理投资、开发部门从事技术或管理工作的应用型工程技术人才。 | 192学时以上（12学分以上） |
| 专业方向课程 | 专业方向课主要包括各方向的选修课程。选修专长分组课程，使学生具备更深广的本专业知识，以满足未来创新、创业与就业需求。 | 128学时以上（8学分） |
| 项目研发课程 | 此类课程从学科专业与现实社会生产生活的关联入手，引导学生掌握项目研究路径与方法，参与专业的创新创业实践，提高学生发现问题、分析问题和解决问题的能力。 | 32学时（2学分） |
| 创业管理课程 | 通过专业创业管理课程学习，指导学生开展一项专业项目的市场调研，完成一份专业项目的创业计划书，引导学生了解创业基础知识、基本理论与基本流程，掌握创业计划书撰写技巧。培育学生创业意识、创业基本素质和基本技能。 | 32学时（2学分） |

新文科技能实训课程。新文科数智化创新创业人才培养，以学习、科研、实训、创新、创业相互促进为指导思路，新文科数智化创新创业人才培养，以技能实训课程为载体，以知识、能力、素质协调发展为主线，创新创业技能实训课程主要开设SIYB，KAB创业培训选修课程和AI大模型教程：

DeepSeek、文心一言、通义千问、智谱AI、百川智能、天工AI、讯飞星火和Kimi等平台实训环节，实训环节通过仿真实训教学和公司实战教学两种教学模式。[501]创新创业技能实训课程见表7.3。

表7.3 新文科创新创业技能实训课程

| 课程名称 | 课程内容与要求 | 参考学时/学分 |
| --- | --- | --- |
| 创业培训课程 | SIYB、KAB创业培训。系统学习创业知识与技能，培养创业精神与素质，让学生了解创业过程与模式、掌握创业方法与步骤 | 32学时（2学分） |
| 仿真实训 | 让学生到专业相关仿真实训，模拟体验创新创业过程，使学生掌握创新创业方法与步骤 | 2周（4学分） |
| 公司实训 | 让学生到专业相关的企业、公司实训，提高学生的自主创新创业意识和创新创业成功率 | 18周（8学分） |

新文科数智化创新创业人才培养，要不断拓展创新创业教育的空间，不断推进多元化的创新创业延伸课程建设。新文科创新创业课程建设主要途径：

一是“政产学研用”相结合。新文科数智化创新创业人才培养，“政产学研用”合作共育创新创业人才，合作共建实验室、创新创业训练中心、创意中心，提供创新创业实践平台和实训基地。

二是校园文化中大力营造创新创业氛围。新文科数智化创新创业人才培养，利用校园媒体资源和网络资源宣传创新创业教育的目的与意义，树立典型案例，在校园文化建设中大力营造和构建新文科创新创业氛围。

三是建立学生创新创业孵化基地。新文科数智化创新创业人才培养，共建创新创业教育基地、创新创业孵化基地，进行创业实战，给予创新创业团队场地、资金、政策和环境的支持和帮助，让学生在创新创业实践中体验艰辛和快乐，孵化和孕育创业之路。[502]新文科高等教育课程体系应以新文科通识课程为底层框架，以新文科专业课程为核心内容，将学术培养与专技培养分轨并行，在本科生教育阶段形成明确的递进式规划。在现有人文社科专业课程框架上进行跨学科重组、融合，形成以“核心专业课+新文科专业课”为基础，以“学术理论课+技能实践课”为双通道，“必修课+选修课”双模块并行的新文科专业课程体系框架。

**2. 探索立体化大学生素质能力贯通式分类培养方法**

人才培养是高校的主要任务之一，培养适应社会需求的高水平人才是高校义不容辞的责任。构建以思想政治为引领，分类成才为标准、学科平台为支撑的 3 ×3 ×3 大学生立体化培养路径。构建“科研项目—科技成果—教学项目—教学成果—科技人才—科研创新—科研项目”的良性循环机制，创新创业人才培养过程中形成产教融合贯通“联合导师—校企课程—示范基地”、科教融合贯通“教学名师—品牌金课—科研平台”、师生共创贯通“双创导师—创业课程—孵化平台”的三类培养理念，形成产教融合可推广的新机制，学生创新创业能力显著增强，师资团队教学科研能力显著提升。[503]

**3. 科教产融合赋能高素质应用创新型人才培养工作**

为解决目前大学生培养过程中普遍存在的“重理论、轻实践，重教研、轻应用”等问题，探索科教产融合背景下高素质应用创新型人才培养的工作机制势在必行。通过完善“五性”课程体系，创新“做中学”教学模式，建立校内外结合的应用型实践教学体系；通过规范联合培养示范基地建设，实施“三导师制”，强化应用创新能力培养过程，构建“科—教—产”联合培养模式；通过充分发挥党建引领作用，落实立德树人的根本任务，建立“党建 +”“三全育人”新机制，能够培养学生较强的独立从事设计、生产管理和工程技术工作的能力，使其适应行业或职业实际工作需要，满足社会经济发展需求，符合区域行业经济对高素质应用创新型专业人才的要求。[504]

**4. 编写符合中国国情的系统化的创新创业教育教材**

创新创业教材作为创新创业教育的基础性工程，在人才培养中起着至关重要的作用。编写符合国家教学大纲且能体现高校学情的教材，是高校高质量开展创新创业教育的重要基础。编写符合中国国情的系统化的创新创业教育教材，阐释高校创新创业教材建设的“双一流”背景，从不同视域、不同形式、不同学科和教材评价等方面分析高校创新创业教材的建设现状，发现“调研成果更多局限于理论层面，较少落实到实际工作中，难以服务于‘理论联系实际’的目标；在编写高质量教材、获取创新教学资源等方面还存在不足，教辅、混合式教学等配套建设有待加强，尚未推进系统建设和共享机制建设”等问题。创新创业教育教材编写“融入思政元素，聚焦方向引领；丰富教材内容，创新课程内涵；注重教材质量，追求精益卓越；构建评价体系，完善激励机制”四位一体的创新创业教材建设路径，适应社会对创新创业人才培养提出的新要求和应用型高校创新创业人才改革的新趋势，编写符合中国国情的系统化的创新创业教育教材，助力高校创新创业教材建设，增强课堂教学效果和学生的创新创业技能，推动高等教育教学创新与发展和教育供给侧改革，为社会培养复合型创新人才。[505]

编写符合中国国情的系统化的创新创业教育教材，激发学生兴趣，把企业真实项目作为教材的案例素材，按照“行动导向、教学做合一”的职业教育理念，强化课程思政，融入工匠精神和创新创业内容，校企“双元”开发面向职业岗位融入课程思政的创新创业项目化校本教材。[506]提高新文科创新创业教育教材的编写质量和选用质量，助力我国建设成为高等教育强国。

**5. 新质生产力赋能优化拔尖创新人才培养体系**

2023 年 9 月，习近平总书记在黑龙江考察调研期间首次提出了“新质生产力”这一概念，并被写入 2024 年《政府工作报告》，为中国发展注入强大新动能。新质生产力是科技创新发挥主导作用的生产力，是新一轮科技革命和产业变革加速推进所催生的全新命题，具有鲜明的时代特征。新质生产力的提出，为中国的高质量发展找到了一把新的“钥匙”，也为高等教育改革提出了新的课题。党的二十届三中全会审议通过了《中共中央关于进一步全面深化改革 推进中国式现代化的决定》，对深化教育科技人才体制机制一体改革作出了重要部署。高校是科技人才集聚地、拔尖人才输出地、科技创新策源地和科技创新成果汇聚地，肩负科技创新和人才培养的双重任务，是培养创新人才主力军和“卡脖子”关键核心技术攻关的“国家队”，在国际竞争日趋激烈的形势下，必须承担自己的使命，全面提升人才培养、科技创新以及服务社会的质量和水平，为发展新质生产力提供教育、科技、人才的系统支撑。[507]

新一轮科技与产业变革浪潮汹涌，国家战略需求与教育科技人才供给之间的平衡成为新的考验。作为国家战略科技力量的重要组成部分，科技是第一生产力、人才是第一资源、创新是第一动力，高校必须把握新质生产力的核心要义，在畅通教育、科技、人才的良性循环，推动科技创新、产业创新和技术革命，培养高素质劳动者等方面，发挥先导性、引领性、基础性作用。但不可否认的是，目前我国高等教育在人才培养特别是拔尖创新人才培养方面仍存在一定不足，面临学科设置待优化、人才培养质量待提升、创新人才评价待完善、成果转化效率待提高等问题。[508]

党的二十届三中全会提出：“教育、科技、人才是中国式现代化的基础性、战略性支撑。”习近平总书记指出：“要按照发展新质生产力要求，畅通教育、科技、人才的良性循环，完善人才培养、引进、使用、合理流动的工作机制。要根据科技发展新趋势，优化高校学科设置、人才培养模式，为发展新质生产力、推动高质量发展培养急需人才。”高校必须紧紧把握新质生产力未来发展方向，树立“从未来到未来”的人才培养理念，即按照未来对人才的需求，培养能够主动拥抱未来、与未来合作的拔尖创新人才。[509]

拔尖创新人才是连接教育和新质生产力的纽带和桥梁，大力培养拔尖创新人才是建设教育强国和发展新质生产力的必由之路。拔尖创新人才培养支撑新质生产力发展的价值主要体现在推动颠覆性技术创新、培育战略性新兴产业、构建现代化产业体系和提升国家核心竞争力。拔尖创新人才培养支撑新质生产力发展，离不开“需求侧”的人才需求引导、“供给侧”的人才资源供给和“主体侧”的人才创新支持。拔尖创新人才培养支撑新质生产力发展，应加强拔尖创新人才顶层设计，强化新质生产力发展政策保障；优化拔尖创新人才培养体系，提升新质生产力发展人才供给；激发拔尖创新人才创新活力，夯实新质生产力发展成果支撑；扩大拔尖创新人才国际交流，提升新质生产力发展竞争能力。[510]

# 第 8 章

# 数智时代高校新文科创新创业教育与实践保障体系

## 8.1 高校新文科创新创业教育与实践基础工作

高校新文科创新创业教育与实践基础工作，以新文科数智化创新创业教育为主线，把相关新文科建设学术领域的数智化创新创业教育知识体系和内容，创新创业基础知识和基本理论主要涵盖创新概述、创业概述、创业团队、框架内创新、商机识别、商业模式和商业计划书等内容，通过学习数智化创新创业领域知识，熟悉数智化创新创业基本流程和方法、基本技能，更好地规划自己的创业道路。

### 8.1.1 创新创业团队建设

创新创业团队建设是高校新文科创新创业教育与实践基础工作之一，对大学生创新创业成功至关重要。关于团队建设，作为创业者，构建创新创业团队，考虑如何进行科学管理，打造成功团队，团队建设要选择与创业者自身优势与劣势互补的合伙人、投资者、关键的事业伙伴，创业团队成员的角色分工，保障团队的长期良性发展。

**1. 创业团队成员的角色**

管理学家斯蒂芬·P·罗宾斯（Stephen P. Robbins）认为，“团队就是由两个或者两个以上的相互作用、相互依赖的个体为了特定目标而按照一定规则结合在一起的组织”。蒂蒙斯模型中，创业的三大核心要素是创业团队、资源和机会。创业团队成员的角色扮演，开展创新创业团队建设。根据罗宾斯的定义，创业团队是为了实现共同的创业目标而形成的利益共同体，具体而言，创业团队是由少数具有技能互补的创业者组成的共担风险、共享收益。[511]

创业团队在创业初期是由一群才能互补、责任共担、愿为共同的创业目标而奋斗的人所组成的特殊群体。创业团队成员扮演好自己的角色至关重要。许多学者都对创业团队角色进行研究，有两种角色的分类模式：

贝恩德舒纳：他认为，创业团队里至少要有 6 种人，有了这 6 种关键的角色，就可以组成一个伟大的团队。以下是他梦之队阵容的组成。[512]

第 1 种：技术天才。创业团队最好拥有具备技术知识的技术天才，技术天才对高科技创业非常重要，创业团队要有不受约束的技术天才，能够领导团队的技术进程。

第 2 种：绝对领导者。领导者或首席执行官并不需要总是正确的，但你需要一个能够让别人尊敬的领袖人物。

第 3 种：行业资深人士。真正了解行业的某些人是极具价值的，行业资深人士能够明白一个特定的行业需要的是什么，他们的作用不仅是竭力想创造酷的或者新的东西，行业资深人士是真正具有行业实践经验的人。

第 4 种：销售人才。创业团队要有销售人才，销售人才能够向顾客传递产品的价值，他们懂得如何销售产品、销售企业、销售自己。

第 5 种：Super star。创业公司里的 Super star 可以是科技天才，也可以是首席执行官。创业团队 Super star 是具有个人魅力的人，能够把人们团结到创业公司周围的人。

第 6 种：理财专家。团队中要有人具备足够的资金管理能力。特别是当你还没有把产品推向市场时，随时掌握成本是很重要的。

团队管理专家贝尔宾（Meredith Belbin）通过长达 9 年的长期研究，提出贝尔宾的团队角色理论，依据成员所表现出来的个性及行为特征进行划分，团队中具备了这 9 种角色时，其组织活动就运行良好。创业者在建构创业团队时，找到自己在团队中的定位，明确自己该加强哪些方面的能力。[513]

贝尔宾的团队角色理论认为，每一个团队的组成人员可分为 3 大类包含 9 种不同的角色，分别为：“谋略导向型”角色、“行动导向型”角色、“人际导向型”角色，如图 8. 1 所示。

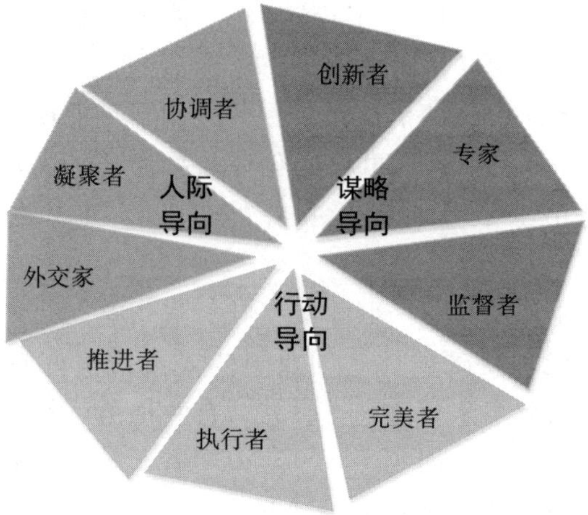


图 8.1 贝尔宾的 9 种团队角色

（1）谋略导向型角色（Thinking）。谋略导向型角色负责构想创意与提供专家智慧的，主要包括创新者（Plant）、专家（Specialist）和监督者（Monitor evaluator）。创新者其特点：有高度的创造力，思路开阔，能够另辟蹊径，打开局面，推动团队工作的发展。创新者具有观念新，富有想象力，经常想出新点子。专家通常对工作诚心诚意、主动性很强、甘心奉献、为自己的专业感到自豪。专家在团队中会给予专业的技术支持，从而使团队顺利克服技术上的难题。监督者善于分析和评价，善于权衡利弊，通常比较严谨、理智，遇事冷静，每做一件事情都要谨慎思考和判断，能够做出最精确的判断。监督者选择方案，团队关键性决策能够做出正确判断，最终获得成功。

（2）行动导向型角色（Action）。行动导向型角色负责执行团队任务活动的，主要包括完美者（Completer）、执行者（Implementer）和推进者（Shaper）。完美者做事非常注重细节，会按照预期一步步准确的完成团队各阶段的工作，抓住团队的工作节奏，坚持不懈，遵守秩序，为团队目标奋斗到底。具有一种持之以恒的毅力，尽职尽责，力求完美。执行者性格相对内向，处事风格保守，但工作中积极努力，有较强责任感，计划性强，效率很高，可靠性强，对团队非常忠诚，会根据团队的需要完成工作，是完成团队目标不可缺少的力量。推进者常常是行动的发起者，通常有着明确的目标、高度的工作热情和成就感，遇到问题总会想办法解决，办事效率很高。推进者也是一名高效的管理者，即使在压力下工作还是精力旺盛，是团队快速行动的最有效成员。

（3）人际导向型角色（Social）。人际导向型角色负责协调团队内外部人际关系的，主要包括外交家（Resource investigator）、凝聚者（Team worker）和协调者（Coordinator）。外交家性格外向，充满好奇心，思维敏捷，能敏感地捕捉到外界的信息，同时也是天生的交流家。外交家适合做外联和持续性的谈判工作，善于搜集信息分析情况，从而对事物有理性而准确的判断。凝聚者通常性情温和，敏感，善于调和各种人际关系，同时与他人合作的意识非常强。凝聚者善于化解团队中的矛盾和冲突，在意自己带给他人的感受，促进团队成员之间的合作，鼓舞团队士气。协调者通常处事客观、冷静，有很好的自控力，喜欢心平气和的解决问题，同时有一种感召力，善于协调团队中各种错综复杂的关系，能快速的发现团队中每个人的优势，凝聚者是团队中的调节剂。

以上是在理想情况下一个创业团队所需要的角色。创业团队所需要的角色可以由一人担任，可以一人分饰多角，必要时可以角色转换。创业实践中，创业团队的构成更多元、合理，成员各司其职，从而更有助于成功创办并经营新企业。

**2. 创业团队组建**

创业之路充满困难和艰险，创业团队组建有助于创业成功。组建和打造一支具有共同价值观和目标，明确创业团队组建的基本原则，把握组建创业团队的注意事项，科学设计创业团队组建程序。因此，组建创业团队是创业的关键环节。[514]创业团队组建的基本原则：

（1）目标明确合理原则。创业团队组建的基本原则，创业目标必须明确，目标明确合理，团队成员有共同的奋斗方向。创业目标必须是切实可行的，遵循目标明确合理原则，能真正激励团队成员。

（2）优势互补原则。创业团队组建遵循优势互补原则，目的是发挥出“1 +1 >2”的协同效应。寻求团队合作，目的在于知识、技能、经验等方面弥补差距。创业团队组建遵循优势互补原则，吸纳企业发展所需的人才，从而实现团队成员间互补、相互协作。

（3）精简高效原则。创业团队组建遵循精简高效原则，减少创业运作成本、最大限度地分享创业成果，精简高效应在保证企业高效运作、减少运作成本的前提下，做到精简和高效。

（4）动态开放原则。创业过程是充满不确定性的过程，创业团队组建遵循动态开放原则，应注意保持团队的动态性和开放性。创业团队组建应考虑保持团队的相对稳定性。遵循动态开放原则，从而更好地实施创业计划。

（5）责权利统一原则。创业团队各成员都应拥有与其角色相对应的权利，责权利统一，能吸纳优秀的人。创业团队组建责权利统一原则有利于团队长期、健康、稳定地发展。[515]

在创业团队组建成功后，最重要的就是进行创业团队的管理，把团队成员团结在一起，实现团队的高效运作。在组建创业团队的过程中应注意以下几个方面的问题：

（1）保持团队成员的差异性。创业团队成员存在着年龄、性别、专业背景、经验、性格、价值观、偏好及态度等方面的不同，还存在着认知模式的差异。异质型创业团队容易使思维在创业中相互撞击，迸发出火花，吸收不同专业、不同性格、不同年龄的成员加入。

（2）保证团队结构的完整性。团队结构的完整性是指团队结构在职能上的完整。保证团队结构的完整性，创业者必须注意专业知识结构，能够胜任不同的创业工作岗位，形成一个结构完整的创业团队。

（3）增进团队运作的高效性。美国著名未来学家约翰·奈斯比特曾指出，“未来竞争是管理的竞争，竞争的焦点在于每一个社会组织内部成员之间及与其外部组织的有效沟通上”。良好的沟通是高效率团队必备的要素之一。通过沟通，团队成员分享信息、理顺情绪、化解矛盾，最终达成共识，增进团队运作的高效性，团队成员和谐相处，使创业团队更具有战斗力。[516]创业实践要组建一支技术过硬、讲究质量、工作效率高的队伍。

（4）创业者应以战略的眼光。组建创业团队时应从战略的高度出发，创业者应以战略的眼光。创业团队组建将人力资源优势转为企业的竞争优势。因此，创业者应有战略眼光，以战略眼光寻找创业伙伴，保障创业企业健康发展。

**3. 创业团队组建程序**

（1）明确创新创业目标。要拥有一个明确的、鼓舞人心的目标，明确创新创业目标，这带来了创业企业凝聚力的提高。

（2）制定创新创业计划。创新创业计划确定了在创业阶段不同时期需要完成的创新创业计划任务，并通过逐步实现创新创业计划阶段性目标，最终实现创业总目标。创新创业计划是在对创业目标进行分解的基础上，以创业团队为整体来考虑的计划。

（3）招募创业团队成员。创业团队的组建程序，招募创业团队成员需要考虑志同道合、优势互补两方面因素，保障创新创业计划实施，招募创业团队成员是关键环节。志同道合、目标一致，形成优势互补，既有助于加强团队成员间的合作，又能保证团队的战斗力。

（4）划分创业团队职权。进行创业团队职权划分，团队成员之间职权的划分必须明确，更好地发挥团队作用。划分创业团队职权既要避免重叠和交叉，也要避免遗漏。

（5）构建创新创业制度体系。创业团队的组建程序，通过构建制度体系，实现创业行为有效的约束，创业团队要实现高效运作。构建创新创业制度体系需要各种约束制度和有效的激励机制。包括组织条例、纪律条例、财务条例、保密条例等约束制度，奖惩制度、考核标准、利益分配方案、激励措施等激励机制。

（6）创业团队调整融合。随着创业团队的运作，创业团队组建时的问题会暴露出来，开展创业团队调整融合是关键。团队调整融合工作，团队文化整合是关键，需要经常进行有效的沟通与协调，对创业团队进行团队目标、组织架构、股权结构、团队制度等调整融合，团队调整融合也应是一个动态持续的过程。[517]

如图 8.2 所示，创业团队的组建程序，创业团队要想健康发展，建立一个公平、公开、公正的环境。创业团队的有效合作是创业成功的保证。“西游记”的取经团队获得成功，离不开唐僧的执着精神、孙悟空的奋斗精神、猪八戒的乐观精神、沙僧的合作精神，这些精神支撑着取经团队克服了重重困难，完成了西天取经的艰巨任务。

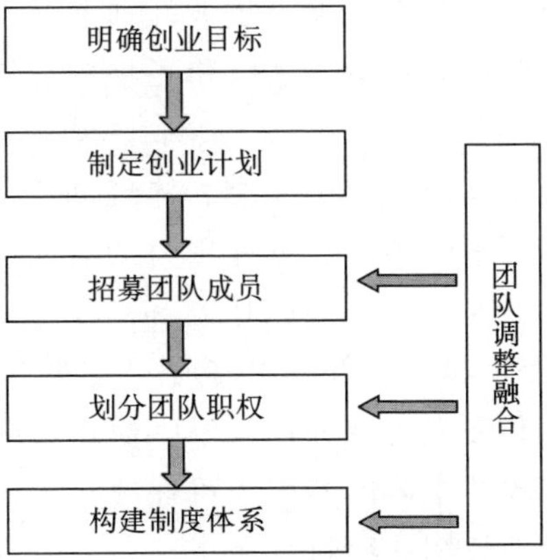


**图 8.2　创业团队的组建程序**

随着科技的进步和知识更新速度的加快，要想成为一支能够打硬仗、素质过人的高效能创业团队。需要构建学习型组织，团队成员需要不断地给自己充电学习，弥补知识与技能上的不足。

### 8.1.2 创业计划训练

创业计划是创业者叩响投资者大门的“敲门砖”，创业计划训练是关键。科学设计创业计划书的内容，使创业者达到事半功倍的效果。

**1. 创业计划含义**

关于创业计划含义，商业计划书是创业的基础和核心，它需要综合考虑产品、市场、商业模式、团队等方面以此为基础开展创业实践活动。

**2. 创业计划书的内容**

一份完整的创业计划书包括封面、目录、正文及附录等内容：

（1）封面。一般要包括企业名称、创办人姓名、联系方式、电子邮箱、企业地址及时间等。封面的设计要有审美观和艺术性，一个好的封面会使阅读者产生最初的好感，会有很好的第一印象。

（2）目录。创业计划书正文的索引，目录按照各章节顺序排列并对应页码，目录是在创业计划书最后完成的内容。

（3）正文。主要包括摘要、主体和结论三部分，是创业计划书的核心内容。

摘要是对整个创业计划书的概括和总结，通常是主体完成后才撰写。一份好的创业计划书摘要 1～2 页就足够了，内容要简洁、明了，让阅读者能够有效地了解创业项目的特色。摘要是创业计划书中十分重要的一个部分。

主体是创业计划书的核心部分，需要将各项内容展开说明，尽可能考虑全面、逻辑清晰。

结论是对创业计划书展现内容的总结，体现创业计划书的完整性，一般包括团队分工介绍、撰写中的感受、创业项目的后期执行设想和致谢，带有指导意义的结论性意见，要与摘要首尾呼应，一般有大半页就够了。

（4）附录是对创业计划书的补充和说明，主要包括调查问卷、调研数据、企业营业执照、专利证书、专利授权书、商业合同及与项目相关的获奖证书等，这些资料不宜放在主体内容中，可以放在附录中，以供创业计划书的阅读者参考或更好地理解创业项目。

**3. 创业计划书主体内容**

创业计划书主体内容主要包括企业描述、产品或服务、市场分析、管理团队、研发与生产、营销策略、竞争分析、财务分析、风险与对策、退出策略等。[518]

（1）企业描述。企业描述主要包括企业简介、企业背景、企业使命、产品和服务、企业现状、启动资金、法律形式以及选择描述。

（2）产品或服务。本部分主要包括两部分内容：首先要进行产业分析，主要包括产业现状、发展趋势、产业特征以及产业市场情况等；其次是产品分析，主要包括产品介绍、市场定位、可行性分析及市场壁垒等。

（3）市场分析。一是目标市场分析，包括市场定位、市场规范、发展趋势、目标顾客等；二是顾客分析，包括顾客概况、购买动机、购买心理及购买行为等；三是竞争者描述，包括现有竞争者、供应商、潜在竞争者及替代品等；四是市场发展战略，包括确定目标市场、开发潜在市场。

（4）管理团队。管理团队主要内容：一是组织形式，包括公司管理体系、组织结构图、部门职责和分工、所有权结构和分配情况等；二是核心团队成员，主要介绍他们的经验、能力、技术、特长等；三是专业服务机构，包括法律事务所、会计事务所、企业客户、企业合作机构等。

（5）研发与生产。研发与生产主要内容：一是研发计划，主要包括产品技术原理、研发方式与方法、产品层次、阶段目标等；二是生产计划，主要包括生产工艺流程、成本测算、未来产品与服务发展规划。

（6）营销策略。营销策略主要内容：一是销售策略与目标，包括采取何种销售策略、销售方式、营销计划；二是采用何种价格策略；三是采用何种分销策略；四是采用何种促销策略。

（7）竞争分析。主要内容：一是现有竞争者和潜在竞争者，竞争者包括是谁、目标、资源、市场情况、营销策略，潜在竞争分析；二是SWOT分析包括的优势、劣势、机会、威胁，五力分析包括供应商的讨价还价能力、购买者的讨价还价能力、潜在竞争者进入的能力、替代品的替代能力、行业内竞争者现在的竞争能力；三是竞争优势，包括产品、技术、商业模式、销售策略、团队等。

（8）财务分析。财务分析是以会计核算和报表资料及其他相关资料为依据，主要内容：一是资源需求分析，主要包括是固定资产、流动资产；二是融资计划，主要包括资金明细表、预计投资金额、阶段股份稀释额度；三是预计财务报表及投资回报，主要包括预计利润表、预计资产负债表、预计现金流量表、投资回报等。

（9）风险与对策。风险与对策主要内容：一是市场风险，来自于生产、销售、竞争、顾客等；二是技术风险，来自于研发技术、研发资金、研发团队等；三是资金风险，来自于资金周转、资金链等问题；四是管理风险，主要有团队人员、资源匮乏、管理不善等；五是风险应对方案，要逐一提出解决可能出现风险的方案。

（10）退出策略。在创业计划书中，最好考虑设计适当的退出路径。退出策略主要有出售业务、并购重组、IPO 及重新募集资金等。风险投资者通常对创业投资的退出极为关注。

### 8.1.3 创业路演展示

创业路演展示是从路演认知、路演 PPT 制作、路演 PPT 评价等几个方面向学生呈现创业路演的完整流程，掌握创业路演技巧，最终实现创业路演能力的全面提升，为创业奠定成功的基础。

**1. 创业路演含义**

创业路演是创业者向投资者、合作伙伴和行业专家展示自己的创业项目和商业计划的过程。创业者在公共场所进行演说、演示产品、推介理念。创业路演是促进投融资的重要活动，展示就是让创业项目与行业专业人士、创业评审专家、投资方和顾客在短时间了解创业项目的一种方式，从而作出更为准确的判断。创业路演展示的好处，创业路演展示，快速对接自己的项目，减少融资之路上的弯路。[519]

**2. 创业路演 PPT 的制作**

创业路演 PPT 制作前的思考：

（1）为什么选择这个行业？这里面其实涉及你对行业的理解是什么样的。

（2）你有一个怎样的团队？做早期投资，尤其是天使投资，对于团队的重视甚至超过了对于方向的判断。

（3）为什么你能成功？同样的模式，会有很多团队来做，可能这是一个很好的市场机会，但为什么你这个团队可以做到最好？这可能是投资人最关心的问题。如果在这方面，你能思考的比较深入，就是你的竞争力所在。

路演是不可或缺的必备技能，路演的核心基因是面向未来的价值，路演的核心内容是“演绎”，路演兵法，沉浸式的故事开篇，唠叨式痛点阐述，多维度政策解读，拟人式竞品对比，英雄式权威团队，机会式风险分析，合理化财务预期，烙印式主张收尾，创业路上找对方法事半功倍。

### 8.1.4　大学生创新创业训练计划项目

大学生创新创业项目为依托，通过“项目驱动—产学研融合—能力培养—创新应用”的实践教学方法，以教师科研项目为驱动，聚焦大数据技术在各领域实际应用场景，进行产学研融合，将大数据交叉学科创新技术应用能力培养融入实践教学体系，进而实现对学生创新实践技能的培养。通过以项目为驱动的大数据技术创新实践教学体系的研究与实施，可以提高学生对于大数据技术的应用能力，增强学生创新创业以及科研探索的能力。[520]

通过大学生创新创业项目的实施，让学生了解诚信严谨的科研文化，引导大学生端正学术态度。在整个科研实践活动的过程中，指导老师应该将科学研究的本质、科学研究的真正意义从思想上、行动中以及团队协作等方面灌输渗透给学生。培养大学生参与科研活动的兴趣，大创项目有助于初涉科研训练的学生调动科研积极主动性，培养学生创新创业精神和综合科研实践能力，助推科研素养的形成，树立良好的价值导向，助推学生科研综合能力提升、培养学生参与科研实践的积极性等多方面能力，为培养一流科研人才奠定基础。[521]

专业知识素养和创新创业能力的提升，有赖于创新创业人才培养转换路径的选择。“国创计划”项目，为专业知识能力的转换提供了良好的平台。实施以学生为中心的项目训练计划、产业导向需求调研、参与教师科研活动等为手段的大学生实践类项目的训练路径。[522]

### 8.1.5　青年红色筑梦之旅活动

作为高校实践育人的新模式，“青年红色筑梦之旅”发挥着独特的思想政治教育社会价值和个人价值，既因其带有竞赛性质和实践性特点提升了思想政治教育的亲和力、吸引力，又因存在不足之处，其思想政治教育的持续性、潜在教育对象的认同度、教育效果的发挥机制、教育内容的系统化程度有待进一步完善。针对其不足之处，可以从加强其顶层设计、加强宣传认同、把握其育人定位、构建思政育人的大格局几个方面加以完善，以便进一步发挥其思想政治教育价值实效性，促进青年大学生全面发展。[523]

“青年红色筑梦之旅”活动是一堂融思想政治课和双创课为一体的大金课，活动能正确引领双创教育的价值导向，保证双创课程立德树人的正确方向。以“青年红色筑梦之旅”活动平台为载体和切入点，围绕“为什么创新创业”以及“如何创新创业”的创新创业教育核心问题，从塑造个人价值与国家社会价值相结合的创新创业价值观，构建“一线两融”的教学内容，探索四类创新创业案例和项目资源，开展“三课堂双项目”的教学策略，实施对接“青年红色筑梦之旅”的全程多元评价等方面探索和推进双创课程思政建设。[524]

青年始终是社会力量中最活跃的部分，是实现中国梦的接续奋斗者，党和国家始终重视对青年的培养。“青年红色筑梦之旅”把广大青年视为主要教育对象，是高校实践育人的新形式。对“青年红色筑梦之旅”的内涵进行分析，提出“红色”强调“传承红色基因”，“筑梦”强调“以中国梦激昂青春梦”，“之旅”强调“将个人理想融入国家前途命运”的观点。“青年红色筑梦之旅”在实践中不断发展、完善，具备通过这一平台对广大青年学子的行为进行引导的基础。作为一项活动，“青年红色筑梦之旅”同思想政治教育之间有着何种联系？“青年红色筑梦之旅”因其承载着丰富的教育信息、在实践中传递渗透教育内容、实现教育主客体互动而具有作为思想政治教育实践活动载体的基本功能，同时，又具有促进个人和社会共同发展的目标的现实性、实现青年自我教育的主体性、要求青年扎根祖国大地的实践性的载体特征，因此得以发挥独特的思想政治教育价值。“青年红色筑梦之旅”究竟发挥了什么独特价值？“青年红色筑梦之旅”不仅具有加深政治情感认同、助推经济社会发展、保护红色文化传统、推进生态文明建设的思想政治教育社会价值，还具有使广大青年在活动中培养爱国主义精神、坚定理想信念、拓展综合能力、求得丰富学识的思想政治教育个体价值。但作为高校实践育人的新模式，“青年红色筑梦之旅”既因其带有竞赛性质和实践特点提升了思想政治教育亲和力、吸引力，又因此存在不足之处，其思想政治教育持续性、潜在教育对象认同度、教育效果发挥机制、教育内容系统化程度有待进一步完善。根据“青年红色筑梦之旅”思想政治教育价值实现的不足之处，加强“青年红色筑梦之旅”顶层设计、增强客体认同、把握“青年红色筑梦之旅”育人定位、构建思政育人的大格局，以便进一步发挥“青年红色筑梦之旅”思想政治教育价值，提升“青年红色筑梦之旅”教育的实效性，促进青年大学生全面发展。[525]

### 8.1.6 龙江“四大精神”融入新文科创新创业教育

龙江“四大精神”是中华民族伟大精神的组成部分，挖掘龙江“四大精神”的新时代内涵，将龙江“四大精神”融入新时代高校新文科创新创业教育与实践面临机遇与挑战，东北抗联精神、大庆精神（铁人精神）、北大荒精神，是激励引领东北全面振兴实现新突破的宝贵精神财富。推动东北抗联等伟大精神融入新文科创新创业教育与实践，是培养好担负东北全面振兴使命任务的高素质专业技术人才和接班人的守正创新之道。高校应大力弘扬东北抗联精神慷慨赴难的“民族骨气”，铸牢高校新文科创新创业教育与实践中的民族精神之“魂”；弘扬大庆精神战天斗地的“中国志气”，强健高校新文科创新创业教育与实践中的工匠精神之“体”；弘扬北大荒精神不懈奋斗的“大国底气”，提升高校新文科创新创业教育与实践中的职业精神之“德”。探寻龙江“四大精神”融入数智时代高校新文科创新创业教育具体路径，坚持“红色精神”铸魂育人，在全面建设新文科创新创业过程中提供更为主动的精神力量。

**1. “东北抗联精神”融入高校创新创业教育**

“东北抗联精神”是中国共产党领导下的东北抗日联军在 14 年的全民族抗战过程中精神风貌和思想品格的集中体现，是中华民族宝贵的精神财富。将“东北抗联精神”融入创新创业课程教学，既有助于抵制历史虚无主义、弘扬红色文化、传承红色基因，也有助于增强教学效果、厚植青年学生家国情怀。针对大学生开展红色文化教育和思政课程教育，在创新创业课程内容上具有高度契合性，作用方面又有相互补充性，从而决定了将“东北抗联精神”融入创新创业课程教学在理论和实践上皆为可行。从教学内容、内涵及效果等处着眼，通过采取补充历史细节、把握精神实质、多策并用教学设计等策略，将大大提升创新创业课程教学的质量和成效。“东北抗联精神”的基本内涵包括：忠贞报国、勇赴国难的爱国主义精神；勇敢顽强、前仆后继的英勇战斗精神；坚贞不屈、勇于献身的不怕牺牲精神；不畏艰险、百折不挠的艰苦奋斗精神；休戚与共、团结御侮的国际主义精神。[526]

习近平总书记在新时代推动东北全面振兴座谈会上强调要大力弘扬“东北抗联精神”。凸显了新时代“东北抗联精神”在中国式现代化进程中的重大意义和重要价值。东北抗联精神源自“九一八”的硝烟，形成于东北抗日战场，壮大于世界反法西斯阵线，最终成为中国共产党人的精神谱系。“东北抗联精神”过去是抗敌的精神武器，现在是新时代发展建设的思想动力，将来是中国式现代化进程中的精神财富。“东北抗联精神”将永不磨灭、历久弥新，成为中华民族伟大复兴道路上不竭的前进动力。[527]

“东北抗联精神”蕴含着创新创业所需要的思想品质。推动“东北抗联精神”融入创新创业教育，要把“东北抗联精神”科学融入创新创业教育的目标体系、实践体系和评价体系。东北抗日联军用鲜血和生命铸就精神丰碑。新时代大学生肩负着传承与弘扬爱国精神的使命，因此，高校要以创新创业教育为载体，以弘扬伟大爱国主义精神为支柱、以实现伟大复兴的中国梦为精神助力和发扬“东北抗联精神”，为经济社会高质量发展培养大批敢闯会创的高素质人才。[528]

创新创业教育是高校铸魂育人的一项重点工作，创新创业教育的目的是要培养具有创新性思维、创业基本素质的新时代开放性人才，注重通过教育、引导、塑造等方式、培养符合社会发展需要、满足时代发展需求的创新型大学生。这就要求高校在创新创业教育中，一方面要坚持真理、坚守理想，坚持把以爱国主义为核心的民族精神和以改革创新为核心的时代精神作为主心骨，打造具有中国特色、中国气派、中国风格的新型创新创业教育体系；另一方面要坚持将“东北抗联精神”等红色文化融入创新创业教育全过程中，以红色文化“塑魂育人”。[529]

高校要提出双创教育立德树人新要求，应利用好“东北抗联精神”等红色文化资源组织开展各种红色文化主题活动以充实高校创新创业教育。高校应组织大学生走进红色基地，重走抗联路，让学生亲身感受在极其艰苦条件下抗联军人奋勇杀敌，夺取战争胜利的英雄事迹和无私奉献精神，深入开展“青年红色筑梦之旅”活动。通过大学生创业项目与“东北抗联精神”结合，开展红色文化活动。要整合红色资源，把“东北抗联精神”与双创教育融为一体，引导学生把“东北抗联精神”运用到创新创业中，开展以“东北抗联精神”为主题的创新创业活动，增强创新创业能力，推动创新创业教育不断发展。[530]

用“东北抗联精神”促进大学生创新创业教育，是推进国家的经济发展、致力于实现中华民族伟大复兴的有效途径。将“东北抗联精神”融入大学生创新创业教育中，既能为大学生的创业之路提供精神动力，也能弘扬红色文化精神，提升红色文化的经济价值，推进双创教育立德树人新要求的落实，深化双创教育成果导向改革，促进人才培养质量全面提升。

**2. “北大荒精神”融入高校创新创业教育**

北大荒开发建设 70 余年，凝结了三代北大荒人辛勤的汗水与智慧的结晶。从解放战争年代第一批农场的创建到新时代现代化农业的普及，北大荒发生了翻天覆地的变化，昔日的亘古荒原变成了今日的共和国粮仓。三代北大荒人创造出万里良田的精神信念，正是北大荒开垦、建设过程中孕育出的以“自力更生、艰苦创业、勇于开拓、甘于奉献”为主要内涵的“北大荒精神”。“北大荒精神”是在极其艰苦的环境下创造出来的，是在黑土地上高尚风范的生动反映，也是他们在政治觉悟、道德情操、工作作风的集中体现。“北大荒精神”与其他革命精神共同构筑起了中国共产党人的精神谱系，同时也必将成为推动我国经济发展和社会进步的强大精神动力。

“北大荒精神”是全国人民共同拥有的一笔宝贵的精神财富，是推动我国经济发展和社会进步的强大动力，它将永远激励着我们在建设有中国特色社会主义的道路上奋勇前进。[531]

2016 年 5 月 25 日，习近平总书记在考察黑龙江省重要讲话中指出：“加强干部作风建设，黑龙江有不少有利条件，东北抗联精神、北大荒精神、大庆精神、铁人精神激励了几代人。”“北大荒精神”内涵充分体现了在新时代新征程上，党和人民对于我们建设三大一航母、筑牢压舱石、当好排头兵、端稳中国饭碗、装满中国粮食，寄托了更多期望、更高要求。“北大荒精神”因此能成为我们克服困难、指引我们从胜利走向胜利的法宝。[532]

**3. “大庆精神”融入高校创新创业教育**

“大庆精神”产生于 20 世纪 60 年代初举世闻名的大庆石油会战，是中华民族精神的重要组成部分。“大庆精神”概括地说就是“爱国、创业、求实、奉献”。“大庆精神”的核心是爱国主义精神。“大庆精神”的精髓是艰苦奋斗，“大庆精神”讲求科学、三老四严的求实精神，是一种胸怀全局、为国分忧的奉献精神。祖国至上，人民至上，这是每一个石油人执着的追求；为国家分忧，为祖国加油，这是中石油始终不变的情怀。[533]第一，“大庆精神”是时代精神的展现。第二，“大庆精神”是民族精神的浓缩。第三，“大庆精神”是智慧与力量的象征。第四，“大庆精神”是社会进步的标志。大学生在开展创新创业活动时，需要具备敢闯敢干、积极进取、艰苦奋斗、坚韧不拔以及持之以恒的精神。因此，“大庆精神”育人是创新创业教育课程思政的特色，培养大学生“爱国、创业、求实、奉献”的思想品质。[534]

**4. “铁人精神”融入高校创新创业教育**

“铁人精神”是中华民族宝贵的精神财富，“铁人精神”蕴含着爱国、拼搏、奋斗、求实、奉献等深刻内涵。“铁人精神”是铁人王进喜崇高思想、优秀品德的高度概括，是我国石油工人精神风貌的集中体现，“铁人精神”是具体化和人格化的大庆精神。“铁人精神”是中国共产党精神谱系的重要组成部分，“铁人精神”是党和人民永远珍惜的宝贵精神财富，需要进一步深入挖掘其深厚历史内涵，使之不断焕发生命力，成为新时代团结奋斗的强大精神力量。[535]“爱国创业我最认真，求实奉献我最根本”是铁人精神的核心价值。热爱人民是铁人最真挚的道德情感。艰苦奋斗，不知疲倦的生命活力；铁人王进喜是最富有生命活力的人。“铁人精神”是一面旗帜，“铁人精神”是一种力量，凸显一种坚韧不拔创业的勇气。“铁人精神”凝缩了一个民族、一个国家的精神风貌，凸显中华民族不懈拼搏、创造未来的民族气概。[536]在高校中开设“铁人精神”特色创新创业教育课堂，并作为新文科创新创业人才培养重点课程，培养具有“铁人精神”的创新型人才。[537]

## 8.2 新文科创新创业教育与实践保障工作

高校新文科创新创业教育体系建设的保障体系，要理顺工作机制，有制度的保障，激发学生的创业意识，培养创新精神和创业能力，整体提升新文科创新创业教育与实践的保障工作。

### 8.2.1 打通“双创”教育上下游构建闭环模式

“学而不思则罔，思而不学则殆。”学习与思考两者就是一个闭环的模式，只有先学习再思考，思考后再继续学习，持续的重复这两点，才能够从知识中获得属于自己的真知灼见。打通从创新到制造的上下游，构建闭环模式，为学生创新创业素养与能力的提升创造条件，打造新文科创新创业教育升级版。

**1. 要与“五育”育人紧密结合**

新文科创新创业教育在高校人才培养体系中并不是孤立的存在，其开展要与“五育”育人紧密结合。[538]其一要将创新创业的基本内容和要求有机融入“五育”育人的过程和内容之中，让学生在创新创业的学习和实践过程中，树立正确的世界观、人生观和价值观。其二则是要实现创新创业教学和实践各环节与“五育”育人各方面的有机贯通，实现各育人领域和课程环节的联通运行，实现闭环发展。其三则是以“五育”育人为出发点，与“青年红色逐梦之旅”紧密结合，探索红色文化、红色精神育人实践，铸魂育人，打造“双创”思维的源泉和实践开展的重要方向。[539]

**2. 健全新文科师资人才储备**

健全新文科师资人才储备是高校新文科创新创业改革升级所要解决的重点问题。应当充分厘清创新创业学院等校内机构的权责划分，引进更多的优秀的创新创业人才充实师资队伍，并实现有效管理。对于教师团队亦要根据社会和时代的发展组织定期的、专项的培训，不断更新知识体系，为学生提供最新的指导。[540]校外兼职教师的聘任应当采取企业家、创业校友和第三方服务机构相结合的模式。企业家、创业校友本身作为创业者有着丰富的市场和管理经验，部分还有评审指导创新创业比赛的丰富经验。"创业大学"等形式的第三方培训机构本身与企业有着紧密的合作与联系，其导师团队拥有多年"双创"培训的经验，并且在教学方法、思路上有着一定的专业性，能够与高校实现优势互补，是高校新文科创新创业教育师资队伍建设的重要支撑途径。

**3. 以课程为融合载体重构专创融合课程体系**

人才链新变化迫使教育链深化改革契合产业链新需求。专创融合是双创人才培养的有力途径，高校应以课程体系构建为着力点，重构双创人才专创融合课程体系。

"专创融合"课程建设和实施是培养高素质创新创业型专业人才的重要环节。校企合作、产教融合"双师团队"共同开发建设及应用推广的线上线下混合式教学课程，基于产教融合视域，深度挖掘产业资源和平台，将创新创业元素贯穿课程建设及实施全过程，从而形成具有产业特性，满足行业企业对创新创业人才的需求，培养并提升学生创新创业意识、创新创业心理品质、创新创业精神、创新创业能力的"专创融合"课程。[541]

专业教育与创新创业教育的有机融合是高校深化教育改革的重要方向，是推进创新型人才培养、建设创新型国家的有效途径之一。针对高校"专创融合"课程教学存在的主要问题的基础上，探索"专创融合"课程的教学设计思路与实践路径，将专业课程知识模块化，在模块化知识中提炼和孵化创新创业项目，在项目推进中提升项目的挑战度和创新性，在考核过程中采用多元化的评价机制。同时，实践证明：在"专创融合"课程教学过程中，创新教学方法、拓展实践环节、积极引导思考对于学生创新创业能力的培养具有较好的促进作用。[542]

基于"四创七步"理念下的"专创融合"教学改革模式，将创新创业教育素养融入课程教学目标中。结合"岗课赛证"及"专创融合"元素，融入任务载体，重塑教学内容。为有效达成教学目标，构建"四创七步"的课程教学模式，同时创新了教学评价方式，为教学目标的达成提供依据。[543]

推进“专创融合”课程体系建设已经成为高校落实国家创新驱动发展战略的迫切需要。为避免专业教育与创新创业教育融合出现“两张皮”现象，实现专业教育与创新创业教育的深度融合，在理论分析的基础上，基于ADDIE模型从专业能力与需求分析、课程体系与内容设计、师资队伍与平台开发、课程实践与管理实施、课程结果与成效评估5个方面构建“专创融合”课程体系，把单一的专业化教育模式转变为能力导向型的复合型人才培养模式，着力推动跨学科融合与应用型统计分析人才的培养，提升高校应用统计学专业创新创业人才培养质量。[544]

新文科创新创业教育与专业教育融合是一项系统工程，应从课程的目标、内容、功能以及学科、形式、种类等多维度进行重构与改造。[545]高校新文科创新创业“专创融合”的理论课可从人才培养目标出发，对课程进行优化整合，突出对学生综合素质的培养；开设充分体现本校特色的创新创业必修课和选修课，并将创新创业思想体现于课程内容的讲授之中。如开设“职业生涯发展与规划”“创业精神与人生发展”“创新思维和创新方法”等通识必修课；开设“科学技术史”“人工智能概论”“业财税一体化”“技术创新管理”“企业经营实战沙盘模拟”“创新中国”“创造性思维训练”等通识选修课；同时，利用慕课（MOOC）在线开放课程资源，建设由学术研讨、学科前沿、创新思维和创业指导课程构成的创新创业特色课程群；[546]构建基础知识、创新环节、创业能力培养相融合的立体化体系，实现新文科创新创业教育理论与实践相结合，培养学科交叉融合的应用型创新创业人才。[547]高校新文科创新创业创建创客空间，开展以专业为依托的创新创业实践活动，培养学生的团队意识和创业道德品质。

**表8.1 创新创业教育与文科专业融合度指标设置表**

| 一级指标 | 二级指标 | 评价方法 |
| --- | --- | --- |
| 知识 | 跨专业跨学科知识储备 | 修读跨专业跨学科选修课并通过课程考核 |
| 能力 | 交流与表达能力<br>自主学习能力与独立思考能力<br>实践能力<br>团队协作与管理能力 | 参加学科竞赛并获得校级及以上奖项 |
| 素质 | 正确的价值取向<br>生理和心理健康<br>创新思维 | 通过社会实践活动、科研成果、研究论文等进行综合评价 |

**4. “赛育协同”服务高校创新创业人才培养模式**

以“赛—训—岗”为基础，打造课堂教学与创新创业实践融合的育人平台，以“赛训”“实训”和“岗训”为抓手，全面育人、多元协同，通过鼓励师生积极参加创新创业类竞赛、进一步深化产学研合作、加强与企业的交流与合作等方式，丰富大学生创新创业载体，拓宽大学生创新创业渠道，引导大学生明确创新创业目标，真正做到学有所用，为培养经济、管理、法学、新闻、艺术、外语、文学、哲学和历史学等文科专业人才提供有力支撑。

以“赛—训—岗”为抓手，丰富创新创业载体，拓宽创新创业渠道，搭建课堂教学与创新创业实践融合的育人平台，引导大学生明确创新创业目标，切实提高大学生核心竞争力，不断提高创新型人才培养质量。[548]

**5. 引领新文科创新创业实践的高质量参与**

新文科创新创业实践是理论教育的延伸和检验，是学生创新创业能力提升的关键环节。畅通新文科创新创业实践的参与路径。首先要解决校内创新创业资源供给不足和供给结构不合理的问题，让师生能够利用校内的专业实验室、创业实验室或与政府、企业等共建的校外“双创”实训基地等场地和设备开展模拟经营，在实践中学会运用课堂上所学的专业理论。高校应当充分鼓励有创新创业热情和想法的师生充分利用校内外的孵化园区开展相关实践，能够顺利获得来自学校、政府和社会的资金、场地、设备等支持以及各项优惠政策。[549]同时要明确实习实训与创新创业的一致性，去不同类型的岗位参与实习实训同样可以学习到先进的实践技能。提升创新创业素养，利用学校的创新创业平台和资源，创新工作思路和工作方法，针对创业实践问题提出解决方案以开拓创新思维。[550]

### 8.2.2　构建新文科创新创业教育课程评价体系

在全面进行新文科创新创业教育改革的大背景下，构建新文科创新创业教育课程评价体系，建立与之相适应的创新创业教育质量评价体系，是高校新文科创新创业教育的热点问题。

第一，构建全方位的评价核心。全面质量管理的思想是要求人人参与产品生产和质量管理过程，“教育评价不仅要让专家、学者、教师、学生都参与到评价中，更应该吸纳社会的力量参与进来”。

第二，评估新文科创新创业教育课程的效果，从以下内容和方式入手。首先，要在课程开发阶段了解学生和社会对课程的需求和期望，以此为基础进行课程设计。在创新创业课程实施阶段，定期评估课程效果并提出改进建议，以保证新文科创新创业课程的质量和效果。在课程结束时，与课程开设时设立的目标进行对比，评估新文科创新创业课程完成的情况。采用短期与长期评估相结合的方式评估新文科创新创业教育课程的效果，将学生的创新创业情况和参与竞赛活动情况纳入课程评估体系。[551]

### 8.2.3 构建数智化的智慧保障体系

加强对数智化创新创业教育体系建构，是高校新文科全面落实数智创新创业思政实施保障，构建数智化的智慧保障体系，要注重数智化创新创业教育的全面领导工作，要把数智化创新创业教育体系全面融入学校、学院重点工作和教育教学活动中，让开展数智化创新创业教育成为重要抓手，全面贯彻落实习近平总书记强调的全员、全程、全方位育人的总体要求。

数智创新创业思政建构过程要注重方法创新，探索数智创新创业思政工作中主动作为。数智化创新创业思政可采用“先试点后推广、先局部后全局”的创新方法，开展创新试验和模式探索。数智化创新创业思政建构过程，对于行之有效的工作机制和项目载体，通过搭平台、建设施、带队伍、强能力、重评估等方式，不断增强创新创业教育实效。完善网络创新创业教育与大学生发展的资源库、数据库、信息库、案例库、人才库、导师库等基础设施，形成多库联动的格局。开展数智创新创业思政，不断拓展高校大学生创新创业教育的智慧支持体系和监测评估体系，精细化的质性研究大学生创新创业数据和案例，为数智化创新创业教育体系的建构提供更为充分的智慧支持和保障。[552]

### 8.2.4 建立新文科数智化创业教育支持体系

新文科数智化创新创业教育，全方位建立创业教育支持体系，新文科数智化创新创业人才培养，加强高校、政府、社会间的合作及支持体系的建设，共同营造鼓励创业的社会环境，不断增强和切实提高创业教育的针对性和实效性。

**1. 完善新文科数智化创新创业教育环境**

高校要为推动新文科创新创业教育的实施，营造完善的文科生创新创业教育环境。在外部环境保障上，高校可以结合教学型新文科创新创业教育的经验，加强与社会企业的合作，集聚社会创业教育资源力量，完善新文科创新创业教育环境，激发新文科学生的创新创业热情。文科类学生以管理、人文、艺术、教育等学科为主，在新文科专业的创业过程中，高校应该对文科类大学生的创业活动给予足够的关注，并针对文科类大学生的创业项目，建立起相关的保证机制，健全相关的扶持政策，增加对经济、管理、法学、新闻、艺术、外语、文学、哲学和历史学等文科类学生的创新创业资助，让他们在资金上得到保证。[553]高校要积极利用学校内部和外部的各种优势，加强对新文科人才的培育，为新文科学生提供更多的创新创业机会，以激发他们的创造力，促进新文科学生的“创业”。以高校为依托，构建高校外部的企业实习基地，实现高校与企业实习的产创融合，开展企业“高管进课堂”教学，作为“外聘教师”讲授创新创业教育课程，并作为创新创业辅导老师与新文科专业的同学进行直接的沟通与分享，使新文科学生的思想逐步发生变化，从而提高他们的创新创业热情。[554]

**2. 成立新文科创新创业教育质量监测机构**

高校要成立专门的新文科创新创业教育质量监测机构，保证新文科创新创业教育高质量发展，通过撰写创业计划书、路演展示与企业家互动等方式，适当增加一些创业心态培育类课程，提升新文科学生识别、评估市场和获利机会的能力，增强新文科学生心态体验教育。此外，新文科创新创业教育要打造一个高质量的保障体系，针对新文科创新创业教育实施过程中的问题，构建出一个专业的质量监控组织，利用听课、模拟实训、实地考察、创业实践、查阅文献资料、师生座谈、工作坊等各种方式，对学校创新创业管理机制、教师培训、课程建设、实践项目平台、创业教育成果等多个方面展开监控和考评，要重视对新文科创新创业教育结果的监控，还要重视对其实施过程进行监控。在进行监督的过程中，充分利用数智化手段，对学校实施新文科创新创业教育的情况进行准确分析，智能化监控，针对重点难点问题有针对性地对其进行解决，让新文科数智化创新创业教育健康有序发展。[555]

### 8.2.5 构建共生型创新创业生态体系

高校要构建共生型创新创业生态体系，主动融入、多措并举，助力高质量人才培养，促进“教育链、人才链、产业链、创新链”四链融合，新文科数智化创新创业人才培养，强化目标导向，努力提升科技成果转化和产业化水平，如图 8.3 所示。

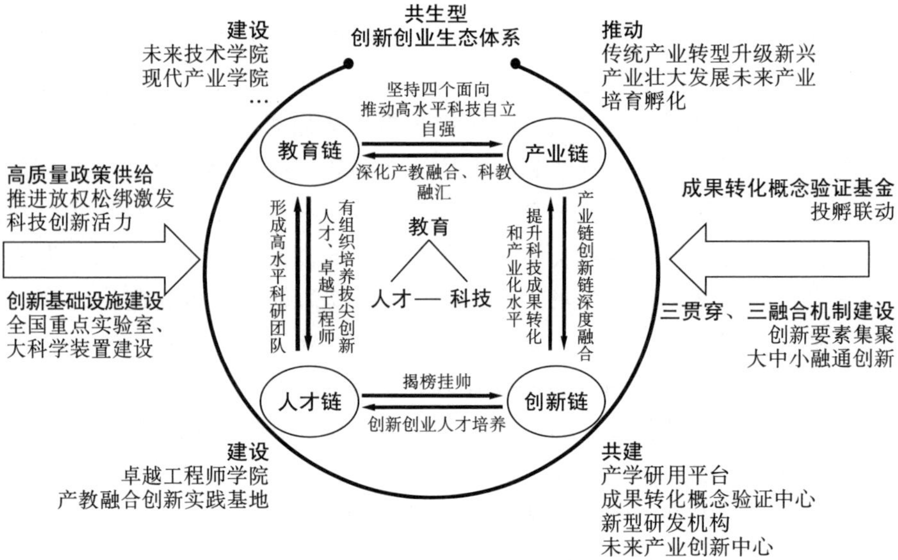


**图 8.3 共生型创新创业生态体系**

一是深化人才培养共同体，助推育人体系高质量发展。积极参与卓越工程师学院建设，积极参与环大学创新创业生态圈、未来技术学院、人工智能产教融合创新平台布局建设，深入推动卓越人才和拔尖创新创业人才培养。二是强化教育科技人才三位一体，加强企业主导的产学研用深度融合，通过实施揭榜挂帅等形式，集聚创新创业教育资源，推动多学科交叉融合创新，有效提升核心竞争力，为新文科创新创业教育提供有力支撑。三是布局产业链，围绕产业链部署创新链。瞄准产业现代化建设需求，持续推进校企共建产学研用平台；积极探索成果转化新模式，打通成果转化“最初一公里”，为新文科创新创业教育提供平台。四是以大学科技园为枢纽平台，推动更广泛的产教融合、科教融汇、专创融合、赛创融合和思创融合，发挥大学科技园的桥梁作用，聚集行业企业和校友企业资源，加快聚集人才、技术、资金、数据等创新要素，促进共生型创新创业生态体系高质量发展，助力高质量创新创业型人才培养。[556]

# 8.3　保障新文科数智化创新创业教育体系运行的措施

新文科数智化创新创业教育体系运行，遵守整体性原则、动态性原则、过程性原则、创新性原则、开放性原则和实践性原则，制定保障新文科数智化创新创业教育体系运行的措施，构建数智化创新创业教育生态系统，构建资金—机构—制定—机制保障体系，建设“三全五环”双创服务体系，完善新文科数智化创新创业课程评价体系，探索研究保障新文科数智化创新创业教育体系运行的措施，保障数智化创新创业教育体系的运行。

## 8.3.1　创新创业教育生态系统

借鉴滑铁卢大学创新创业教育生态系统经验，高校新文科创新创业教育构建包含教育理念、教学模式、人才培养基地、初创公司和孵化器、机制体制、支持系统六个维度的定性特征因素分析框架，[557]如图8.4所示。

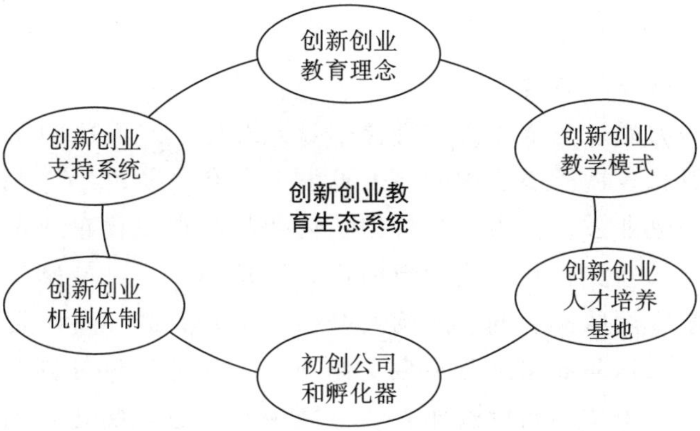


图8.4　创新创业教育生态系统特征因素分析框架

数智时代大学生创新创业的精神塑造和价值引领不容忽视，在课程思政理念下进行数智化创新创业教育，增强学生理想信念教育，引导学生坚定“四个自信”，培养学生的爱国情怀和社会责任感，确保在新文科数智化创新创业教育的过程中不偏航。[558]

借助创新创业生态系统特征因素分析框架的理论模型，构建适应“四新”建设需要的高校新文科创新创业教育生态系统，涵盖系统的主体和构成要素、位置与边界、结构与关联、活动与功能，高校新文科创新创业教育工作要从系统构成的不同要素入手，对创新创业教育的多维目标体系建设、“跨界融合”的人才培养模式、贯穿全程的课程体系结构设置和数智技术赋能的一体化教学平台建设等进行分析，完善创新创业教育政策支持体系，优化高校新文科数智化创新创业教育顶层设计，开展创新创业教学资源平台建设，开发创新创业教育信息化资源，建设创新创业教育双创孵化基地，提高高校新文科数智化创新创业教育师资队伍水平，创建创新创业教育孵化平台，引入创业赛事，提高新文科数智化创新创业教育效果，促进大学生数智化创新创业能力的提升。[559]

### 8.3.2 资金—机构—制定—机制保障体系

高校新文科创新创业顺利开展和有效运行，需要政府、高校及社会等多方配合，建立资金—机构—制定—机制保障体系，以保障高校创新创业教育体系实施。政府、高校及社会等各方都要加大资金支持力度，设立创新创业扶持保障机构，高校新文科创新创业人才培养，完善新文科创新创业制度，形成新的产学研合作机制。

**1. 加大资金支持力度**

高校应努力通过与企业、政府合作等方式建立“互联网＋”创新创业基金，大力开拓校内外多层次的“互联网＋”创业资源。[560]高校开展新文科数智化创新创业教育，为新文科创新创业教育提供优惠政策及资金支持非常重要，高校新文科数智化创新创业人才培养，一是鼓励学生自主创新创业，指导学生团队参加创业案例大赛；二是开设新文科数智化创新创业活动室，让学生体验如何经营及自主创业；三是建立校外创业基地，与政府、企业、事业单位共同投资建立“互联网＋”创业孵化实训基地等，帮助、扶持、孵化大学生创业实践，推动高校新文科创新创业教育的更快发展。[561]

**2. 设立创新创业扶持保障机构**

一是要设立专门的创新创业扶持保障机构，对创新创业活动进行系统规范智能化、场景化的管理。二是要整合校内各部门的资源，成立创新创业教育管理专门机构，组建创新创业教育领导小组，负责管理与指导工作。三是通过选拔具有创新创业相关经验及专业研究背景的教授及企业家成立创新创业教育教学指导委员会，开展新文科创新创业教育讲座培训、模拟仿真、资源分享、创业实践、政策信息咨询等指导工作，为新文科创新创业教育体系的运行提供保障。

**3. 完善新文科创新创业管理制度**

高校新文科创新创业教育与实践，需要有相应的激励机制和管理制度作保障，同时要有规范的制度体系，形成制度文化。从创新创业教学方面，制定新文科数智化创新创业学分转化制度；从创新创业管理方面，建立激励制度、考核评价制度，在高校评价指标中对创新创业教育体系的进展实施情况进行评估、考核；从创新创业保障方面，建立“互联网 +”创新创业专项资金扶持管理制度，多措并举共同推进高校新文科创新创业教育的高质量发展。[562]

**4. 形成新的产学研合作机制**

高校新文科数智化创新创业教育，建立以政府、企业、学校为主体的“三螺旋”实践机制，并且增进多区域交流。政府应尽快对新文科建设做出统筹规划，充分发挥新文科的学科性质与特色优势，扩充岗位兼容专业。校企合作协同育人，以线上 + 线下相结合的形式，开设创新创业讲座、网课、创新创业训练等，发挥高校特色学科优势，实现创新创业教学资源利用最大化。高校要积极推动产学研合作，与企业形成有效合作，产教融合、科创融汇，为学校人才培养提供创新创业实践机会，提高学生创业实践能力，形成新文科创新创业高质量成果。[563]搭建校企联盟平台，形成新的产学研合作机制，如图 8.5 所示。

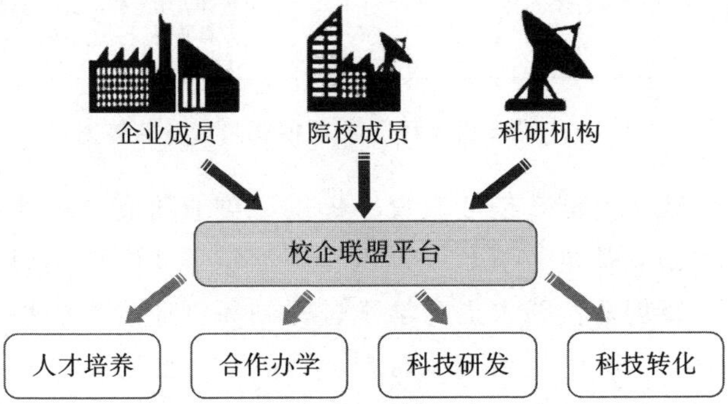


**图 8.5　校企联盟平台**

高校新文科数智化创新创业教育，搭建校企联盟平台，吸收企业、院校和科研机构作为平台成员，开展人才培养、合作办学、科研开发、科技成果转化，形成新的产学研合作机制，助力高校新文科数智化创新创业教育高质量发展。

### 8.3.3 建设“三全五环”双创服务体系

数智时代高校新文科数智化创新创业教育与实践，要探索形成“创新启蒙—创业教育—创业资助—创业关怀—创业加速”全链条全要素全周期的双创服务体系，推进高水平新文科创新创业人才培养。“三全五环”双创服务体系以“需求牵引”为建设基础，高校新文科数智化创新创业教育，通过与创业者沟通以及创业企业的走访，基于各方实际需求优化和完善创业服务的各个环节，如图 8.6 所示。

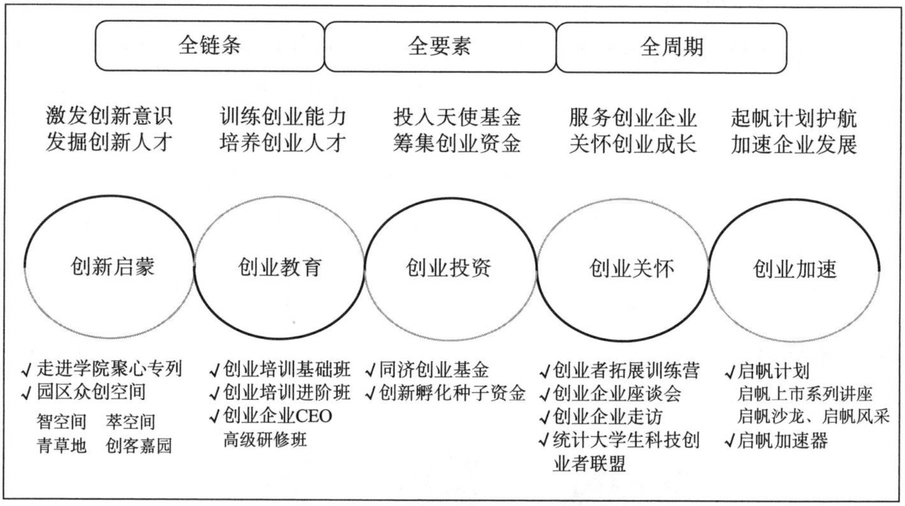


**图 8.6 “三全五环”创新创业教育服务体系**

高校新文科数智化创新创业教育，提供“创业研究+创业教育+创业传播+创业基地+创业基金”五位一体的全要素链条式孵化培育体系服务，资助学生数智化创新创业实践，提高学生进行创新创业的积极性、主动性和创造性，提升高校新文科的创新创业氛围。高校新文科建设“三全五环”双创服务体系，不断深化数智化创新创业服务体系，激发师生数智化创新创业的活力，助力新文科数智化创新创业人才培养质量。

### 8.3.4　完善新文科创新创业课程评价体系

数智时代高校开展新文科创新创业教育的最终目标是让学生毕业之后能成为某个领域独当一面的佼佼者，因此，将学生所学知识和创业教育知识结合起来，构建完善的新文科数智化创新创业课程体系尤为重要。高校新文科数智化创新创业教育，高校新文科构建数智化创新创业群，开设创业知识、创业基础、创新技法训练等相关的必修课和选修课，深入挖掘创新创业教育课程中的思政教学资源，根据高校新文科创新创业教育特色和设计开发创新能力引导课，在新文科创新创业实践环节设立运营性课程，确保学生可通过参加创新创业培训和专项计划、竞技活动等切实提升学生的实践能力和动手能力。组织有知识积累和经验丰富的精英人士开设讲座，形成专业教育、创新创业教育、通识教育、专家讲座、实践训练“五位一体”的数智化创新创业教育课程，对课程内容、教学方法等进行全方位数智化改革。[564]在新文科建设背景下，加强和改进新文科数智化创新创业教育是提升高校人才培养质量的重要举措。基于国内新文科数智化拔尖创新人才培养现状与教育实施过程，以“人才培养三问”（“怎样培养人”→“培养什么人”→“为谁培养人”）为基础，探索“过程式”新文科数智化拔尖创新人才培养模式，回答新文科数智化拔尖创新人才培养目标、培养内容、培养方式与培养质量及培养评价等问题，基于“要素论”充实人才培养模式内容，具体从数智化创新创业人才培养目标与培养要求、数智化人才培养内容与课程体系、数智化人才培养制度与形式、教育教学实践、人才培养评价等方面进行研究探索，建立和完善多层次的新文科人才的“政产学研”协同育人平台。[565]高校聚焦数智时代新文科建设的使命和任务，要在数智化新技术应用、专业建设、课程建设、教材建设、模式创新、实践探索等方面取得成效，开展新文科数智化建设，总结新文科建设的成效和经验做法，深入推进新文科数智化建设，全面提高新文科数智化人才培养质量，推动数智时代高校新文科创新创业教育发展。[566]

新文科建设已成为高校人才培养模式创新的重要理论和实践议题，依托高校学科优势和特色资源，构建面向多学科交叉融合的高校新文科数智化人才培养模式，通过设计数智化人才培养方案、构建课程体系、建设多元化协同育人实践教学平台、组建教研团队、加强国际交流与合作等举措，形成面向经济、管理、法学、新闻、艺术、外语、文学、哲学和历史学多学科交叉融合的新文科专业特色育人模式。[567]数智时代高校新文科数智化创新创业教育存在诸多亟须解决的问题，高校应坚持问题导向，立足数智时代和新文科建设大背景，深化“思创融合、专创融合、产创融合、科创融合、赛创融合”五创融合，构建政产学研用“多位一体”的新文科创新创业教育与实践体系，落实立德树人根本任务，引入教育生态理论，积极探索和构建数智化创新创业教育生态体系，形成新质生产力赋能创新创业，促进高校新文科创新创业教育与实践高质量发展的新局面。

# 结　论

新文科建设是高等教育改革的时代命题，是当前文科发展和改革的重大课题。把握好参与新文科建设的机遇，有助于推进高校文科教育建设实现高质量发展。在数智时代，“大众创业、万众创新”的时代背景下，传统的文科数智化创新创业教育仍然存在学生缺少创业思维、教师缺乏创业能力、教学缺乏少数智化实训体系等一系列问题。这些问题导致高校文科创新创业教育不能与数字经济时代中的创新、开放、融合、共享等特点相匹配，使得完善高校新文科创新创业教育模式具有紧迫性和必然性。

本书结合理论梳理和实际调研，探索数智时代高校新文科创新创业教育模式的现状、问题及其原因，并立足于文献资料与问卷调查的结果，解析目前高校新文科创新创业教育模式主要存在创新创业教育目标理念协同性不足、创新创业教育课程教学与专业课程教学脱节、新文科开展创新创业实践活动受学科教育模式限制、创新创业教师缺乏实践经验、新文科创新创业教育支持体系不健全等诸多问题，从政府、高校、社会、企业等多方面分析归纳问题产生的原因。在此基础之上，本书进一步对国内外高校的新文科创新创业教育模式、创新创业典型经验做法，进行了分析比较和述评及典型经验总结归纳，他山之石可以攻玉，从高校、政府、社会等多层面对国内外高校新文科创新创业教育模式的经验进行了剖析，运用马克思主义发展理论、建构主义理论、教育本质理论、体验学习理论、协同理论与共生理论等基础理论，剖析完善我国高校新文科数智化创新创业教育与实践问题，分析新文科创新创业教育现实问题，结合数智时代特征、国内外高校新文科数智化创新创业教育与实践的经验，在新文科建设和数智化技术应用的背景下，从人才培养目标定位、人才培养方案设计、数智化课程设置、创业实践、师资团队、创业支持、评价体系、保障措施等方面，构建高校新文科数智化创新创业教育与实践体系，提出完善我国高校新文科创新创业教育与实践问题的具体对策措施。

新文科建设所遵循的“中国特色”是新文科进行教育改革的基本逻辑，从创新性、时代性、实践性、国际化发展的视角出发，高校要具备经济、管理、法学、教育、艺术、文学、哲学和历史学跨学科交叉思维，建立一种突出“中国气势”的高等教育科研体系。《新文科建设宣言》中对文科人才培养体系进行了严格要求，高校要从课程体系改革、强化价值引领、促进专业融合等方面进行建设。新文科建设的提出对新文科创新创业教育的开展具有理论和实践的指导意义，解决新文科创新创业教育与实践存在的问题，必须从根源上寻找产生问题的原因，对新文科创新创业教育模式的完善需要多方的努力与配合。新文科数智化创新创业教育与实践的设计与实施，有利于响应教育部对新文科建设的全面部署，落实好系列“101 计划”，实施“中国方案”，不仅仅是高校作为主要主体，政府和社会都是主要的承担者，尤其是高校内部行政管理人员、创业教师及学生都是重要的利益相关主体。因此，高校推动新文科数智化创新创业教育改革，深化数智时代高校新文科数智化创新创业教育与实践，要在坚持“守正创新、价值引领、分类推进、务求实效”的原则上进行推进和实践。应充分利用大数据、人工智能、数字孪生、区块链、元宇宙、量子计算等现代信息技术，立足于我国国情，开发新文科特色创新创业教育课程，构建数智化创新创业教育与实践新体系，讲好中国故事。高校新文科加强“产教融合、专创融合、科创融合、思创融合、赛创融合”五创融合的实践平台建设，编写符合中国国情的产教融合数智化创新创业教育教材，做好新文科创新创业人才培养工作，助力我国建设成为高等教育强国。

本书的研究以数智时代新文科数智化创新创业教育为背景，基于新文科创新创业教育概念及相关理论的基础上，通过文献调查分析高校新文科创教育与实践中存在的现实问题，有针对性地提出解决问题的对策，不断完善高校创新创业教育与实践体系。不足之处在于缺少基于实证研究的模式构建，在对策建议上缺少与政府、高校教育管理层面的充分对接和研讨，有待进一步丰富和深化国内差异化高校新文科创新创业教育模式，完善高校新文科创新创业教育模式的具体对策还有待进一步检验和修正。

# 参考文献


［1］人民网 . http：//www. people. com. cn.

［2］中国高等教育学会 . http：//www. cahe. edu. cn.

［3］国务院办公厅 . 国务院办公厅关于深化高等学校创新创业教育改革的实施意见［EB/OL］.（2015 －05 －13）http：//www. gov. cn/zhengce/content/2015 －05/13/content_9740. html.

［4］国务院办公厅 . 国务院办公厅关于建设大众创业万众创新示范基地的实施意见［EB/OL］.（2016 －05 －12）http：//www. gov. cn/zhengce/content/2016 －05/12/content_5072633. html.

［5］国务院办公厅 . 关于进一步支持大学生创新创业的指导意见（国办发〔2021〕35 号）政府信息公开专栏［EB/OL］.（2021 －09 －22）http：//www. gov. cn/zhengce/content/2021 －10/12content_5642037. html.

［6］新华网 . http：//www. xinhuanet. com/politics/2021lh/2021 －03/13/c_1127205564_2. htm.

［7］中国教育在线 . http：//www. eol. cn.

［8］教育部关于印发《高等学校课程思政建设指导纲要》的通知 . https：//www. gov. cn/zhengce/zhengceku/2020 －06/06/content_5517606. htm.

［9］李丽芳 . 大学生创新创业教育之工匠精神的传承与培育［J］. 宏观经济管理，2017（S1）：258 －259.

［10］教育部关于大力推进高等学校创新创业教育和大学生自主创业工作的意见 http：//www. moe. gov. cn/srcsite/A08/s5672/201005/t20100513_120174. html.

［11］马永霞，王琳 . 人工智能时代的创新创业教育：价值旨归、变革逻辑与实践路径［J］. 清华大学教育研究，2023，44（06）：115 －124.

［12］Baker and Nelson. Creating Something from Nothing：Resource Construction through Entrepreneurial Bricolage. Adrninistrutive Science Quarterly 50， no. 3 (2005): 329 – 366.

[13] 杨海茹等. 信息技术支持的生态化“物理—虚拟—资源”学习环境设计 [J]. 中国电化教育, 2019 (3): 89 – 96.

[14] 人民网. http: //edu. people. com. cn/BIG5/n1/2020/1112/c367001 – 31927703. html.

[15] 谢芳, 伍丽. 大学创业教育的再思考 [J]. 江苏高教, 2020 (04): 91 – 95.

[16] 人民网. http: //edu. people. com. cn/BIG5/n1/2020/1112/c367001 – 31927703. html.

[17] 王洪才. 创新创业教育: 中国特色的高等教育发展理念 [J] 南京师大学报 (社会科学版), 2021 (6): 38 – 46.

[18] 王志强, 郭宇. “追求成功”还是“追求幸福”: 对创新创业教育目的的伦理审思 [J]. 教育发展研究, 2022 (1): 77 – 84.

[19] 吴岩. 中国式现代化与高等教育改革创新发展 [J]. 中国高教研究. 2022 (11): 21 – 29.

[20] 习近平. 高举中国特色社会主义伟大旗帜 为全面建设社会主义现代化国家而团结奋斗——在中国共产党第二十次全国代表大会上的报告 [G]. 北京: 人民出版社, 2022.

[21] 屈艳男. 西藏高校创新创业教育课程体系建设研究 [D]. 西藏大学, 2021.

[22] 韩琪瑄. 美国高校创业教育课程体系研究 [D]. 河北大学, 2013.

[23] 王新俊, 孙百才, 于红波. 美国巴布森学院广域式创业教育课程体系 [J]. 高教发展与评估, 2024, 40 (04): 86 – 98 + 123.

[24] 赵瑞宽. 美国高校全校性创业教育研究 [D]. 辽宁师范大学, 2017.

[25] 周晓丹. 产教融合视角下“双创”教育融入专业课程教学的实践模式探讨 [J]. 创新创业理论研究与实践, 2021, 4 (06): 107 – 110.

[26] 王磊. 扬中市市属国有企业知识型员工培训问题与对策研究 [D]. 南京农业大学, 2019.

[27] 郭琦. 大学创新创业教育课程内容研究 [D]. 北京工业大学, 2018.

[28] 韩琪瑄. 美国高校创业教育课程体系研究 [D]. 河北大学, 2013.

[29] 崔鹏. 国外创新创业教育实践及其启示——基于美、英、德三国

比较研究［J］. 创新与创业教育，2018，9（06）：70－73.

［30］付佩，文超．创新创业教育国内外研究综述［J］. 科技资讯，2018，16（07）：167－168.

［31］王军．基于创业者特征视角的新创企业成长的影响机理研究［D］. 吉林大学，2020.

［32］教育部办公厅关于印发《普通本科学校创业教育教学基本要求(试行)》的通知．http：//www. moe. gov. cn/srcsite/A08/s5672/201208/t20120801_140455. html.

［33］张晓庆．新文科视野下教育学本科专业课程体系改革研究［D］. 沈阳师范大学，2023.

［34］盛婉莹．新文科建设背景下高校文科专业创业教育模式研究［D］. 黑龙江大学，2023.

［35］谷晓冰．地方本科院校大学生创业教育模式及对策研究［D］. 广东海洋大学，2018.

［36］刘雪冰．我国高校创业教育现状及对策研究［D］. 武汉理工大学，2017.

［37］Streeter. University－wide Entrepreneurship Education：Alternative Modelsand Current Trends［J］. Southern Rural Sociology，2004（2）：44－71.

［38］Rae. Usinga Life－Story Approachin Researching Entrepreneurial Learning：The Development of a Conceptual Modeland Its Implications in the Design of Learning Experiences［J］. Education and Training，2000（4）：220－227.

［39］DeTienne. Opportunity Identification and Its Roleinthe Entrepreneurial Classroom：A Pedagogical Approach and Empirical Test［J］. Academy of Management Learning and Education，2004（3）：242－257.

［40］Christian Luthje，Nikolaus Franke. The making of anentrepreneur：Testingamodel of entrepreneurial in tent a mong engineering students at MIT［J］. Rand D Management，2003，33（2）：135－147.

［41］Phillip H. Phan，Mike Wright，Deniz Ucbasaran，Wee－LiangTan. Corporate entrepreneurship：Currentresearch and future directions［J］. Journal of Business Venturing，2009，24（3）：197－205.

［42］Jean－pierre，Bechard，Denis Gregoire. Entrepreneurship Education Revisitied：The Caseand Higher Education［G］. 2002，ISSN：0840－853X.

［43］郭蕊．资源拼凑、创业团队特征对社会创业导向的影响研究

[D]. 中国科学技术大学，2022.

[44] Timothy M. Steams. Entrepreneurship and new firm development: A definitional introduction [J]. Journal of Business Research, 1996, 36 (1): 1-4.

[45] Bennett R. Dann. The Changing Experience of Australian Female Entrepreneurs [J]. Gender. Workand Organization, 2000, 7 (2): 75-83.

[46] Gibb. In pursuit of a new "enterprise" and "entrepreneurship" sparadigm for learning: creative destruction, new values, new ways of doingthings and new combinations of knowledge [J]. International Journal of Management Reviews, 2002, 4 (3): 33-269.

[47] Hegarty Jones. Graduate entrepreneurship: More than child's play [J]. Education and Training, 2008 (7): 626-637.

[48] Donald F. Kuratko. The Emergence of Entrepreneurship Education: Development, Trends and Challenges [J]. Entrepreneurship Theory and Practice, 2005 (9).

[49] K1aus E. Institutional and Academic Entrepreneurship: Implications for University Governance and Management [V]. Higher Educationin Europe, 2004 (7): 196.

[50] 理查德·多尔夫，托马斯·拜尔斯著．创业的轨迹 [M]．刘丽君等译．北京．中国人民大学出版社，2011：233.

[51] 何妍娇．东盟国家高校创业教育对我国的启示 [D]．东南大学，2018.

[52] 李家华，卢旭东．把创新创业教育融入高校人才培养体系 [J]．中国高等教育，2010 (12)：9-11.

[53] 于国龙，崔忠伟，董政亮．基于 OBE 理念的大学生创新创业素质教育研究 [J]．创新创业理论研究与实践，2022，5 (08)：79-81.

[54] 周淼，孙晓枫，籍亚玲．新工科视阈下的素质教育与创新创业融合实践教学体系构建 [J]．包装工程，2022，43 (S1)：323-326+340.

[55] 杨文金，王洁．素质教育视域下大学生创业教育的创新理路 [J]．广州城市职业学院学报，2023，17 (02)：20-24.

[56] 刘景宏，史广政．探讨高校培养创新型人才的方法与途径 [J]．中国大学生就业，2007 (04)：57-58.

[57] 潘勇涛．分层次展开的高校创业教育模式探讨——以东南大学创业教育实践为例 [J]．创新与创业教育，2013，4 (03)：41-44.

［58］时全丽．浅论高校创新创业教育目标定位的原则与内容［J］．常州信息职业技术学院学报，2012，11（06）：83－85.

［59］王夏冀，栾培新．基于 STS 视角的高校创新创业教育定位研究［J］．鞍山师范学院学报，2021，23（03）：92－95.

［60］朱晓文．大学生对就业指导的需求及影响因素研究——基于淮安市在校大学生的调查［J］．黑龙江高教研究，2010（11）：88－91.

［61］陈彦丽．高校创业教育课程设置的目标及体系构建［J］．哈尔滨商业大学学报（社会科学版），2009（05）：121－124.

［62］朱恬恬，舒霞玉．我国高校创新创业教育课程建设的调研与改进［J］．大学教育科学，2021（03）：83－93.

［63］林森，杨魁．刍议我国高校创业教育的途径［J］．科技创业月刊，2009，22（12）：36－37.

［64］吴远征，倪杰，沈皆希．应用型本科高校创新创业教育生态系统的构建与实践路径［J］．教育与职业，2024（02）：105－112.

［65］于常武，刘伟东，李苓．新经济时代高校创新创业教育内涵思考与实践［J］．中国教育技术装备，2024（02）：149－152.

［66］宫晶晶，张倩，韩洪文等．OBE 理念下应用型高校“三联三融、五位一体”创新创业教育体系构建与实践［J］．科技创业月刊，2023，36（S1）：142－145.

［67］黄兰华，王向东，王艺霖．“思创融合”视域下高校创新创业教育的实践与思考——以某大学 A 学院为例［J］．中国大学生就业，2023（12）：55－60.

［68］陈庆堂，程德华，林建胡等．应用型本科高校多元融合的双创教育体系建设与实践研究［J］．辽宁科技学院学报，2023，25（06）：43－47.

［69］王英，方雪梅，李伟等．创新创业课程思政的教学设计与实践［J］．池州学院学报，2023，37（03）：150－152.

［70］朱苗，王文靖，刘欣瑶．新文科背景下“思创融合”的体系构建与实现路径研究［J］．现代商贸工业，2024，45（16）：238－240.

［71］钱婷，綦萌．课程思政融入创新创业教育课程的教学实践探索［J］．北京教育（高教），2023（11）：90－91.

［72］常海龙，陈超，王丹阳等．基于 ADDIE 模型的大学生创新创业课程思政教学模式构建与实施路径［J］．唐山师范学院学报，2023，45（06）：108－112.

[73] 徐飞，辛格．新文科的体系建设及“钻石模型”[J]．新文科理论与实践，2022（01）：48－60＋125.

[74] 卢威，邱法宗，袁斯经．文科大学生创业制约因素与改进策略[J]．四川理工学院学报（社会科学版），2012，27（02）：88－92.

[75] 朱咸影．浅析文科大学生创新创业的问题及对策阴．湖北经济学院学报（人文社会科学版），2013，10（01）：161－162.

[76] 文君．深化文科院校创新创业教育路径探索[J]．中国高等教育，2015（21）：45－47.

[77] 肖泽．文科大学生创新创业教育中存在的问题与对策研究[J]．西部素质教育，2016（11）：32－34.

[78] 杨敏生，宋时蒙，魏章进．高校文科类专业学生创业教育模式创新研究——基于广东省30所高校的调研[J]．广东外语外贸大学学报，2017，28（04）：137－144.

[79] 赵东霞，王成．基于SWOT分析的文科类大学生创业能力研究[J]．辽宁经济，2014（03）：48－49.

[80] 林刚．地方高校文科类创业型人才培养的困境与对策[J]．教育评论，2017（11）：84－87.

[81] 赵睿，鲍家定，张应红．浅谈本科院校文科专业大学生创新创业能力培养[J]．文化创新比较研究，2018，2（02）：127－128.

[82] 于露，陈海华．互联网＋背景下文科类大学生创新创业人才培养模式[J]．教书育人（高教论坛），2019（18）：32－34.

[83] 郑益兵．应用型本科高校文科创新创业教育的思考[J]．绥化学院学报，2017，37（05）：116－118.

[84] 刘星．新时代背景下文科大学生创新创业策略研究[J]．江苏科技信息，2018，35（27）：78－80.

[85] 王凤栖．90后文科类专业本科就业现状分析及策略研究[J]．科教导刊（下旬），2018（06）：172－175.

[86] 罗黎．应用型文科院校：创新创业教育人才培养模式[J]．中国航班，2021（20）：64－66.

[87] 周珍，方云飞，吴鹏．新文科背景下管理类专业大学生创新创业教育精准提升对策[J]．海峡科学，2021（01）：61－66.

[88] 吴德群，吴国阳．“双创”教育与新文科专业人才培养深度融合探析[J]．高教论坛，2021（06）：22－25.

［89］林琳．创新创业教育的“新文科建设”改革与实践——以会计学专业为例［J］．普洱学院学报，2021，37（05）：116－118.

［90］张静，陈淑芳．“新文科”背景下财经类高校创新创业人才培养实践教学模式研究［J］．黑河学刊，2021（02）：95－97.

［91］江涛涛，王文华．新文科建设背景下商科创新创业教育改革研究［J］．财会通讯，2021（21）：173－176.

［92］段艳，黎春梅，刘晓平．新文科创新创业教育中跨学科评价体系建构——以广西高校服务乡村振兴的创业实践为例［J］．高教学刊，2024，10（06）：77－80.

［93］张铭睿，吴安康．数智化赋能高校“双创”人才培养路径与实践研究［J］．就业与保障，2023（01）：133－135.

［94］王鹏．元宇宙赋能高校创新创业教育：内在机理与实践路径［J］．高等工程教育研究，2023（03）：155－160.

［95］李望秀，李华新．数字技术赋能高校创新创业教育体系的探索［J］．传播与版权，2024（13）：94－96.

［96］蔡晓雯，陈洋卓，徐玲林．元宇宙与思政元素融合的大学生创新创业教育方法［J］．西部素质教育，2024，10（13）：49－52.

［97］顾力强．数字经济视角下大学生创新创业教育的策略［J］．四川劳动保障，2024（06）：55.

［98］理查德·多尔夫，托马斯·拜尔斯著．创业的轨迹［M］．刘丽君等译．北京．中国人民大学出版社，2011：233.

［99］何妍娇．东盟国家高校创业教育对我国的启示［D］．东南大学，2018.

［100］屈峰，林雨荷，李晨阳．知识共创视域下新文科创新创业教育与实践体系建构研究［J］．辽宁科技学院学报，2021，23（04）：20－22.

［101］吴国阳．创新创业教育背景下“新文科”专业任务驱动式教学方法创新研究［J］．百色学院学报，2022，35（01）：132－136.

［102］王智腾，郝文婷．新文科创新创业教育：内涵、模式和评价［J］．宁波大学学报（教育科学版），2023，45（01）：102－110.

［103］杨立英．新文科视域下创新创业人才培养机制构建［J］．中国高等教育，2023（Z1）：65－68.

［104］周丹，武亮，肖汉杰等．新文科背景下高校创新创业教育改革探索［J］．大学，2023（31）：153－156.

[105] 顾绍通．新质生产力背景下文科生创新能力提升研究 [J]．山西开放大学学报，2024，29 (02)：81-85.

[106] 王洪才．论创新创业人才的人格特质及其结构模型 [J]．北京教育 (高教)，2024 (06)：66-69.

[107] 石广丽．“新文科”建设背景下地方高校创新创业教育发展研究 [J]．华东科技，2023 (09)：66-68.

[108] 苗雨君，陈学千．新经济背景下地方普通高校新文科创新创业教育与实践 [J]．内江科技，2023，44 (08)：11-13.

[109] 苗雨君，陈学千．新文科背景下高校创新创业教育课程体系探析 [J]．科技创业月刊，2023，36 (04)：147-149.

[110] 吴岩．国际共识中国创新——准确把握新时代高等教育发展的着力点 [J]．中国高教研究，2022 (08)：7-10+23.

[111] 苗雨君，陈学千．新经济背景下地方普通高校新文科创新创业教育与实践 [J]．内江科技，2023，44 (08)：11-13.

[112] 屈峰，林雨荷，李晨阳．知识共创视域下新文科创新创业教育与实践体系建构研究 [J]．辽宁科技学院学报，2021，23 (04)：20-22.

[113] 张青敏，黄晓颖，吕宏岩．高校创新创业教育课程体系建设与实践探索 [J]．创新创业理论研究与实践，2020，3 (05)：63-65+75.

[114] 吴贵春．新时代劳动教育探析 [J]．淮南师范学院学报，2022，24 (04)：128-131.

[115] 周丹，武亮，肖汉杰等．新文科背景下高校创新创业教育改革探索 [J]．大学，2023 (31)：153-156.

[116] 周珍，方云飞，吴鹏．新文科背景下管理类专业大学生创新创业教育精准提升对策 [J]．海峡科学，2021 (01)：61-66.

[117] 张秀娥，吴羽凡．新文科创新创业教育与实践研究 [J]．现代交际，2023 (04)：89-95+123-124.

[118] 杨静，汪俞辰．高校高质量创新创业教育面临的挑战与对策 [J]．就业与保障，2022 (10)：169-171.

[119] 李林凤．高新区创新创业生态系统绩效评价研究 [D]．西南科技大学，2019.

[120] 刘畅．河北省高校创新创业教育教师胜任力调查研究 [D]．河北大学，2020.

[121] 范雪峰．齐鲁文化融入创新创业与专业教育的策略研究 [J]．中

阿科技论坛（中英文），2024（02）：122－126.

［122］尹照涵．大学生创新创业人才的培育研究［D］．沈阳建筑大学，2019.

［123］黄珊．OBE理念下地方本科院校校企协同应用型人才培养研究［D］．东北石油大学，2020.

［124］舒霞玉．我国高校创新创业教育课程建设研究［D］．湖南大学，2021.

［125］孙其华．创新精神培养与学校道德教育改革［D］．南京师范大学，2005.

［126］殷桥．黑龙江省高校创新创业人才培养对策研究［D］．哈尔滨商业大学，2021.

［127］黄涛，丁晶．数字媒体类课程“教、学、训、赛、创”一体化教学模式探索［J］．现代商贸工业，2017（10）：172－173.

［128］宫晶晶，张倩，韩洪文等．OBE理念下应用型高校“三联三融、五位一体”创新创业教育体系构建与实践［J］．科技创业月刊，2023，36（S1）：142－145.

［129］黄启兵，田晓明．“新文科”的来源、特性及建设路径［J］．苏州大学学报（教育科学版），2020，8（02）：75－83.

［130］姜昕．浅谈新文科建设［J］．科教文汇（上旬刊），2021（31）：14－15.

［131］贾单妮．驱动力、创新路径与实践优化：新文科建设背景下设计专业人才培养模式改革［J］．渭南师范学院学报，2023，38（10）：82－88.

［132］任强，周露露．人文主义教育观的嬗变、特征及启示——基于联合国教科文组织四份报告的解读［J］．现代教育科学，2023（02）：14－20.

［133］赵长禄，尼古拉·克莱顿，裘新等．数字时代教育变革与未来发展（笔谈）［J］．中国高教研究，2024（01）：15－22.

［134］邓陶然．“新文科”背景下经管类学生实践与创新创业能力探究［J］．对外经贸，2023（02）：117－119.

［135］段艳，黎春梅，刘晓平．新文科创新创业教育中跨学科评价体系建构——以广西高校服务乡村振兴的创业实践为例［J］．高教学刊，2024，10（06）：77－80.

［136］陈真诚，郭庆，徐翠锋．创新能力与复合型人才的培养［J］．科技风，2021（14）：116－117.

[137] 文洁. 大学生微创业探究：促进专业与创业的融合 [J]. 科技风，2023 (27)：65 -67.

[138] 卢深勤. 新时代大学生创新精神培育研究 [D]. 广西师范大学，2023.

[139] 孙建伟. 新时代大学生创新精神培育现状及优化策略研究 [D]. 东北师范大学，2023.

[140] 方曦. 创业导向、创业行动学习与创业绩效的关系研究 [D]. 西北大学，2018.

[141] 虞欣怡，缪哲皓. 高校普惠式创新创业教育对大学生创业意愿及创业能力的影响机制研究 [J]. 科技创业月刊，2023，36 (S1)：1 -6.

[142] 卢深勤. 新时代大学生创新精神培育研究 [D]. 广西师范大学，2023.

[143] 周英，杨丹，夏仕武. 案例分析比赛对学生双创能力的培育 [J]. 管理案例研究与评论，2024，17 (01)：163 -172.

[144] 黄光能. 大学生创新创业教育存在的问题及对策探讨 [J]. 云南大学学报（自然科学版），2018，40 (S1)：70 -75.

[145] 杨慧. 大学生创新能力培养的"3 +2"范式——以南京理工大学为例 [J]. 高教学刊，2024，10 (04)：54 -57.

[146] 王树生. 创业教育研究 [D]. 东北师范大学，2003.

[147] 武肖迪. 创业教育能提升大学生的创业意向吗? [D]. 中南民族大学，2022.

[148] 焦连志，彭艺萱. 创新型人才培养背景下大学生的创新认知与创新激励 [J]. 科技创业月刊，2024，37 (04)：177 -181.

[149] 张丽晶. 创新驱动发展下高校创新型人才培养的探索与实践 [J]. 湖北开放职业学院学报，2024，37 (06)：9 -10 +13.

[150] 魏星，朱宏元，杜涛. 专创融合视域下高校创新型人才培养路径研究 [J]. 黑龙江工业学院学报（综合版），2024，24 (01)：9 -15.

[151] 焦连志，程璐. 创新经济时代的创新创业教育及其人才培养指向 [J]. 河北青年管理干部学院学报，2023，35 (06)：13 -20.

[152] Hill G. E. Variations in University Entrepreurship Education：An Empirical Study of an Evolving Field [J]. Journal of Business Venturing，1998 (2)：109 -122.

[153] Kuratko D. F.，The Emergence of Entrepreneurship Education：De-

velopment, Trend and Challenges [J]. Entrepreneurship Theory and Practice, 2005 (9): 577 - 597.

[154] 杨晓慧. 大学生就业创业教育研究 [M]. 经济科学出版社. 2015 (06): 22.

[155] 唐国华, 孙华林, 张国林等. 关于辽宁高等教育和职业教育助力振兴发展情况的调研报告 [J]. 现代教育管理, 2018 (07): 1 - 7.

[156] 李晓菲, 李晓明. 高校创新创业教育与大学生创业能力研究 [J]. 黑龙江科学, 2021, 12 (23): 68 - 69.

[157] 陈槑册, 冯林, 付冬娟等. 高校创新创业教育存在的问题与对策探析——以大连理工大学创新创业学院为例 [J]. 创新创业理论研究与实践, 2020, 3 (17): 24 - 27.

[158] 张冰, 白华. "高校创新创业教育" 概念之辨 [J]. 高教探索, 2014 (03): 48 - 52.

[159] 马婷婷. 新时代高校深化创新创业教育改革的三维阐释 [J]. 黑龙江教育 (高教研究与评估), 2024 (09): 14 - 17.

[160] 刘文凤, 李威. 大学生开展创新创业教育的必要性分析 [J]. 产业创新研究, 2024 (14): 172 - 174.

[161] 王冬冬. 地方高校创新创业教育课程体系数字化建设研究 [J/OL]. 教育理论与实践, 2024 (30): 14 - 18 [2024 - 08 - 01].

[162] 朱飞. 高校 "三创" 体系: 内涵意蕴、变革走向与治理路径 [J]. 衡水学院学报, 2024, 26 (04): 105 - 110.

[163] 胡蝶. 数字化时代下高校工商领域创新创业教育模式研究 [J]. 中阿科技论坛 (中英文), 2024 (01): 118 - 122.

[164] 于常武, 刘伟东, 李苓. 新经济时代高校创新创业教育内涵思考与实践 [J]. 中国教育技术装备, 2024 (02): 149 - 152.

[165] 林素絮, 周凡. 数智时代的大学生创新创业 [J]. 中国大学生就业, 2023 (11): 19 - 26.

[166] 张红春, 杨涛. 数智时代的公共决策: 复合理性转向与范式证成 [J]. 云南行政学院学报, 2024, 26 (01): 22 - 33.

[167] 林素絮, 周凡. 数智时代的大学生创新创业 [J]. 中国大学生就业, 2023 (11): 19 - 26.

[168] 蔡莉, 杨亚倩, 卢珊等. 数字技术对创业活动影响研究回顾与展望 [J]. 科学学研究, 2019, 37 (10): 1816 - 1824 + 1835.

[169] 刘志阳，邱振宇．数智创业：从“半数智”时代迈向“全数智”时代［J］．探索与争鸣，2020（11）：141－149＋179.

[170] 谭玉林，万凯．面向深度学习的“共生式合作学习”教学模式——以企业内部控制与风险管理课程为例［J］．广西职业技术学院学报，2024，17（04）：116－124.

[171] 王智腾，郝文婷．新文科创新创业教育：内涵、模式和评价［J］．宁波大学学报（教育科学版），2023，45（01）：102－110.

[172] 王作铁，李平．“双创教育”背景下应用型本科高校创业教育与专业教育全面融合研究［J］．对外经贸，2024（01）：148－151.

[173] 王洪才，郑雅倩．创新创业教育的哲学假设与实践意蕴［J］．高校教育管理，2020，14（06）：34－40.

[174] 苗玉刚，何玉辉．智能制造视域下高职智能控制技术专业群人才培养探索［J］．装备制造技术，2022（10）：191－193.

[175] 谢江林，彭俊海，段贵洲．“文化案例研究”的价值观审视与路径探寻［J］．四川教育，2022（Z4）：55－57.

[176] 吴祖峰，李周．高校一线教学单位三全育人体系的探索与实践：以电子科技大学信息与软件工程学院为例［J］．黑龙江工程学院学报，2024，38（01）：67－71.

[177] 马立杰，张豪，许涛等．产教融合视域下研究型大学创新人才培养共同体探索——以同济大学科技产业育人实践为例［J］．科技创业月刊，2024，37（01）：154－160.

[178] 张惠玲，王瑞浩，彭丹．导师视角下研究生创新能力研究［J］．西部素质教育，2024，10（03）：32－36.

[179] 刘阳城，宋志华．“工匠精神”培育视域下高校“双创”人才培养模式的研究与实践［J］．林业科技情报，2024，56（01）：231－233.

[180] 董颖．地方高校创新创业教育课程体系研究［D］．沈阳师范大学，2022.

[181] 姚凤云，郑郁．略论我国高校创新创业教育发展中的问题及对策［J］．商业经济，2016（02）：161－162.

[182] 王学智．大学生创业中创新能力养成机制研究［D］．中国科学技术大学，2017.

[183] 胡弼成．个体发展指向：大学课程体系的本质［J］．黑龙江高教研究，2008（6）：1.

［184］赫冀成，张喜梅主编；卢德勤，李绍荣副主编．面向21世纪中日美理工大学课程体系与人才比较［M］．东北大学出版社．1994.

［185］钟启泉．课程与教学论［M］．上海：华东师范大学出版社，2008：150.

［186］段晓敏．广西大学通识教育课程构建研究［D］．广西大学，2016.

［187］顾明远．《教育大辞典（增订合编本上）》［M］．上海教育出版社，1998：898.

［188］施良方．课程理论——课程的基础、原理与问题［M］．教育科学出版社，1996：93.

［189］薛阳，赵会，冯银虎．高校创新创业教育体系优化面临的形势、挑战与应对策略［J］．郑州师范教育，2024，13（04）：55－59.

［190］吴德群，吴国阳．"双创"教育与新文科专业人才培养深度融合探析［J］．高教论坛，2021（6）：22－25.

［191］江涛涛，王文华．新文科建设背景下商科创新创业教育改革研究［J］．财会通讯，2021（21）：173－176.

［192］倪晓添．高职院校"双创"人才培养体系的探索［J］．湖北开放职业学院学报，2024，37（01）：29－30＋33.

［193］张秀娥，吴志鹏，李伊婧．新文科建设背景下创新创业教育实践平台建设路径探索［J］．创新与创业教育研究，2024（01）：1－14.

［194］余运龙，李小燕，余沐昕．三创教育与专业教育相融合的人才培养体系探索［J］．中国教育技术装备，2024（03）：149－152.

［195］龚元园．基于马克思主义认识与实践理论的大学生创新创业能力培养和提升［J］．文化创新比较研究，2021，5（15）：57－60.

［196］Tyler，R. Basic principles of curriculum and instruction［M］．Chicago：The University of Chicago Press，1949. 1.

［197］泰勒著，施良方译．课程与教学的基本原理［M］．人民教育出版社，1994：1－5.

［198］拉尔夫 泰勒［著］罗康，张阅［译］课程与教学的基本原理：英汉对照版［M］．中国轻工业出版社，2014.

［199］钟启泉．课程与教学论［M］．华东师范大学出版社．2008：294.

［200］郑建．浅谈布鲁姆掌握学习理论［J］．外国教育研究，1990（01）：27－30.

［201］王勇术，陈晓琴．人力资本理论在当代的发展及其实践启示

[J]. 四川教育学院学报，2009，25 (2)：23 -25.

[202] 张德. 人力资源管理和开发 [M]. 清华大学出版社，1996.

[203] 安益强，滕大才，张颖. 运用心理学方法优化医学类大学生创新创业理论教育探索 [J]. 中国医学教育技术，2016，30 (05)：524 -526.

[204] 赫尔曼·哈肯. 协同学——大自然构成的奥秘 [M]. 上海译文出版社，2001：2 -8.

[205] Laura Joplin. On Defining, Experiential Education [J]. Journal of Experiential Education, 1981, 4 (1): 17 -20.

[206] 张露，尚俊杰. 基于学习体验视角的游戏化学习理论研究 [J]. 电化教育研究，201839 (06)：11 -20 +26.

[207] Itin, C. M. Reasserting the Philosophy of Experiential Education as A Vehicle for Change in the 21st Century [J] Journal of Experiential Education, 1999, 22 (2): 91 -98.

[208] 高玲慧. 文科类院校本科生创业教育课程设置研究 [D]. 上海外国语大学，2018.

[209] 葛江. 基于共生理论的江西省高校创业教育生态系统研究 [D]. 江西科技师范大学，2020.

[210] 林景生. 共生理论视域下高校创业教育与专业融合路径探究 [J]. 佳木斯大学社会科学学报，2020，38 (05)：182 -185.

[211] 纪颖. 应用型本科高校创新创业教育课程体系建设研究 [D]. 沈阳师范大学，2022.

[212] 杨松菊. L省高校创新创业教育课程体系优化研究 [D]. 沈阳师范大学，2023.

[213] Beugelsdijk S, Noorderhaven N. Entrepreneurial Attitude and Economic Growth: A Cross - section of 54 Regions. The Annals of Regional Science, 2004, 38 (2): 199 -218.

[214] Hitt MA, Ireland RD, Camp SM, Strategic Entrepreneurship: Entrepreneurial Strategies for Wealth Creation. Strategic Management Journal, 2001, 22 (6): 479 -491.

[215] 张晶晶，陶夏. 新文科内涵及其建设路径 [J]. 创新与创业教育，2023，14 (05)：113 -119.

[216] 朱晓刚，廖源菁. 我国新文科建设应处理好四种关系 [J]. 内蒙古师范大学学报（教育科学版），2023，36 (06)：1 -6.

［217］李佳羚．在新征程上加快推进新文科建设的思考［J］．福建开放大学学报，2022（02）：34－39.

［218］何瑛，郭家荣，苏欣．跨学科交叉融合与新文科人才培养路径：基于商科的视角［J］．商业会计，2021（19）：11－16.

［219］张晶晶，陶夏．新文科内涵及其建设路径［J］．创新与创业教育，2023，14（05）：113－119.

［220］徐德力，钱军，刘勤华等．创新创业管理［M］．苏州大学出版社：2022（04）：311.

［221］卢深勤．新时代大学生创新精神培育研究［D］．广西师范大学，2023.

［222］陈浩龙．高职院校“双创”教育与众创空间互促发展模式探究——以甘肃工业职业技术学院为例［J］．创新创业理论研究与实践，2024，7（02）：193－195.

［223］赵景波，杜保帅，安淑怡等．新工科背景下融合“互联网＋”模式的应用型人才培养改革［J］．高教学刊，2024，10（06）：162－165.

［224］杨忠，花磊．平台型组织创新：概念、特征与优势［J］．阅江学刊，2024，16（01）：126－138＋175.

［225］何琦，艾蔚，潘宁利．数字转型背景下的创新扩散：理论演化、研究热点、创新方法研究——基于知识图谱视角［J］．科学学与科学技术管理，2022，43（06）：17－50.

［226］付八军．创业型大学中国实践的本土理论：外扳内驱论［J］．华东师范大学学报（教育科学版），2024，42（08）：40－49.

［227］刘西涛，孙雨萌．三螺旋理论下政府推动黑龙江省高校双创教育高质量发展策略研究［J］．黑龙江工业学院学报（综合版），2024，24（01）：1－8.

［228］谢晖．“三螺旋”理论在法学专业“双创”教育内涵式发展中的应用［J］．淮北职业技术学院学报，2023，22（04）：45－49.

［229］徐全军．中国创新驱动发展的微观内生机制研究：劳动价值论视角［J］．经济研究导刊，2024（11）：5－8.

［230］张敏，张思承．中国创新驱动发展战略的理论与现实基础［J］．企业科技与发展，2021（03）：9－11.

［231］孙绍勇，李诗．创新驱动发展战略下的新质生产力逻辑分析与路径探要［J/OL］．西北工业大学学报（社会科学版），1－8［2024－08－

04].

[232] 吴炳辉，黄泽恩．创新驱动发展战略视域下高校创新创业教育研究［J］．常州信息职业技术学院学报，2024，23（01）：94－96.

[233] 马敏劲．创新方法教学特征及其因应策略［J］．创新创业理论研究与实践，2023，6（02）：167－170.

[234] 刘斌．高校人力资源管理的问题与对策研究［D］．中国海洋大学，2012.

[235] 张铁成，杜玉．“创造性思维与创新方法”课程混合教学改革与实践［J］．科技风，2023（35）：129－131.

[236] 闫洪雨，贾连莹，孙斌．大学生创新创业教程［M］．苏州大学出版社：2021（12）：246.

[237] 周正柱，沈思含．基于CIPP－IPO模型的应用型高校产教融合成效评价研究［J］．中国高校科技，2024（01）：67－73.

[238] 李新庚，杨辉，高永丰．创新创业基础［M］．人民邮电出版社：2016（08）：258.

[239] 艾海松．创业基础实务［M］．华中科技大学出版社：2021（12）：243.

[240] 项容．全国技能大赛获奖作品对创新创业课程教学的启示［J］．创新与创业教育，2023，14（02）：172－178.

[241] 黄光能．大学生创新创业教育存在的问题及对策探讨［J］．云南大学学报（自然科学版），2018，40（S1）：70－75.

[242] 江忠，江佳玥，余波．路径与方法：培养学生数学核心素养的实践探索［J］．文教资料，2022（15）：148－153.

[243] 樊华．创新思维与方法导论［M］．南京大学出版社：2019（07）：283.

[244] 栾培新．基于STS的创新创业教育研究［D］．东北大学，2018.

[245] 张喜红，张昕．共享发展的时代要求、实践原则与推进路径［J］．学习与探索，2023（11）：1－8＋175.

[246] 杨澜．基于创业动机教育的大学生创业教育模式优化探究［J］．秦智，2023（07）：100－102.

[247] 尹华站，杨虹．基于建构主义理论的高阶思维培养“四步法”［J］．教育家，2024（20）：12－13.

[248] 赵长禄，尼古拉·克莱顿，裘新等．数字时代教育变革与未来发

展（笔谈）[J]. 中国高教研究，2024（01）：15－22.

[249] 王峥. 高校创新创业教育：再辨析、再认识 [J]. 科技创业月刊，2023，36（S1）：196－198.

[250] 祝杨军. 基于蒂蒙斯模型的高校创业实验设计与探索 [J]. 高等工程教育研究，2023（02）：190－195.

[251] 王彦敏，赵春. 基于蒂蒙斯模型的云南省大学生创业成功率提升研究 [J]. 昆明冶金高等专科学校学报，2018，34（02）：5－11.

[252] 黄振霞. 高校创业伦理教育的要素、意义与路径 [J]. 莆田学院学报，2022，29（03）：105－108.

[253] 钟之静. 高校创业教育话语的构建任务与传播策略研究 [J]. 高教探索，2020（07）：119－124.

[254] 刘志阳，张宇擎. 大模型创业：范式演进与理论建构 [J]. 中国人民大学学报，2024，38（03）：87－99.

[255] 张新鑫，周颖. 基于"三螺旋"理论地方应用型本科高校大学生创新创业教育体系路径研究 [J]. 西安航空学院学报，2023，41（06）：87－91.

[256] 段福生. 三螺旋理论视角下乡村人才培养体系重构与实践创新 [J]. 职业教育，2024，23（03）：66－69.

[257] 顾熹，李琦. 基于三螺旋理论的高校创新创业教育协同机制的建设研究 [J]. 知识窗（教师版），2023（08）：63－65.

[258] 鲁兴启. 基于创新驱动的创新型人才素质及培养研究 [M]. 浙江大学出版社：2020（04）：302.

[259] 吴芹，王晓映，刘克印等. 科教产融合背景下高素质应用创新型人才培养工作机制探讨 [J/OL]. 包装工程，1－4 [2024－08－01].

[260] 鞠斌杰. 聚焦创新型人才培养构建"三梦"全链条双创育人新生态 [J]. 陕西教育（高教），2024（07）：1.

[261] 杨航，李丹彤. 数字经济时代高校复合型创新人才培养探究 [J]. 对外经贸，2024（06）：76－79.

[262] 李永梅，谭维智. 教育数字化转型下创新型人才培养的变与不变 [J]. 黑龙江高教研究，2024，42（07）：15－21.

[263] 熊智慧. "互联网＋"竞赛驱动创新型人才培养路径探索与实践 [J]. 四川劳动保障，2024（06）：138－139.

[264] 魏玮. 人工智能背景下跨学科教育助力创新型人才培养策略

[J]. 新课程研究，2024 (18)：70-72.

[265] 李佳峻. 培养创新型人才：企业实现高质量发展的法宝 [J]. 中国商人，2024 (06)：114-115.

[266] 罗大蒙. 新质生产力背景下高校创新型人才培养的困境与优化路径探赜 [J]. 四川文理学院学报，2024，34 (04)：32-40.

[267] 于慧，张丽莉. 新质生产力条件下高校拔尖创新人才培养研究 [J/OL]. 教育理论与实践，2024 (27)：3-8 [2024-08-02].

[268] 邵丽娟. 面向未来培养拔尖创新人才 [J]. 留学，2024 (13)：6-7.

[269] 郑钢. 培养拔尖创新人才助力教育强国建设 [J]. 留学，2024 (13)：1.

[270] 白智宏. 优化人才选拔评价机制，促进拔尖创新人才涌现 [J]. 教育家，2024 (30)：7-8.

[271] 郭瑞昭. 中国式现代化视域下企业家精神的时代价值与建构维度 [J]. 湖北经济学院学报（人文社会科学版），2024，21 (02)：26-30.

[272] 魏博文. 非公有制经济人士企业家精神培育研究 [D]. 沈阳工业大学，2019.

[273] 李迎. 基于企业家心智模式的企业战略决策能力研究 [D]. 天津大学，2013.

[274] 王唐文，杨耀文，储著源. 从欧美经验看我国创新创业教育高质量发展的路径 [J]. 创新与创业教育，2023，14 (06)：159-165.

[275] 邱德峰，杨贤艺，黄娅. "双创"教育如何持久可持续？——意大利创新创业教育经验及启示 [J]. 科技创业月刊，2024，37 (01)：149-153.

[276] 张远秀. 试论新时期大学生自主创业应具备的心理素质 [J]. 出国与就业（就业版），2011 (21)：27-28.

[277] 郭璨. 变革与重构 [M]. 西南交通大学出版社，2021 (10)：313.

[278] 杨冬. 我国大学创新创业教育课程建设的历史沿革与演变趋势 [J]. 高等理科教育，2023 (02)：1-11.

[279] 黄丽静，杨玉. 高校创新创业教育生态：系统结构、困境与优化 [J]. 黑龙江高教研究，2024，42 (08)：147-153.

[280] 张铭睿，吴安康. 数智化赋能高校"双创"人才培养路径与实践研究 [J]. 就业与保障，2023 (01)：133-135.

［281］常晟，王佳雨，张洋等．基于云数据环境的智慧校园建设与实践［J］．现代教育技术，2021（11）：55－62．

［282］孙晓春．传统文化“两创”视域下的新文科建设［J］．新文科理论与实践，2023（04）：6－15＋119．

［283］张亮，郭明姬．新文科背景下中华优秀传统文化通识课程建设的思考［J］．广西社会科学，2022（08）：148－155．

［284］陈泽帆．新文科背景下中华优秀传统文化融入高校育人工作的路径探索［J］．决策探索（中），2021（03）：81－82．

［285］强光美．党的理论创新融入“跟党学创业”思创课程探索［J］．时代报告，2022（12）：7－9．

［286］陈万思，李财德．“行动学习：理论与实践”课程思政实践探索［J］．高教学刊，2024，10（23）：59－62．

［287］惠周利，王鹏，吴森林．大学数学教学创新思考与实践［J］．黑龙江教育（高教研究与评估），2024（09）：84－87．

［288］殷利，黄振贤，季卫霞．数字化时代职业教育课程思政的价值指向与实践创新［J/OL］．教育理论与实践，2024（27）：28－32［2024－08－02］．

［289］宁继鸣，冯迎霜，周汶霏．立足中国，面向世界：新文科建设理论研究回顾与展望［J］．新文科理论与实践，2024（02）：94－123＋128．

［290］欧阳静，李秀芹，杨秀丽等．面向新文科的创新创业教育体系建设与实践探索——聚焦医科院校文管类专业［J］．高教学刊，2024，10（09）：54－57＋62．

［291］王嵩迪，杨冬．面向新文科的跨学科课程建设：特征解构与实践转向［J/OL］．中国人民大学教育学刊，1－17［2024－08－06］．

［292］樊丽明，申树欣．教育强国建设新文科何为［J］．国家教育行政学院学报，2024（01）：30－36．

［293］覃晓琪．新时代下的新文科建设：内涵、困境与路径［J］．太原城市职业技术学院学报，2024（06）：76－78．

［294］严孟帅，雷云．突破与重构：新文科建设的价值逻辑与方法论原则［J］．上海交通大学学报（哲学社会科学版），2024，32（01）：25－36．

［295］吕凯．希拉姆新文科范式及其对中国的启示［J］．教育与教学研究，2024，38（08）：101－115．

［296］毕兰凤，姜红．面向新文科视域的文科虚拟仿真实验教学体系再

构［J］．黑龙江教育（理论与实践），2024（09）：45－48.

［297］李倩茹．数智赋能新文科建设的系统思维与路径［J］．北京教育（高教），2024（04）：66－69.

［298］陈潭，刘璇．数字时代的新文科教育：何以为“教”？何以可“育”？［J］．新文科理论与实践，2024（01）：50－59＋125.

［299］米加宁，吴佳正．生成式大模型与新文科建设［J］．新文科教育研究，2024（02）：72－92＋143.

［300］刘大卫．新文科背景下地方院校文科类应用型人才培养的实践路向［J］．常州工学院学报（社科版），2024，42（02）：91－94.

［301］王宁．新文科视野下人文学科人才培养向度及学术评价［J］．学术论坛，2024，47（02）：1－8.

［302］黄华莉，刘杨．实践教育融入新文科人才培养的内在逻辑、价值意义与实现路径［J］．武汉理工大学学报（社会科学版），2024，37（01）：125－131.

［303］崔延强，林笑夷，段禹．新文科背景下复合型人才培养实践模式研究［J］．苏州大学学报（教育科学版），2024，12（01）：58－67.

［304］李海东．高校“三点联动”创业者培养模式构建［J］．创新创业理论研究与实践，2018，1（18）：70－72.

［305］陈建安，马兵倩．破解创业课程“教与学”悖论的场景式学习模式研究［J］．科技创业月刊，2024，37（06）：164－169.

［306］戴永辉，汤文雪．创业管理课程思政教学实践探索［J］．对外经贸，2024（06）：146－148＋160.

［307］高爽，李致锋，王家蝶等．基于PBL－CBL－TBL融合理念的混合教学模式设计与研究——以创业管理课程为例［J］．创新创业理论研究与实践，2024，7（10）：34－38＋52.

［308］房富本．基于核心素养的“三段五环式”学程模式构建［J］．现代教育，2018（10）：35－36.

［309］李海东．融合与创新：高校创新创业课程体系构建研究［J］．中国大学教学，2023（03）：42－51.

［310］廖文献．数字经济时代职业院校创新创业教育体系建设［J］．继续教育研究，2024（08）：52－56.

［311］教育部办公厅关于推荐新文科研究与改革实践项目的通知［EB/OL］．http：//www moe. gov. cn/srcsite/A08/moe7411202103/t2021031752023

2. html.

[312] 高永丰. 新文科背景下工商管理专业教育与双创教育有效融合途径研究 [J]. 山西青年, 2022 (24): 81 - 83.

[313] 赵作斌. 大学素质教育研究 [M]. 北京师范大学出版社: 2021 (01): 273.

[314] 冯建军. 新时代十年: 中国特色社会主义教育学体系建设成效 [J]. 苏州大学学报 (教育科学版), 2023, 11 (03): 1 - 14.

[315] 周银银, 姚红兵. 智能化时代地方高校"四创"人才培养机制与教学改革模式探究 [J]. 现代职业教育, 2023 (02): 85 - 88.

[316] 张祎. "教、学、做、创"四位一体的创新创业教育模式路径探索 [J]. 创新创业理论研究与实践, 2024, 7 (01): 147 - 149.

[317] 袁土淋. 知识生产转型视域下的高校创业教育发展模式研究 [D]. 温州大学, 2022.

[318] 史秋衡, 王春. 大学生创业思维培养的现实价值、内涵环节与实践路径 [J]. 中国高教研究, 2021 (4): 64 - 68 + 95.

[319] 新文科建设工作会在山东大学召开 [EB/OL] (2020 - 11 - 03), http://www.moe.gov.cn/jyb_xwfb/gzdt_gzdt/s5987/202011/t20201103_498067.html.

[320] 吴岩. 积势蓄势谋势 识变应变求变 [J]. 中国高等教育, 2021 (1): 4 - 7.

[321] 马永霞, 王琳. 人工智能时代的创新创业教育: 价值旨归、变革逻辑与实践路径 [J]. 清华大学教育研究, 2023, 44 (06): 115 - 124.

[322] 陈小波, 邓炼. 同步与联动: 地方高校创新创业教育生态环境优化策略 [J]. 创新与创业教育, 2023, 14 (06): 93 - 102.

[323] 李佳欣, 周玲. 人工智能视域下课程建设机制研究 [J]. 湖北成人教育学院学报, 2022, 28 (05): 33 - 38.

[324] 李娟. 元宇宙背景下 AR 与 VR 技术在新媒体的应用及影响探析 [J]. 中国传媒科技, 2022 (12): 157 - 160.

[325] 李琳璐. 斯坦福大学的创新创业教育: 系统审视与经验启示 [J]. 高教探索, 2020 (03): 56 - 65.

[326] 熊华军, 岳岑. 斯坦福大学创业教育的内涵及启示 [J]. 比较教育研究, 2011 (I1): 67 - 71.

[327] 张炜, 高健. 斯坦福大学创业教育体系和特点的研究 [J]. 科学

学与科学技术管理，2006，27（9）：145－149.

［328］王爱文．创新型工程科技人才培养：美国凯特林大学的经验与启示［J］．机械职业教育，2024（07）：28－34.

［329］胡剑，张妍．麻省理工学院创新创业教育课程体系建设特点研究［J］．高教探索，2019（12）：69－73.

［330］胡佳佳．大学创业教育研究［D］．上海师范大学，2017.

［331］姚井君．康奈尔大学创业教育课程设置特点及启示［J］．统计与管理，2014（12）：149－151.

［332］刘思雨．美国创业型大学服务区域创新发展的路径及机制研究［D］．湖北师范大学，2024.

［333］梅伟惠．美国高校创业教育模式研究［J］．比较教育研究，2008，30（5）：52－56.

［334］黎勇．高校创业教育与专业教育融合发展研究［D］．西南大学，2020.

［335］王秀芝，刘志强，吴祝武．创新创业与专业教育融合的国内外研究进展［J］．中国高校科技，2019（4）：92－96.

［336］胡佳佳．拉夫堡大学的创业教育和创业支持［J］．世界教育信息，2016，29（02）：36－37＋56.

［337］刘加杰．英国高校创新创业教育管理的经验与启示［J］．赤峰学院学报（汉文哲学社会科学版），2023，44（04）：99－102.

［338］尚磊，张平娟，吴贵春．中英高校创业教育模式比较研究［J］．安徽科技学院学报，2020，34（01）：106－110.

［339］徐栩．英国沃里克大学创新创业教育课程研究［D］．河北大学，2023.

［340］赖静，曾文婕，王永丽．追求卓越和多样化的教育：英国教育强国建设［J］．基础教育参考，2023（08）：57－67.

［341］焦蓉，贾建军，温自强．日本高校创新创业教育的发展路径与现实启示［J］．创新创业理论研究与实践，2022，5（12）：90－95＋99.

［342］崔健，侯庆敏．日本构建大学主导型创新生态系统的理论、实践与启示［J］．中国科技论坛，2024（07）：176－188.

［343］祝军，王煦．日本高校创业教育：历史演进、特点与启示［J］．中国大学生就业，2023（05）：98－104.

［344］高仓健．从政府推动到多元协同：日本创业教育生态系统建设对

我国的启示［J］. 高等农业教育，2022（01）：16－24.

［345］谭皓. 日本创业教育的启示［J］. 中国中小企业，2017（08）：76－77.

［346］卓泽林，王志强. 构建全球化知识企业：新加坡国立大学创新创业策略研究及启示［J］. 比较教育研究，2016，38（01）：14－21.

［347］尹洪炜. 新加坡创新创业教育对我国的启示［J］. 江苏高教，2018（11）：86－88.

［348］邱凤才. 新加坡集聚创新创业人才的主要做法［J］. 中国人才，2022（03）：62－63.

［349］任皓月. 新加坡创新创业教育对我国高校的启示［J］. 职业，2019（01）：118－119.

［350］封鸽. 中国与新加坡高校创业教育的比较研究及启示［D］. 西安电子科技大学，2017.

［351］黄兆信，刘丝雨，张中秋. 新加坡大学生创业教育的成功经验及启示［J］. 高等工程教育研究，2016（04）：160－164＋171.

［352］刘海，高莲莲，白涛涛等. 德国高校创新创业教育研究——以汉堡大学"汉堡创意协会"合作项目为例［J］. 创新创业理论研究与实践，2022，5（19）：78－81.

［353］刘琼，滕艳秋. 德国大学生创业教育发展经验探索［J］. 中国成人教育，2018（22）：121－123.

［354］徐海伟，施秀芳，刘宏民. 德国模式对我国大学生创新创业教育的启示［J］. 现代职业教育，2018（01）：189.

［355］杨秋宁. 德国高校创业教育的特点及启示［J］. 人民论坛，2014（32）：235－237.

［356］倪珍珍. 德国创新创业人才培养模式经验及启示［J］. 职业教育（中旬刊），2020，19（21）：22－24.

［357］刘健，施佳欢. 德国大学文科拔尖人才培养的理念演变与实践路径［J/OL］. 广西大学学报（哲学社会科学版），2024（04）：195－206［2024－08－02］.

［358］代以平，王志强. 韩国创业教育体系的构建历程及"三大支柱"［J］. 世界教育信息，2018，31（18）：38－42.

［359］王佳桐，冯旭芳，章曼娜. 韩国产业教育与产学研合作基本计划的动因、现状及启示［J］. 教育与职业，2023（13）：66－74.

［360］武鹏，王佳桐．韩国高校创业教育课程体系及其运行特点探析［J］．中国高教研究，2020（08）：92－97.

［361］李凤林，李炜．科技创业生态体系构建：动因、策略与启示——基于韩国科学技术大学的个案分析［J］．中国高校科技，2021（12）：50－55.

［362］李秀珍．韩国大学创业教育的实践探索与启示［J］．创新与创业教育，2022，13（05）：147－154.

［363］吕君，周骐彦．韩国中小学生创业精神教育的策略及启示［J］．创新与创业教育，2023，14（06）：166－176.

［364］邱德峰，杨贤艺，黄娅．“双创”教育如何持久可持续？——意大利创新创业教育经验及启示［J］．科技创业月刊，2024，37（01）：149－153.

［365］郭孟杰，闫志利．发达国家创新创业教育体系建设的特点及启示［J］．创新与创业教育，2022，13（03）：147－156.

［366］蒋菲，郭淼磊．美英日高校创新创业教育模式的比较研究与现实启示［J］．创新与创业教育，2022，13（01）：146－154.

［367］张杨，管伟康．高校创新创业教育高质量发展研究［J］．创新与创业教育，2023，14（06）：8－17.

［368］申潞娟．美国高校创业教育师资队伍建设案例研究——以美国百森商学院、斯坦福大学和哈佛大学为例［J］．创新创业理论研究与实践，2024，7（12）：77－83.

［369］张杨，管伟康．高校创新创业教育高质量发展研究［J］．创新与创业教育，2023，14（06）：8－17.

［370］马立杰，张豪，许涛等．产教融合视域下研究型大学创新人才培养共同体探索——以同济大学科技产业育人实践为例［J］．科技创业月刊，2024，37（01）：154－160.

［371］尹国俊，鲁松，陈劲松．创新创业教育深度融合专业教育的双螺旋模式探索与实践——以浙江大学为例［J］．当代教育论坛，2024（03）：92－100.

［372］尹金荣，吴维东，任聪静等．高校创新创业教育内涵式发展的困境、对策及展望——基于浙江大学20年创新创业教育的探索与实践［J］．高等工程教育研究，2023（03）：150－154.

［373］崔玮嫱．普通本科院校创新素质教育研究［D］．曲阜师范大学，2014.

[374] 朱玲玲，郑慧慧，张平．“3模3训2创”创新实践教学体系研究——以商丘师范学院城乡规划专业为例［J］．知识文库，2018（08）：79－80.

[375] 张美芸，孙晓伟．大学生创业孵化园发展策略研究——基于商丘师范学院创业中心的思考［J］．学园，2015（23）：19－21.

[376] 吴家宽，郑传捷．“思、专、科、赛”四项融入法探析——来自贵阳学院的创新创业教育模式探索［J］．科技创业月刊，2023，36（S1）：159－161.

[377] 杨菁．贵州地方本科高校地域文化特色课程思政建设研究——以贵阳学院《贵州地方文化》课程为例［J］．贵州师范学院学报，2022，38（10）：24－28.

[378] 冷曼希，随明明，张洪宇．地方高校创新创业教育的课程建设研究与探索——以西南石油大学为例［J］．教育教学论坛，2023（49）：87－90.

[379] 张敏，张磊．省属行业类（石油）高校大学生创新创业教育改革与实践——以西南石油大学为例［J］．中国大学生就业，2017（08）：34－38.

[380] 西南石油大学深入开展大学生创新创业教育［J］．中国大学生就业，2016（13）：33.

[381] 梁牧云，马天文，李凯．高校大学生创新创业成果孵化问题及对策——以西南石油大学为例［J］．现代商贸工业，2018，39（23）：89－90.

[382] 赵琴琴，蒋昊原，曹成芬等．地方高校经管类专业大学生创新创业能力的培养——以西南石油大学经济管理学院为例［J］．西南石油大学学报（社会科学版），2023，25（02）：105－113.

[383] 集聚创新资源 助推创业梦想——专访西南石油大学创新创业中心副主任、招生就业处处长李德海［J］．中国大学生就业，2016（07）：30－31.

[384] 邱化民，呼丽娟．高校院系开展大学生创新创业教育模式探究——以北京师范大学教育学部为例［J］．中国大学生就业，2015（17）：54－58.

[385] 王存扣．全过程融入体系化建设——南京理工大学创新创业课程建设探讨与实践［J］．科学大众（科学教育），2019（03）：127.

[386] 殷增斌，袁军堂，郝世博．“机械工程＋知识产权”复合型创新创业人才培养的探索与实践［J］．中国大学教学，2020（07）：30－34.

[387] 南洋．应用型本科院校优化创新人才培养模式路径——以西安培华学院为例［J］．明日风尚，2017（10）：181.

[388] 樊朴，夏依萍．“思政＋双创”双联动团学活动模式探究——以

广西外国语学院为例［J］. 世纪桥，2024（06）：88－91.

［389］刘猛．“思创融合”视域下高校创新创业课程建设探析——以广西外国语学院为例［J］. 广西教育，2023（21）：70－76.

［390］唐为芷．基于“三螺旋理论模型”的新时代高校“思创融合”路径探究［J］. 才智，2024（16）：53－56.

［391］王丽红．高校“思创融合”课程探索——以北京科技大学为例［J］. 教育教学论坛，2023（04）：185－188.

［392］尹兆华，刘丽敏，王丽红．融入党史元素的“思创融合”课程化探索——以北京科技大学为例［J］. 思想教育研究，2022（06）：145－148.

［393］“跟党学创业”——北京科技大学创新创业课程思政建设简介［J］. 思想教育研究，2021（07）：2.

［394］李伟凯．乡村振兴背景下农业高校创新创业教育体系的构建——以东北农业大学为例［J］. 中国农业教育，2022，23（06）：17－23.

［395］王杜春，马海鹍，张伟等．高等农业院校创新创业教育与专业教育深度融合的实践探索——以东北农业大学为例［J］. 东北农业大学学报（社会科学版），2016，14（03）：84－89.

［396］李德丽，于兴业，吴立全．人文社科类学生创新创业育人模式与实践——以东北农业大学社科创新创业实验室为例［J］. 实验室研究与探索，2019，38（01）：186－189.

［397］吕雪艳．“三融、三层、三师、三结合”模式下高校创新创业型大学生培养路径解析［J］. 未来与发展，2022，46（04）：109－112＋89.

［398］吕雪艳．高校创新创业教育“三层、三师、三融”模式探索［J］. 创新与创业教育，2021，12（04）：8－12.

［399］孔伟金，于永明．青岛大学创新创业教育示范高校建设的探索与实践［J］. 山东高等教育，2017，5（06）：8－11＋54.

［400］孔伟金．创新创业教育与“五育”深度融合的育人模式探索与实践——以青岛大学为例［J］. 山东高等教育，2021，9（06）：8－12.

［401］张春明．纺织类专业拔尖创新人才培养体系建设与实践——以青岛大学为例［J］. 纺织服装教育，2024，39（01）：7－14.

［402］李兰，陈哲云，刘庆海．“五育并举，双环协同”的新工科课程思政育人探索［J］. 计算机教育，2024（06）：56－61.

［403］习近平. 高举中国特色社会主义伟大旗帜　为全面建设社会主义现代化国家而团结奋斗——在中国共产党第二十次全国代表大会上的报告

[EB/OL] (2022-10-25) [2022-10-28]. http://www.news.cn/politics/cpc 20/2022-10/25/c_1129079429.htm.

[404] 徐倩倩. 新时代人才观视域下高校创新创业人才培养研究 [D]. 温州大学, 2020.

[405] 翟绪军, 谭勇, 林红. 数字经济背景下新商科人才培养的产教融合模式探究 [J]. 黑龙江教育 (高教研究与评估), 2024 (02): 40-42.

[406] 韩文彬. 新一代信息技术下中国共产党宣传能力提升机制研究 [D]. 山东大学, 2021.

[407] 梅红, 卜春艳, 石锦澎等. 中国高校实践育人: 现状、成效及育人改革探索 [J]. 创新与创业管理, 2023 (01): 115-128.

[408] 王雅鹏, 胡柳波, 吕丹. 关于新商科发展的思考 [J]. 高等农业教育, 2020 (04): 25-29.

[409] 蒋菲, 郭淼磊. 高校创新创业教育"四链融合"发展的理论逻辑、现实困境及对策审思 [J]. 大学教育科学, 2023 (05): 76-84.

[410] 龚惠兰. 高职院校"四双融合"人才培养模式探索——以中山职业技术学院产业学院为例 [J]. 当代职业教育, 2017 (04): 80-85.

[411] 张文颖. 乡村振兴背景下高校创新创业教育优化路径研究 [J]. 智慧农业导刊, 2024, 4 (02): 125-128.

[412] 金晓斌, 叶超, 岳文泽等. 新时代中国城乡融合发展: 挑战与路径 [J]. 自然资源学报, 2024, 39 (01): 1-28.

[413] 潇潇, 唐元. 范式革新、能力定位与融合趋向——新文科视域下新闻传播学科发展的三个转向 [J]. 合肥学院学报 (综合版), 2023, 40 (03): 133-138.

[414] 王宏. "互联网+创新创业大赛"推动下的高职院校创业教育新思路 [J]. 林区教学, 2023 (12): 49-52.

[415] 陈奕奕, 陈佩佩. 高校数智化T型人才培养模式的探索与实践——以人力资源管理专业为例 [J]. 管理工程师, 2022, 27 (02): 70-75.

[416] 傅田, 赵柏森, 许媚. "三螺旋"理论下创新创业教育与专业教育融合的机理、模式及路径 [J]. 教育与职业, 2021 (4): 74-80.

[417] 欧阳鑫玉, 赵楠楠, 姜冠杰等. 基于OBE-CDIO的本科生"双创"能力培养途径探索 [J]. 创新创业理论研究与实践, 2024, 7 (01): 6-8+44.

[418] 刘海新. 国际化视角下广西高校创新创业教育发展的思考 [J].

科教文汇，2024（01）：16－19.

［419］战婷．数字经济背景下的创新创业教育发展路径研究［J］．创新创业理论研究与实践，2024，7（01）：138－140.

［420］马静岩．“双创”育人视域下高校创新创业教育与实践教学深度融合研究［J］．教书育人（高教论坛），2022（36）：104－106.

［421］刘阳城，宋志华．“工匠精神”培育视域下高校“双创”人才培养模式的研究与实践［J］．林业科技情报，2024，56（01）：231－233.

［422］朱晓东，顾榕蓉，吴立保．基于CDIO理念的创新创业教育与专业教育融合发展研究［J］．江苏高教，2018（2）：77－80.

［423］艾海松．创新思维导引［M］．华中科技大学出版社：2021（12）：277.

［424］高峰．知行合一理念融入新时代高校劳动教育的实践探索［J］．黄冈师范学院学报，2024，44（01）：33－37＋68.

［425］陈超逸，孙志良．区域协同视阈下高校众创空间联盟的构建——以天津市高校众创空间联盟为例［J］．中国大学生就业，2023（03）：98－104.

［426］赵啦啦，刘新华，邹筱瑜．基于大创项目的学生创新创业能力培养机制研究和实践［J］．科教导刊，2023（29）：27－29.

［427］王作铁，李平．“双创教育”背景下应用型本科高校创业教育与专业教育全面融合研究［J］．对外经贸，2024（01）：148－151.

［428］李翠．我国大学生素质教育研究述评［J］．西部素质教育，2024，10（01）：74－77.

［429］段艳，黎春梅，刘晓平．新文科创新创业教育中跨学科评价体系建构——以广西高校服务乡村振兴的创业实践为例［J］．高教学刊，2024，10（06）：77－80.

［430］王强，黄达，谢寅波．新时代创新创业人才培养的科教融合创新实践［J］．国家教育行政学院学报，2023（12）：29－36.

［431］华沙，朱杰．高校创新创业教育中师资队伍的培养与发展［J］．科技风，2024（03）：72－74.

［432］王思璇，成维莉．“双高计划”背景下农业高职院校双创人才培养路径探究［J］．现代园艺，2024，47（02）：188－190.

［433］邹琴琴，黄小丽．应用型高校创业教育的提升路径探析——基于“双创”背景下创业教育教师的胜任力［J］．山西青年，2023（17）：

132－134.

［434］董树萌，汪红梅．新文科背景下专创融合人才培养模式探索——以“葡萄酒市场学”课程为例［J］．黑龙江教育（高教研究与评估），2024（02）：13－16.

［435］俞欣妍，徐慧亮．新商科背景下创新创业类课程项目化教学探索［J］．才智，2023（12）：65－68.

［436］罗黎．应用型文科院校：创新创业教育人才培养模式［J］．中国航班，2021（20）：64－66.

［437］刘阳城，宋志华．“工匠精神”培育视域下高校“双创”人才培养模式的研究与实践［J］．林业科技情报，2024，56（01）：231－233.

［438］刘源，高哲，王昕宇等．高校开展学科竞赛存在的问题与改进措施［J］．西部素质教育，2024，10（03）：162－165.

［439］左敏，卢强．数字商科人才培养模式改革与创新研究［J］．教育教学论坛，2023（13）：59－62.

［440］江涛涛，王文华．新文科建设背景下商科创新创业教育改革研究［J］．财会通讯，2021（21）：173－176.

［441］卢欢．应用型高校产教深度融合的创新创业人才培养路径创新研究［J］．产业创新研究，2023（24）：177－179.

［442］汪青青，张冬冬．三教改革背景下创新创业教育课程思政现实逻辑、耦合机制及行动策略［J］．科技创业月刊，2023，36（11）：161－164.

［443］高志刚，李红霞．校企协同培养创新创业人才模式初探［J］．商业经济，2024（02）：190－193.

［444］韩会平．基于SYB创业培训模式的高校创业基础课程教学改革研究［J］．广西职业师范学院学报，2023，35（04）：105－110.

［445］许月云．新文科背景下地方高校体育专业高质量应用型人才培养的使命与路向研究［J］．泉州师范学院学报，2023，41（06）：104－108.

［446］陆伟，商雷．基于工科院校文科生创业的SWOT分析及对策［J］．中国成人教育，2016（06）：88－90.

［447］阮平章，董辉，刘许．面向人人的双创教育：何以可能及如何可行［J］．华东师范大学学报（教育科学版），2023，41（09）：100－111.

［448］周丹，武亮，肖汉杰等．新文科背景下高校创新创业教育改革探索［J］．大学，2023（31）：153－156.

［449］孙璐璐，张萌，苏兵等．基于“新文科”背景的创新创业实验

室建设探索［J］. 创新创业理论研究与实践，2021，4（11）：193－195.

［450］王兰．高校计算机专业学生创新创业教育模式研究［D］. 成都：西南交通大学，2011.

［451］王凤栖．90后文科类专业本科就业现状分析及策略研究［J］. 科教导刊（下旬），2018（06）：172－175.

［452］王丽娜，于欧洋，侯力莉．高校文科大学生创新创业能力培育路径研究［J］. 中国多媒体与网络教学学报（上旬刊），2019（09）：134－135.

［453］李吉庆．产教融合视域下应用型高校创新创业教育生态体系生成路径［J］. 安康学院学报，2023，35（01）：30－34.

［454］王林桂，林冬冬．基于双创背景下的高校创新创业课程改革探讨［J］. 当代教育实践与教学研究，2020（08）：148－149.

［455］冯峰．大学生创新创业教育“金课”：缘起、困境与体系构建［J］. 中国大学生就业，2023（11）：11－18.

［456］唐朝永，师永志．高校创业失败教育：概念解析、价值意蕴与路径设计［J］. 科技创业月刊，2024，37（01）：161－165.

［457］黄伟，赵洪霞．新文科视域下面向“双创”教育的Python语言教学模式探索［J］. 电脑知识与技术，2023，19（22）：150－152.

［458］徐雪娇，赵亚奇．吉林省高校创新创业教育体系改革研究［J］. 创新创业理论研究与实践，2020（22）：93－95.

［459］裴小倩，严运楼．高校创新创业教育协同机制研究［M］. 上海交通大学出版社．2018：73－77.

［460］王林雪，李怡，沈红霞．高校双创教育与专业教育融合机制研究［J］. 科技与创新，2022（1）：10－13.

［461］黄启兵，田晓明．“新文科”的来源、特性及建设路径［J］. 苏州大学学报（教育科学版），2020（2）：75－83.

［462］吴宝聪．专创融合特色课程建设路径探析——以3D游戏美术设计课程为例［J］. 美术教育研究，2023（23）：134－136.

［463］熊晓辉．高校新一轮本科教育教学审核评估的推进理路探析［J］. 阿坝师范学院学报，2023，40（04）：49－54.

［464］潘聪，陈思杭，丁佳俊．大学生创新创业教育体系构建研究——以长江大学为例［J］. 商展经济，2020（13）：63－65.

［465］周世祥．培育拔尖创新领军型人才，高校要敢作善为［N］. 光明日报，2024－01－16.

[466] 吴玉婵，祁琦. 新时代大学生创新创业教育链构建研究 [J]. 陕西教育（高教），2023（09）：65－67.

[467] 黄兰华，王向东，王艺霖. “思创融合”视域下高校创新创业教育的实践与思考——以某大学A学院为例 [J]. 中国大学生就业，2023（12）：55－60.

[468] 刘丽红，曲霞. 论高校创新创业教育与劳动教育的同构共生 [J]. 中国青年社会科学，2020，39（1）：103－109.

[469] 张秀峰，陈士勇. 大学生创新创业教育现状调查与思考——基于北京市31所高校的实证调查 [J]. 中国青年会科学，2017，36（3）：94－100.

[470] 王小虎，陈姚. 创业教育融入人才培养体系的思考与实践——基于全国性双创教育调查的研究分析 [J]. 中国高等教育，2019（5）：40－42.

[471] 唐衍军，蒋尧明. 跨界教育理念下的新文科会计人才培养 [J]. 财会通讯，2021（11）：161－164.

[472] 吴海丽. 创新创业导向的高校人工智能通识教育模式探索 [J]. 计算机教育，2023（01）：132－135＋140.

[473] 李卡，石波罗，李德丽. 农业高校创新创业教育助力乡村振兴的路径、挑战与对策 [J]. 黑龙江教育（理论与实践），2024（09）：53－55.

[474] 王佑镁，钱凯丽，华佳钰等. 触摸真实的学习：迈向一种新的创客教育文化——国内外创客教育研究述评 [J]. 电化教育研究，2017，38（02）：34－43.

[475] 单子鹏，刘易理，杨娇娇等. 面向元宇宙的特色实验室建设与人才培养 [J]. 实验室研究与探索，2024，43（07）：218－224.

[476] 蔡晓雯，陈洋卓，徐玲林. 元宇宙与思政元素融合的大学生创新创业教育方法 [J]. 西部素质教育，2024，10（13）：49－52.

[477] 李晗. 元宇宙赋能创新创业教育的实现机制 [J]. 黑龙江教育（高教研究与评估），2024（04）：23－26.

[478] 曾文英. 基于元宇宙的课程思政教学设计研究与实践 [J]. 教育信息化论坛，2023（08）：102－104.

[479] 尹苗苗，李纪莹，吴胜艳等. 元宇宙用户创业者的身份生成过程研究 [J]. 外国经济与管理，2023，45（07）：53－70.

[480] 孙晓瑁. 新质生产力视角下创新创业教育的价值意蕴与优化路径 [J]. 福建教育，2024（22）：12－15.

[481] 戴江维，兰诺，宋超．创新教育实践："4+4N+X"赋能新质生产力人才培养——以大连科技学院为例［C］//中国电子劳动学会．"产教融合、校企合作"教育教学发展论坛优秀论文集．大连科技学院，2024：6.

[482] 张晓利，谭皓．探析创业带就业视角下创新创业人才培养理论与实践［J］．四川劳动保障，2024（01）：113-114.

[483] 宋鸿雁，李延康．一流本科教育如何炼成：MIT教育教学创新的历程、经验与启示［J］．西北高教评论，2022，11（02）：313-332.

[484] 张婷，黄帆，蒋权．"艺科融合"背景下人工智能融入艺术设计的混合式教学［J］．设计，2024，37（02）：131-133.

[485] 王薇．"智能+虚拟仿真"艺术与科技专业教学创新与实践——以西安音乐学院为例［J］．科学咨询（科技管理），2022（12）：114-116.

[486] 王志军，严亚玲．设计思维如何指导教学创新？——项目化学习设计的视角［J］．开放教育研究，2023，29（01）：26-36.

[487] 阮平章，董辉，刘许．面向人人的双创教育：何以可能及如何可行［J］．华东师范大学学报（教育科学版），2023，41（09）：100-111.

[488] 周丽琴，胡云．育人之路［M］．江西高校出版社：2019（11）：256.

[489] 杜卫．地方本科院校应用型人才培养的实践与思考［M］．浙江大学出版社，2018（06）：202.

[490] 何玉军．基于OBE理念创新卓越法治人才培养方案——以西北政法大学为例［J］．西北高教评论，2022，11（02）：82-94.

[491] 王蕾．高校语言类专业创新创业教育模式研究［J］．中国轻工教育，2022，25（02）：62-66.

[492] 田俊，商艳，李燕．应用型本科院校人才培养机制研究［J］．四川劳动保障，2024（01）：121-122.

[493] 马晓，李雪，孙晓东．新文科建设：瓶颈问题与破解之策［J］．中国大学教学，2021（Z1）：21-25.

[494] 计国君．高等教育教学实践探索［M］．厦门大学出版社：2020（12）：468.

[495] 郭萌，王怡．地方应用型高校创新创业教育课程体系优化研究［J］．未来与发展，2022，46（07）：99-104.

[496] 郝鑫，笪衍．"四新"学科视域下高职创新创业人才培养的路径［J］．南通职业大学学报，2023，37（04）：24-27.

[497] 李德丽. 基于体验式学习的创新创业实验室创新人才培养探索与实践 [J]. 实验室研究与探索, 2023, 42 (11): 243-248.

[498] 杨婷婷, 郭鹏飞, 郑勇军等. "三阶递进式" 民办高校创新创业教育体系构建实践 [J]. 新课程教学 (电子版), 2023 (15): 188-189.

[499] 唐为芷. 基于 "三螺旋理论模型" 的新时代高校 "思创融合" 路径探究 [J]. 才智, 2024 (16): 53-56.

[500] 王雁, 王章豹, 张莉. 基于 QFD 的高校创新创业教育质量提升模型与实证研究 [J]. 创新创业理论研究与实践, 2023, 6 (24): 7-12.

[501] 杨冬. 我国大学创新创业教育课程建设的历史沿革与演变趋势 [J]. 高等理科教育, 2023 (02): 1-11.

[502] 王作铁, 李平. "双创教育" 背景下应用型本科高校创业教育与专业教育全面融合研究 [J]. 对外经贸, 2024 (01): 148-151.

[503] 张兰勇, 李冰, 刘洪丹等. 立体化大学生素质能力贯通式分类培养方法探索与实践 [J]. 高教学刊, 2024, 10 (22): 16-19.

[504] 吴芹, 王晓映, 刘克印等. 科教产融合背景下高素质应用创新型人才培养工作机制探讨 [J/OL]. 包装工程, 1-4 [2024-07-31].

[505] 张诗菡, 朱佳露, 彭雅婧. "双一流" 背景下高校创新创业教材建设研究 [J]. 新闻研究导刊, 2023, 14 (21): 225-227.

[506] 王斌. 面向职业岗位融入课程思政的创新创业项目化校本教材编写——以中职数媒类专业群为例 [J]. 创新创业理论研究与实践, 2020, 3 (16): 72-73+95.

[507] 本刊编辑部. 深化高教改革培养新质生产力所需的各类拔尖创新人才 [J]. 教育家, 2024 (30): 4.

[508] 王湘蓉, 孙传爱. 高等教育在创新人才培养上亟待解决的五大问题 [J]. 教育家, 2024 (30): 5-6.

[509] 杨贤金. "从未来到未来" 培养拔尖创新人才 [J]. 教育家, 2024 (30): 17-18.

[510] 齐彦磊, 周洪宇. 拔尖创新人才培养支撑新质生产力发展: 价值、机制与策略 [J]. 中国远程教育, 2024, 44 (07): 15-23+48.

[511] 张立. 新形势下大学生创新能力培养问卷调查及对策研究 [D]. 福建师范大学, 2020.

[512] 国庆. 社会学视角分析当代大学生创业现状 [D]. 内蒙古师范大学, 2019.

［513］冯渠．我国大学生创业团队建设研究［D］．沈阳师范大学，2014.

［514］曹吴玮．以教学成果奖为目标导向的高职师资团队建设路径探索［J］．现代职业教育，2024（04）：173－176.

［515］陈庆堂，程德华，林建胡等．应用型本科高校多元融合的双创教育体系建设与实践研究［J］．辽宁科技学院学报，2023，25（06）：43－47.

［516］胡蝶．数字化时代下高校工商领域创新创业教育模式研究［J］．中阿科技论坛（中英文），2024（01）：118－122.

［517］吴沈娟．基于“双创与五育融合”的高职创新创业教育研究［J］．现代职业教育，2024（01）：33－36.

［518］宁德强．大学生创业容错机制：内涵、困境与建构［J］．南京理工大学学报（社会科学版），2024，37（01）：80－84＋92.

［519］徐霄．混合式教学模式的设计与实践探索——以国家级精品课程创业基础为例［J］．创新创业理论研究与实践，2023，6（21）：116－118＋151.

［520］夏吉安，母文涛，徐荣旺等．基于大学生创新创业训练计划项目的大数据技术实践教学研究与探索［J］．创新创业理论研究与实践，2023，6（16）：36－39.

［521］李明云．浅谈从大学生创新创业训练计划到培养一流科研人才［C］//中华口腔医学会口腔医学教育专业委员会．2022年中华口腔医学会口腔医学教育专业委员会第十七次学术年会论文集．口腔疾病研究国家重点实验室华西口腔医学院国家口腔医学中心四川大学，2022（1）．

［522］沈和江，张晓燕，张全喜．基于知识能力转换的高等学校大创项目训练模式与路径研究［J］．江苏商论，2022（03）：116－119.

［523］魏倩怡．“青年红色筑梦之旅”的思想政治教育价值研究［J］．佳木斯大学社会科学学报，2024，42（02）：146－149.

［524］吴烽，李昆益，王娟．基于“青红之旅”的“五维”双创课程思政建设路径研究——以常州工业职业技术学院为例［J］．无锡职业技术学院学报，2023，22（06）：28－32.

［525］魏倩怡．“青年红色筑梦之旅”的思想政治教育价值研究［D］．福建师范大学，2022.

［526］杨卫东，刘佳南．东北抗联精神融入“中国近现代史纲要”课程刍议［J］．吉林师范大学学报（人文社会科学版），2024，52（04）：107－112.

［527］陈鹏．在中国式现代化进程中弘扬东北抗联精神［J］．学理论，2024（03）：12－14.

［528］张伟，高欣．东北抗联精神融入大学生创新创业教育［J］．经济研究导刊，2023（24）：100－103.

［529］郭成伟．论东北抗联精神对党性教育的意义［J］．党史纵横，2020（2）：61－62.

［530］孙擎．东北抗联精神融入高校“大思政”教育格局研究［J］遵义师范学院学报，2019（2）：109－112，119.

［531］孟阳，郭思元．深刻理解新时代“北大荒精神”的内涵［J］．农场经济管理，2024（05）：50－52.

［532］徐晓丹，郑永文，张有利．北大荒精神融入“青年红色筑梦之旅”活动的实践探析——以黑龙江八一农垦大学为例［J］．黑龙江教育（理论与实践），2022（05）：24－26.

［533］宋建申，苏欣，耿洁．新时代大庆精神铁人精神育人铸魂实践探索——以东北石油大学铁人辅导员工作室为例［J］．才智，2021（26）：163－166.

［534］袁瑞霞，刘战剑，王微等．课程思政视域下的高校专创融合教育模式探索［J］．产业与科技论坛，2022，21（02）：175－176.

［535］赖枫鹏，李治平，郭建平等．以“四融合双提升”为抓手，传承“铁人精神”的石油工程人才培养模式构建与实践［J］．中国地质教育，2023，32（03）：40－43.

［536］赖涵．铁人精神融入高校课程思政育人研究［D］．东北石油大学，2023.

［537］张姣．“铁人精神”融入高校人才培养的策略研究［J］．就业与保障，2020（11）：163－164.

［538］刘帆．高校创新创业教育现况调查及分析——基于全国938所高校样本［J］．中国青年社会科学，2019，38（4）：67－76.

［539］关于学院各类社会实践团队项目同时报名参加“互联网＋”大学生创新创业大赛的通知［EB/OL］．（2020－07－17）．http：//pspa. sdu. edu. cn/info/1049/7661. htm.

［540］臧玲玲，梅伟惠．高校创业教育课程生态系统的生成逻辑与建设路径［J］．华东师范大学学报（教育科学版）2019，37（1）：23－29，165.

［541］徐春红．基于产教融合的高职院校“专创融合”课程建设实践

研究——以咖啡制作课程为例［J］. 创新创业理论研究与实践，2024，7（10）：187－192.

［542］刘国强. 高职院校“创融合”课程开发与实践研究——以 Python 程序设计课程为例［J］. 中国多媒体与网络教学学报（中旬刊），2024（05）：53－56.

［543］冯娇伟. 基于“四创七步”的《建筑施工技术》“专创融合”课程教学改革实践［J］. 砖瓦，2024（03）：176－178.

［544］丁波. 基于 ADDIE 模型的应用统计学专业“专创融合”课程体系研究［J］. 科技创业月刊，2024，37（02）：132－136.

［545］赵亮. 创新创业教育与专业教育深度融合的高校课程体系重构——基于理论与实践角度的分析［J］. 江苏高教，2020（6）：83－88.

［546］陈宏涛. 高校创新创业教育与专业教育融合机制研究［J］. 教育理论与实践，2019（30）：9－11.

［547］游艺，李德平. 创新创业教育融入专业教育的实践教学改革探讨［J］. 社会科学家，2018（2）：119－123.

［548］程波. “赛育协同”服务高校创新创业人才培养模式探究——以北京航空航天大学为例［J］. 中国大学生就业，2023（11）：5－10.

［549］张士威. 我国高校深化创业教育改革的创新路径［J］. 江苏高教，2020（10）：97－100.

［550］徐新洲. 以“两融合‘驱动’双一流”高校创新创业教育研究［J］. 学校党建与思想教育，2020（20）：70－72.

［551］李锟，付卓，张高峰等. 新工科背景下智能制造专业人才培养存在的问题及对策［J］. 西部素质教育，2024，10（03）：119－123.

［552］李宝虹，尹士，霍英东. 数智化时代管理专业实验实践教学评价指标体系研究——基于 CIPP 评价模型的探索［J］. 中国轻工教育，2022，25（04）：74－83.

［553］仪琳，廖珮君. 应用型高校学生创新创业教育内驱力形成机制研究［J］. 江苏科技信息，2023，40（33）：54－59.

［554］唐旭光. 深入实施“四个育人”，彰显本科人才培养特色［M］. 云南大学出版社：2020（09）：320.

［555］何源，温兴琦. 国内外高校创新创业教育比较［J］. 科技创业月刊，2023，36（09）：149－155.

［556］马立杰，张豪，许涛等. 产教融合视域下研究型大学创新人才培

养共同体探索——以同济大学科技产业育人实践为例［J］．科技创业月刊，2024，37（01）：154－160.

［557］向美来，易伟松，闫华飞等．加拿大一流大学创新创业教育生态系统比较研究［J］．教育科学探索，2023，41（05）：105－112.

［558］刘彦杰．课程思政理念下应用型本科高校创新创业教育生态系统构建与研究［J］．学周刊，2024（06）：4－6.

［559］高源．新应用型人才培养视角下高校创新创业教育生态系统优化研究［J］．成才之路，2023（34）：49－52.

［560］田裕心．乡村振兴背景下高校引导大学生返乡就业创业的路径研究［J］．村委主任，2024（02）：67－69.

［561］柳利峰，戴铠．应用型本科高校“1＋N”众创空间体系建设研究［J］．公关世界，2023（13）：79－81.

［562］唐朝永，师永志．高校创业失败教育：概念解析、价值意蕴与路径设计［J］．科技创业月刊，2024，37（01）：161－165.

［563］刘思远，何静．高校新文科建设的现存问题及建议［J］．大学教育，2023（11）：13－16＋23.

［564］杨玉英，夏丽莎．上理工创新创业课程评价和改进需求调研［J］．创新与创业教育，2017，8（02）：74－77.

［565］杨栩，连志凤，朱建新．新文科拔尖创新人才培养模式探究［J］．黑龙江高教研究，2023，41（11）：147－154.

［566］黄有方，胡坚堃，郭肇明．以产教融合推动新文科高质量发展［J］．新文科理论与实践，2023（02）：16－19＋125.

［567］吕宏军，蒙瑾．新文科背景下面向多学科交叉融合的地方高校财经类人才培养模式探索与实践［J］．河南教育（高教），2024（01）：58－60.

# 附录1 高校新文科创新创业教育与实践现状调查问卷（学生问卷）

您好！

谢谢您能在百忙中抽空回答我们的问题，本问卷为课题研究所用，目的是调查高校新文科创新创业教育与实践的现状。在您认真看过题后，请根据您的真实状况选择符合您真实情况的答案，您的答案对我们的调查问卷很有价值，我们将对您的答案进行严格的保密处理，不会泄露您的个人信息。感谢您的支持与帮助！

**基本情况：**您的性别：A. 男　B. 女　　您所在的学校：

**您的年级：**A. 本科一年级　B. 本科二年级　C. 本科三年级
D. 本科四年级

**您的专业：**A. 文史哲类　B. 经管法类　C. 艺术类　D. 教育类
E. 外语类　F. 其他

**调查问卷：**

1. 您认为贵校的校园创新创业文化氛围浓厚吗？［单选题］

A. 非常浓厚　　B. 较浓厚

C. 一般，没有吸引的内容　　D. 没有感觉到氛围

2. 您参与过学校组织的科技、文艺、体育、文创等校园创新文化活动吗？［单选题］

A. 经常参与　　B. 有参与但次数不多

C. 只参与过一次　　D. 从未参与过

3. 您认为自身比较欠缺的是哪种创新能力？［单选题］

A. 创新意识　　B. 创新理念知识

C. 创新精神　　D. 创造能力

4. 您认为学生组织及社团的建设对创新能力培养有什么影响？［单选题］

A. 学生组织及社团有专业的指导教师，能够提供良好的创新平台

B. 学生组织及社团种类丰富，能够提供有效创新平台

C. 学生组织及社团建设对创新能力培养影响不大

D. 学生组织及社团形同虚设，对创新能力培养没有影响

5. 贵校是否有鼓励创新的激励政策？[单选题]

A. 有，而且力度很大　　B. 有一些

C. 应该有，没了解　　D. 没有

6. 您是否经常去创新实验室或创新实践基地？[单选题]

A. 几乎每天都去　　B. 经常去

C. 偶尔去　　D. 极少去

E. 没去过

7. 贵校是否有创新实验室或创新实践基地？[单选题]

A. 有，而且数量不少　　B. 有一些

C. 应该有，没了解　　D. 没有

8. 当您有某种创新想法时，您会怎么做？[多选题]

A. 认真研究，看是否可行　　B. 及时地把想法与老师沟通

C. 和同学聊聊，听听他们的想法　　D. 及时地把想法告诉父母

E. 想想就算了，搁置不理　　F. 根本没有创新的想法

9. 您认为学校创新教育师资力量如何？[单选题]

A. 非常满意　　B. 比较满意

C. 不太满意　　D. 不满意

10. 您觉得学校是否重视对学生的创新能力培养？[单选题]

A. 非常重视　　B. 重视

C. 一般　　D. 不重视

F. 非常不重视

11. 您对创业的理解认识是什么？[单选题]

A. 可以开创一个企业

B. 拥有属于自己的独立事业

C. 研究一个新的项目产品

D. 对自身资源可以明确规划，创造新的价值

12. 您选择创业的主要创业目的？[单选题]

A. 本身的兴趣　　B. 想要获取高收入

C. 想要丰富自己的人生经历　　D. 想要创造自己的价值

E. 其他

13. 您对创新创业的兴趣和积极参与程度怎么样？[单选题]
A. 很有兴趣，积极参与
B. 较有兴趣，经常参与
C. 参不参与无所谓
D. 不太感兴趣，很少参与
E. 没有兴趣，从不参与
14. 您获得创新创业知识和技能的途径有哪些？[多选题]
A. 到新创企业亲身实践创新创业知识和技能
B. 到创业园和创新创业孵化基地实习
C. 进入创新实验班学习创新创业知识和技能
D. 参加创新创业计划大赛
E. 参加政府部门组织的公益性创新知识和技能培训
F. 通过创新创业课程和讲座学习
G. 阅读创新创业相关书籍
H. 通过网络、手机等新媒体自主学习创新创业知识和技能
I. 向企业家、创业成功人士、家长和朋友求教创新创业知识和技能
J. 自主创办公司
K. 参加学术研讨和创新创业社团活动
L. 申报并承担创新创业计划项目
M. 其他
15. 您在开展创新活动和创业实践时，咨询对象有哪些？[单选题]
A. 政府有关部门
B. 学校创新创业教育管理机构
C. 学校创新和创业及就业主管部门
D. 专业咨询服务公司
E. 创业成功人士
F. 家长
G. 同学和朋友
H. 没有咨询过
I. 其他
16. 您在创新创业道路上遇到的最大障碍或困难是什么？[多选题]
A. 缺乏创意，找不到好的创新创业方向
B. 创新创业资金短缺
C. 缺少好的创新创业项目和具有创新精神的团队
D. 缺乏专业化的教师指导
E. 缺乏必要的专业知识和能力
F. 缺乏创业经验和人际关系
G. 不熟悉市场环境和企业运作，市场开拓困难
H. 缺乏创新创业自信心，对失败的心理承受力差

I. 学校和社会的政策支持力度不够

J. 家人亲友的反对和压力

K. 其他

17. 您认为大学生创新创业需要具备哪些素质？［多选题］

A. 丰富的创新创业知识　　B. 强烈的创新创业意识

C. 敏捷的创新创业思维　　D. 多样的创新创业技能

E. 良好的创新创业品质（如冒险精神、坚强意志等）

18. 您认为应当具备哪些创新创业能力？［多选题］

A. 动手操作能力　　B. 运用知识创造性解决实际问题能力

C. 人际交往与沟通能力　　D. 领导决策与组织协调能力

E. 团队合作能力　　F. 社会适应与应变能力

G. 市场洞察力　　H. 风险承担与心理承受能力

I. 其他

19. 您认为高校对文科专业创业教育重视情况如何？［单选题］

A. 不太看好　　B. 一般重视

C. 比较重视　　D. 非常重视

20. 您在大学的课程中有涉及文科专业创业教育相关的课程吗？［单选题］

A. 有的　　B. 没有

C. 不清楚

21. 您认为目前高校所组织的文科专业创业课程或活动的内容如何？［单选题］

A. 内容枯燥无趣　　B. 与所学专业脱节

C. 没有体现专业和时代特色　　D. 内容形式新颖

E. 与专业学习紧密相连　　F. 与社会热点紧密相连

G. 不了解

22. 您学校的新文科创新创业教育课程所用的教材包括？［单选题］

A. 专门创业教育书籍　　B. 经济管理类通用书籍

C. 只有课件没有书籍　　D. 什么也没有

E. 其他

23. 您认为您所在高校的关于新文科创新创业教育师资力量如何？［单选题］

A. 严重缺少创业师资，影响学生学习

B. 缺少专业教师，教学效果较差

C. 师资基本满足创业需求

D. 师资完全满足创业需求，学生学习效果非常好

24. 高校在开展创新创业教育课程时为您提供教师是什么类型的？［单选题］

A. 专业课教师代课，没有专门的创业教师

B. 聘请了创业经验丰富的专业教师

C. 高校内部的辅导员和管理人员

D. 优秀的创业讲师

25. 你认为教师在专业知识技能教学中结合了创新创业相关知识吗？［单选题］

A. 一直　　B. 经常

C. 很少　　D. 几乎没有

E. 不清楚

26. 您参加过创新创业类的比赛，并获过奖吗？［单选题］

A. 多次参加，并且已获奖　　B. 参加过，但是未获奖

C. 从来没有参加过　　D. 根本没有听说过

27. 您所在学校是否设有文科专业创业实践基地和孵化园区？［单选题］

A. 学校高度重视，设置全面　　B. 没有规划，没有一个全校在使用

C. 学校没有考虑设置实践基地　　D. 对这方面不是很清楚

28. 您在创业教学中参加过几次有关创新创业的培训实践？［单选题］

A. 3 次以下　　B. 超过 3 次

C. 超过 6 次　　D. 超过 8 次

E. 从未参加过

29. 您认为目前的文科专业创业环境怎么样？［单选题］

A. 创业环境十分严峻　　B. 创业环境比较困难

C. 创业环境一般　　D. 创业环境良好

E. 创业环境非常好

30. 您认为高校文科专业最欠缺的创业教育资源？［多选题］

A. 政府政策的大力支持　　B. 高素质的师资队伍

C. 实践课程和竞赛活动　　D. 创业园区和孵化平台

E. 校内外的创业大赛　　F. 创业资金的保障

# 附录2　高校新文科创新创业教育与实践现状调查问卷（教师问卷）

敬爱的老师：您好！

本问卷调查以匿名形式展开，调查目的是为了解高校新文科创新创业教育与实践的现状。希望您能如实填写这份问卷，本问卷保证所获信息仅供研究使用。请您根据自己的情况如实进行选择。感谢您的支持与帮助！

**基本情况：**您的性别：A. 男　B. 女　　您所在的学校：

**您的学历：**A. 专科　B. 本科　C. 硕士　D. 博士

**教师类型：**A. 创业专业课　B. 创业公共课　C. 其他

**调查问卷：**

1. 您认为创新创业教育是否重要？［单选题］

A. 非常重要　　B. 重要

C. 一般　　D. 不太重要

E. 不重要

2. 您认为学校对创新创业教育的重视程度如何？［单选题］

A. 非常重视　　B. 重视

C. 一般重视　　D. 不重视

E. 完全不重视

3. 您对学校创新创业计划立项和竞赛效果的评价？［单选题］

A. 非常好　　B. 好

C. 一般　　D. 差

E. 非常差

4. 您对学校制定的有关创新创业的政策措施、管理制度及其执行情况的满意度？［单选题］

A. 非常满意　　B. 满意

C. 一般　　D. 不满意

E. 非常不满意

5. 您认为学校专业教育中是否融入了创新创业教育？［单选题］

A. 非常多　　B. 多

C. 一般　　D. 少

E. 非常少

6. 您对贵校特有的哪些创新创业教育平台和方式比较熟悉？［多选题］

A. 大学生科技创业服务中心　　B. 创业者论坛

C. 创业网　　D. 创新创业计划大赛

E. 创新创业计划项目立项　　F. 创新实验班

G. 创客空间　　H. 创新创业教育中心

I. 创业就业指导与心理咨询机构　　J. 其他

7. 您认为创新创业教育的对象？［多选题］

A. 面向全体学生

B. 面向多数学生

C. 面向应届毕业生

D. 面向所有学生并针对少数学生进行重点培训

E. 面向创新创业意识和能力强的少数精英学生

F. 面向个别专业学生

8. 您希望贵校以何种形式开展创新创业教育？［多选题］

A. 开设创新创业教育课程

B. 加强校企合作，建立创新创业实践基地

C. 建立大学生创业园和创业孵化中心

D. 举办创新创业大赛

E. 开展创新创业类讲座

F. 组建学生创新创业社团

G. 开展大学生创新创业计划项目立项

H. 吸收学生参加教师科研课题或工程项目

I. 设立创新创业咨询指导机构

J. 开设创新创业实验班

K. 增加创业模拟等创业实战活动

L. 其他

9. 您希望贵校采取什么形式的创新创业教育指导方式？［多选题］

A. 学校创新创业教育专职教师指导

B. 学校专业教师指导

C. 聘请社会上的创业型企业家、企业管理人员和技术专家进行指导

D. 聘请风险投资专家和法律专家进行指导

E. 邀请创新创业成功人士和杰出校友来校面对面指导

F. 其他

10. 您希望贵校开设怎样的创新创业教育课程？[单选题]

A. 开设公共必修课　　B. 开设公共选修课

C. 相关专业课程　　D. 相关讲座

E. 将创新创业教育融入专业课教学　F. 开展创新创业培训

11. 您希望贵校开设的创新创业教育课程在内容和教学方法上更侧重哪些方面？[多选题]

A. 结合创新创业实践进行个性化指导

B. 撰写创新创业计划书

C. 创业成功者授课和示范

D. 创业机会或环境分析

E. 创业模拟训练

F. 创业案例分析

G. 传授创新创业理论（如创造学、创业技能等）

H. 市场营销、工商管理、财务税收、创业政策等类知识

I. 其他

12. 您认为政府应加强哪方面的政策和措施来扶持大学生创新创业？[多选题]

A. 设立创新创业孵化基地（包括“众创空间”）

B. 设立专业化的管理、服务和中介机构，提供培训、指导、信息等方面的服务

C. 提供创新创业资金

D. 提供项目和创新创业机会

E. 给予税收、银行贷款、审批手续等方面的政策优惠

F. 出台支持小微初创企业发展的政策

G. 建立健全创新创业相关法规

H. 加大表彰鼓励和舆论宣传力度

I. 其他

13. 您希望贵校采取何种方式和措施来营造更好的创新创业教育环境？[多选题]

A. 完善创新创业教育课程体系
B. 建立健全创新创业实践基地
C. 建立创业园区和创业孵化基地
D. 提供实验设备、场地等支持
E. 提供创新创业项目立项和资金支持
F. 提供政策支持和制度保障
G. 加强专兼职创新创业师资队伍建设
H. 提供信息服务和咨询指导
I. 开展丰富多彩的校园创新创业活动
J. 营造浓郁的校园创新创业文化氛围
K. 其他

14. 您认为贵校在创新创业教育环境建设方面可能存在哪些不足？[多选题]
A. 学校没有把创新创业教育作为育人目标
B. 学校领导对创新创业教育重视程度不够
C. 职能部门对创新创业教育重视不够
D. 创新创业师资队伍素质欠佳、指导不力
E. 没有形成较系统的创新创业教育课程体系
F. 创新创业实践基地不足
G. 创新创业教育教材缺乏
H. 创新创业教育理论研究水平不高
I. 创新创业教育校园文化氛围不浓
J. 其他

15. 您认为制约大学生创新创业的社会环境因素主要有哪些？[多选题]
A. 中国传统文化中保守的价值观导致大学生缺乏首创和冒险精神
B. 全社会尚未形成崇尚、激励和支持大学生创新创业的良好社会文化
C. 社会舆论和家长不理解、不宽容大学生创新活动和创业实践
D. 教育方式方法压抑学生个性发展
E. 缺乏公正公平的竞争机制和评价机制
F. 企业没有承担支持大学生创新创业实践的社会责任
G. 社会很少开放有关创新创业的平台和资源让大学生去实践
H. 社会公益基金和风险投资商很少关注大学生创新创业
I. 所在城市政府扶持政策不到位
J. 其他

16. 您认为社会应该为大学生创新创业提供哪些支持和帮助？［多选题］
A. 企业积极参与创新创业实践活动
B. 发挥校友资源在大学生实习和创新创业教育中的作用
C. 银行提供创业贷款和融资服务
D. 加大公益基金和风险基金的支持力度
E. 加强舆论导向和宣传，提高社会认可度
F. 其他

17. 您是否对目前高校新文科创新创业教育具有认识与理解呢？［单选题］
A. 非常了解　B. 比较了解
C. 一般了解　D. 不太了解
E. 完全不了解

18. 您认为高校开展新文科创新创业教育的主要目的？［多选题］
A. 加强新文科创新能力的培养　B. 加强新文科创业能力的提升
C. 对文科学生就业观念的改善　D. 增强新文科学生就业优势
E. 协助学校提升其创业教育的声誉　F. 执行教育部指定的任务
G. 其他

19. 您任教过程中文科专业学生对创业教育的态度？［单选题］
A. 参与表现积极，非常感兴趣　B. 参与表现可以，但很少关心
C. 几乎不参与表现，缺乏积极性

20. 您在高校新文科专业进行创业教育的主要的方式？［多选题］
A. 必修课程为主　B. 仅有选修课程
C. 必修和选修都有　D. 创业活动讲座
E. 创业主题类研讨会　F. 创业竞赛
G. 没有专门形式

21. 您所在高校是否为文科单独开设创业教育课程？［单选题］
A. 设计了专门必修课　B. 开展了专业选修课
C. 有想过，暂时未开设　D. 根本就不打算开设

22. 您所在高校重视对文科专业学生的创业教育吗？［单选题］
A. 不重视　B. 一般不重视
C. 比较重视　D. 非常重视

23. 您所在高校新文科创新创业教育师资力量如何？［单选题］
A. 有校内专职师资队伍　B. 仅有外聘教师
C. 专职与外聘老师均有　D. 其他专业教师代课

E. 其他专业教师与外聘教师均有

24. 平均每个学期，您所在高校组织教师参加的创新创业实践活动的频率是？（如：创新创业竞赛、创业讲座、企业家讲座、一线实习、企业参观等）[单选题]

A. 少于 3 次　　B. 超过 3 次

C. 超过 6 次　　D. 超过 8 次

E. 没有组织过

25. 平均每个学期，您所在高校组织过教师团队进行过创新创业教育相关的培训频率是？[单选题]

A. 少于 3 次　　B. 超过 3 次

C. 超过 6 次　　D. 超过 8 次

E. 没有组织过

26. 贵校是否为文科专业学生提供了专门的创新创业实践基地？[单选题]

A. 提供专门的实践基地　　B. 从未提供实践基地

C. 不清楚

27. 您所在高校文科专业在创业教育中的阻碍有哪些？[多选题]

A. 学生对创业教育缺乏高度重视　　B. 高素质创业师资力量较弱

C. 创业教育课程教学与专业脱节　　D. 缺乏创业竞赛

E. 缺乏专门的管理机构　　F. 其他

28. 您所在高校文科专业创业教育管理机构有哪些组成？[单选题]

A. 高校内部的领导组织　　B. 校团委行政管理部门

C. 各级学院教学机构　　D. 创业中心和创业空间

E. 学生和教师组建的社团　　F. 没有准确的管理机构

29. 您认为高校文科专业最欠缺的创业教育资源有哪些？[多选题]

A. 政府政策的大力支持　　B. 高素质的师资队伍

C. 实践课程和竞赛活动　　D. 创业园区和孵化平台

E. 校内外的创业大赛　　F. 创业资金的保障

30. 您认为学生获得创新创业知识和技能的途径有哪些？[多选题]

A. 到企业亲身实践

B. 到创业园和创新创业孵化基地实习

C. 进入创新实验班学习

D. 参加创新创业计划大赛

E. 参加政府部门组织的公益性知识和技能培训

F. 通过创新创业课程和讲座学习
G. 阅读创新创业相关书籍
H. 通过网络、手机等新媒体自主学习
I. 向企业家、创业成功人士、家长和朋友求教
J. 自主创办公司
K. 参加学术研讨和创新创业社团活动
L. 申报并承担创新创业计划项目
M. 其他

# 附录3　我国创新创业教育相关政策文件摘编

对国家出台的有关政策进行整理，所选择的政策来源为国务院办公厅和教育部颁布的与创新创业教育改革相关的政策文件。

我国创新创业教育主要政策文件

| 序号 | 政策文件名称 | 颁布机构 | 颁布时间 |
| --- | --- | --- | --- |
| 1 | 《教育部关于大力推进高等学校创新创业教育和大学生自主创业工作的意见》（教办〔2010〕3号） | 教育部 | 2010年 |
| 2 | 教育部办公厅关于印发《普通本科学校创业教育教学基本要求（试行）》的通知（教高厅〔2012〕4号） | 教育部办公厅 | 2012年 |
| 3 | 《教育部 财政部关于实施高等学校创新能力提升计划的意见》（教技〔2012〕6号） | 教育部 财政部 | 2012年 |
| 4 | 《国务院办公厅关于深化高等学校创新创业教育改革的实施意见》（国办发〔2015〕36号） | 国务院办公厅 | 2015年 |
| 5 | 《国务院关于推动创新创业高质量发展打造“双创”升级版的意见》（国发〔2018〕32号） | 国务院 | 2018年 |
| 6 | 教育部关于印发《国家级大学生创新创业训练计划管理办法》的通知（教高函〔2019〕13号） | 教育部 | 2019年 |
| 7 | 《国务院办公厅关于进一步支持大学生创新创业的指导意见》（国办发〔2021〕35号） | 国务院办公厅 | 2021年 |

# 教育部关于大力推进高等学校创新创业教育和大学生自主创业工作的意见

教办〔2010〕3号

各省、自治区、直辖市教育厅（教委），部属各高等学校，各国家大学科技园：

党的十七大提出“提高自主创新能力，建设创新型国家”和“促进以创业带动就业”的发展战略。大学生是最具创新、创业潜力的群体之一。在高等学校开展创新创业教育，积极鼓励高校学生自主创业，是教育系统深入学习实践科学发展观，服务于创新型国家建设的重大战略举措；是深化高等教育教学改革，培养学生创新精神和实践能力的重要途径；是落实以创业带动就业，促进高校毕业生充分就业的重要措施。为统筹做好高校创新创业教育、创业基地建设和促进大学生自主创业工作，现提出以下意见：

## 一、大力推进高等学校创新创业教育工作

1. 创新创业教育是适应经济社会和国家发展战略需要而产生的一种教学理念与模式。在高等学校中大力推进创新创业教育，对于促进高等教育科学发展，深化教育教学改革，提高人才培养质量具有重大的现实意义和长远的战略意义。创新创业教育要面向全体学生，融入人才培养全过程。要在专业教育基础上，以转变教育思想、更新教育观念为先导，以提升学生的社会责任感、创新精神、创业意识和创业能力为核心，以改革人才培养模式和课程体系为重点，大力推进高等学校创新创业教育工作，不断提高人才培养质量。

2. 加强创新创业教育课程体系建设。把创新创业教育有效纳入专业教育和文化素质教育教学计划和学分体系，建立多层次、立体化的创新创业教育课程体系。突出专业特色，创新创业类课程的设置要与专业课程体系有机融合，创新创业实践活动要与专业实践教学有效衔接，积极推进人才培养模式、教学内容和课程体系改革。加强创新创业教育教材建设，借鉴国外成功经验，编写适用和有特色的高质量教材。

3. 加强创新创业师资队伍建设。引导各专业教师、就业指导教师积极开展创新创业教育方面的理论和案例研究，不断提高在专业教育、就业指导课中进行创新创业教育的意识和能力。支持教师到企业挂职锻炼，鼓励教师参与社会行业的创新创业实践。积极从社会各界聘请企业家、创业成功人士、专家学者等作为兼职教师，建立一支专兼结合的高素质创新创业教育教师队伍。高校要从教学考核、职称评定、培训培养、经费支持等方面给予倾斜支持。定期组织教师培训、实训和交流，不断提高教师教学研究与指导学生创新创业实践的水平。鼓励有条件的高校建立创新创业教育教研室或相应的研究机构。

4. 广泛开展创新创业实践活动。高等学校要把创新创业实践作为创新创业教育的重要延伸，通过举办创新创业大赛、讲座、论坛、模拟实践等方式，丰富学生的创新创业知识和体验，提升学生的创新精神和创业能力。省级教育行政部门和高校要将创新创业教育和实践活动成果有机结合，积极创造条件对创新创业活动中涌现的优秀创业项目进行孵化，切实扶持一批大学生实现自主创业。

5. 建立质量检测跟踪体系。省级教育行政部门和高等学校要建立创新创业教育教学质量监控系统。要建立在校和离校学生创业信息跟踪系统，收集反馈信息，建立数据库，把未来创业成功率和创业质量作为评价创新创业教育的重要指标，反馈指导高等学校的创新创业教育教学，建立有利于创新创业人才脱颖而出的教育体系。

6. 加强理论研究和经验交流。教育部成立高校创业教育指导委员会，开展高校创新创业教育的研究、咨询、指导和服务。省级教育行政部门和高等学校要加强对国内外创新创业教育理论研究，组织编写高校创新创业教育先进经验材料汇编和大学生创业成功案例集。省级教育行政部门应定期组织创新创业教育经验交流会、座谈会、调研活动，总结交流创新创业教育经验，推广创新创业教育优秀成果。逐步探索建立中国特色的创新创业教育理论体系，形成符合实际、切实可行的创新创业教育发展思路，指导创新创业教育教学改革发展。

## 二、加强创业基地建设，打造全方位创业支撑平台

7. 全面建设创业基地。教育部会同科技部，以国家大学科技园为主要依托，重点建设一批“高校学生科技创业实习基地”，并制定出台相关认定办

法。省级教育行政部门要结合本地实际，通过多种形式建立省级大学生创业实习和孵化基地；同时要积极争取有关部门支持，推动本地区有关地市、高等学校、大学科技园建立大学生创业实习或孵化基地，并按其类别、规模和孵化效果，给予大力支持，充分发挥基地的辐射示范作用。

8. 明确创业基地功能定位。大学生创业实习或孵化基地是高等学校开展创新创业教育、促进学生自主创业的重要实践平台，主要任务是整合各方优势资源，开展创业指导和培训，接纳大学生实习实训，提供创业项目孵化的软硬件支持，为大学生创业提供支撑和服务，促进大学生创业就业。

9. 规范创业基地管理。大学科技园作为“高校学生科技创业实习基地”的建设主体，要把基地建设作为园区建设的重要内容，确定专门的管理部门负责基地的建设和管理；加强与依托学校和有关部门的联动，共同开展大学生实习实训和创业实践。有关高等学校要高度重视大学科技园在创新创业人才培养中的作用，出台有利于大学科技园开展学生创业工作的政策措施和激励机制。

10. 提供多种形式的创业扶持。大学生创业实习或孵化基地要结合实际，为大学生创业提供场地、资金、实训等多方面的支持。要开辟较为集中的大学生创业专用场地，配备必要的公共设备和设施，为大学生创业企业提供至少 12 个月的房租减免。要提供法律、工商、税务、财务、人事代理、管理咨询、项目推荐、项目融资等方面的创业咨询和服务，以及多种形式的资金支持；要为大学生开展创业培训、实训；建立公共信息服务平台，发布相关政策、创业项目和创业实训等信息。

## 三、进一步落实和完善大学生自主创业扶持政策，加强创业指导和服务工作

11. 切实落实创业扶持政策。省级教育行政部门要按人力资源和社会保障部、教育部等《关于实施“2010 高校毕业生就业推进行动”大力促进高校毕业生就业的通知》（人社部发〔2010〕25 号）要求，与有关部门密切配合，共同组织实施“创业引领计划”，并切实落实以下政策：对高校毕业生初创企业，可按照行业特点，合理设置资金、人员等准入条件，并允许注册资金分期到位。允许高校毕业生按照法律法规规定的条件、程序和合同约定将家庭住所、租借房、临时商业用房等作为创业经营场所。对应届及毕业 2 年以内的高校毕业生从事个体经营的，自其在工商部门首次注册登记之日起

3 年内，免收登记类和证照类等有关行政事业性收费；登记求职的高校毕业生从事个体经营，自筹资金不足的，可按规定申请小额担保贷款，从事微利项目的，可按规定享受贴息扶持；对合伙经营和组织起来就业的，贷款规模可适当扩大。完善整合就业税收优惠政策，鼓励高校毕业生自主创业。

12. 积极争取资金投入。省级教育行政部门要与有关部门协调配合，积极争取当地政府和社会支持，通过财政和社会两条渠道设立“高校毕业生创业资金”“天使基金”等资助项目，重点扶持大学生创业。要建立健全创业投资机制，鼓励吸引外资和国内社会资本投资大学生创业企业。

13. 积极开展创业培训。省级教育行政部门要积极配合有关部门，对有创业愿望并具备一定创业条件的高校学生，普遍开展创业培训。要积极整合各方面资源，把成熟的创业培训项目引入高校，并探索、开发适合我国大学生创业的培训项目。同时，高等学校要加强对在校生的创业风险意识教育，帮助学生了解创业过程中可能遇到的困难和问题，不断提高防范和规避风险的意识和能力。

14. 全面加强创业信息服务。省级教育行政部门和高等学校要加大服务力度，拓展服务内涵，充分利用现有就业指导服务平台，特别是就业信息服务平台，广泛收集创业项目和创业信息，开展创业测评、创业模拟、咨询帮扶，有条件的要抓紧设立创业咨询室，开展“一对一”的创业指导和咨询，增强创业服务的针对性和有效性。

15. 高等学校要出台促进在校学生自主创业的政策和措施。高校可通过多种渠道筹集资金，普遍设立大学生创业扶持资金；依托大学科技园、创业基地、各种科研平台以及其他科技园区等为学生提供创业场地。同时，有条件的高校要结合学科专业和科研项目的特点，积极促进教师和学生的科研成果、科技发明、专利等转化为创业项目。

## 四、加强领导，形成推进高校创业教育和大学生自主创业的工作合力

16. 省级教育行政部门要把促进高校创新创业教育和大学生自主创业工作摆在突出重要位置。要积极争取有关部门支持，创造性地开展工作，因地制宜地出台并切实落实鼓励大学生创业的政策措施。要加大对高校创新创业教育、创业基地建设的投入力度，在经费、项目和基金等方面给予倾斜。有条件的地区可设立针对大学生的创业实践项目，为大学生创业实践活动提供

小额经费支持。根据工作需要，可评选创新创业教育示范校、创业示范基地。

17. 高等学校要把创新创业教育和大学生自主创业工作纳入学校重要议事日程。要理顺领导体制，建立健全教学、就业、科研、团委、大学科技园等部门参加的创新创业教育和自主创业工作协调机制。统筹创新创业教育、创业基地建设、创业政策扶持和创业指导服务等工作，明确分工，切实加大人员、场地、经费投入，形成长效机制。

18. 营造鼓励创新创业的良好舆论氛围。省级教育行政部门和高等学校要广泛开展创新创业教育和大学生自主创业的宣传，通过报刊、广播、电视、网络等媒体，积极宣传国家和地方促进创业的政策、措施，宣传各地和高校推动创新创业教育和促进大学生创业工作的新举措、新成效，宣传毕业生自主创业的先进典型。通过组织大学生创业事迹报告团等形式多样的活动，激发学生的创业热情，引导学生树立科学的创业观、就业观、成才观。

中华人民共和国教育部

二〇一〇年五月四日

# 教育部办公厅关于印发《普通本科学校创业教育教学基本要求（试行）》的通知

教高厅〔2012〕4号

各省、自治区、直辖市教育厅（教委），新疆生产建设兵团教育局，有关部门（单位）教育司（局），部属各高等学校：

为深入贯彻落实《国家中长期教育改革和发展规划纲要（2010—2020年）》以及《教育部关于全面提高高等教育质量的若干意见》（教高〔2012〕4号）精神，推动高等学校创业教育科学化、制度化、规范化建设，切实加强普通高等学校创业教育工作，我部制定了《普通本科学校创业教育教学基本要求（试行）》（见附件），现印发给你们，请遵照执行。在执行中若有意见建议，请报我部高等教育司。

附件：普通本科学校创业教育教学基本要求（试行）

教育部办公厅

2012年8月1日

附件：

## 普通本科学校创业教育教学基本要求（试行）

在普通高等学校开展创业教育，是服务国家加快转变经济发展方式、建设创新型国家和人力资源强国的战略举措，是深化高等教育教学改革、提高人才培养质量、促进大学生全面发展的重要途径，是落实以创业带动就业、促进高校毕业生充分就业的重要措施。为贯彻落实《国家中长期教育改革和发展规划纲要（2010—2020年）》以及《教育部关于全面提高高等教育质量的若干意见》（教高〔2012〕4号）精神，特制定本要求。各地各高校要按照要求，结合本地本校实际，精心组织开展创业教育教学活动，增强创业教育的针对性和实效性。

### 一、教学目标

通过创业教育教学，使学生掌握创业的基础知识和基本理论，熟悉创业的基本流程和基本方法，了解创业的法律法规和相关政策，激发学生的创业意识，提高学生的社会责任感、创新精神和创业能力，促进学生创业就业和全面发展。

## 二、教学原则

（一）面向全体。

把创业教育融入人才培养体系，贯穿人才培养全过程，面向全体学生广泛、系统开展。

（二）注重引导。

着力引导学生正确理解创业与国家经济社会发展的关系，着力引导学生正确理解创业与职业生涯发展的关系，提高学生的社会责任感、创新精神和创业能力。

（三）分类施教。

结合学校办学定位、人才培养规模和办学特色，适应学生发展特别是学生创业需求，分类开展创业教育教学。

（四）结合专业。

建立健全创业教育与专业教育紧密结合的多样化教学体系，在专业教学中更加自觉培养学生勇于创新，善于发现创业机会、敢于进行创业实践的能力。

（五）强化实践。

加大实践教学比重，丰富实践教学内容，改进实践教学方法，激励学生创业实践，增强创业教育教学的开放性、互动性和实效性。

## 三、教学内容

普通高等学校创业教育教学内容以教授创业知识为基础，以锻炼创业能力为关键，以培养创业精神为核心。

（一）教授创业知识。

通过创业教育教学，使学生掌握开展创业活动所需要的基本知识，包括创业的基本概念、基本原理、基本方法和相关理论，涉及创业者、创业团队、创业机会、创业资源、创业计划、政策法规、新企业开办与管理，以及社会创业的理论和方法。

（二）锻炼创业能力。

通过创业教育教学，系统培养学生整合创业资源、设计创业计划以及创办和管理企业的综合素质，重点培养学生识别创业机会、防范创业风险、适时采取行动的创业能力。

（三）培养创业精神。

通过创业教育教学，培养学生善于思考、敏于发现、敢为人先的创新意识，挑战自我、承受挫折、坚持不懈的意志品质，遵纪守法、诚实守信、善于合作的职业操守，以及创造价值、服务国家、服务人民的社会责任感。

## 四、教学方法

遵循教育教学规律和人才成长规律，以课堂教学为主渠道，以课外活动、社会实践为重要途径，充分利用现代信息技术，创新教育教学方法，努力提高创业教育教学质量和水平。

（一）课堂教学。

倡导模块化、项目化和参与式教学，强化案例分析、小组讨论、角色扮演、头脑风暴等环节，实现从以知识传授为主向以能力培养为主的转变、从以教师为主向以学生为主的转变、从以讲授灌输为主向以体验参与为主的转变，调动学生学习的积极性、主动性和创造性。

（二）课外活动。

充分整合校内教育资源，组织开展灵活多样的创业讲座、创业训练、创业模拟、创业大赛等活动。积极创造条件，支持学生创办并参加创业协会、创业俱乐部等社团活动。

（三）社会实践。

充分利用校内外资源，依托校企联盟、科技园区、创业园区、创业项目孵化器、大学生校外实践基地和创业基地等，开展学习参观、市场调查、项目设计、成果转化、企业创办等创业实践活动。

## 五、教学组织

高等学校要把创业教育教学纳入学校改革发展规划，纳入学校人才培养体系，纳入学校教育教学评估指标，建立健全领导体制和工作机制，制订专门教学计划，提供有力教学保障，确保取得实效。

（一）创业课程设置。

高等学校应创造条件，面向全体学生单独开设“创业基础”必修课（《“创业基础”教学大纲（试行）》附后，供参考）。支持有条件的高等学校根据办学定位、人才培养规格和学科专业特点，开发、开设创业教育类选修课程（含实践课程）。把创业教育有机融入专业教育，加强相关专业课程建设。把创业教育与大学生思想政治教育、就业教育和就业指导服务有机衔接。

（二）教学条件保障。

高等学校应明确职能部门，负责研究制定创业教育教学工作的规划和相关制度，统筹协调和组织学校创业教育教学工作。加大创业教育教学工作经费投入，并纳入学校预算，确保开展创业教育教学工作需要。加强创业教育教学实验室、校内外创业实习基地、课程教材等基本建设。

（三）教师队伍建设。

高等学校要根据专任为主、专兼结合的原则，按照学生人数以及实际教学任务，合理核定专任教师编制，配备足够数量和较高质量的专任教师。鼓励支持各专业课教师在专业教育中有机融入创业教育内容。积极聘请企业家、创业人士和专家学者担任兼职教师承担一定的创业教育教学任务。加强培训，提高教师业务水平和教学能力。

（四）教学效果评价。

高等学校要结合学校实际，把创业教育教学效果作为学校本科教学评估的重要内容，作为本科人才培养质量的重要指标，加强自我评估和检查，并体现在学校本科教学质量年度报告中，主动接受社会监督。

附：“创业基础”教学大纲（试行）（略）

# 教育部 财政部关于实施高等学校创新能力提升计划的意见

教技〔2012〕6号

各省、自治区、直辖市教育厅（教委）、财政厅（局），有关部门（单位）教育、财务司（局），教育部直属各高等学校：

为贯彻落实胡锦涛总书记在庆祝清华大学建校100周年大会上的重要讲话精神，积极推动协同创新，促进高等教育与科技、经济、文化的有机结合，大力提升高等学校的创新能力，支撑创新型国家和人力资源强国建设，决定实施“高等学校创新能力提升计划”（以下简称“2011计划”），并对计划实施提出以下意见：

## 一、实施意义

（一）实施“2011计划”，是落实胡锦涛总书记清华大学百年校庆重要讲话精神的重大举措。全面提高高等教育质量是总书记讲话的主线，创新能力是提高质量的灵魂。贯彻落实总书记讲话，迫切需要通过大力推进协同创新，鼓励高等学校同科研机构、行业企业开展深度合作，建立战略联盟，促进资源共享，在关键领域取得实质性成果，实现高等学校创新能力的显著与持续提升。

（二）实施“2011计划”，是加快创新型国家建设的重要支撑。当今世界，创新已成为经济社会发展的主要驱动力，创新能力成为国家竞争力的核心要素。面对日新月异的科技进步，迫切需要转变创新理念和模式，加快以学科交叉融合为基础的知识、技术集成与转化，加快创新力量和资源整合与重组，促进政产学研用紧密结合，支撑国家经济和社会发展方式的转变。

（三）实施“2011计划”，是推动我国教育与科技、经济、文化紧密结合的战略行动。长期以来，我国创新力量各成体系，创新资源分散重复，创新效率不高，迫切需要突破自主创新的机制体制障碍，促进社会各类创新力量的协同创新，促进教育与科技、经济、文化事业的融合发展，提高国家整体创新能力和竞争实力。

## 二、指导思想

按照“国家急需、世界一流”的要求，瞄准科学前沿和国家发展的重大需求，以重点学科建设为基础，以机制体制改革为重点，以创新能力提升为突破口，大力推动协同创新，充分发挥高等教育作为科技第一生产力和人才第一资源重要结合点在国家发展中的独特作用，支撑经济社会又好又快发展。

## 三、基本原则

需求导向。紧密围绕科技、经济和社会发展中的重大需求，通过协同创新，重点研究和解决国家急需的战略性问题、科学技术尖端领域的前瞻性问题以及涉及国计民生的重大公益性问题。

全面开放。面向各类高等学校开放，不限定范围，不固化单位，广泛吸纳科研院所、行业企业、地方政府以及国际创新力量等，形成多元、开放、动态的组织运行模式。

深度融合。引导和支持高等学校与各类创新力量开展深度合作，探索创新要素有机融合的新机制，促进优质资源的充分共享，加快学科交叉融合，推动教育、科技、经济、文化互动，实现人才培养质量和科学研究能力的同步提升。

创新引领。以机制体制改革引领协同创新，以协同创新引领高等学校创新能力的全面提升，推动高等教育的科学发展，加快世界一流大学和高水平大学建设步伐，促进国家自主创新、科技进步和文化繁荣。

## 四、总体目标

充分发挥高等学校多学科、多功能的优势，积极联合国内外创新力量，有效整合创新资源，构建协同创新的新模式与新机制，形成有利于协同创新的文化氛围。建立一批“2011 协同创新中心”，集聚和培养一批拔尖创新人才，取得一批重大标志性成果，成为具有国际重大影响的学术高地、行业产业共性技术的研发基地、区域创新发展的引领阵地和文化传承创新的主力阵营。推动知识创新、技术创新、区域创新的战略融合，支撑国家创新体系建设。

## 五、重点任务

（一）构建协同创新平台与模式。

以人才、学科、科研三位一体的创新能力提升为核心，坚持“高起点、高水准、有特色”，充分利用高等学校已有的基础，汇聚社会多方资源，大力推进高等学校与高等学校、科研院所、行业企业、地方政府以及国际社会的深度融合，探索建立适应于不同需求、形式多样的协同创新模式。

1. 面向科学技术前沿和社会发展的重大问题，依托高等学校的优势特色学科，与国内外高水平的大学、科研机构等开展实质性合作，吸引和聚集国内外的优秀创新团队与优质资源，建立符合国际惯例的知识创新模式，营造良好的学术环境和氛围，持续产出重大原始创新成果和拔尖创新人才，逐步成为引领和主导国际科学研究与合作的学术中心。

2. 面向行业产业经济发展的核心共性问题，依托高等学校与行业结合紧密的优势学科，与大中型骨干企业、科研院所联合开展有组织创新，建立多学科融合、多团队协同、多技术集成的重大研发与应用平台，形成政产学研用融合发展的技术转移模式，为产业结构调整、行业技术进步提供持续的支撑和引领，成为国家技术创新的重要阵地。

3. 面向区域发展的重大需求，鼓励各类高等学校通过多种形式自觉服务于区域经济建设和社会发展。支持地方政府围绕区域经济发展规划，引导高等学校与企业、科研院所等通过多种形式开展产学研用协同研发，推动高等学校服务方式转变，构建多元化成果转化与辐射模式，带动区域产业结构调整和新兴产业发展，为地方政府决策提供战略咨询服务，在区域创新中发挥骨干作用。

4. 面向我国社会主义文化建设的迫切需求，整合高等学校人文社会科学的学科和人才优势，推动与科研院所、行业产业以及境外高等学校、研究机构等开展协同研究，构建多学科交叉研究平台，探索建立文化传承创新的新模式，加强文化对外表达和传播能力建设，发挥智囊团和思想库作用，为提升国家文化软实力、增强中华文化国际影响力、推动人类文明进步做出积极贡献。

（二）建立协同创新机制与体制。

坚持政府主导与市场机制相结合，突破制约高等学校创新能力提升的内部机制障碍，打破高等学校与其他创新主体间的体制壁垒，把人才作为协同创新的核心要素，通过系统改革，充分释放人才、资本、信息、技术等方面的活力，营造有利于协同创新的环境氛围。

1. 构建科学有效的组织管理体系。成立由多方参与的管理机构，负责重大事务协商与决策，制订科学与技术的总体发展路线，明确各方责权和人员、资源、成果、知识产权等归属，实现开放共享、持续发展。

2. 探索促进协同创新的人事管理制度。建立以任务为牵引的人员聘用方式，增强对国内外优秀人才的吸引力和凝聚力，造就协同创新的领军人才与团队。推动高等学校与科研院所、企业之间的人员流动，优化人才队伍结构。

3. 健全寓教于研的拔尖创新人才培养模式。以科学研究和实践创新为主导，通过学科交叉与融合、产学研紧密合作等途径，推动人才培养机制改革，以高水平科学研究支撑高质量人才培养。

4. 形成以创新质量和贡献为导向的评价机制。改变单纯以论文、获奖为主的考核评价方式，注重原始创新和解决国家重大需求的实效，建立综合评价机制和退出机制，鼓励竞争，动态发展。

5. 建立持续创新的科研组织模式。充分发挥协同创新的人才、学科和资源优势，在协同创新中不断发现和解决重大问题，形成可持续发展、充满活力和各具特色的科研组织模式。

6. 优化以学科交叉融合为导向的资源配置方式。充分利用和盘活现有资源，集中优质资源重点支持，发挥优势和特色学科的汇聚作用，构建有利于协同创新的基础条件，形成长效机制。

7. 创新国际交流与合作模式。积极吸引国际创新力量和资源，集聚世界一流专家学者参与协同创新，合作培养国际化人才，推动与国外高水平大学、科研机构等建立实质性合作，加快我国高等学校的国际化发展进程。

8. 营造有利于协同创新的文化环境。构建自由开放、鼓励创新、宽容失败的学术氛围，倡导拼搏进取、敬业奉献、求真务实、团结合作的精神风尚。

### 六、管理实施

（一）组织管理。

教育部、财政部联合成立领导小组，负责顶层设计、宏观布局、统筹协调、经费投入等重大事项决策。领导小组下设办公室，负责规划设计、组织实施、监督管理等工作，办公地点设在教育部。

成立专家咨询委员会，为重大政策、总体规划、中心遴选、管理实施等提供咨询。委员会由来自有关部门、高等学校、科研机构、行业企业、社会团体的专家组成。

充分体现公开、公平、公正的要求，建立第三方评审机制。确定相对独立的第三方机构，负责遴选评审专家、组织评审、开展定期检查和阶段性评估等工作。

（二）操作实施。

“2011 计划”从 2012 年开始实施，四年为一周期，按照培育组建、评审认定、绩效评价三个阶段开展。在充分培育并达到申报要求的前提下，由协同创新体联合提出“2011 协同创新中心”的认定申请。国家每年组织一次评审，按照一定数量和规模，择优遴选不同类型的协同创新中心。

1. 培育组建。高等学校应按照“2011 计划”的精神和要求，加强组织领导和顶层规划，积极推进机制体制改革，充分汇聚现有资源，广泛联合科研院所、行业企业、地方政府以及国际社会的创新力量开展协同创新。通过前期培育，确定协同创新方向，选择协同创新模式，组建协同创新体，营造协同创新的环境氛围，形成协同创新的新机制和新优势，为参与“2011 计划”奠定基础。

2. 评审认定。在高等学校为主组成的协同创新体充分培育并取得良好成效基础上，联合提交协同创新中心认定申请。申请认定的协同创新体应满足科学前沿和国家需求的重大方向、具备开展重大机制体制改革的基础与条件、具有解决重大问题的综合能力和学科优势等基本条件。领导小组办公室对认定申请进行初审后，委托第三方机构组织专家评审。领导小组根据评审结果进行审议后，对符合条件的协同创新体，批准认定为“2011 协同创新中心”。

3. 绩效评价。经批准认定的“2011 协同创新中心”应进一步完善组织管理机制，落实相关条件，整合多方资源，优化规章制度和运行管理办法，强化责任意识，加强过程管理，加快实现预期目标。教育部、财政部建立绩效评价机制，按照协同创新中心确定的任务与规划，加强目标管理和阶段性评估。对于执行效果不佳或无法实现预期目标的“2011 协同创新中心”，要及时整改或予以裁撤。

（三）支持方式。

发挥协同创新的引导和聚集作用，充分利用现有各类资源和条件，广泛吸纳社会多方面的支持和投入。面向行业产业发展的协同创新中心，要发挥行业部门和骨干企业的主导作用，汇聚行业、企业、社会等方面的投入与支持；面向区域发展的协同创新中心，要发挥地方政府的主导作用，建立地方投入和支持的长效机制，吸纳企业、社会等方面的支持；面向科学前沿、社会发展和文化传承创新的协同创新中心，要充分利用国家已有的各方面资源，发挥集聚效应。

中央财政设立专项资金，对经批准认定的“2011 协同创新中心”，可给予引导性或奖励性支持。

为积极推进“2011 计划”的实施，保障“2011 协同创新中心”的机制体制改革，根据实际情况和需求，有关部门、地方、高校等应在人事管理、人才计划、招生指标、科研任务和分配政策等方面给予优先或倾斜支持，形成有利于协同创新的政策汇聚区。

中华人民共和国教育部 中华人民共和国财政部

二〇一二年三月十五日

# 国务院办公厅关于深化高等学校创新创业教育改革的实施意见

国办发〔2015〕36号

各省、自治区、直辖市人民政府，国务院各部委、各直属机构：

深化高等学校创新创业教育改革，是国家实施创新驱动发展战略、促进经济提质增效升级的迫切需要，是推进高等教育综合改革、促进高校毕业生更高质量创业就业的重要举措。党的十八大对创新创业人才培养作出重要部署，国务院对加强创新创业教育提出明确要求。近年来，高校创新创业教育不断加强，取得了积极进展，对提高高等教育质量、促进学生全面发展、推动毕业生创业就业、服务国家现代化建设发挥了重要作用。但也存在一些不容忽视的突出问题，主要是一些地方和高校重视不够，创新创业教育理念滞后，与专业教育结合不紧，与实践脱节；教师开展创新创业教育的意识和能力欠缺，教学方式方法单一，针对性实效性不强；实践平台短缺，指导帮扶不到位，创新创业教育体系亟待健全。为了进一步推动大众创业、万众创新，经国务院同意，现就深化高校创新创业教育改革提出如下实施意见。

## 一、总体要求

（一）指导思想。

全面贯彻党的教育方针，落实立德树人根本任务，坚持创新引领创业、创业带动就业，主动适应经济发展新常态，以推进素质教育为主题，以提高人才培养质量为核心，以创新人才培养机制为重点，以完善条件和政策保障为支撑，促进高等教育与科技、经济、社会紧密结合，加快培养规模宏大、富有创新精神、勇于投身实践的创新创业人才队伍，不断提高高等教育对稳增长促改革调结构惠民生的贡献度，为建设创新型国家、实现“两个一百年”奋斗目标和中华民族伟大复兴的中国梦提供强大的人才智力支撑。

（二）基本原则。

坚持育人为本，提高培养质量。把深化高校创新创业教育改革作为推进高等教育综合改革的突破口，树立先进的创新创业教育理念，面向全体、分类施教、结合专业、强化实践，促进学生全面发展，提升人力资本素质，努力造就大众创业、万众创新的生力军。

坚持问题导向，补齐培养短板。把解决高校创新创业教育存在的突出问题作为深化高校创新创业教育改革的着力点，融入人才培养体系，丰富课程、创新教法、强化师资、改进帮扶，推进教学、科研、实践紧密结合，突破人才培养薄弱环节，增强学生的创新精神、创业意识和创新创业能力。

坚持协同推进，汇聚培养合力。把完善高校创新创业教育体制机制作为深化高校创新创业教育改革的支撑点，集聚创新创业教育要素与资源，统一领导、齐抓共管、开放合作、全员参与，形成全社会关心支持创新创业教育和学生创新创业的良好生态环境。

（三）总体目标。

2015年起全面深化高校创新创业教育改革。2017年取得重要进展，形成科学先进、广泛认同、具有中国特色的创新创业教育理念，形成一批可复制可推广的制度成果，普及创新创业教育，实现新一轮大学生创业引领计划预期目标。到2020年建立健全课堂教学、自主学习、结合实践、指导帮扶、文化引领融为一体的高校创新创业教育体系，人才培养质量显著提升，学生的创新精神、创业意识和创新创业能力明显增强，投身创业实践的学生显著增加。

## 二、主要任务和措施

（一）完善人才培养质量标准。

制订实施本科专业类教学质量国家标准，修订实施高职高专专业教学标准和博士、硕士学位基本要求，明确本科、高职高专、研究生创新创业教育目标要求，使创新精神、创业意识和创新创业能力成为评价人才培养质量的重要指标。相关部门、科研院所、行业企业要制修订专业人才评价标准，细化创新创业素质能力要求。不同层次、类型、区域高校要结合办学定位、服务面向和创新创业教育目标要求，制订专业教学质量标准，修订人才培养方案。

（二）创新人才培养机制。

实施高校毕业生就业和重点产业人才供需年度报告制度，完善学科专业预警、退出管理办法，探索建立需求导向的学科专业结构和创业就业导向的人才培养类型结构调整新机制，促进人才培养与经济社会发展、创业就业需求紧密对接。深入实施系列“卓越计划”、科教结合协同育人行动计划等，多形式举办创新创业教育实验班，探索建立校校、校企、校地、校所以及国际合作的协同育人新机制，积极吸引社会资源和国外优质教育资源投入创新创业人才培养。高校要打通一级学科或专业类下相近学科专业的基础课程，开设跨学科专业的交叉课程，探索建立跨院系、跨学科、跨专业交叉培养创新创业人才的新机制，促进人才培养由学科专业单一型向多学科融合型转变。

（三）健全创新创业教育课程体系。

各高校要根据人才培养定位和创新创业教育目标要求，促进专业教育与创新创业教育有机融合，调整专业课程设置，挖掘和充实各类专业课程的创新创业教育资源，在传授专业知识过程中加强创新创业教育。面向全体学生开发开设研究方法、学科前沿、创业基础、就业创业指导等方面的必修课和选修课，纳入学分管理，建设依次递进、有机衔接、科学合理的创新创业教育专门课程群。各地区、各高校要加快创新创业教育优质课程信息化建设，推出一批资源共享的慕课、视频公开课等在线开放课程。建立在线开放课程学习认证和学分认定制度。组织学科带头人、行业企业优秀人才，联合编写具有科学性、先进性、适用性的创新创业教育重点教材。

（四）改革教学方法和考核方式。

各高校要广泛开展启发式、讨论式、参与式教学，扩大小班化教学覆盖面，推动教师把国际前沿学术发展、最新研究成果和实践经验融入课堂教学，注重培养学生的批判性和创造性思维，激发创新创业灵感。运用大数据技术，掌握不同学生学习需求和规律，为学生自主学习提供更加丰富多样的教育资源。改革考试考核内容和方式，注重考查学生运用知识分析、解决问题的能力，探索非标准答案考试，破除“高分低能”积弊。

（五）强化创新创业实践。

各高校要加强专业实验室、虚拟仿真实验室、创业实验室和训练中心建设，促进实验教学平台共享。各地区、各高校科技创新资源原则上向全体在校学生开放，开放情况纳入各类研究基地、重点实验室、科技园评估标准。鼓励各地区、各高校充分利用各种资源建设大学科技园、大学生创业园、创业孵化基地和小微企业创业基地，作为创业教育实践平台，建好一批大学生校外实践教育基地、创业示范基地、科技创业实习基地和职业院校实训基地。完善国家、地方、高校三级创新创业实训教学体系，深入实施大学生创新创业训练计划，扩大覆盖面，促进项目落地转化。举办全国大学生创新创业大赛，办好全国职业院校技能大赛，支持举办各类科技创新、创意设计、创业计划等专题竞赛。支持高校学生成立创新创业协会、创业俱乐部等社团，举办创新创业讲座论坛，开展创新创业实践。

（六）改革教学和学籍管理制度。

各高校要设置合理的创新创业学分，建立创新创业学分积累与转换制度，探索将学生开展创新实验、发表论文、获得专利和自主创业等情况折算为学分，将学生参与课题研究、项目实验等活动认定为课堂学习。为有意愿有潜质的学生制定创新创业能力培养计划，建立创新创业档案和成绩单，客观记录并量化评价学生开展创新创业活动情况。优先支持参与创新创业的学生转入相关专业学习。实施弹性学制，放宽学生修业年限，允许调整学业进程、保留学籍休学创新创业。设立创新创业奖学金，并在现有相关评优评先项目中拿出一定比例用于表彰优秀创新创业的学生。

（七）加强教师创新创业教育教学能力建设。

各地区、各高校要明确全体教师创新创业教育责任，完善专业技术职务评聘和绩效考核标准，加强创新创业教育的考核评价。配齐配强创新创业教育与创业就业指导专职教师队伍，并建立定期考核、淘汰制度。聘请知名科学家、创业成功者、企业家、风险投资人等各行各业优秀人才，担任专业课、创新创业课授课或指导教师，并制定兼职教师管理规范，形成全国万名优秀创新创业导师人才库。将提高高校教师创新创业教育的意识和能力作为岗前培训、课程轮训、骨干研修的重要内容，建立相关专业教师、创新创业教育专职教师到行业企业挂职锻炼制度。加快完善高校科技成果处置和收益分配机制，支持教师以对外转让、合作转化、作价入股、自主创业等形式将科技成果产业化，并鼓励带领学生创新创业。

（八）改进学生创业指导服务。

各地区、各高校要建立健全学生创业指导服务专门机构，做到“机构、人员、场地、经费”四到位，对自主创业学生实行持续帮扶、全程指导、一站式服务。健全持续化信息服务制度，完善全国大学生创业服务网功能，建立地方、高校两级信息服务平台，为学生实时提供国家政策、市场动向等信息，并做好创业项目对接、知识产权交易等服务。各地区、各有关部门要积极落实高校学生创业培训政策，研发适合学生特点的创业培训课程，建设网络培训平台。鼓励高校自主编制专项培训计划，或与有条件的教育培训机构、行业协会、群团组织、企业联合开发创业培训项目。各地区和具备条件的行业协会要针对区域需求、行业发展，发布创业项目指南，引导高校学生识别创业机会、捕捉创业商机。

（九）完善创新创业资金支持和政策保障体系。

各地区、各有关部门要整合发展财政和社会资金，支持高校学生创新创业活动。各高校要优化经费支出结构，多渠道统筹安排资金，支持创新创业教育教学，资助学生创新创业项目。部委属高校应按规定使用中央高校基本科研业务费，积极支持品学兼优且具有较强科研潜质的在校学生开展创新科研工作。中国教育发展基金会设立大学生创新创业教育奖励基金，用于奖励对创新创业教育作出贡献的单位。鼓励社会组织、公益团体、企事业单位和个人设立大学生创业风险基金，以多种形式向自主创业大学生提供资金支持，提高扶持资金使用效益。深入实施新一轮大学生创业引领计划，落实各项扶持政策和服务措施，重点支持大学生到新兴产业创业。有关部门要加快制定有利于互联网创业的扶持政策。

## 三、加强组织领导

（一）健全体制机制。

各地区、各高校要把深化高校创新创业教育改革作为“培养什么人，怎样培养人”的重要任务摆在突出位置，加强指导管理与监督评价，统筹推进本地本校创新创业教育工作。各地区要成立创新创业教育专家指导委员会，开展高校创新创业教育的研究、咨询、指导和服务。各高校要落实创新创业教育主体责任，把创新创业教育纳入改革发展重要议事日程，成立由校长任组长、分管校领导任副组长、有关部门负责人参加的创新创业教育工作领导小组，建立教务部门牵头，学生工作、团委等部门齐抓共管的创新创业教育工作机制。

（二）细化实施方案。

各地区、各高校要结合实际制定深化本地本校创新创业教育改革的实施方案，明确责任分工。教育部属高校需将实施方案报教育部备案，其他高校需报学校所在地省级教育部门和主管部门备案，备案后向社会公布。

（三）强化督导落实。

教育部门要把创新创业教育质量作为衡量办学水平、考核领导班子的重要指标，纳入高校教育教学评估指标体系和学科评估指标体系，引入第三方评估。把创新创业教育相关情况列入本科、高职高专、研究生教学质量年度报告和毕业生就业质量年度报告重点内容，接受社会监督。

（四）加强宣传引导。

各地区、各有关部门以及各高校要大力宣传加强高校创新创业教育的必要性、紧迫性、重要性，使创新创业成为管理者办学、教师教学、学生求学的理性认知与行动自觉。及时总结推广各地各高校的好经验好做法，选树学生创新创业成功典型，丰富宣传形式，培育创客文化，努力营造敢为人先、敢冒风险、宽容失败的氛围环境。

国务院办公厅
2015年5月4日

# 国务院关于推动创新创业高质量发展打造“双创”升级版的意见

国发〔2018〕32号

各省、自治区、直辖市人民政府，国务院各部委、各直属机构：

创新是引领发展的第一动力，是建设现代化经济体系的战略支撑。近年来，大众创业万众创新持续向更大范围、更高层次和更深程度推进，创新创业与经济社会发展深度融合，对推动新旧动能转换和经济结构升级、扩大就业和改善民生、实现机会公平和社会纵向流动发挥了重要作用，为促进经济增长提供了有力支撑。当前，我国经济已由高速增长阶段转向高质量发展阶段，对推动大众创业万众创新提出了新的更高要求。为深入实施创新驱动发展战略，进一步激发市场活力和社会创造力，现就推动创新创业高质量发展、打造“双创”升级版提出以下意见。

## 一、总体要求

推进大众创业万众创新是深入实施创新驱动发展战略的重要支撑、深入推进供给侧结构性改革的重要途径。随着大众创业万众创新蓬勃发展，创新创业环境持续改善，创新创业主体日益多元，各类支撑平台不断丰富，创新创业社会氛围更加浓厚，创新创业理念日益深入人心，取得显著成效。但同时，还存在创新创业生态不够完善、科技成果转化机制尚不健全、大中小企业融通发展还不充分、创新创业国际合作不够深入以及部分政策落实不到位等问题。打造“双创”升级版，推动创新创业高质量发展，有利于进一步增强创业带动就业能力，有利于提升科技创新和产业发展活力，有利于创造优质供给和扩大有效需求，对增强经济发展内生动力具有重要意义。

（一）指导思想。

以习近平新时代中国特色社会主义思想为指导，全面贯彻党的十九大和十九届二中、三中全会精神，坚持新发展理念，坚持以供给侧结构性改革为主线，按照高质量发展要求，深入实施创新驱动发展战略，通过打造“双创”升级版，进一步优化创新创业环境，大幅降低创新创业成本，提升创业带动就业能力，增强科技创新引领作用，提升支撑平台服务能力，推动形成线上线下结合、产学研用协同、大中小企业融合的创新创业格局，为加快培育发展新动能、实现更充分就业和经济高质量发展提供坚实保障。

（二）主要目标。

——创新创业服务全面升级。创新创业资源共享平台更加完善，市场化、专业化众创空间功能不断拓展，创新创业服务平台能力显著提升，创业投资持续增长并更加关注早中期科技型企业，新兴创新创业服务业态日趋成熟。

——创业带动就业能力明显提升。培育更多充满活力、持续稳定经营的市场主体，直接创造更多就业岗位，带动关联产业就业岗位增加，促进就业机会公平和社会纵向流动，实现创新、创业、就业的良性循环。

——科技成果转化应用能力显著增强。科技型创业加快发展，产学研用更加协同，科技创新与传统产业转型升级结合更加紧密，形成多层次科技创新和产业发展主体，支撑战略性新兴产业加快发展。

——高质量创新创业集聚区不断涌现。“双创”示范基地建设扎实推进，一批可复制的制度性成果加快推广。有效发挥国家级新区、国家自主创新示范区等各类功能区优势，打造一批创新创业新高地。

——大中小企业创新创业价值链有机融合。一批高端科技人才、优秀企业家、专业投资人成为创新创业主力军，大企业、科研院所、中小企业之间创新资源要素自由畅通流动，内部外部、线上线下、大中小企业融通发展水平不断提升。

——国际国内创新创业资源深度融汇。拓展创新创业国际交流合作，深度融入全球创新创业浪潮，推动形成一批国际化创新创业集聚地，将“双创”打造成为我国与包括“一带一路”相关国家在内的世界各国合作的亮丽名片。

## 二、着力促进创新创业环境升级

（三）简政放权释放创新创业活力。进一步提升企业开办便利度，全面推进企业简易注销登记改革。积极推广“区域评估”，由政府组织力量对一定区域内地质灾害、水土保持等进行统一评估。推进审查事项、办事流程、数据交换等标准化建设，稳步推动公共数据资源开放，加快推进政务数据资源、社会数据资源、互联网数据资源建设。清理废除妨碍统一市场和公平竞争的规定和做法，加快发布全国统一的市场准入负面清单，建立清单动态调整机制。（市场监管总局、自然资源部、水利部、发展改革委等按职责分工负责）

（四）放管结合营造公平市场环境。加强社会信用体系建设，构建信用承诺、信息公示、信用分级分类、信用联合奖惩等全流程信用监管机制。修订生物制造、新材料等领域审查参考标准，激发高技术领域创新活力。引导和规范共享经济良性健康发展，推动共享经济平台企业切实履行主体责任。建立完善对“互联网＋教育”“互联网＋医疗”等新业态新模式的高效监管机制，严守安全质量和社会稳定底线。（发展改革委、市场监管总局、工业和信息化部、教育部、卫生健康委等按职责分工负责）

（五）优化服务便利创新创业。加快建立全国一体化政务服务平台，建立完善国家数据共享交换平台体系，推行数据共享责任清单制度，推动数据共享应用典型案例经验复制推广。在市县一级建立农村创新创业信息服务窗口。完善适应新就业形态的用工和社会保险制度，加快建设“网上社保”。积极落实产业用地政策，深入推进城镇低效用地再开发，健全建设用地“增存挂钩”机制，优化用地结构，盘活存量、闲置土地用于创新创业。（国务院办公厅、发展改革委、市场监管总局、农业农村部、人力资源社会保障部、自然资源部等按职责分工负责）

## 三、加快推动创新创业发展动力升级

（六）加大财税政策支持力度。聚焦减税降费，研究适当降低社保费率，确保总体上不增加企业负担，激发市场活力。将企业研发费用加计扣除比例提高到75%的政策由科技型中小企业扩大至所有企业。对个人在二级市场买卖新三板股票比照上市公司股票，对差价收入免征个人所得税。将国家级科技企业孵化器和大学科技园享受的免征房产税、增值税等优惠政策范围扩大至省级，符合条件的众创空间也可享受。（财政部、税务总局等按职责分工负责）

（七）完善创新创业产品和服务政府采购等政策措施。完善支持创新和中小企业的政府采购政策。发挥采购政策功能，加大对重大创新产品和服务、核心关键技术的采购力度，扩大首购、订购等非招标方式的应用。（发展改革委、财政部、工业和信息化部、科技部等和各地方人民政府按职责分工负责）

（八）加快推进首台（套）重大技术装备示范应用。充分发挥市场机制作用，推动重大技术装备研发创新、检测评定、示范应用体系建设。编制重大技术装备创新目录、众创研发指引，制定首台（套）评定办法。依托大型科技企业集团、重点研发机构，设立重大技术装备创新研究院。建立首台（套）示范应用基地和示范应用联盟。加快军民两用技术产品发展和推广应用。发挥众创、众筹、众包和虚拟创新创业社区等多种创新创业模式的作用，引导中小企业等创新主体参与重大技术装备研发，加强众创成果与市场有效对接。（发展改革委、科技部、工业和信息化部、财政部、国资委、卫生健康委、市场监管总局、能源局等按职责分工负责）

（九）建立完善知识产权管理服务体系。建立完善知识产权评估和风险控制体系，鼓励金融机构探索开展知识产权质押融资。完善知识产权运营公共服务平台，逐步建立全国统一的知识产权交易市场。鼓励和支持创新主体加强关键前沿技术知识产权创造，形成一批战略性高价值专利组合。聚焦重点领域和关键环节开展知识产权"雷霆"专项行动，进行集中检查、集中整治，全面加强知识产权执法维权工作力度。积极运用在线识别、实时监测、源头追溯等"互联网+"技术强化知识产权保护。（知识产权局、财政部、银保监会、人民银行等按职责分工负责）

## 四、持续推进创业带动就业能力升级

（十）鼓励和支持科研人员积极投身科技创业。对科教类事业单位实施差异化分类指导，出台鼓励和支持科研人员离岗创业实施细则，完善创新型岗位管理实施细则。健全科研人员评价机制，将科研人员在科技成果转化过程中取得的成绩和参与创业项目的情况作为职称评审、岗位竞聘、绩效考核、收入分配、续签合同等的重要依据。建立完善科研人员校企、院企共建双聘机制。（科技部、教育部、人力资源社会保障部等按职责分工负责）

（十一）强化大学生创新创业教育培训。在全国高校推广创业导师制，把创新创业教育和实践课程纳入高校必修课体系，允许大学生用创业成果申请学位论文答辩。支持高校、职业院校（含技工院校）深化产教融合，引入企业开展生产性实习实训。（教育部、人力资源社会保障部、共青团中央等按职责分工负责）

（十二）健全农民工返乡创业服务体系。深入推进农民工返乡创业试点工作，推出一批农民工返乡创业示范县和农村创新创业典型县。进一步发挥创业担保贷款政策的作用，鼓励金融机构按照市场化、商业可持续原则对农村“双创”园区（基地）和公共服务平台等提供金融服务。安排一定比例年度土地利用计划，专项支持农村新产业新业态和产业融合发展。（人力资源社会保障部、农业农村部、发展改革委、人民银行、银保监会、财政部、自然资源部、共青团中央等按职责分工负责）

（十三）完善退役军人自主创业支持政策和服务体系。加大退役军人培训力度，依托院校、职业培训机构、创业培训中心等机构，开展创业意识教育、创业素质培养、创业项目指导、开业指导、企业经营管理等培训。大力扶持退役军人就业创业，落实好现有税收优惠政策，根据个体特点引导退役军人向科技服务业等新业态转移。推动退役军人创业平台不断完善，支持退役军人参加创新创业大会和比赛。（退役军人部、教育部、人力资源社会保障部、税务总局、财政部等按职责分工负责）

（十四）提升归国和外籍人才创新创业便利化水平。深入实施留学人员回国创新创业启动支持计划，遴选资助一批高层次人才回国创新创业项目。健全留学回国人才和外籍高层次人才服务机制，在签证、出入境、社会保险、知识产权保护、落户、永久居留、子女入学等方面进一步加大支持力度。（人力资源社会保障部、外交部、公安部、移民局、知识产权局等和各地方人民政府按职责分工负责）

（十五）推动更多群体投身创新创业。深入推进创新创业巾帼行动，鼓励支持更多女性投身创新创业实践。制定完善香港、澳门居民在内地发展便利性政策措施，鼓励支持港澳青年在内地创新创业。扩大两岸经济文化交流合作，为台湾同胞在大陆创新创业提供便利。积极引导侨资侨智参与创新创业，支持建设华侨华人创新创业基地和华侨大数据中心。探索国际柔性引才机制，持续推进海外人才离岸创新创业基地建设。启动少数民族地区创新创业专项行动，支持西藏、新疆等地区创新创业加快发展。推行终身职业技能培训制度，将有创业意愿和培训需求的劳动者全部纳入培训范围。（全国妇联、港澳办、台办、侨办、人力资源社会保障部、中国科协、发展改革委、国家民委等按职责分工负责）

## 五、深入推动科技创新支撑能力升级

（十六）增强创新型企业引领带动作用。在重点领域和关键环节加快建设一批国家产业创新中心、国家技术创新中心等创新平台，充分发挥创新平台资源集聚优势。建设由大中型科技企业牵头，中小企业、科技社团、高校院所等共同参与的科技联合体。加大对“专精特新”中小企业的支持力度，鼓励中小企业参与产业关键共性技术研究开发，持续提升企业创新能力，培育一批具有创新能力的制造业单项冠军企业，壮大制造业创新集群。健全企业家参与涉企创新创业政策制定机制。（发展改革委、科技部、中国科协、工业和信息化部等按职责分工负责）

（十七）推动高校科研院所创新创业深度融合。健全科技资源开放共享机制，鼓励科研人员面向企业开展技术开发、技术咨询、技术服务、技术培训等，促进科技创新与创业深度融合。推动高校、科研院所与企业共同建立概念验证、孵化育成等面向基础研究成果转化的服务平台。（科技部、教育部等按职责分工负责）

（十八）健全科技成果转化的体制机制。纵深推进全面创新改革试验，深化以科技创新为核心的全面创新。完善国家财政资金资助的科技成果信息共享机制，畅通科技成果与市场对接渠道。试点开展赋予科研人员职务科技成果所有权或长期使用权。加速高校科技成果转化和技术转移，促进科技、产业、投资融合对接。加强国家技术转移体系建设，鼓励高校、科研院所建设专业化技术转移机构。鼓励有条件的地方按技术合同实际成交额的一定比例对技术转移服务机构、技术合同登记机构和技术经纪人（技术经理人）给予奖补。（发展改革委、科技部、教育部、财政部等按职责分工负责）

## 六、大力促进创新创业平台服务升级

（十九）提升孵化机构和众创空间服务水平。建立众创空间质量管理、优胜劣汰的健康发展机制，引导众创空间向专业化、精细化方向升级，鼓励具备一定科研基础的市场主体建立专业化众创空间。推动中央企业、科研院所、高校和相关公共服务机构建设具有独立法人资格的孵化机构，为初创期、早中期企业提供公共技术、检验检测、财税会计、法律政策、教育培训、管理咨询等服务。继续推进全国创业孵化示范基地建设。鼓励生产制造类企业建立工匠工作室，通过技术攻关、破解生产难题、固化创新成果等塑造工匠品牌。加快发展孵化机构联盟，加强与国外孵化机构对接合作，吸引海外人才到国内创新创业。研究支持符合条件的孵化机构享受高新技术企业相关人才激励政策，落实孵化机构税收优惠政策。（科技部、国资委、教育部、人力资源社会保障部、工业和信息化部、财政部、税务总局等按职责分

工负责）

（二十）搭建大中小企业融通发展平台。实施大中小企业融通发展专项行动计划，加快培育一批基于互联网的大企业创新创业平台、国家中小企业公共服务示范平台。推进国家小型微型企业创业创新示范基地建设，支持建设一批制造业“双创”技术转移中心和制造业“双创”服务平台。推进供应链创新与应用，加快形成大中小企业专业化分工协作的产业供应链体系。鼓励大中型企业开展内部创业，鼓励有条件的企业依法合规发起或参与设立公益性创业基金，鼓励企业参股、投资内部创业项目。鼓励国有企业探索以子公司等形式设立创新创业平台，促进混合所有制改革与创新创业深度融合。（工业和信息化部、商务部、财政部、国资委等按职责分工负责）

（二十一）深入推进工业互联网创新发展。更好发挥市场力量，加快发展工业互联网，与智能制造、电子商务等有机结合、互促共进。实施工业互联网三年行动计划，强化财税政策导向作用，持续利用工业转型升级资金支持工业互联网发展。推进工业互联网平台建设，形成多层次、系统性工业互联网平台体系，引导企业上云上平台，加快发展工业软件，培育工业互联网应用创新生态。推动产学研用合作建设工业互联网创新中心，建立工业互联网产业示范基地，开展工业互联网创新应用示范。加强专业人才支撑，公布一批工业互联网相关二级学科，鼓励搭建工业互联网学科引智平台。（工业和信息化部、发展改革委、教育部、科技部、财政部、人力资源社会保障部等按职责分工负责）

（二十二）完善“互联网＋”创新创业服务体系。推进“国家创新创业政策信息服务网”建设，及时发布创新创业先进经验和典型做法，进一步降低各类创新创业主体的政策信息获取门槛和时间成本。鼓励建设“互联网＋”创新创业平台，积极利用互联网等信息技术支持创新创业活动，进一步降低创新创业主体与资本、技术对接的门槛。推动“互联网＋公共服务”，使更多优质资源惠及群众。（发展改革委、科技部、工业和信息化部等按职责分工负责）

（二十三）打造创新创业重点展示品牌。继续扎实开展各类创新创业赛事活动，办好全国大众创业万众创新活动周，拓展“创响中国”系列活动范围，充分发挥“互联网＋”大学生创新创业大赛、中国创新创业大赛、“创客中国”创新创业大赛、“中国创翼”创业创新大赛、全国农村创业创新项目创意大赛、中央企业熠星创新创意大赛、“创青春”中国青年创新创业大赛、中国妇女创新创业大赛等品牌赛事活动作用。对各类赛事活动中涌现的优秀创新创业项目加强后续跟踪支持。（发展改革委、中国科协、教育部、科技部、工业和信息化部、人力资源社会保障部、农业农村部、国资委、共青团中央、全国妇联等按职责分工负责）

## 七、进一步完善创新创业金融服务

（二十四）引导金融机构有效服务创新创业融资需求。加快城市商业银行转型，回归服务小微企业等实体的本源，提高风险识别和定价能力，运用科技化等手段，为本地创新创业提供有针对性的金融产品和差异化服务。加快推进村镇银行本地化、民营化和专业化发展，支持民间资本参与农村中小金融机构充实资本、完善治理的改革，重点服务发展农村电商等新业态新模式。推进落实大中型商业银行设立普惠金融事业部，支持有条件的银行设立科技信贷专营事业部，提高服务创新创业企业的专业化水平。支持银行业金融机构积极稳妥开展并购贷款业务，提高对创业企业兼并重组的金融服务水平。（银保监会、人民银行等按职责分工负责）

（二十五）充分发挥创业投资支持创新创业作用。进一步健全适应创业投资行业特点的差异化监管体制，按照不溯及既往、确保总体税负不增的原则，抓紧完善进一步支持创业投资基金发展的税收政策，营造透明、可预期的政策环境。规范发展市场化运作、专业化管理的创业投资母基金。充分发挥国家新兴产业创业投资引导基金、国家中小企业发展基金等引导基金的作用，支持初创期、早中期创新型企业发展。加快发展天使投资，鼓励有条件的地方出台促进天使投资发展的政策措施，培育和壮大天使投资人群体。完善政府出资产业投资基金信用信息登记，开展政府出资产业投资基金绩效评价和公共信用综合评价。（发展改革委、证监会、税务总局、财政部、工业和信息化部、科技部、人民银行、银保监会等按职责分工负责）

（二十六）拓宽创新创业直接融资渠道。支持发展潜力好但尚未盈利的创新型企业上市或在新三板、区域性股权市场挂牌。推动科技型中小企业和创业投资企业发债融资，稳步扩大创新创业债试点规模，支持符合条件的企业发行“双创”专项债务融资工具。规范发展互联网股权融资，拓宽小微企业和创新创业者的融资渠道。推动完善公司法等法律法规和资本市场相关规则，允许科技企业实行“同股不同权”治理结构。（证监会、发展改革委、科技部、人民银行、财政部、司法部等按职责分工负责）

（二十七）完善创新创业差异化金融支持政策。依托国家融资担保基金，采取股权投资、再担保等方式推进地方有序开展融资担保业务，构建全国统一的担保行业体系。支持保险公司为科技型中小企业知识产权融资提供保证保险服务。完善定向降准、信贷政策支持再贷款等结构性货币政策工具，引导资金更多投向创新型企业和小微企业。研究开展科技成果转化贷款风险补偿试点。实施战略性新兴产业重点项目信息合作机制，为战略性新兴产业提供更具针对性和适应性的金融产品和服务。（财政部、银保监会、科技部、知识产权局、人民银行、工业和信息化部、发展改革委、证监会等按职责分工负责）

## 八、加快构筑创新创业发展高地

（二十八）打造具有全球影响力的科技创新策源地。进一步夯实北京、上海科技创新中心的创新基础，加快建设一批重大科技基础设施集群、世界一流学科集群。加快推进粤港澳大湾区国际科技创新中心建设，探索建立健全国际化的创新创业合作新机制。（有关地方人民政府牵头负责）

（二十九）培育创新创业集聚区。支持符合条件的经济技术开发区打造大中小企业融通型、科技资源支撑型等不同类型的创新创业特色载体。鼓励国家级新区探索通用航空、体育休闲、养老服务、安全等产业与城市融合发展的新机制和新模式。推进雄安新区创新发展，打造体制机制新高地和京津冀协同创新重要平台。推动承接产业转移示范区、高新技术开发区聚焦战略性新兴产业构建园区配套及服务体系，充分发挥创新创业集群效应。支持有条件的省市建设综合性国家产业创新中心，提升关键核心技术创新能力。依托中心城市和都市圈，探索打造跨区域协同创新平台。（财政部、工业和信息化部、科技部、发展改革委等和各地方人民政府按职责分工负责）

（三十）发挥“双创”示范基地引导示范作用。将全面创新改革试验的相关改革举措在“双创”示范基地推广，为示范基地内的项目或企业开通总体规划环评等绿色通道。充分发挥长三角示范基地联盟作用，推动建立京津冀、西部等区域示范基地联盟，促进各类基地融通发展。开展“双创”示范基地十强百佳工程，鼓励示范基地在科技成果转化、财政金融、人才培养等方面积极探索。（发展改革委、生态环境部、银保监会、科技部、财政部、工业和信息化部、人力资源社会保障部等和有关地方人民政府及大众创业万众创新示范基地按职责分工负责）

（三十一）推进创新创业国际合作。发挥中国—东盟信息港、中阿网上丝绸之路等国际化平台作用，支持与“一带一路”相关国家开展创新创业合作。推动建立政府间创新创业多双边合作机制。充分利用各类国际合作论坛等重要载体，推动创新创业领域民间务实合作。鼓励有条件的地方建立创新创业国际合作基金，促进务实国际合作项目有效落地。（发展改革委、科技部、工业和信息化部等和有关地方人民政府按职责分工负责）

## 九、切实打通政策落实“最后一公里”

（三十二）强化创新创业政策统筹。完善创新创业信息通报制度，加强沟通联动。发挥推进大众创业万众创新部际联席会议统筹作用，建立部门之间、部门与地方之间的高效协同机制。鼓励各地方先行先试、大胆探索并建立容错免责机制。促进科技、金融、财税、人才等支持创新创业政策措施有效衔接。建立健全“双创”发展统计指标体系，做好创新创业统计监测工作。（发展改革委、统计局等和各地方人民政府按职责分工负责）

（三十三）细化关键政策落实措施。开展“双创”示范基地年度评估，根据评估结果进行动态调整。定期梳理制约创新创业的痛点堵点问题，开展创新创业痛点堵点疏解行动，督促相关部门和地方限期解决。对知识产权保护、税收优惠、成果转移转化、科技金融、军民融合、人才引进等支持创新创业政策措施落实情况定期开展专项督查和评估。（发展改革委、中国科协等和各地方人民政府按职责分工负责）

（三十四）做好创新创业经验推广。建立定期发布创新创业政策信息的制度，做好政策宣讲和落实工作。支持各地积极举办经验交流会和现场观摩会等，加强先进经验和典型做法的推广应用。加强创新创业政策和经验宣传，营造良好舆论氛围。（各部门、各地方人民政府按职责分工负责）

各地区、各部门要充分认识推动创新创业高质量发展、打造“双创”升级版对于深入实施创新驱动发展战略的重要意义，把思想、认识和行动统一到党中央、国务院决策部署上来，认真落实本意见各项要求，细化政策措施，加强督查，及时总结，确保各项政策措施落到实处，进一步增强创业带动就业能力和科技创新能力，加快培育发展新动能，充分激发市场活力和社会创造力，推动我国经济高质量发展。

国务院

2018年9月18日

# 教育部关于印发《国家级大学生创新创业训练计划管理办法》的通知

教高函〔2019〕13号

各省、自治区、直辖市教育厅（教委），新疆生产建设兵团教育局，有关部门（单位）教育司（局），部属各高等学校、部省合建各高等学校：

为贯彻落实全国教育大会和新时代全国高等学校本科教育工作会议精神，根据《国务院办公厅关于深化高等学校创新创业教育改革的实施意见》（国办发〔2015〕36号）等有关文件精神，结合国家大学生创新创业训练计划实施情况，我部制定了《国家级大学生创新创业训练计划管理办法》，现印发给你们。

请各地各高校秉承“兴趣驱动、自主实践、重在过程”的原则，深化高校创新创业教育教学改革，加强大学生创新创业能力培养，全面提高人才培养质量。

教育部

2019年7月10日

## 国家级大学生创新创业训练计划管理办法

### 第一章　总　则

第一条　为贯彻落实全国教育大会和新时代全国高等学校本科教育工作会议精神，根据《国务院办公厅关于深化高等学校创新创业教育改革的实施意见》（国办发〔2015〕36号）要求，深入推进国家级大学生创新创业训练计划（以下简称国创计划）工作，深化高校创新创业教育改革，提高大学生创新创业能力，培养造就创新创业生力军，加强国创计划的实施管理，特制定本办法。

第二条　国创计划是大学生创新创业训练计划中的优秀项目，是培养大学生创新创业能力的重要举措，是高校创新创业教育体系的重要组成部分，是深化创新创业教育改革的重要载体。

第三条　国创计划坚持以学生为中心的理念，遵循“兴趣驱动、自主实践、重在过程”原则，旨在通过资助大学生参加项目式训练，推动高校创新创业教育教学改革，促进高校转变教育思想观念、改革人才培养模式、强化学生创新创业实践，培养大学生独立思考、善于质疑、勇于创新的探索精神和敢闯会创的意志品格，提升大学生创新创业能力，培养适应创新型国家建设需要的高水平创新创业人才。

第四条 国创计划围绕经济社会发展和国家战略需求，重点支持直接面向大学生的内容新颖、目标明确、具有一定创造性和探索性、技术或商业模式有所创新的训练和实践项目。国创计划实行项目式管理，分为创新训练项目、创业训练项目和创业实践项目三类。

（一）创新训练项目是本科生个人或团队，在导师指导下，自主完成创新性研究项目设计、研究条件准备和项目实施、研究报告撰写、成果（学术）交流等工作。

（二）创业训练项目是本科生团队，在导师指导下，团队中每个学生在项目实施过程中扮演一个或多个具体角色，完成商业计划书编制、可行性研究、企业模拟运行、撰写创业报告等工作。

（三）创业实践项目是学生团队，在学校导师和企业导师共同指导下，采用创新训练项目或创新性实验等成果，提出具有市场前景的创新性产品或服务，以此为基础开展创业实践活动。

## 第二章 管理职责

第五条 教育部是国创计划的宏观管理部门，主要职责是：

（一）制定国创计划实施的有关政策，编制发展规划，发布相关信息。

（二）制定国创计划管理办法，组织开展项目立项、结题验收等工作，加强项目的规范化管理。

（三）制定国创计划成效评价指标体系，定期组织开展实施情况评价。

（四）组建国创计划专家组织，加强大学生创新创业工作研究，推进高校创新创业教育经验交流。

（五）组织举办全国大学生创新创业年会，推进大学生创新创业学术交流和成果推介。

第六条 省级教育行政部门主要职责是：

（一）根据本区域经济社会发展特点，指导、规范本区域大学生创新创业训练计划运行和管理，推动本区域高校加强大学生创新创业教育工作。

（二）负责组织区域内高校国创计划立项申报、过程管理、结题验收等工作，按照工作要求向教育部报送相关材料。

（三）负责区域内参与国创计划高校交流合作、评估监管等工作。

第七条 高校是国创计划实施和管理的主体，主要职责是：

（一）制定本校大学生创新创业教育管理办法，开展创新创业教育教学研究与改革。

（二）负责国创计划项目的组织管理，开展项目遴选推荐、过程管理、结题验收等工作。

（三）制定相关激励措施，引导教师和学生参与国创计划。

（四）为参与项目的学生提供技术、场地、实验设备等条件支持和创业孵化服务。

（五）搭建项目交流平台，定期开展交流活动，支持学生参加相关学术会议，为学生创新创业提供交流经验、展示成果、共享资源的机会。

（六）做好本校国创计划年度总结和上报工作。

## 第三章 项目发布与立项

第八条 教育部根据国家经济社会发展和国家战略需求，结合创新创业教育发展趋势，确定重点资助领域，制定重点资助领域项目指南，引导国创计划项目申请。

第九条 国创计划项目申报基本条件：

（一）项目选题具有一定的学术价值、理论意义或现实意义。鼓励面向国家经济社会发展、具有一定理论和现实意义的选题，鼓励直接来源于产业一线、科技前沿的选题。

（二）选题具有创新性或明显创业教育效果。鼓励开展具有一定创新性的基础理论研究和有针对性的应用研究课题，鼓励新兴边缘学科研究和跨学科的交叉综合研究选题。

（三）选题方向正确，内容充实，论证充分，难度适中，拟突破的重点难点明确，研究思路清晰，研究方法科学、可行。鼓励支持学生大胆创新，包容失败，营造良好创新创业教育文化。

（四）项目团队成员原则上为全日制普通本科在读学生，成员基本稳定，专业、能力结构较为合理。每位学生同一学年原则上只能参与一个项目。鼓励跨学科、跨院系、跨专业的学生组成团队。

（五）项目申请团队应选择具有较高学术造诣、较好创新性成果、热心教书育人、关爱学生成长的教师作为导师，鼓励企业人员参与指导或共同担任导师。

（六）创新训练项目和创业训练项目获得经费支持平均不低于 2 万元/

项，创业实践项目获得经费支持平均不低于10万元/项。高校根据学科专业特点，确定项目资助额度标准。

第十条　根据教育部发布的国创计划申报要求，符合立项申请基本条件的项目向所在高校提出申请，高校评审遴选后报省级教育行政部门和教育部审核备案。

第十一条　教育部组织专家对申报项目进行审核后发布立项通知。

## 第四章　项目过程管理

第十二条　高校应加强对国创计划的管理，成立由校领导牵头、相关职能部门组成的国创计划管理机构，确定主管部门。管理机构负责协调落实条件保障，主管部门负责国创计划日常管理。

第十三条　项目负责人要负责项目的整体推进，按照计划开展工作，加强团队建设和管理，加强与导师和管理人员的沟通联系，并组织好相关报告撰写工作。项目负责人和项目内容原则上不得变更，特殊情况经学校有关部门审批后执行。

第十四条　国创计划经费应专款专用。学生要在相关教师指导下，严格执行学校相关财务管理规定。

第十五条　国创计划项目所在高校应建立国创计划师生培养培训机制，加强对国创计划项目团队成员和导师的培训和管理。

第十六条　鼓励项目团队积极参加中国“互联网+”大学生创新创业大赛等创新创业赛事和“青年红色筑梦之旅”等活动。

第十七条　推动国创项目不断提高整体水平和发挥示范带动作用。高校应充分发挥国创计划引领示范作用，及时总结学生在项目中取得的成绩，协调解决存在的问题。支持高校通过举办大学生创新创业年会等方式加强国创计划成员之间的学习交流。

## 第五章　项目结题与公布

第十八条　国创计划项目完成后，均需进行结题验收，履行必要的结项手续。

（一）国创计划项目结题验收工作由所在学校组织。学校应组织校内外专家对国创计划项目进行结题验收，并将验收结果报省级教育行政部门审核备案。

（二）省级教育行政部门按年度向教育部报送本区域高校国创计划项目验收结果，并组织开展项目抽查。

（三）教育部对省级教育行政部门报送的验收结果进行审核，并将审核结果公布。

第十九条　国创计划项目结题验收结论的申诉。国创计划项目团队成员、导师，如对结题验收结论有异议，可向高校有关部门提出。

第二十条　国创计划项目结题信息公开对外服务。相关网站向公众提供结题信息服务，助推高校创新创业教育深入发展。

## 第六章　项目后期管理

第二十一条　高校对通过结题验收的项目团队成员可根据实际贡献给予学分认定，对导师给予相应工作量认定。

第二十二条　建立国创计划年度进展报告制度。高校要按年度编制国创计划项目进展报告，内容应包括项目整体概况、教育教学改革探索、项目组织实施与管理、支持措施和实施成效等。年度报告报省级教育行政部门和教育部备案。

第二十三条　国创计划项目执行较好的高校可向教育部申请承办全国大学生创新创业年会。

## 第七章　附　则

第二十四条　在国创计划实施中，凡是属于国家涉密范围的，均按照相关保密法规执行。

第二十五条　各省级教育行政部门、各高校根据本办法制定实施细则。

第二十六条　本办法自公布之日起施行。

# 国务院办公厅关于进一步支持大学生创新创业的指导意见

国办发〔2021〕35 号

各省、自治区、直辖市人民政府，国务院各部委、各直属机构：

纵深推进大众创业万众创新是深入实施创新驱动发展战略的重要支撑，大学生是大众创业万众创新的生力军，支持大学生创新创业具有重要意义。近年来，越来越多的大学生投身创新创业实践，但也面临融资难、经验少、服务不到位等问题。为提升大学生创新创业能力、增强创新活力，进一步支持大学生创新创业，经国务院同意，现提出以下意见。

## 一、总体要求

以习近平新时代中国特色社会主义思想为指导，深入贯彻落实党的十九大和十九届二中、三中、四中、五中全会精神，全面贯彻党的教育方针，落实立德树人根本任务，立足新发展阶段、贯彻新发展理念、构建新发展格局，坚持创新引领创业、创业带动就业，支持在校大学生提升创新创业能力，支持高校毕业生创业就业，提升人力资源素质，促进大学生全面发展，实现大学生更加充分更高质量就业。

## 二、提升大学生创新创业能力

（一）将创新创业教育贯穿人才培养全过程。深化高校创新创业教育改革，健全课堂教学、自主学习、结合实践、指导帮扶、文化引领融为一体的高校创新创业教育体系，增强大学生的创新精神、创业意识和创新创业能力。建立以创新创业为导向的新型人才培养模式，健全校校、校企、校地、校所协同的创新创业人才培养机制，打造一批创新创业教育特色示范课程。（教育部牵头，人力资源社会保障部等按职责分工负责）

（二）提升教师创新创业教育教学能力。强化高校教师创新创业教育教学能力和素养培训，改革教学方法和考核方式，推动教师把国际前沿学术发展、最新研究成果和实践经验融入课堂教学。完善高校双创指导教师到行业企业挂职锻炼的保障激励政策。实施高校双创校外导师专项人才计划，探索实施驻校企业家制度，吸引更多各行各业优秀人才担任双创导师。支持建设一批双创导师培训基地，定期开展培训。（教育部牵头，人力资源社会保障部等按职责分工负责）

（三）加强大学生创新创业培训。打造一批高校创新创业培训活动品牌，创新培训模式，面向大学生开展高质量、有针对性的创新创业培训，提升大学生创新创业能力。组织双创导师深入校园举办创业大讲堂，进行创业政策解读、经验分享、实践指导等。支持各类创新创业大赛对大学生创业者给予倾斜。（人力资源社会保障部、教育部等按职责分工负责）

## 三、优化大学生创新创业环境

（四）降低大学生创新创业门槛。持续提升企业开办服务能力，为大学生创业提供高效便捷的登记服务。推动众创空间、孵化器、加速器、产业园全链条发展，鼓励各类孵化器面向大学生创新创业团队开放一定比例的免费孵化空间，并将开放情况纳入国家级科技企业孵化器考核评价，降低大学生创新创业团队入驻条件。政府投资开发的孵化器等创业载体应安排30%左右的场地，免费提供给高校毕业生。有条件的地方可对高校毕业生到孵化器创业给予租金补贴。（科技部、教育部、市场监管总局等和地方各级人民政府按职责分工负责）

（五）便利化服务大学生创新创业。完善科技创新资源开放共享平台，强化对大学生的技术创新服务。各地区、各高校和科研院所的实验室以及科研仪器、设施等科技创新资源可以面向大学生开放共享，提供低价、优质的专业服务，支持大学生创新创业。支持行业企业面向大学生发布企业需求清单，引导大学生精准创新创业。鼓励国有大中型企业面向高校和大学生发布技术创新需求，开展“揭榜挂帅”。（科技部、发展改革委、教育部、国资委等按职责分工负责）

（六）落实大学生创新创业保障政策。落实大学生创业帮扶政策，加大对创业失败大学生的扶持力度，按规定提供就业服务、就业援助和社会救助。加强政府支持引导，发挥市场主渠道作用，鼓励有条件的地方探索建立大学生创业风险救助机制，可采取创业风险补贴、商业险保费补助等方式予以支持，积极研究更加精准、有效的帮扶措施，及时总结经验、适时推广。

毕业后创业的大学生可按规定缴纳“五险一金”，减少大学生创业的后顾之忧。（人力资源社会保障部、教育部、财政部、民政部、医保局等和地方各级人民政府按职责分工负责）

## 四、加强大学生创新创业服务平台建设

（七）建强高校创新创业实践平台。充分发挥大学科技园、大学生创业园、大学生创客空间等校内创新创业实践平台作用，面向在校大学生免费开放，开展专业化孵化服务。结合学校学科专业特色优势，联合有关行业企业建设一批校外大学生双创实践教学基地，深入实施大学生创新创业训练计划。（教育部、科技部、人力资源社会保障部等按职责分工负责）

（八）提升大众创业万众创新示范基地带动作用。加强双创示范基地建设，深入实施创业就业“校企行”专项行动，推动企业示范基地和高校示范基地结对共建、建立稳定合作关系。指导高校示范基地所在城市主动规划和布局高校周边产业，积极承接大学生创新成果和人才等要素，打造“城校共生”的创新创业生态。推动中央企业、科研院所和相关公共服务机构利用自身技术、人才、场地、资本等优势，为大学生建设集研发、孵化、投资等于一体的创业创新培育中心、互联网双创平台、孵化器和科技产业园区。（发展改革委、教育部、科技部、国资委等按职责分工负责）

## 五、推动落实大学生创新创业财税扶持政策

（九）继续加大对高校创新创业教育的支持力度。在现有基础上，加大教育部中央彩票公益金大学生创新创业教育发展资金支持力度。加大中央高校教育教学改革专项资金支持力度，将创新创业教育和大学生创新创业情况作为资金分配重要因素。（财政部、教育部等按职责分工负责）

（十）落实落细减税降费政策。高校毕业生在毕业年度内从事个体经营，符合规定条件的，在 3 年内按一定限额依次扣减其当年实际应缴纳的增值税、城市维护建设税、教育费附加、地方教育附加和个人所得税；对月销售额 15 万元以下的小规模纳税人免征增值税，对小微企业和个体工商户按规定减免所得税。对创业投资企业、天使投资人投资于未上市的中小高新技术企业以及种子期、初创期科技型企业的投资额，按规定抵扣所得税应纳税所得额。对国家级、省级科技企业孵化器和大学科技园以及国家备案众创空间

按规定免征增值税、房产税、城镇土地使用税。做好纳税服务，建立对接机制，强化精准支持。（财政部、税务总局等按职责分工负责）

## 六、加强对大学生创新创业的金融政策支持

（十一）落实普惠金融政策。鼓励金融机构按照市场化、商业可持续原则对大学生创业项目提供金融服务，解决大学生创业融资难题。落实创业担保贷款政策及贴息政策，将高校毕业生个人最高贷款额度提高至20万元，对10万元以下贷款、获得设区的市级以上荣誉的高校毕业生创业者免除反担保要求；对高校毕业生设立的符合条件的小微企业，最高贷款额度提高至300万元；降低贷款利率，简化贷款申报审核流程，提高贷款便利性，支持符合条件的高校毕业生创业就业。鼓励和引导金融机构加快产品和服务创新，为符合条件的大学生创业项目提供金融服务。（财政部、人力资源社会保障部、人民银行、银保监会等按职责分工负责）

（十二）引导社会资本支持大学生创新创业。充分发挥社会资本作用，以市场化机制促进社会资源与大学生创新创业需求更好对接，引导创新创业平台投资基金和社会资本参与大学生创业项目早期投资与投智，助力大学生创新创业项目健康成长。加快发展天使投资，培育一批天使投资人和创业投资机构。发挥财政政策作用，落实税收政策，支持天使投资、创业投资发展，推动大学生创新创业。（发展改革委、财政部、税务总局、证监会等按职责分工负责）

## 七、促进大学生创新创业成果转化

（十三）完善成果转化机制。研究设立大学生创新创业成果转化服务机构，建立相关成果与行业产业对接长效机制，促进大学生创新创业成果在有关行业企业推广应用。做好大学生创新项目的知识产权确权、保护等工作，强化激励导向，加快落实以增加知识价值为导向的分配政策，落实成果转化奖励和收益分配办法。加强面向大学生的科技成果转化培训课程建设。（科技部、教育部、知识产权局等按职责分工负责）

（十四）强化成果转化服务。推动地方、企业和大学生创新创业团队加强合作对接，拓宽成果转化渠道，为创新成果转化和创业项目落地提供帮助。鼓励国有大中型企业和产教融合型企业利用孵化器、产业园等平台，支

持高校科技成果转化，促进高校科技成果和大学生创新创业项目落地发展。汇集政府、企业、高校及社会资源，加强对中国国际“互联网+”大学生创新创业大赛中涌现的优秀创新创业项目的后续跟踪支持，落实科技成果转化相关税收优惠政策，推动一批大赛优秀项目落地，支持获奖项目成果转化，形成大学生创新创业示范效应。（教育部、科技部、发展改革委、财政部、国资委、税务总局等按职责分工负责）

## 八、办好中国国际“互联网+”大学生创新创业大赛

（十五）完善大赛可持续发展机制。鼓励省级人民政府积极承办大赛，压实主办职责，进一步加强组织领导和综合协调，落实配套支持政策和条件保障。坚持政府引导、公益支持，支持行业企业深化赛事合作，拓宽办赛资金筹措渠道，适当增加大赛冠名赞助经费额度。充分利用市场化方式，研究推动中央企业、社会资本发起成立中国国际“互联网+”大学生创新创业大赛项目专项发展基金。（教育部、国资委、证监会、建设银行等按职责分工负责）

（十六）打造创新创业大赛品牌。强化大赛创新创业教育实践平台作用，鼓励各学段学生积极参赛。坚持以赛促教、以赛促学、以赛促创，丰富竞赛形式和内容。建立健全中国国际“互联网+”大学生创新创业大赛与各级各类创新创业比赛联动机制，推进大赛国际化进程，搭建全球性创新创业竞赛平台，深化创新创业教育国际交流合作。（教育部等按职责分工负责）

## 九、加强大学生创新创业信息服务

（十七）建立大学生创新创业信息服务平台。汇集创新创业帮扶政策、产业激励政策和全国创新创业教育优质资源，加强信息资源整合，做好国家和地方的政策发布、解读等工作。及时收集国家、区域、行业需求，为大学生精准推送行业和市场动向等信息。加强对创新创业大学生和项目的跟踪、服务，畅通供需对接渠道，支持各地积极举办大学生创新创业项目需求与投融资对接会。（教育部、发展改革委、人力资源社会保障部等按职责分工负责）

（十八）加强宣传引导。大力宣传加强高校创新创业教育、促进大学生创新创业的必要性、重要性。及时总结推广各地区、各高校的好经验好做

法，选树大学生创新创业成功典型，丰富宣传形式，培育创客文化，营造敢为人先、宽容失败的环境，形成支持大学生创新创业的社会氛围。做好政策宣传宣讲，推动大学生用足用好税费减免、企业登记等支持政策。（教育部、中央宣传部牵头，地方各级人民政府、各有关部门按职责分工负责）

各地区、各有关部门要认真贯彻落实党中央、国务院决策部署，抓好本意见的贯彻落实。教育部要会同有关部门加强协调指导，督促支持大学生创新创业各项政策的落实，加强经验交流和推广。地方各级人民政府要加强组织领导，深入了解情况，优化创新创业环境，积极研究制定和落实支持大学生创新创业的政策措施，及时帮助大学生解决实际问题。

国务院办公厅

2021 年 9 月 22 日

# 附录 4 新文科建设宣言

2020 年 11 月 3 日，由教育部新文科建设工作组主办的新文科建设工作会议在山东大学（威海）召开。会议研究了新时代中国高等文科教育创新发展举措，发布了《新文科建设宣言》，对新文科建设作出了全面部署。

**我们的共识：**

**新时代新使命要求文科教育必须加快创新发展**

提升综合国力需要新文科。一个国家的发展水平，既取决于自然科学发展水平，也取决于哲学社会科学发展水平。哲学社会科学发展水平反映着一个民族的思维能力、精神品格和文明素质，关系到社会的繁荣与和谐。新时代，把握中华民族伟大复兴的战略全局，提升国家文化软实力，促进文化大繁荣，增强国家综合国力，新文科建设责无旁贷。

坚定文化自信需要新文科。文化自信是实现中华民族伟大复兴的精神力量。核心价值观是文化最深层次的要素，文化自信在根本上取决于核心价值观的生命力、凝聚力、引领力。围绕举旗帜、聚民心、育新人、兴文化、展形象的使命任务，大力推动中华优秀传统文化创造性转化、创新性发展，培育践行社会主义核心价值观，为中华民族伟大复兴注入强大的精神动力，新文科建设大有可为。

培养时代新人需要新文科。面对世界百年未有之大变局，要在大国博弈竞争中赢得优势与主动，实现中华民族复兴大业，关键在人。高等文科教育作为培养青年人自信心、自豪感、自主性的主战场、主阵地、主渠道，坚持以文化人、以文培元，大力培养具有国际视野和国际竞争力的时代新人，新文科建设任重道远。

建设高等教育强国需要新文科。高等教育是兴国强国的“战略重器”，服务国家经济社会高质量发展，根本上要求高等教育率先实现创新发展。文科占学科门类的三分之二，占专业种类和在校学生数的半壁江山。文科教育的振兴关乎高等教育的振兴，做强文科教育推动高教强国建设，加快实现教育现代化，新文科建设刻不容缓。

文科教育融合发展需要新文科。新科技和产业革命浪潮奔腾而至，社会问题日益综合化复杂化，应对新变化、解决复杂问题亟需跨学科专业的知识整合，推动融合发展是新文科建设的必然选择。进一步打破学科专业壁垒，推动文科专业之间深度融通、文科与理工农医交叉融合，融入现代信息技术赋能文科教育，实现自我的革故鼎新，新文科建设势在必行。

**我们的遵循：**

**坚持走中国特色的文科教育发展之路**

坚持尊重规律。尊重文科教育特点和人才成长规律是新文科建设高质量推进的基本前提。文科教育教学兼具价值性与学术性，强化价值引领是新文科建设内在要求。要坚持以习近平新时代中国特色社会主义思想为指导，不断提高高等文科教育的时代性、科学性和创造性。

坚持立足国情。新时代改革开放和社会主义现代化建设的伟大实践是深耕新文科的肥沃土壤。推进新文科建设，要坚持不懈挖掘新材料、发现新问题、提出新观点、构建新理论，加强对实践经验的系统总结，形成中国特色文科教育的理论体系、学科体系、教学体系，为新一轮改革开放和社会主义现代化建设服务。

坚持守正创新。在传承中创新是文科教育创新发展的必然要求。丢弃传统，就是自断根基；不求创新，必然走向枯竭。新文科建设既要固本正源，又要精于求变，要立足两个大局，不断从中华优秀传统文化中汲取力量，主动适应并借力现代信息技术手段，实现文科教育高质量高水平发展。

坚持分类推进。文科门类众多、特色各异的特点决定了新文科建设必须分类推进。要根据各自学科专业特点，结合行业领域特定问题，促进八大学科门类特色发展，实现文史哲促人修身铸魂、经管法助力治国理政、教育学培元育才、艺术学美人化人。

**我们的任务：**

**构建世界水平、中国特色的文科人才培养体系**

明确总体目标。推动文科教育创新发展，构建以育人、育才为中心的哲学社会科学发展新格局，建立健全学生、学术、学科一体的综合发展体系，推动形成哲学社会科学中国学派，创造光耀时代、光耀世界的中华文化，不断增强自信心、自豪感、自主性，提升影响力、感召力、塑造力。

强化价值引领。牢牢把握文科教育的价值导向性，坚持立德树人，全面推进高校课程思政建设，推动习近平新时代中国特色社会主义思想进教材、进课堂、进头脑，提高学生思想觉悟、道德水准、文明素养，培养担当民族复兴大任的新时代文科人才。

促进专业优化。紧扣国家软实力建设和文化繁荣发展新需求，紧跟新一轮科技革命和产业变革新趋势，积极推动人工智能、大数据等现代信息技术与文科专业深入融合，积极发展文科类新兴专业，推动原有文科专业改造升级，实现文科与理工农医的深度交叉融合，打造文科“金专”，不断优化文科专业结构，引领带动文科专业建设整体水平提升。

夯实课程体系。紧紧抓住课程这一最基础最关键的要素，持续推动教育教学内容更新，将中国特色社会主义建设的最新理论成果和实践经验引入课堂、写入教材，转化为优质教学资源。鼓励支持高校开设跨学科跨专业新兴交叉课程、实践教学课程，培养学生的跨领域知识融通能力和实践能力。

推动模式创新。以培养未来社会科学家为目标，建设一批文科基础学科拔尖人才培养高地。聚焦应用型文科人才培养，开展法学、新闻、经济、艺术等系列大讲堂，促进学界业界优势互补。聚焦国家新一轮对外开放战略和“一带一路”建设，加大涉外人才培养，加强高校与实务部门、国内与国外“双协同”，完善全链条育人机制。

打造质量文化。坚持学生中心、坚持产出导向、坚持持续改进，构建中国特色的文科教育质量保障体系，建设文科特色质量文化。建立健全以大数据为基础的文科教育质量常态监测体系，实施文科专业认证，强化高校质量保障主体意识，促进文科人才培养能力持续提升。

中国高等文科教育为弘扬中国精神、凝聚中国力量、践行中国道路，为托起国家富强、民族复兴、人民幸福的中国梦而坚定前行！

不忘本来、吸收外来、面向未来，中国新文科建设，我们从这里启航！